Download-Code
Ihr individueller Download-Code für dieses Buch lautet:

QeM-iRR-wsg

Den Code können Sie auf der Internetseite
www.symposion.de/downloadcode einlösen.

symposion

ITIL® V3 umsetzen
Gestaltung, Steuerung und Verbesserung von IT-Services

www.symposion.de/itil

Herausgegeben von
Rainer Schmidt, Helge Dohle

Mit Beiträgen von
Helge Dohle, Michael Flasche, Christian Fronober, Jens Köwing,
Marco Mevius, Rainer Schmidt, Lars Schwarze, Dennis Trawnitschek,
Michael Weber, Frank Zielke

symposion

Impressum

Herausgeber
RAINER SCHMIDT, HELGE DOHLE

Projektentwicklung
MARKUS KLIETMANN,
Symposion Publishing

Lektorat
STEFAN THISSEN

Satz
MARTINA THORENZ, KAREN FLEMING
Symposion Publishing

Druck
dd ag
Frensdorf

Umschlaggestaltung
MARTINA THORENZ, basierend auf einem Entwurf von metadesign, Berlin

Photo
iStockphoto

ISBN 978-3-936608-84-7
1. Auflage 2009
© Symposion Publishing GmbH,
Düsseldorf

Begleitdienst zu diesem Buch
www.symposion.de/itil

Redaktionelle Post bitte an
Symposion Publishing GmbH
Münsterstr. 304
40470 Düsseldorf

Bibliografische Information der Deutschen Bibliothek:
Die Deutsche Bibliothek verzeichnet diese Publikation in der Deutschen Nationalbibliografie; detaillierte bibliografische Daten sind im Internet über http://www.ddb.de abrufbar.

Das Werk einschließlich seiner Teile ist urheberrechtlich geschützt. Jede Verwertung außerhalb der engen Grenzen des Urheberrechtsgesetzes ist ohne Zustimmung des Verlags unzulässig und strafbar. Das gilt insbesondere für Vervielfältigungen, Übersetzungen, Mikroverfilmungen und die Einspeicherung und Verarbeitung in elektronischen Systemen.

Alle in diesem Buch enthaltenen Angaben, Ergebnisse usw. wurden von den Autoren nach bestem Wissen erstellt. Sie erfolgen ohne jegliche Verpflichtung oder Garantie des Verlages. Er übernimmt deshalb keinerlei Verantwortung und Haftung für etwa vorhandene inhaltliche Unrichtigkeiten.

Die Wiedergabe von Gebrauchsnamen, Handelsnamen, Warenbezeichnungen usw. in diesem Werk berechtigt auch ohne besondere Kennzeichnung nicht zu der Annahme, dass solche Namen im Sinne der Warenzeichen- und Markenschutz-Gesetzgebung als frei zu betrachten wären und daher von jedermann benutzt werden dürften.

ITIL® V3 umsetzen
Gestaltung, Steuerung und Verbesserung von IT-Services

www.symposion.de/itil

»Never change a running system« – was früher in der IT als Gebot der Stunde galt, ist heute nicht mehr einzuhalten. Zu dynamisch sind heutzutage die Geschäftsprozesse, zu unterschiedlich die Anforderungen, die Kunden und Benutzer an IT-Services stellen.

Die neue Version 3 von ITIL stellt den Lebenszyklus von Services aus Gestaltung, Steuerung und Verbesserung in den Mittelpunkt ihrer ganzheitlichen Sichtweise und ermöglicht so, die Services mit den Zielen des Unternehmens in Einklang zu bringen.

Die Autoren des Buches zeigen die Neuerungen der Version 3 in folgenden Themenbereichen:
⇨ Incident Management
⇨ Problem Management
⇨ Change Management
⇨ Release- und Deployment-Management
⇨ Service Asset und Configuration Management
⇨ Service Desk
⇨ Modellierung und Optimierung von ITIL-Prozessen

Das Buch zeigt, worauf es bei der Umsetzung von ITIL® V3 wirklich ankommt. Die Autoren beschreiben kritische Prozessabschnitte und Wechselwirkungen der ITIL-Prozesse mit der IT-Organisation und stellen Kennzahlen zur Steuerung vor. Ein spezieller Managementansatz unterstützt bei der Optimierung von ITIL-Prozessen.

Das Buch ist ein idealer Leitfaden für IT-Fachleute, Projektleiter und Führungskräfte, die ITIL verstehen und einsetzen möchten.

ITIL® is a Registered Trade Mark of the Office of Government Commerce in the United Kingdom and other countries.

Über Symposion Publishing
Symposion ist ein Fachverlag für Management-Wissen und veröffentlicht Bücher, Studien, digitale Fachbibliotheken und Onlinedienste.

Das Programm steht auch zum Download zur Verfügung – über das Verlagsportal kann der Leser nach Kapiteln suchen und diese individuell zusammenstellen. Wissen ist damit blitzschnell verfügbar – jederzeit, praktisch überall und zu einem attraktiven Preis.

www.symposion.de

Hinweis:
Das E-Book (PDF) erhalten Sie auf der Seite www.symposion.de/downloadcode
Ihren persönlichen Downloadcode finden Sie auf der ersten Seite dieses Buches.

ITIL V3 umsetzen
Gestaltung, Steuerung und Verbesserung von IT-Services

Einführung 9
RAINER SCHMIDT, HELGE DOHLE

Grundlagen und Überblick

Grundlagen 15
RAINER SCHMIDT, HELGE DOHLE

ITIL V3 29
RAINER SCHMIDT, HELGE DOHLE

Kernprozesse der ITIL-Implementierung

Incident Management 77
FRANK ZIELKE

Problem Management 123
MICHAEL FLASCHE

Change Management 173
LARS SCHWARZE, DENNIS TRAWNITSCHEK

Release- und Deployment-Management 219
MICHAEL FLASCHE, CHRISTIAN FRONOBER

Service Asset und Configuration Management 279
JENS KÖWING

Der proaktive Service Desk 317
MICHAEL WEBER

Darstellung und Optimierung von ITIL-Prozessen

Darstellung und Modellierung von ITIL-Prozessen 369
RAINER SCHMIDT

Optimierung von ITIL-Prozessen 391
MARCO MEVIUS

Stichwortverzeichnis 415

Herausgeber und Autoren

Herausgeber

HELGE DOHLE
ist Unternehmensberater bei der IMPAQ AG mit den Schwerpunkten Optimierung und Einführung von IT-Service-Management-Prozessen. Seine Stationen führten ihn über die CompuNet Computer AG und anschließend GE Capital Services, wo er in leitender Funktion zunächst im Aufbau der unternehmensinternen und später auch europäischen IT-Plattform maßgeblich beteiligt war. Er verfügt über umfangreiche IT-Architektur- und Managementerfahrungen aus vielen leitenden Positionen und aus seiner Beratertätigkeit. Gegenwärtig ist er im internationalen Team (WG25) der ISO an der Revision der ISO/IEC 20000 beteiligt und Leiter des itSMF-Arbeitskreises »IT-Stabilität«.

Prof. Dr.-Ing. RAINER SCHMIDT
ist Professor für Wirtschaftsinformatik an der Hochschule Aalen, Leiter des Steinbeis-Forschungszentrums für IT- und Geschäftsprozessmanagement sowie Aufsichtsratsvorsitzender der Human Matters AG. Seine aktuellen Arbeitsgebiete sind das IT-Service-Management, Business Process Management und Social Software. Unter anderem ist er an der Weiterentwicklung der ISO/IEC 20000 in der WG25 der ISO beteiligt.

Autoren

Dr. rer. nat. MICHAEL FLASCHE
geboren 1960 in Bonn, arbeitet als Senior Consultant bei dem internationalen IT-Dienstleister CGI Deutschland GmbH als Applikations- und Prozessspezialist. Er wird als Projektleiter bei Diensteinführungen und für Stabilisierungsstrategien von IT-Services eingesetzt.
Kontakt: michael.flasche@cgi.com.

CHRISTIAN FRONOBER
geboren 1961 in Berlin, Studium der Informatik an der Hochschule der Bundeswehr in Neubiberg von 1981 bis 1985; Projektleitungsaufgaben im Bereich Beschaffung und Forschung im Telekommunikationsumfeld; zuletzt verantwortlich für Qualitätssicherung von Softwarelösungen und Prozessbeschreibungen bei einem großen deutschen Mobilfunkbetreiber.

JENS KÖWING
ist nach dem Studium der Wirtschafts-Informatik in renommierten Beratungsunternehmen tätig gewesen. Er leitete dort zahlreiche Projekte mit den thematischen Schwerpunkten IT-Outsourcing, IT-Management, IT-Service-Management und IT-Strategie.

Dr. MARCO MEVIUS
schloss 2001 sein Studium an der Johann Wolfgang Goethe-Universität in Frankfurt/Main ab. Er promovierte am Institut für Angewandte Informatik und Formale Beschreibungsverfahren (AIFB) an der Universität Karlsruhe (TH). Herr Mevius war dort neben der Betreuung verschiedener Lehrveranstaltungen für den Forschungstransfer zuständig. 2006 wechselte er als Abteilungsleiter an das FZI Forschungszentrum Informatik Karlsruhe. Seit Juni 2007 ist Herr Dr. Mevius Bereichsleiter Software Engineering (SE) und Mitglied des Management Boards am FZI. Herr Dr. Mevius hat außerdem einen Lehrauftrag an der Universität Karlsruhe (TH).

LARS SCHWARZE
studierte Wirtschaftsinformatik an der Hochschule Harz und begann seine Beraterlaufbahn bei KPMG Consulting (heute Bearing Point). Er ist seit 1999 im Bereich Business IT Strategy / CIO Advisory Services bei der Unternehmensberatung Deloitte Consulting in Frankfurt am Main beschäftigt. In seiner

Position als Senior Manager ist er verantwortlich für die Themen IT-Sourcing, IT-Strategie sowie IT-Governance. Er verfügt über umfassende Beratungserfahrung aus zahlreichen IT-Strategieprojekten, in denen er sich vor allem mit der Bewertung von IT-Organisationen, IT-Managementprozessen und IT-Betriebs- und Betreiberkonzepten beschäftigt hat. Lars Schwarze ist zudem bei Deloitte Mitglied des globalen Business IT Strategie-Netzwerks mit Sitz in Minneapolis und der Mergers and Acquisitions Information Technology Practice in Boston. In seiner Funktion publizierte er eine Studie zum Thema Business IT Alignment und zum Thema Lizenzmanagement in Kooperation mit dem CIO Magazin sowie zahlreiche Fachartikel zu verschiedenen IT-Strategiethemen.

DENNIS TRAWNITSCHEK
hat an der Hochschule Pforzheim Betriebswirtschaftslehre mit dem Schwerpunkt Wirtschaftsinformatik studiert. In seiner Diplomarbeit beschäftigte er sich dem dem Thema »Assessing the quality of an ITIL implementation«, wo er KPI zur Erfolgsmessung von ITIL-Implementierungen erstellte und gleichzeitig die Implementierung der ITIL-Prozesse im Application Management Center Asien/Pacific von Siemens in Thailand begleitete. Er ist zertifizierter CISA der ISACA. Während seiner mehrjährigen Tätigkeit für PriceWaterhouseCoopers untersuchte er bei verschiedenen deutschen Großkonzernen die Effektivität der Service-Management-Prozesse. Seit dem Jahr 2006 ist er für Deloitte Consulting in Frankfurt am Main im Bereich Business IT Strategcy / CIO Advisory Services tätig. In dieser Funktion hat er an mehreren Projekten im Bereich Service Management mitgearbeitet und war Co-Autor der Deloitte-Studie zum Demand Management. Er ist Mitglied des itSMF.

MICHAEL WEBER
begann im Sommer 2002 nach Abschluss seines Informatikstudiums als IT-Berater bei der dv-werk gmbh. Er beschäftigte sich mit der Analyse, Modellierung und Einführung von Prozessen im ITIL-Umfeld. Anfang 2005 wechselte er zur emendis gmbh als Senior IT-Consultant. Seit 2006 ist er bei der Robert Bosch GmbH in Stuttgart im Bereich des IT-Service-Managements, im speziellen der Ende-zu-Ende-Messung und dem Business Service Management, tätig.

FRANK ZIELKE
war bis August 2008 Partner und Geschäftsbereichsleiter bei der INFORA GmbH Hamburg. Seit September 2008 führt Herr Zielke als Geschäftsführer und Executive Management Consultant der ITSM Consulting Nord GmbH IT-Betriebsreorganisationsprojekte nach ITIL durch und optimiert dabei als zertifizierter ITIL-Service-Manager und akkreditierter ITIL-Service-Manager-Trainer zahlreiche IT-Betriebe. Des Weiteren ist Herr Zielke zertifizierter ISO-20000-Consultant und bereitet durch Reifegradbestimmungen und Prozess-Assessments Unternehmen und Behörden auf die Zertifizierung vor. Herr Zielke hat als Reviewer an der ITIL-Version 3 mitgewirkt und ist bekannt aus einer Vielzahl von ITIL-Publikationen und -Vorträgen.

Einführung

Services bilden das zentrale Paradigma für die Organisation arbeitsteiliger Strukturen im IT-Bereich. Sie sind das Granulat an dem sich der Leistungsaustausch im IT-Bereich orientiert. Dies gilt nicht nur zwischen Unternehmen, sondern auch für interne IT-Organisationen, die den Austausch mit den Fachabteilungen mithilfe des Service-Konzepts strukturieren.

Um Services zu erbringen oder auszutauschen, hat sich im Laufe der Zeit umfassendes Wissen angesammelt, das vor allem in der IT Infrastructure Library, kurz ITIL, zusammengetragen worden ist. Die IT Infrastructure Library wurde seit 1989 entwickelt, zunächst von der britischen »Central Computer and Telecommunications Agency« (CCTA), anschließend von der Nachfolgeinstitution, dem »Office of Government Commerce« (OGC), und wird bis heute durch das »IT Service Management Forum« (itSMF) fortgeschrieben.

ITIL ist jedoch kein Standard wie beispielsweise die Norm ISO/IEC 20000, daher können sich Organisationen auch nicht nach ITIL zertifizieren lassen. Man kann sich ITIL eher als eine Art »Schatzkästchen« mit vielen guten Ideen für die Bereitstellung und Verwaltung von Services vorstellen, aus dem sich jeder bedienen kann. Große Popularität in Großbritannien erlangte das Rahmenwerk bereits in der Version 1, die in den Jahren 1992 bis 1998 entwickelt wurde. Von 1999 bis 2003 wurde Version 2 herausgegeben, die auch in Deutschland sehr populär wurde und zu einer Vielzahl von Unternehmensgründungen in der Beratungsbranche führte. Am 1. Juni 2007 erschien schließlich die dritte Version, auch »ITIL Refresh« oder »ITIL V3« genannt. Durch sie fand eine deutliche Reorganisation und Erweiterung der IT Infrastructure Library statt.

Im Gegensatz zu offiziellen Standards wie der ISO 20000 können auf Basis von ITIL nur Personen zertifiziert werden. Das Zertifizierungskonzept von ITIL V3 basiert auf einem Punktesystem und unterscheidet drei Stufen, als »Level« bezeichnet: Durch Sammeln von Punkten können »ITIL-Titel« erworben werden.

Der *Foundation Level* beinhaltet die Kenntnis und das grundsätzliche Verständnis der Kernprinzipien und Prozesse von ITIL. Dieser Level wird durch eine Multiple-Choice-Prüfung erreicht und mit zwei Punkten angerechnet. Ihn zu erlangen ist dabei die Voraussetzung für das Erreichen höherer Level. Der Foundation Level ist annähernd vergleichbar mit der Foundation-Schulung von ITIL V2.

Der *Intermediate Level* ist zweigeteilt: Im ersten Teil, dem Lifecycle Stream, werden Kenntnisse zum ITIL Service Lifecycle vermittelt. Er orientiert sich daher an den fünf Kernbüchern von ITIL und ist in die Module Service Strategy, Service Design, Service Transition, Service Operation und Continual Service Improvement aufgeteilt. Für jedes erfolgreich absolvierte Modul werden drei Punkte angerechnet.

Der zweite Teil, Capability Stream genannt, beinhaltet Querschnittskompetenzen und ist aus vier Modulen aufgebaut: Service-Portfolio und Relationship Management, Service-Design und Optimierung, Service-Monitoring und -Optimierung sowie Service-Betrieb und Unterstützung.

Erfolgreich absolvierte Bereiche werden mit je 4 Punkten angerechnet. Für das Erreichen des Intermediate Levels und des Titels »ITIL Expert« sind insgesamt 22 Punkte erforderlich. Während die Module aus dem Lifecycle Stream und dem Capability Stream wählbar sind, ist das Modul Managing across the Lifecycle obligatorisch und wird mit 5 Punkten angerechnet. Der Intermediate Level ähnelt der Practionier- und Manager-Schulung von ITIL V2.

Der *Advanced Level* schließlich soll die Fähigkeit nachweisen, die ITIL-V3-Kenntnisse anzuwenden. Er ist zum Zeitpunkt der Drucklegung dieses Buches noch in Planung.

Zwar gibt es schon eine Reihe von Einführungen in ITIL V3, aber nur wenig wurde bislang über die praktische Umsetzung geschrieben. Dies ist auch (noch) schwierig, da es erst wenige abgeschlossene Projekte auf der Basis von ITIL V3 gibt. Daher geht dieses Buch einen anderen Weg und überträgt die Erfahrungen aus der zweiten Version auf ITIL V3, um so den Leser möglichst früh mit praktisch anwendbarem Wissen zu versorgen, das in ITIL V3 eingebettet ist. Dazu werden fünf Prozesse und der Service-Desk detailliert dargestellt und praktische Hinweise zu ihrer Umsetzung gegeben.

Das Buch geht hierbei folgendermaßen vor: Zunächst werden im ersten Kapitel die Grundlagen zum Verständnis von ITIL V3 erläutert. Wichtige Begriffe wie Service und Service-Management werden dabei definiert und ihn ihren Facetten beleuchtet.

Sodann gibt das zweite Kapitel einen Überblick der ITIL V3. Hierzu werden insbesondere die Teile des Rahmenwerks dargestellt, die in den weiteren Kapiteln nicht vertieft werden.

Die Kapitel 3 bis 8 befassen sich intensiv mit den Prozessen Incident-, Problem-, Change-, Release- und Configuration-Management, die den Kern jeder ITIL-Implementierung darstellen. Hierbei werden die jeweils für das Erreichen der Prozessziele kritischen Prozessabschnitte identifiziert und ihr Beitrag zum Erreichen der Prozessziele beschrieben. Weiterhin werden die Wechselwirkungen des Prozesses mit der IT-Organisation aufgezeigt. Zur Steuerung der laufenden Prozesse werden Kennzahlen vorgestellt. Schließlich wird aufgezeigt, welche Fehler vermieden werden können.

Kapitel 9 beschäftigt sich dann mit der Frage, wie sich die ITIL-Prozesse am besten modellieren lassen. Auch in der aktuellen Version 3 von ITIL bestehen bezüglich der Darstellung von Prozessen eine Reihe von Defiziten. Die Folge ist, dass ITIL-Prozesse aus unterschiedlichen Organisationen, beispielsweise im Zusammenspiel mit verschiedenen IT-Dienstleistern, oft nicht zueinander passen und ein nicht unerheblicher Mehraufwand in der Angleichung entsteht. In Kapitel 12 schließlich wird zur Optimierung von ITIL-Prozessen ein Managementansatz erläutert, der Aufgaben der Prozessorientierung zu einem integrierten Handlungssatz zusammenfasst und eine Vorgehensweise zur Optimierung von Geschäftsprozessen darstellt.

Vor diesem Hintergrund wird ITIL in seinen zentralen Aspekten praxisnah vorgestellt und aufgezeigt, worauf es in den Prozessen wirklich ankommt. Dazu werden die für das Erreichen der Prozessziele kritischen Prozessabschnitte identifiziert und ihr Beitrag zum Erreichen dieser Ziele aufgezeigt werden. Die allgemeine Beschreibung der Prozesse wurde dagegen knapp gehalten, da sie sich außerdem schon in einer Vielzahl anderer Werke findet.

Das Buch wendet sich dabei an IT-Fachleute, Projektleiter und Führungskräfte, die ein Verständnis von ITIL auf konzeptioneller Ebene erwerben wollen und ITIL praktisch einsetzen möchten.

Dem Leser wird mit dem vorliegenden Buch neben der relevanten Theorie auch das Handwerkszeug für eine praxisnahe und effektive Umsetzung vermittelt. Hierzu werden aus den umfangreichen ITIL-Prozessbeschreibungen die wichtigsten Punkte herausgegriffen sowie auf die Auswirkungen in der praktischen Umsetzung eingegangen. Der Leser erfährt weiterhin, wie sich die ITIL-Prozesse am besten modellieren lassen und somit eine Schwäche von ITIL eliminiert sowie eine allgemeine Steuerungsmethode im Prozessmanagement etabliert werden kann.

Grundlagen und Überblick

Grundlagen **15**
RAINER SCHMIDT, HELGE DOHLE

ITIL V3 .... **29**
RAINER SCHMIDT, HELGE DOHLE

Grundlagen

Es ist eine besondere Herausforderung für IT-Provider: Wie lassen sich hohe Kundenzufriedenheit, Kostentransparenz und Servicequalität erzielen? ITIL kann bei der Bewältigung dieser Aufgabe einen Beitrag leisten. Dieser Artikel erläutert die wichtigsten begrifflichen Grundlagen des Frameworks.

In diesem Beitrag erfahren Sie:
- was man unter Service und Service Management versteht,
- wie Service-Qualität wahrgenommen wird,
- was zentrale Herausforderungen bei der Entwicklung von Service Management sind.

RAINER SCHMIDT, HELGE DOHLE

Ausgangspunkt

Ausgangspunkt sind die unterschiedlichen Perspektiven, die man auf die Informationstechnik eines Unternehmens entwickeln kann. Insgesamt kann die Informationstechnik eines Unternehmens (IT) unter vier verschiedenen Perspektiven betrachtet werden. Technologisch, organisatorisch, Service-orientiert oder Asset-orientiert wie in Abbildung 1 dargestellt.

Lange stand eine *technologische Perspektive* im Vordergrund. Sie sieht die IT als Ansammlung von Systemen, Hardware, Software etc. an, die »irgendwie« in nicht näher betrachtete Dienstleistungen oder Prozesse eingebettet ist. Eine große Popularität erreichte auch die *organisatorische Perspektive*, die die IT als Teil der betrieblichen Aufbauorganisation – vergleichbar mit anderen Organisationseinheiten wie Produktion oder Vertrieb – sieht. Die kritische Hinterfragung der

Grundlagen

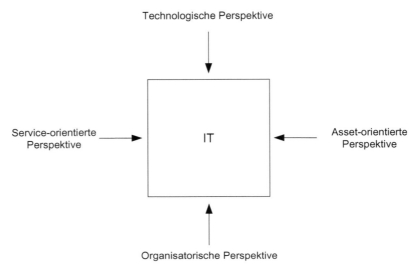

Abb. 1: *Perspektiven auf die IT eines Unternehmens*

IT basiert auf einer *Asset-orientierten Perspektive*. Diese sieht die IT als Vermögenswert, der zum Unternehmenserfolg beiträgt. Dementsprechend werden die IT-Kosten als Investition betrachtet, von der ein entsprechender Ertrag erwartet wird. Problematisch ist hierbei jedoch die genau realitätsgetreue Widerspiegelung von Kosten und Ertrag. Nicht alle Kosten und Erträge sind auch messbar. Daher besteht die große Gefahr, dass eine zwar formal korrekte, aber dennoch die Realität verfälschende Darstellung entsteht. Die *Service-orientierte Perspektive* schließlich sieht die IT als Menge von Dienstleistungen, die für den Geschäftsbetrieb erbracht werden. Dabei spielt es keine besondere Rolle, ob diese Dienstleistungen intern oder extern erbracht werden.

Services

Der Begriff Service hat sich besonders im Umfeld des IT-Service Managements als Begriff für Dienstleistungen eingebürgert. IT-Services sind Dienstleistungen, die unter Nutzung von IT-Systemen erbracht beziehungsweise auf IT-Systeme angewandt werden. Besonders ITIL V3 spricht nur noch von Services statt von IT-Services – mit dem Anspruch, dass die Konzepte der Version 3 der Library auch auf Services im Nicht-IT-Umfeld anwendbar sind. So ist ein Service nach der Definition von ITIL V3 »ein Mittel, um Mehrwert für den Kunden zu schaffen, in dem für ihn Wirkungen erreicht werden, ohne dass er die Verantwortung für spezifische Kosten und Risiken übernimmt«.

Services werden in der ITIL V3 durch Service Packages beschrieben. Hierbei handelt es sich um eine detaillierte Beschreibung eines Service, der für den Kunden erbracht werden kann. Ein Service Package besteht aus einem Service Level Package (siehe weiter unten) und einem oder mehreren so genannten Core Services sowie unterstützenden Services. Ein Core Service wird durch ein Core Service Package beschrieben, dass von mehreren Service Level Packages genutzt werden kann. Die Kombination eines Core Service oder unterstützenden Service mit mehreren Service Level Packages wird Line of Service (LOS) genannt. Durch die unterschiedlichen Service Level sollen unterschiedliche Märkte angesprochen werden.

Arbeitsteiligkeit der Service-Erbringung

Durch die zunehmende Komplexität im Bereich der Informationstechnologie kann kaum ein Unternehmen wirklich alle benötigten Services selber erbringen. Weiterhin sind Skaleneffekte und technologische Führerschaft nur durch eine Konzentration auf eine begrenzte Menge von Services erreichbar. Daher haben sich im Bereich der Service-Erbringung arbeitsteilige Strukturen etabliert, die denen der klassischen Fertigungsindustrie, wie beispielsweise der Automobilindustrie, ähnlich sind.

So treten dem Kunden gegenüber nur ein oder wenige Service-Provider auf, die die Erbringung einer Menge von Services verantworten. Dieses Services sind an den Geschäftsprozessen des Kunden orientiert und weniger an technischen Fragestellungen. Zur Erbringung

Grundlagen

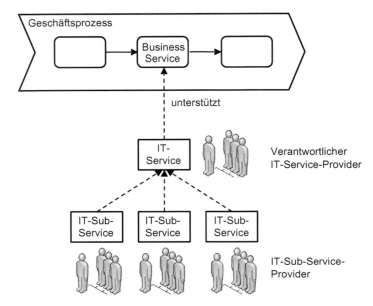

Abb. 2: *Arbeitsteiligkeit der Service-Erbringung*

dieser Services stützen sich die verantwortlichen Service-Provider auf eine Menge von untergeordneten Service-Providern, die sie beauftragen und steuern. Diese untergeordneten Provider erbringen eher technische Services, die in die vom verantwortlichen Service-Provider zu erbringenden Services einfließen.

Bei der arbeitsteiligen Erbringung von Service durch mehrere Service-Provider ist jedoch zu berücksichtigen, dass aufgrund der besonderen Eigenschaften von Services – insbesondere ihre Nicht-Lagerfähigkeit – ein besonders gutes Management etabliert werden muss. Es besteht keine Möglichkeit zur Pufferbildung durch Lager. Vor diesem Hintergrund ist die arbeitsteilige Erbringung von Services mit einem extremen Just-in-time-Konzept vergleichbar, bei dem jede Verzögerung oder jeglicher Qualitätsmangel sofort auf die gesamte Produktionskette durchschlägt.

Utility und Warranty

Der für den Kunden durch den Service erbrachte Mehrwert wird in ITIL V3 durch die Begriffe Utility (Nutzen) und Warranty (Gebrauchswert) beschrieben. *Utility* meint die Eignung eines Service für einen Zweck. Erbringt ein Service Wert in Form von Utility, so wird dadurch der Gewinn des Unternehmens gesteigert. Zu denken wäre hier etwa an die Durchführung einer Buchung oder an die Steigerung der Produktivität der Mitarbeiter durch verbesserte Informationsversorgung. Dies kann auch durch die Aufhebung von Beschränkungen geschehen, indem beispielsweise örtliche Distanzen durch einen Videokonferenz-Service überwunden werden.

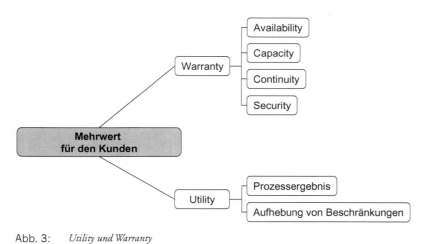

Abb. 3: *Utility und Warranty*

Warranty hingegen beschreibt die Tauglichkeit des Service für seinen Gebrauch. Während Utility sich darauf bezieht, was für ein Unternehmen erbracht wird, zielt Warranty darauf ab, wie dies geschieht. Es besteht also eine analoge Situation zu den aus dem Software-Engineering bekannten funktionalen und nicht-funktionalen Anforde-

Grundlagen

rungen. Der Begriff der Warranty wird in vier Begriffe differenziert und zwar Availability, Capacity, Continuity und Security:
- *Availability* bezeichnet die Verfügbarkeit des Service gemäß den Vereinbarungen zwischen Service-Provider und Kunden. Ein Beispiel ist die Verfügbarkeit einer Web-Site rund um die Uhr.
- *Capacity* beschreibt die Bereitstellung des Service entsprechend dem vereinbarten Umfang. Jeder Benutzer eines Speichersystems sollte also den ihm versprochenen Speicherplatz auch nutzen können.
- Unter *Continuity* wird der Weiterbetrieb eines Service auch unter Einfluss von Störungen wie Stromausfall etc. verstanden.
- *Security* schließlich bezieht sich sowohl auf die Sicherheit innerhalb des Unternehmens als auch auf die Sicherheit gegenüber Bedrohungen von außen.

Weitere Aspekte von Services

Diese Definition der ITIL V3 beschreibt aber nur unvollständig die Charakteristika von Services (Dienstleistungen). Ein wichtiger Aspekt ist die Interaktion zwischen Kunden und Service-Provider (Dienstleister). So übermittelt der Kunde dem Service-Provider Informationen, die dieser zur Erbringung des Service braucht, oder übergibt ihm sogar Ressourcen, wie dies beispielsweise bei einer Computer-Reparatur der Fall ist.

Weiterhin weisen Services eine Reihe von Besonderheiten auf, die sie vor allem von materiellen Produkten unterscheiden und weitreichende Auswirkungen auf das Service Management haben. An erster Stelle ist die Gleichzeitigkeit von Erstellung und Verbrauch von Dienstleistungen zu nennen. Services können nicht gelagert und bevorratet werden. Dies bedeutet nicht nur, dass die Erbringung von Services besonderen Zuverlässigkeitsanforderungen unterliegt, da ja kein Lager als Puffer dienen kann, sondern auch dass ein Service nicht im Vorhinein auf seine Qualität geprüft werden kann. Durch die Gleichzeitigkeit von Erstellung und Verbrauch ist es nicht möglich, einen Service wie ein materielles Produkt vor dem Kauf zu begutachten. Vielmehr ist man bei der Beauftragung des Service gezwungen, dem Service-Provider zu vertrauen, dass er die gewünschte Dienstleistung in der vereinbarten Qualität auch erbringen kann. Diese besondere Situation macht die Auswahl von Service-Providern, besonders bei der ersten Beauftragung so schwierig. Eine teilweise Lösung ist die so genannte Zertifizierung von Service Providern. Dabei wird überprüft, ob der Dienstleister Management-Strukturen und -Prozesse etabliert hat, die eine ordnungsgemäße Erbringung von Services höchstwahrscheinlich macht.

Wahrnehmung der Service-Qualität

Nicht nur der Aspekt »Qualität der Prozesse« spielt eine wichtige Rolle in der Betrachtung der vom Servicenehmer empfundenen Dienstleistungsqualität. Für die Zufriedenheit des Kunden ist die Wahrnehmung der Service-Qualität von entscheidender Bedeutung. Das so genannte SERVQUAL-Modell von Parasuraman et. al. stellt hierzu die Zusammenhänge zwischen den Faktoren dar, die die Wahrnehmung beeinflussen. So bildet sich die Erwartung des Kunden auf der Basis seiner persönlichen Anforderungen, aber auch vorangegangener Erfahrungen mit dem Service-Provider sowie dessen Reputation. Wenn der Kunde den Service-Provider beauftragt, teilt er ihm in der Regel seine Anforderungen mit. Dabei kann es aber zu einer ersten Lücke (Lücke 1) zwischen den Kundenerwartungen und deren Wahrnehmung durch den Service-Provider kommen: Anforderungen können übersehen werden, zusätzliche Anforderungen können unbewusst hinzugefügt werden oder es kann schlichtweg zu einer fehlerhaften Interpretation der Anforderungen kommen.

Ferner kann sich eine zweite Lücke zwischen der Wahrnehmung der Kundenerwartungen und deren formeller Definition in Qualitätsstandards auftun. Auch hier können bei der Formalisierung der natürlichen Sprache Anforderungen unwillkürlich hinzugefügt oder

Grundlagen

weggelassen worden sein, beziehungsweise Sachverhalte können unterschiedlich interpretiert worden sein (Lücke 2). Dies gilt auch für die Umsetzung der Qualitätsstandards in einen realen Service (Lücke 3). Eine weitere Lücke ist außerdem möglich zwischen dem realen Service und dem, was dem Kunden bezüglich des Service kommuniziert worden ist (Lücke 4). Zwischen dem realen Service und dem wahrgenommenen Service können Unterschiede bestehen, wenn beispielsweise ein Fehler in Anwesenheit des Kunden gehäuft auftritt, aber ansonsten nicht erscheint.

Entscheidend für die durch den Servicenehmer empfundene Gesamtleistung ist also auch das Ergebnis des Dienstleistungsprozesses – oder, wie der Kunde es subjektiv erlebt hat. Zu beachten ist hierbei, dass sowohl der Prozess als auch das Ergebnis die Gesamtqualität der Dienstleistung im gleichen Maße beeinflussen.

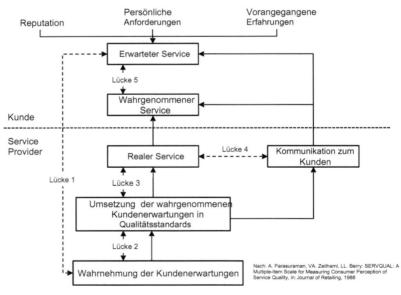

Abb. 4: *SERVQUAL-Modell zur Bestimmung der Service-Qualität*

Service Level Packages

Service Level Packages definieren den Service-Nutzen (Service Utility) und die Service-Güte (Service Warranty). Weiterhin enthält das Service Package das so genannte *Service Model*, das die Struktur und die Dynamik des Service beschreibt. Unter Struktur wird hierbei der Aufbau der Dienstleistung aus untergeordneten Services verstanden. Die Dynamik des Service beinhaltet das dynamische Zusammenspiel der Teil-Services, die Weiterleitung von Ressourcen, die Kommunikation zwischen den Service-Benutzern etc.

Prozesse und Services

Prozesse sind das zentrale Paradigma zur Gestaltung unternehmerischer Abläufe. Ein Prozess kann als eine Abfolge von Aktivitäten definiert werden, die der Erbringung von Mehrwert auf direktem oder indirektem Wege dient. Die in einem Prozess enthaltenen Aktivitäten sind in ihrem Umfang definiert und geordnet. In ITIL V3 werden Prozesse als Anordnungen von verknüpften Aktivitäten definiert, die für den Kunden eine Leistung erbringen und über eine Rückkopplungsschleife verfügen. Zur Erbringung ihrer Leistungen können sie sich auf die Leistungen anderer Aktivitäten und Prozesse stützen. Prozesse müssen messbare Ergebnisse erbringen, das heißt in ihrer Qualität, Kosten, Leistung usw. beurteilbar sein. Prozesse und Services stehen in einem engen Verhältnis. Zunächst gibt es Prozesse, deren Ziel die Bereitstellung von Services sind, so genannte Service-Prozesse. Streng von ihnen zu trennen sind Service-Management-Prozesse, die der Verwaltung von Services dienen.

Service-Management
Unter Service-Management versteht man ein System aus Steuerungsmechanismen, das auf das optimierte Erbringen von Services abzielt.

Einen wichtigen Steuerungsmechanismus bilden dabei Prozesse; sie werden daher Service-Management-Prozesse genannt.

Service Management wird in ITIL V3 beschrieben als »Menge von spezialisierten, organisatorischen Fähigkeiten, die der Erbringung von Mehrwert für den Kunden in Form von Services dienen«. Wichtiges Ziel des IT-Service-Managements ist die Abstimmung der Services mit den Zielen des Unternehmens. Dies soll nicht nur statisch geschehen, sondern dynamisch, das heißt, auf veränderte Anforderungen im Geschäftsumfeld soll durch entsprechende Anpassungen der Services reagiert werden.

Herausforderungen bei der Entwicklung eines Service Managements

Die besondere Herausforderung bei der Entwicklung eines erfolgreichen Service-Managements liegt darin, fünf Aspekte zu berücksichtigen, die stark unterschiedlichen Gesetzmäßigkeiten unterliegen:

⇨ Die *Prozesse* zur Verwaltung und Erbringung von IT-Services müssen auf die Unternehmensstrategie hin ausgerichtet sein. Diese müssen jedoch die zur Verfügung stehenden Ressourcen berücksichtigen, insbesondere die Mitarbeiter und die Informationstechnologie. Dabei sind drei Arten von Prozessen zu unterscheiden: Geschäftsprozesse dienen der unmittelbaren Umsetzung der Unternehmensstrategie. Sie bestehen aus miteinander verknüpften Business Services. IT-Service-Prozesse erbringen IT-Services zur Unterstützung der Geschäftsprozesse. Gesteuert und verwaltet werden die IT-Service-Prozesse durch *IT-Service-Management-Prozesse* (vgl. Abb. 5).

⇨ Die *Mitarbeiter* müssen auf die Anforderungen der Service-Erbringung durch eine gute Ausbildung vorbereitet sein und geeignet organisiert sein.

⇨ *Informationstechnische Systeme* (IT-Systeme) unterstützen die Ausführung der Prozesse zur Erbringung und Verwaltung von Services.
⇨ *Informationen* müssen organisiert und verwaltet werden, um die Ausführung der Prozesse zu unterstützen. Hierbei ist zu beachten, dass viele Informationen oft nur in den Köpfen der Mitarbeiter vorhanden sind, eine komplette Speicherung der Informationen in IT-Systemen aber wegen der schieren Menge nicht möglich ist.
⇨ *Externe Partner* müssen eingebunden werden, da die alleinige Erbringung aller Services in einem Unternehmen meist nicht sinnvoll ist.

In ITIL V3 werden drei Typen von Service-Providern unterschieden:
⇨ interne Service Provider (Typ 1),
⇨ Shared Service Provider (Typ 2) und
⇨ externe Service Provider (Typ 3).

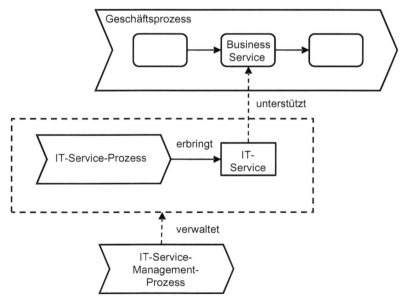

Abb. 5: *Geschäftsprozesse, IT-Service-Prozesse und IT-Service-Management-Prozesse*

Interne Service-Provider (Typ 1) arbeiten direkt einer betrieblichen Einheit zu. Dies und die damit verbundenen kurzen Kommunikationswege sorgen für eine hohe Kundenorientierung. Allerdings sind die Entwicklungsmöglichkeiten eines internen Service-Providers nur sehr begrenzt, da er an die von ihm betreute betriebliche Einheit gebunden ist. Ein direkt zugeordneter Service-Provider wird vor allem bei betrieblichen Einheiten eingesetzt, bei denen die IT entscheidend für ihre Wettbewerbsposition ist.

Ein *Shared Service Provider* (Typ 2) ist eine Service-Organisation, die an andere betriebliche Einheiten über einen Katalog Services anbietet. Auf diese Weise ist es möglich, die Kosten für die Services über die Erzielung von Skaleneffekten und Standardisierung zu reduzieren. Eine Shared-Service-Provider-Struktur wird eingesetzt, wenn die Services nicht wettbewerbskritisch sind.

Bei der Vergabe der Services an einen *externen Service Provider* (Typ 3) können durch Wettbewerb die deutlichsten Kostenreduktionen erreicht werden. Allerdings stellt der Ausfall des externen Service-Providers ein nicht unerhebliches Risiko dar. Daher wird man externe Service-Provider nur für nicht geschäftskritische Aufgaben übernehmen.

Assets und Ressourcen
Wie Abbildung 6 aufzeigt, werden Services durch zwei Klassen von Assets erzeugt. So genannte *Capabilities* (Wissen, Prozesse, Erfahrung, Fähigkeiten und Technologien) koordinieren, steuern und verwenden Ressourcen (Information, Infrastruktur, Anwendungen, Personal und Kapital).

Funktionen
Funktionen sind Teile einer Organisation die in der Lage sind bestimmte Aufgaben zu erfüllen und für die Ergebnisse verantwortlich zu zeichnen. Hierzu verfügen sie über spezifische Fähigkeiten und Ressourcen. Eine Funktion definiert Rollen als Platzhalter für die beteiligten Personen. Die Koordination zwischen Funktionen geschieht

Grundlagen

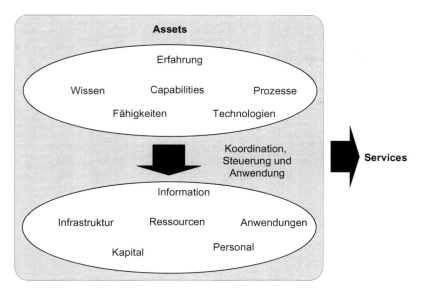

Abb. 6:   *Assets und Ressourcen*

durch gemeinsame Prozesse. Ein Mangel an solcher Koordination kann zum »Silodenken« führen, also den berühmten Abteilungsmauern, die es im Sinne einer übergreifenden Steuerung zu überwinden gilt.

Zusammenfassung

Kundenzufriedenheit, effiziente Leistungserbringung, Servicequalität, Kosten- und Leistungstransparenz sind nur einige von vielen Themen, die für IT-Provider nach wie vor aktuell sind und an Relevanz gewonnen haben. Methoden zur Planung und Steuerung der Leistungserbringung von IT-Services bekommen damit zunehmend einen höheren Stellenwert. In der Version 3 von ITIL wurden diese Anforderungen konsequent aufgegriffen, im Fokus stehen die Gestaltung, Steuerung und Verbesserung von Services als Ganzes – zentrales Ziel ist die Abstimmung der Services mit den Zielen des Unternehmens. Dies ist eine kontinuierliche Aufgabe, verbunden mit der Fähigkeit, auf veränderte Anforderungen im Geschäftsumfeld durch Anpassungen der Services zu reagieren. Zu berücksichtigen ist hierbei auch die vom Servicenehmer empfundene Service-Qualität, da es zwischen den Kundenerwartungen und deren Wahrnehmung durch den Service-Provider durchaus Unterschiede geben kann. In den fünf Bänden der ITIL V3 findet sich unter anderem dann auch das Management der Kundenanforderungen wieder, ebenso das Management der internen oder externen IT-Provider. Ferner gibt es Prozesse für das Requirement-Engineering, das Demand-Management, für die Definition und Steuerung von Betriebskennzahlen und Prozessen sowie für die kontinuierliche Verbesserung von Services und Prozessen.

ITIL V3

IT-Services sind konsequenter an den Geschäftsanforderungen eines Unternehmens auszurichten - dies ist die zentrale Forderung von ITIL V3. Hierzu bietet das Framework eine praktische Orientierung, mit dessen Hilfe sich Services entwickeln, gestalten, einführen und verbessern lassen.

> **In diesem Beitrag erfahren Sie:**
> - welche Prozessebenen sich nach ITIL V3 für das Service Management unterscheiden lassen,
> - wie die zentralen Prozesse auf diesen Ebenen funktionieren,
> - wie sich damit Services in den Betrieb überführen, erhalten und verbessern lassen.

RAINER SCHMIDT, HELGE DOHLE

Ebenen und Aufbau von ITIL V3

Die in ITIL V3 aufgeführten Konzepte lassen sich drei Ebenen zuordnen:

⇨ Auf der abstraktesten Ebene steht die Entwicklung der *Service-Strategie*.

⇨ Darunter befinden sich *Service Design*, *Service Transition* und *Service Operation*. Das Service Design umfasst die Prozesse zur Entwicklung und Gestaltung von Services. Service Transition beinhaltet die Prozesse zur Überführung der Services in den Betrieb, während Service Operation die Prozesse zum Betrieb der Services enthält. Begleitend zu diesen drei Phasen ist die wiederkehrende Verbesserung von Services, *Continual Service Improvement* genannt, angeordnet.

⇨ Die eigentliche Ausführung von Services im Rahmen von *Service-Prozessen* nimmt die unterste Ebene ein. Diese Ebene wird von ITIL V3 nicht behandelt, da sie die konkrete Erbringung der spezifischen Services behandelt.

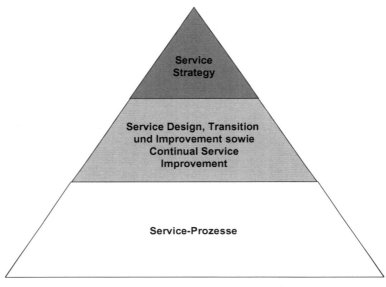

Abb. 1: *Ebenen in ITIL V3*

Die IT Infrastructure Library besteht aus Kernpublikationen (»ITIL Core«) und ergänzenden Publikationen (»ITIL Complementary Guidance«). Die Kernpublikationen geben allgemeingültige Hilfestellungen zur Gestaltung des Service Managements, die auf unterschiedlichste Organisationsformen oder Branchen anwendbar sind. Die ergänzenden Publikationen geben Hilfestellungen für spezifische Organisationsformen, Branchen etc. Die Kernpublikationen von ITIL bestehen aus *Service Strategy, Service Design, Service Transition, Service Operation* und *Continual Service Improvement*.

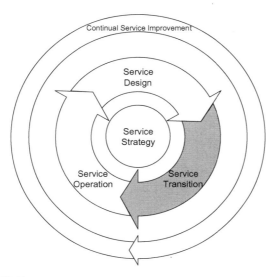

Abb. 2:   *ITIL Core*

Der Bereich *Service Strategy* hat zum Ziel, das Service Management als Aktivposten »Asset« für Unternehmen zu etablieren. In ihm werden Hilfestellungen für die Entwicklungen von Regelwerken (»Policies«), Richtlinien und Prozessen gegeben. Dazu werden die interne und externe Marktentwicklung, die Betrachtung von Service als Assets, Service-Kataloge und die Umsetzung der Service-Strategie entlang des gesamten Service-Lebenszyklus betrachtet. Die im Service-Management enthaltenen Konzepte sollen Unternehmen in die Lage versetzen, Kosten und Risiken der von ihnen verantworteten Service Portfolios zu managen.

Der Bereich *Service Design* behandelt Konzepte, mit denen strategische Zielsetzungen des Service Managements in Service Portfolios und Service Assets umgesetzt werden können. Es werden also die im Bereich Service Strategy definierten Anforderungen in Spezifikationen von Services umgesetzt. Der Bereich Service Design bezieht sich aber nicht nur auf die Entwicklung neuer Services, sondern auch auf die

Verbesserungs- und Anpassungsmaßnahmen während der Lebenszeit von Services. Zudem sorgt dieser Bereich für die Einhaltung von vorgegebenen Regeln und Vorschriften zur Gestaltung der Services.
Der Bereich *Service Transition* beschäftigt sich mit der Überführung neuer oder veränderter Services in den Betrieb. Dabei spielt die Abwehr von Störungen und Unterbrechungen eine wichtige Rolle.
Der Bereich *Service Operation* behandelt die Erbringung und Unterstützung von Services im alltäglichen Betrieb.
Continual Service Improvement schließlich hat die ständige Verbesserung von Services und Service Management zum Ziel.

Service Strategy

Der Bereich Service Strategy stellt Mittel zur Konzeption, Entwicklung und Umsetzung des Service Managements bereit, die den Einklang der Service-Strategie mit der Unternehmensgesamtstrategie sichern sollen. Hierzu ist zunächst auf den Begriff der Strategie einzugehen. Darunter wird ein planmäßiges Vorgehen zum Erreichen eines oder mehrerer Ziele verstanden. Eine Strategie sollte keinesfalls mit der Definition von Zielen oder sogar einer Vision verwechselt werden. Vielmehr ist es Aufgabe der Strategie die Ressourcen des Unternehmens so zum Einsatz zu bringen, dass die Unternehmensziele und -vision erreicht werden können. Ausdruck der Strategieentwicklung in ITIL V3 ist das Service Portfolio.

Service Portfolio

Das Service Portfolio ist die Sammlung aller Services, die ein Service-Provider anzubieten beabsichtigt, anbietet oder angeboten hat. Mit ihm werden Entscheidungen über die Entwicklung, Einführung, den Betrieb und die Außerbetriebnahme von Services gefällt. Das Service Portfolio besteht aus dem Service-Katalog, der Service-Pipeline und den außer Betrieb gesetzten Services (retired services).

Service-Katalog

Der Service-Katalog enthält zwei Sichtweisen, eine geschäftsorientierte und eine technisch orientierte. Die *geschäftsorientierte Sichtweise* stellt eine Verbindung zwischen den Geschäftsprozessen und den IT-Services her. Die *technische Sichtweise* ist die des Service-Providers und enthält die technischen Details.

Mit dem Service-Katalog werden die im Betrieb befindlichen Services erfasst, also die Services, mit denen ein Gewinn erwirtschaftet oder Kosten vermieden werden sollen. Die Services werden in so genannten *Lines of Service* zusammengefasst, die Services für typische Geschäftsaktivitäten vereinigen.

Veränderungen des Service-Kataloges sind nur in Absprache mit Service Transition möglich. Nur Services, die durch Service Transition auch in den Betrieb überführt wurden, können dem Kunden durch den Service-Katalog auch angeboten werden. Voraussetzung hierfür ist das Vorhandensein dementsprechender Fähigkeiten und Ressourcen. Viele der Services im Service-Katalog werden außerdem von Kunden auf der Basis von Verträgen genutzt, sodass ein einfaches Entfernen oder Verändern nicht möglich ist.

Service-Pipeline

In der Service-Pipeline befinden sich die in Entwicklung befindlichen Services, die noch nicht auf dem Markt angeboten werden. Ihre Zusammensetzung gibt die Annahmen des Service-Providers über die zukünftige Entwicklung des Marktes und der Kundenbedürfnisse wieder. Die Menge und Qualität der in der Service-Pipeline befindlichen Services ist ein wichtiges Indiz für die Fähigkeit des Service-Providers, sich an veränderte Marktbedingungen anzupassen und Innovationen zu generieren. Dabei sollte nicht übersehen werden, dass die in der Service-Pipeline befindlichen Services Kosten erzeugen, aber keine Erträge generieren. Aus diesem Grunde ist auf eine ausreichende Finanzierung zu achten.

Retired Services

Die Außerbetriebnahme von Services (Retired Services) wird durch Service Transition durchgeführt. Hier ist darauf zu achten, dass keine vertraglichen Verpflichtungen gegenüber Kunden in Bezug auf den Service bestehen und kein Kunde mehr diesen Service benötigt.

Service Design

Aufgabe des Bereiches Service Design ist die Konzeption und Entwicklung von neuen Services beziehungsweise die Veränderung von bestehenden Services. Der Entwurf eines Service wird in Form eines Service Design Packages dokumentiert. Es wird in Zusammenarbeit mit den Kunden, externen und internen Lieferanten und anderen Interessenten entwickelt und enthält:

- ⇨ die geeigneten Service Packages,
- ⇨ die Service-Spezifikationen,
- ⇨ die Service-Modelle,
- ⇨ den Architekturentwurf, der notwendig ist, um die neuen oder veränderten Services bereitzustellen einschließlich der geltenden Einschränkungen,
- ⇨ die Definition und den Entwurf für jedes Release Package,
- ⇨ das detaillierte Konzept, wie die Service-Komponenten in das Release Package angepasst und integriert werden,
- ⇨ Release- und Deployment-Pläne,
- ⇨ die Kriterien für die Abnahme des Service.

Das Service-Design umfasst folgende Prozesse:
- ⇨ Service-Katalog-Management,
- ⇨ Service Level Management,
- ⇨ Capacity Management,
- ⇨ Availability Management,
- ⇨ IT Service Continuity Management,
- ⇨ Information Security Management,
- ⇨ Supplier Management.

Service-Katalog-Management

Das Service-Katalog-Management soll einen aktuellen Katalog aller in Betrieb befindlichen oder zur Inbetriebnahme anstehenden Services bereitstellen. Der Service-Katalog soll stets konsistente und mit der Realität in Einklang stehende Informationen über die Services liefern. Dazu werden eine Reihe von Aktivitäten durchgeführt, wie in Abbildung 3 dargestellt. Der Prozess Service-Katalog-Management

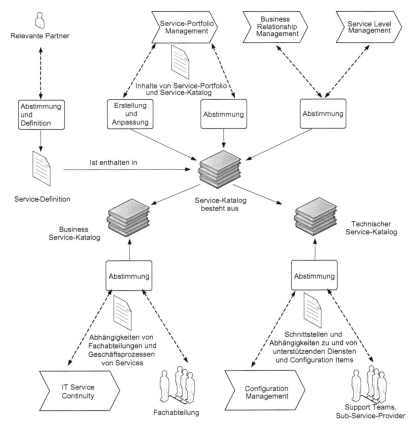

Abb. 3: *Service-Katalog-Management*

erstellt den Service-Katalog und passt ihn unter Berücksichtigung der Inhalte des Service Portfolios an. Dabei findet auch eine Abstimmung mit dem Service-Portfolio-Management über die Inhalte des Service Portfolios und des Service-Kataloges statt. Services werden zusammen mit den relevanten Partnern abgestimmt und definiert. Der geschäftsorientierte Teil des Service-Katalogs, der Business-Service-Katalog wird mit dem IT Service Continuity Management und den Fachabteilungen abgestimmt. Hierbei geht es um die Abhängigkeiten von Fachabteilungen und Geschäftsprozessen von Services. Der technisch orientierte Teil des Service-Katalogs wird mit den Sub-Service-Providern und dem Configuration Management abgestimmt. Dabei werden die Schnittstellen zu Configuration Items und Sub-Service-Providern sowie dabei vorhandene Abhängigkeiten in Einklang gebracht. Außerdem wird eine Abstimmung mit dem Business Relationship Management und dem Service Level Management durchgeführt.

Service Level Management

Die Einhaltung der vereinbarten Service Level für die aktuellen Services ist das Ziel des Service Level Managements. Auch soll sichergestellt werden, dass zukünftige Services die vereinbarten Service-Level erfüllen können. Um diese Ziele zu erreichen, setzt das Service Level Management auch proaktive Maßnahmen ein, um mögliche Service-Level-Verletzungen zu verhindern. Grundlage hierfür ist die Etablierung eines konzeptionell durchdachten Messsystems für die Eigenschaften der Services.

Ausgangspunkt des Service Level Managements ist die Bestimmung von Anforderungen, den Service Level Requirements (SLR), die verhandelt, dokumentiert und schließlich zwischen Kunde und Service-Provider vereinbart werden. Die so entstandenen Service Level Agreements (SLAs) werden verwaltet und in regelmäßigen Abständen einem Review unterworfen. Während des Reviews können Pläne für die Verbesserung von Services entstehen (Service Improvement Plans,

ITIL V3

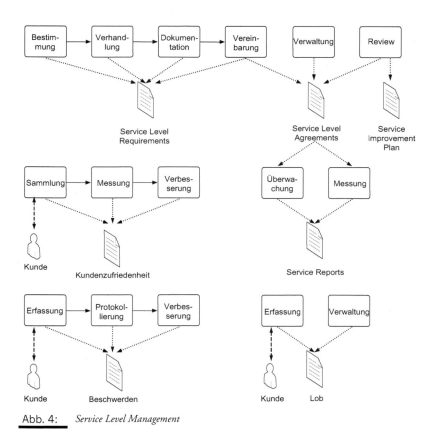

Abb. 4: *Service Level Management*

kurz: SIPs). Die Service Level Agreements werden bei der Überwachung und Messung der Services als Maßstab verwendet. Hierbei werden Berichte (Service Reports) erzeugt.

Neben den SLAs wird im Service-Level-Management-Prozess auch die Kundenzufriedenheit überwacht, die sich unter anderem durch Befragungen ermitteln und messen lässt. Gegebenenfalls leiten sich daraus Verbesserungsmaßnahmen ab. Zuden sollte ein Beschwerde- und Lob-Management eingerichtet werden. Jede Beschwerde sollte dabei erfasst, protokolliert und zum Ausgangspunkt von Verbesserungen gemacht werden. Gleichermaßen sollte aber auch von den Kunden ausgesprochenes Lob registriert und an die verantwortlichen Mitarbeiter weitergeleitet werden. Dies kann die Motivation der Mitarbeiter nachhaltig erhöhen.

Capacity Management

Das Capacity Management hat die Aufgabe, die zur Verfügung stehenden Services und IT-Ressourcen einerseits so umfangreich zu bemessen, dass die mit den Kunden vereinbarten Service Level erfüllt werden können, andererseits so knapp wie möglich zu kalkulieren, um die Kosten zu minimieren. Das Capacity Management ist ein Prozess, der in hohem Maße ein proaktives Vorgehen erfordert – insbesondere, um die Erfüllung der vereinbarten Service Level zu erreichen. Der Capacity-Management-Prozess gliedert sich in die drei Bereiche
⇨ Business Capacity Management,
⇨ Service Capacity Management und
⇨ Component Capacity Management.

Das *Business Capacity Management* leitet aus den geschäftlichen Anforderungen und Plänen Anforderungen an die Services und die zu Grunde liegende IT-Infrastruktur ab. Auf Basis der aktuellen Kapazitätssituation und der zu erwartenden zukünftigen Entwicklung werden die zukünftigen Anforderungen prognostiziert. Grundlage für die Abschätzung der zukünftigen Entwicklung sind Informationen aus Service Strategy und Service Portfolio.
Das *Service Capacity Management* hat die Aufgabe, die Gesamtleistung (End-to-End) von Services zu steuern und vorherzusagen. Dazu führt es Messungen der Service-Leistung durch und entwickelt daraus entsprechende Berichte und Analysen. Falls Abweichungen von den vereinbarten Service Levels eintreten oder deren Eintreten zu erwarten ist, sollten dementsprechende Gegenmaßnahmen eingeleitet werden.

ITIL V3

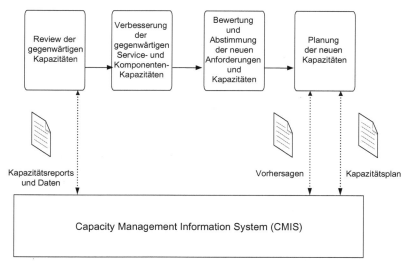

Abb. 5: *Zusammenarbeit Capacity Management und Capacity Management Information System*

Die Überwachung einzelner IT-Komponenten ist Aufgabe des *Component Capacity Managements*. Durch die Einführung automatischer Überwachungssysteme sollen Verletzungen von Auslastungsgrenzen, Reaktionszeiten etc. schnellstmöglich erkannt und Gegenmaßnahmen ausgelöst werden.

Das Capacity Management stützt sich auf das *Capacity Management Information System* (siehe Abb. 5). Auf Basis von Kapazitätsreports und -daten wird zunächst ein Review der gegenwärtigen Kapazitäten durchgeführt. Danach lassen sich Maßnahmen zur Verbesserung der gegenwärtigen Service- und Komponentenkapazitäten konzipieren. Sodann bewertet man neue Kapazitätsanforderungen beziehungsweise neu hinzugekommene Kapazitäten und stimmt sie ab. Dies mündet schließlich in einen überarbeiteten Kapazitätsplan sowie in entsprechende Vorhersagen über die Kapazitätsentwicklung.

Availability Management

Ziel des Availability Managements ist es, unter möglichst geringen Kosten, eine möglichst hohe Verfügbarkeit aller Services herzustellen, die die gegenwärtigen und zukünftigen geschäftlichen Anforderungen erfüllt. Hierzu bildet das Availability Management eine zentrale Stelle zur Sammlung, Verwaltung und Auswertung von Verfügbarkeitsinformationen.

Das Availability Management beinhaltet sowohl reaktive als auch proaktive Aktivitäten. Die reaktiven Aktivitäten sind in Abbildung 6 beschrieben. Ausgangspunkt ist dabei die Überwachung und Messung der Verfügbarkeit von Services. Die Ergebnisse werden analysiert und bilden die Grundlage für die Berichterstattung und den Review der Service- und Komponentenverfügbarkeit. Auf dieser Basis lassen sich Fälle von mangelnder Verfügbarkeit untersuchen und Gegenmaßnahmen entwickeln.

Eine hohe Verfügbarkeit ist aber durch die reaktiven Aktivitäten allein nur schwer zu erreichen. Sie sind vielmehr durch proaktive Aktivitäten zu ergänzen. Hierfür sind zunächst die so genannten Vital Business Functions zu identifizieren, also Funktionen, die für das Überleben und den Erfolg des Unternehmens von zentraler Bedeutung sind. Ein Beispiel für eine Vital Business Function wäre ein Web-Shop für ein auf E-Commerce ausgerichtetes Unternehmen. Nach der Identifikation der Vital Business Functions in Zusammenarbeit mit den Fachabteilungen und der Unternehmensleitung sind prinzipiell zwei Möglichkeiten der proaktiven Unterstützung möglich: die Gestaltung der Services auf eine hohe Verfügbarkeit hin (Design for Availability) oder die Gestaltung auf eine schnelle Wiederherstellung hin (Design for Recovery).

Beim *Design for Availability* werden für die Erbringung des Service möglichst zuverlässige Komponenten verwendet, sodass die Wahrscheinlichkeit eines Ausfalls reduziert ist. Dies können beispielsweise besonders zuverlässige Hardware-Systeme sein oder die Anwendung kurzer Wartungsintervalle.

ITIL V3

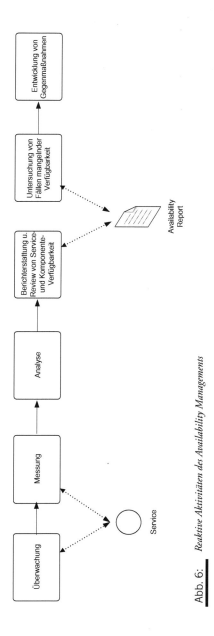

Abb. 6: *Reaktive Aktivitäten des Availability Managements*

Das *Design for Recovery* bedeutet demgegenüber, dass der Service auf einen Ausfall vorbereitet wird. Dies kann beispielsweise durch die Bereithaltung von Ersatzkomponenten geschehen. Besonders wichtig ist jedoch die vorbereitende Konzeption von Vorgehensweisen für die Mitarbeiter. Das heißt, beim Ausfall des Service liegen klare Handlungsanweisen zu dessen Behebung vor.

IT Service Continuity Management

Während das Availability Management die Verfügbarkeit einzelner Services betrachtet, ist es Ziel des IT Service Continuity Managements, den Geschäftsbetrieb nach einer Störung einer oder mehrerer Services schnellstmöglich wieder aufzunehmen. Hierbei stehen vor allem gravierende Störungen, wie der Ausfall der Stromversorgung, der Netzanbindung etc., im Zentrum des Interesses.
Der IT-Service-Continuity-Management-Prozess gliedert sich in vier Phasen:
⇨ Initiierung,
⇨ Anforderungsanalyse und Strategieentwicklung,
⇨ Umsetzung,
⇨ Regelbetrieb.

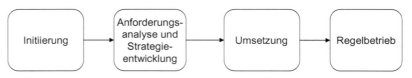

Abb. 7: *IT-Service-Continuity-Management-Prozess*

Die Phase der Initiierung beginnt mit der Definition einer Richtlinie (Policy), die die Ziele des Managements bezüglich der IT Service Continuity definiert. Danach wird der Anwendungsbereich des IT Service Continuity Managements auf Basis von Risikoanalysen und Analysen der Auswirkungen von Störungen auf den Geschäftsbetrieb

(Business Impact Analysis) festgelegt. Vor diesem Hintergrund lassen sich im Anschluss Ressourcen festlegen und die Projektorganisation und -steuerung bestimmen. Den Abschluss bildet die Abstimmung des Projekt- und Qualitätsplanes.

In der zweiten Phase wird die Strategie für das Service Continuity Management entwickelt. Ausgangspunkt hierfür ist eine Risikoanalyse, deren Kernbestandteil die so genannte Business Impact Analysis ist. Diese erfasst insbesondere die Auswirkungen einer Störung wie zum Beispiel zusätzliche Kosten, beschädigte Reputation etc. Eine typische Darstellung der Ergebnisse der Business Impact Analysis ist eine Risiko-Matrix, die die Risiken nach Eintrittswahrscheinlichkeit und Auswirkungen differenziert (vgl. Abb. 8).

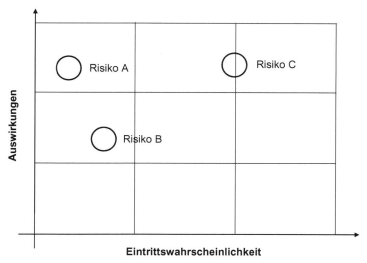

Abb. 8: *Risiko-Matrix*

Auf der Basis der Risiko-Matrix wird die IT-Service-Continuity-Strategie entwickelt. Diese enthält einen Mix aus risikoreduzierenden Maßnahmen und Maßnahmen zur Behandlung eingetretener Risiken. Beispielsweise kann durch die Einführung redundanter Komponenten das Ausfallrisiko von Systemen reduziert werden. Ferner liefern Notfallpläne Handlungsanleitungen bei eingetretenen Risiken.

In der dritten Phase, der Umsetzungsphase, wird die IT-Service-Continuity-Strategie in konkrete Planungen überführt. Dies beginnt mit der Festlegung, wann ein Risiko als eingetreten anzusehen ist. Zudem ist zu bestimmen, wer im Fall des Risikoeintritts welche Aufgaben zu erfüllen hat, welche Personen wann über was zu informieren sind usw.

In der vierten Phase, dem Regelbetrieb, sollte durch regelmäßige Tests und Trainingsmaßnahmen das Personal auf den Eintritt eines Risikos vorbereitet sein. Auch ist es erforderlich, die Planungen auf aktuellem Stand halten. Insbesondere ist dafür Sorge zu tragen, dass Änderungen an dem System nicht die Maßnahmen zum Service Continuity Management unterlaufen. Ein Beispiel wäre der Anschluss redundanter Stromversorgungen an den gleichen Stromkreis.

Information Security Management

Aufgabe des Information Security Managements ist es, die IT-Sicherheit in Einklang mit den geschäftlichen Anforderungen zu bringen und für alle Services zu gewährleisten. Der Begriff IT-Sicherheit orientiert sich meist an den folgenden vier Kriterien:

⇨ *Verfügbarkeit*: Informationen sind verfügbar und verwendbar, wenn benötigt.
⇨ *Vertraulichkeit*: Informationen sind nur für die Personen sichtbar, die das Recht dazu haben.
⇨ *Integrität*: Informationen sind vollständig, genau und vor unerlaubter Modifikation geschützt.
⇨ *Authentizität* und *Unleugbarkeit*: Durchgeführte Transaktionen können nicht abgestritten werden.

Neben diesen grundsätzlichen Anforderungen entstehen Sicherheitsanforderungen auch aus gesetzlichen Vorschriften, Normen, Sicherheitsrichtlinien des Unternehmens usw.

In ITIL V3 ist ein Rahmenwerk für die IT-Sicherheit definiert, das sich auch an der ISO 27001, der internationalen Norm für IT-Sicherheit, orientiert. Es umfasst die in Abbildung 9 dargestellten Phasen.

In der Phase *Control* wird ein Rahmenwerk zur Einführung und Verwaltung der IT-Sicherheit und eine unterstützende Organisation eingeführt. Verantwortlichkeiten werden definiert und ein Dokumentationssystem wird eingerichtet.

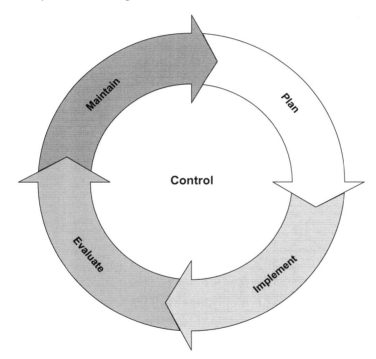

Abb. 9:   *Phasen des IT-Security-Prozesses*

In der Phase *Plan* sollen die den Anforderungen des Unternehmens entsprechenden Sicherheitsmaßnahmen definiert werden. Diese Anforderungen stammen von unterschiedlichsten Quellen wie etwa geschäftlichen und Service-bedingten Risiken oder Service Level Agreements. Es wird eine Informationssicherheitsrichtlinie definiert, die die grundsätzliche Haltung des Unternehmens zu Sicherheitsanforderungen definiert.

In der Phase *Implement* wird die Informationssicherheitsrichtlinie durch Prozeduren, Werkzeuge und Steuerungsmechanismen umgesetzt. Der Erfolg der Umsetzung hängt von einer Reihe von Faktoren ab wie der Klarheit und Akzeptanz der Informationssicherheitsrichtlinie, der Unterstützung durch das leitende Management, geeigneten Ausbildungsmechanismen und Verbesserungsmechanismen.

In der Phase *Evaluation* wird die Übereinstimmung mit den Sicherheitsrichtlinien und -anforderungen in Service Level Agreements und Operational Level Agreements überprüft. Durch Audits lässt sich die technische Sicherheit der IT-Systeme überprüfen.

Die Phase *Maintain* soll die kontinuierliche Verbesserung des IT Security Managements erreichen.

Supplier Management

Das Supplier Management (Lieferantenmanagement) ist in letzter Zeit immer wichtiger geworden, da auch IT-Services immer stärker arbeitsteilig erbracht werden. Durch die Auslagerung von IT-Services oder unterstützenden Services kann man insbesondere schneller auf die hohe Dynamik der Entwicklung im IT-Bereich reagieren. Auf neuen Technologien beruhende Services müssen nicht mehr im eigenen Hause von Grund auf neu entwickelt werden, sondern lassen sich fertig auf dem Markt beschaffen.

Neben der schnellen Integration technologischer Neuerungen ist die Kostenreduktion die zweite wichtige Motivation für die Auslagerung von Diensten. Ein externer Dienstleister kann durch die Versorgung mehrerer Kunden mit dem gleichen Service Skaleneffekte, das heißt Effizienzgewinne, erreichen, die den Kunden selbst verschlossen geblieben wären. Allerdings sind mit der Beauftragung externer Dienstleister immer auch erhebliche Risiken verbunden. So ist fast immer eine gewisse Abhängigkeit vom betreffenden Service-Provider vorhanden, da die »Wechselkosten« zu einem anderen Service-Provider relativ hoch sind. Auch besteht die Gefahr, in eine immer schwächere Position gegenüber dem Service-Provider zu geraten, da dieser eine hohe Kompetenz in einem Technologiebereich aufbaut, über die man selbst aufgrund der Auslagerung nicht mehr verfügt.

Das Supplier Management umfasst die folgenden Aktivitäten:
⇨ Bewertung neuer Lieferanten und Verträge,
⇨ Kategorisierung und Aktualisierung der Lieferanten und Vertragsdatenbank,
⇨ Aufnahme neuer Lieferanten und Verträge,
⇨ Messung der Leistung von Lieferanten und den mit ihnen geschlossenen Verträgen,
⇨ Erneuerung von Verträgen oder deren Beendigung.

Die Bewertung eines neuen Lieferanten basiert auf Faktoren wie seinen Fähigkeiten, seinen erreichten Zertifizierungen, beispielsweise gemäß ISO 20000, Kreditwürdigkeit, allgemeine finanzielle Lage usw. Darüber hinaus sollten die strategischen Ausrichtungen der Unternehmen übereinstimmen, beide sollten beispielsweise auf Qualitätsführerschaft orientiert sein. Ferner ist auch ein guter Informationsfluss, Offenheit und gegenseitiges Vertrauen notwendig.

Zur Einteilung der Lieferanten empfiehlt es sich, eine Matrix aufzubauen, die die Lieferanten in die Klassen strategisch, taktisch, operativ und Commodity einstuft (siehe Abb. 10).

Mit *strategischen Lieferanten* bestehen langfristige und sehr vertrauensvolle Kooperationen, bei denen auch vertrauliche Planungsinformationen ausgetauscht werden. Die Zusammenarbeit findet meist auf der Ebene des leitenden Managements statt. Partnerschaften mit *taktischen Lieferanten* weisen einen signifikanten Umfang auf und

ITIL V3

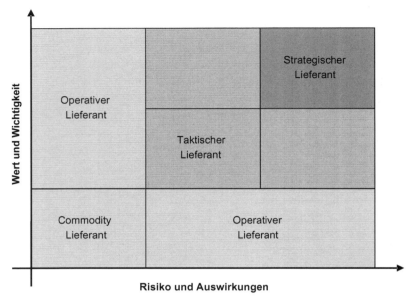

Abb. 10: *Lieferanten-Einteilung*

werden meist auf der Ebene des mittleren Managements abgewickelt. Oft werden gemeinschaftliche Projekte zur Prozessoptimierung durchgeführt. Ein Lieferant wird als *operativ* angesehen, wenn er weniger wichtige Produkte oder Services anbietet. Die Beziehungen zu operativen Lieferanten werden vom unteren Management gepflegt. *Commodity-Lieferanten* sind sehr leicht gegen andere Lieferanten austauschbar und dementsprechend in einer sehr schwachen Position.

Der Aufwand bei der Ausgestaltung der Lieferantenbeziehung sollte sich an der obigen Einteilung orientierten. Für strategische Lieferanten ist am meisten Aufwand anzusetzen, für Commodity-Lieferanten am wenigsten. Auf jeden Fall aber sollte so viel Sorgfalt auf die Vertragsgestaltung verwandt werden, dass nicht Unklarheiten und Missverständnisse im weiteren Verlauf der Vertragsverhältnisse für Konflikte und einen erheblichen Mehraufwand sorgen.

Die Verwaltung von Lieferanten kann als Lieferantenlebenszyklus konzipiert werden (siehe Abb. 11). Ausgangspunkt ist die Analyse der Anforderungen des Unternehmens bezüglich seiner Lieferanten. Die identifizierten Anforderungen bilden dabei die Grundlage für die Lieferantenauswahl. Insbesondere bei potenziellen neuen Lieferanten ist zu prüfen, ob diese sich im Einklang mit den Erfordernissen des Unternehmens befinden. Danach folgt die Kategorisierung der Lieferanten gemäß den oben vorgeschlagenen Kriterien. Die Lieferanten

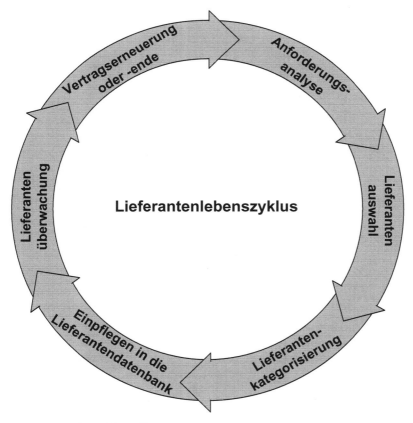

Abb. 11: *Lieferantenlebenszyklus*

werden sodann in die Lieferantendatenbank eingepflegt. Während der Vertragslaufzeit erfolgt eine Überwachung der Lieferanten, bei der die Einhaltung der Vertragsbedingungen überprüft wird. Am Ende des Lieferantenlebenszyklus wird schließlich über die Vertragserneuerung oder -beendigung entschieden.

Während des Vertragsverhältnisses ist das Supplier Management für die Überwachung der Einhaltung der Verpflichtungen des Lieferanten zuständig. Hierzu gehören sowohl die Einhaltung von Service Level Agreements als auch die Zusammenarbeit bei unterstützenden Prozessen wie Incident Management oder Problem Management.

Service-Transition

Durch die im Bereich Service Transition bereitgestellten Prozesse und Konzepte soll das IT Service Management in die Lage versetzt werden, Veränderungen korrekt umzusetzen, die entweder als Reaktion auf eine Fehlfunktion notwendig geworden sind oder die wichtig sind, um Veränderungen im Geschäftsumfeld Rechnung zu tragen.

Jede Veränderung eines Systems stellt ein besonderes Risiko für das Auftreten von Fehlfunktionen dar. Andererseits kann auch durch den Verzicht auf eine Veränderung ein Schaden entstehen, da Fehlfunktionen nicht korrigiert werden oder die Reaktion auf Veränderungen im Geschäftsumfeld unterbleibt. Daher sollte sowohl die verzögerte Einführung eines nützlichen Service als auch die überstürzte Einführung eines fehlerhaften Service vermieden werden. Service Transition gibt daher Entscheidungsunterstützung, um zwischen den Chancen und Risiken einer Veränderung abwägen und diese Entscheidung möglichst schnell treffen zu können. Auch ermöglicht es, den mit der Veränderung oder Neueinführung eines Services verbundenen Aufwand mit dem erzielten Nutzen für den Kunden zu vergleichen.

Grundlage hierfür ist die Frage, welche Anforderungen des Kunden oder anderer Stakeholder erfüllt werden. Die Schätzung des durch die Veränderung erreichten Mehrwerts sowie des mit der Veränderung verbundenen Aufwandes soll sich so wenig wie möglich von der Realität unterscheiden.

Service Transition trägt außerdem dafür Sorge, dass Veränderungen die betroffenen Objekte immer nur von einem korrekten Zustand in einen anderen korrekten Zustand überführen und dass dabei die im Service Design festgelegten Anforderungen erfüllt werden. Schlägt eine Veränderung fehlt, wird der letzte korrekte Zustand wiederhergestellt.

Service Transition erhöht durch die Wiederverwendung von bereits erfolgreich eingesetzten Prozeduren für Veränderungen die Erfolgswahrscheinlichkeit von Veränderungen und reduziert durch dermaßen bereits erprobte Verfahren zugleich das sich aus den Veränderungen ergebende Risiko. Auch hilft es allen Beteiligten dabei, ihre Pläne miteinander abzustimmen und so ihre Aktivitäten in Einklang zu halten.

Durch eine gut funktionierende Service Transition ist es möglich, schnell auf veränderte Anforderungen aus dem Unternehmensumfeld sowie auf Fehler in den IT-Systemen zu reagieren. Auch die Übertragung oder die Übernahme von Services wird erleichtert. Durch eine erhöhte Erfolgsrate von Veränderungen können deren Kosten und die mit ihnen verbundenen Risiken minimiert werden.

Im weiteren Verlauf dieses Kapitel sollen nun zunächst die Prozesse
⇨ Transition Planning and Support,
⇨ Service Validation and Testing,
⇨ Evaluation und
⇨ Knowledge Management
vorgestellt werden.

Transition Planning and Support

Durch den Prozess Transition Planning and Support erfolgt die Planung der erforderlichen Ressourcen für die Vorbereitung und Durchführung einer Änderung bis hin zur Überführung in den Produktivbetrieb unter Maßgabe der in Service Design festgelegten Anforderungen für den Service. Diese Anforderungen sind sowohl inhaltlicher Natur als auch Anforderungen wie Zeit, Kosten usw. Es geht darum, alle Veränderungen korrekt abzuwickeln. Daher muss sichergestellt sein, dass alle Parteien das gemeinsame Rahmenwerk von standardisierten, wiederverwendbaren Prozessen und unterstützenden Systemen annehmen, um die Effizienz und Effektivität der integrierten Planungs- und Steuerungsmechanismen zu verbessern. Ebenso ist für eine geeignete Kommunikation und Koordination mit allen Beteiligten zu sorgen. Kunden und Fachabteilungen werden durch klare und umfassende Pläne in die Lage versetzt, ihre Aktivitäten mit den Service-Transition-Plänen in Einklang zu bringen. Zusätzlich ist es Aufgabe von Transition Planning and Support, Risiken für die Durchführung einer oder mehrerer Veränderungen zu identifizieren, zu verwalten und zu steuern.

Der Prozess Transition Planning and Support besteht aus vier Teilaktivitäten (siehe Abb. 12).

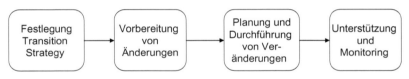

Abb. 12: *Transition Planning and Support*

Festlegung der Transition Strategy
Die Transition Strategy legt die grundlegende Konzeption von Service Transition fest und ordnet Ressourcen zu. In ihr werden grundsätzliche Entscheidungen bezüglich der Häufigkeit, des Umfangs von Service Transitionen etc. festgelegt.
Sie beinhaltet folgende Aspekte:
⇨ Zweck, Ziele und Objectives,
⇨ Kontext,
⇨ Anwendungsbereich,
⇨ anwendbare Standards, gesetzliche, regulatorische oder vertragliche Anforderungen,

- beteiligte Organisationen und Interessenvertreter,
- Rahmenwerk für Service Transition,
- Vor- und Nachbedingungen für die Release-Schritte,
- Identifikation der Anforderungen und Inhalt neuer oder veränderter Services,
- Personen,
- Ansatz,
- Deliverables.

Die einzelnen Stufen von Service Transition können folgendermaßen aussehen:
- Beschaffung und Test der eingehenden Configuration Items und Komponenten,
- Aufbau und Test,
- Freigabetest,
- Bereitschaftstest,
- Einsatz,
- Unterstützung in der Einführungsphase,
- Überprüfung und Abschluss.

Vorbereitung von Änderungen
Die Aktivität *Prepare for Service Transition* dient dazu, die Voraussetzungen für die Durchführung einer Veränderung zu testen. Dieser Test besteht aus folgenden Einzelaktivitäten:
- Überprüfung und Annahme von Inputs aus anderen Service-Lebenszyklus-Stufen,
- Überprüfung und Annahme der Eingaben wie SDP, Service Acceptance Criteria,
- Identifikation, Anforderung und Planung von RFCs,
- Sicherstellung, dass die Configuration Baselines im Configuration Management vor dem Start von Service Transition gespeichert werden,
- Test der Bereitschaft zur Transition.

Planung und Durchführung von Veränderungen

Die Planung und Durchführung von Veränderungen geschieht durch die Aktivität *Planning and Coordinating Service Transition*. Die Planung individueller Service Transitions sollte schrittweise erfolgen, da oft zu Beginn nicht alle erforderlichen Informationen zur Verfügung stehen. Ein Service-Transition-Plan sollte von einem *Service Transition Model abgeleitet werden*, das Vorgaben für die geschickte Durchführung von Änderungen macht. Der Service-Transition-Plan beschreibt die Aufgaben und Aktivitäten, die notwendig sind, um eine Veränderung in die Praxis umzusetzen. Er enthält folgende Details:

⇨ Umgebung und Infrastruktur für die Veränderungen,
⇨ Meilensteine und Termine,
⇨ durchzuführende Aktivitäten,
⇨ Personal, Ressourcen etc.,
⇨ Risikomanagement.

Sind mehrere Pläne vorhanden, sollten die Einzelpläne miteinander verknüpft sein. Insbesondere sollte eine Verbindung zwischen den generellen Plänen und den Detailplänen vorhanden sein. Dies bedeutet, dass beispielsweise Aktivitäten gleich strukturiert sein sollten und konsistente Planungsdaten verwendet werden.

Die Planung mehrerer Releases sollte als Programmplanung erfolgen, bei der die Releases als einzelne Projekte geführt werden. Alle Pläne sollten überprüft werden. Die in ihnen enthaltenen Werte sollten auf Erfahrungen und nicht auf Schätzungen beruhen.

Die Durchführung von Veränderungen sollte durch Ratschläge des Transition Planning and Support-Teams unterstützt werden. Dieses kann zusätzlich auch Verwaltungsaufgaben und die Fortschrittsüberwachung übernehmen.

Service Validation and Testing

Mit dem Prozess *Service Validation and Testing* soll die Qualität von neu eingeführten oder geänderten Services erhöht werden. Dies ist aus einer Reihe von Gründen notwendig. So geht es zum einen darum, den Mehraufwand, der durch zusätzliche Incidents, das heißt Störungen, als Folge von Fehlern im Release entsteht, nach der Einführung zu reduzieren. Auch gilt es, frühzeitig Diskrepanzen zwischen der vom Kunden erwünschten und der bereitgestellten Service-Funktionalität aufzudecken. Vom Benutzer als solche wahrgenommene aber nicht wirklich vorhandene Diskrepanzen sollen vermieden werden, indem geeignete Erläuterungen, Dokumentationen etc. bereitgestellt werden, die den Benutzer darüber aufklären, wie er auf die von ihm gewünschten Funktionalitäten zugreifen kann. Beispielsweise taucht nicht selten das Problem auf, dass Benutzer auf Grund lückenhafter Kenntnisse Funktionalitäten nicht auffinden oder nicht bedienen können, trotzdem aber deren Fehlen monieren. Durch die frühzeitige Aufdeckung von Problemen lassen sich zudem die Kosten für deren Behebung verringern. Wenn ein Service erst einmal in der Produktivumgebung ist, dann ist der Aufwand für eine Problembehebung deutlich höher, als wenn das Problem in der Testumgebung aufgedeckt worden wäre. Allein die Analyse eines aufgetretenen Problems ist wegen des laufenden Betriebes deutlich schwieriger, ganz abgesehen von eventuell erforderlichen Änderungen des Produktivsystems. Zusammengefasst hat der Prozess Service Validation and Testing folgende Aufgaben:
⇨ Planung und Implementierung eines strukturierten Prozesses, der den Service erprobt beziehungsweise testet und belastbare Aussagen darüber liefert, ob der neue oder veränderte Service den Anforderungen des Kunden und den vereinbarten Service Levels genügt,
⇨ Sicherstellung der Qualität eines Release, seiner zugrunde liegenden Service-Komponenten und der daraus resultierenden Services,

⇨ Identifikation, Bewertung und Aufzeigen von Problemen, Fehlern und Risiken während der Service Transition.

Der Prozess Service Validation and Testing kann während des gesamten Service-Lebenszyklus zur Anwendung kommen, um alle Qualitätsaspekte eines Service zu erfassen. Beim vollständigen Test eines Service ist insbesondere die Einbeziehung von Kunden und Subdienstleistern wichtig. Service Validation and Testing arbeitet eng mit Service Design zusammen, das Inputs in Form der Service Packages liefert. Die einzelnen Aktivitäten des Prozesses Service Validation and Testing sind in Abbildung 13 dargestellt. So übernimmt das *Testmanagement* die allgemeine Steuerung des Testvorganges und sammelt Daten zur Testdurchführung. In der *Testplanung und -konzeption* werden grundsätzliche zeitliche Rahmenbedingungen für den Test festgelegt. Die für die Durchführung des Tests erforderlichen Ressourcen werden zugeordnet. Dies beinhaltet auch Ressourcen der Kunden oder untergeordneter Service-Provider. Die entwickelten Testpläne werden dann selbst einer Verifikation unterzogen. Es folgt die *Vorbereitung der Testumgebung*, das heißt die Einrichtung der Systeme, Services etc., die für die Durchführung des Tests notwendig sind. Nach deren Abschluss wird der eigentliche *Test* durchgeführt, die daraus resultierenden Testergebnisse werden sodann bewertet und entsprechende Schlussfolgerungen gezogen. Zum Abschluss wird die *Testumgebung* in einen ordnungsgemäßen Zustand zurückgesetzt und die während des Tests gemachten Erfahrungen werden bewertet.

Abb. 13: *Service Validation and Testing*

Richtlinien
Im Prozess Service Validation and Testing werden zwei Richtlinien definiert:
⇨ die *Service Quality Policy*: hierin legt das höhere Management fest, was unter Service Qualität zu verstehen ist,
⇨ die *Risk Policy*: sie steuert den Umfang des Testens in Abhängigkeit von der Risikobereitschaft des Kunden.

Teststrategie
In der Teststrategie werden die generelle Organisation des Testens und die Zuordnung von Ressourcen zum Testen geregelt. Die Teststrategie wird unter Verwendung von Informationen aus dem Service Design wie dem Service Package, dem Service Model und den Service Acceptance Criteria erstellt. Eine Teststrategie enthält eine Vielzahl von Inhalten wie:
⇨ Zweck und Ziele,
⇨ Kontext,
⇨ anzuwendende Standards, Gesetze, Verträge,
⇨ Anwendungsbereich,
⇨ Testprozess,
⇨ Metriken etc.

Testmodelle
Testmodelle sind »Vorlagen« beziehungsweise Muster für die Durchführung von Tests. Durch Testmodelle sollen die Tests wiederholbar werden und Wissen bezüglich der Gestaltung der Tests explizit gemacht werden. Testmodelle bestehen aus Testplänen und Testskripten. *Testpläne* legen dabei fest, was zu testen ist, während *Testskripte* bestimmen, wie zu testen ist. Um die Wiederholbarkeit von Tests sicherzustellen, ist es notwendig, die Tests auf die ihnen zugrunde liegenden Anforderungen zurückführen zu können. Das heißt, für jeden Bestandteil des Tests muss klar erkennbar sein, die Erfüllung welcher Anforderung er überprüft. Die Testausführung muss außer-

dem nachprüfbar sein. Testmodelle sind jeweils einem Service-Modell zugeordnet.

Testorganisation
Die Ebenen beim Testen können durch das so genannte V-Modell organisiert werden. Darin ordnet man die einzelnen Elemente des Tests V-förmig und gegliedert nach ihrer groben zeitlichen Position an: jeder Entwicklungsaktivität auf der linken Seite wird die entsprechende Testaktivität auf der rechten Seite gegenübergestellt. Der Test von Sub-Services sollte stattfinden, bevor diese in einem neuen oder veränderten Service verwendet werden.

Evaluation

Durch den Evaluationsprozess soll die durch den neuen oder veränderten Service erzielte Leistung gemessen und mit der angekündigten Leistung verglichen werden. Die Evaluierung findet vor der Übernahme des geänderten Service in den Produktivbetrieb statt. Wenn sich bei der Evaluierung Abweichungen zeigen, kann der Kunde entweder die Änderung dennoch annehmen, den Change zurückweisen oder aber einen neu gestalteten Change anfordern.

Die Evaluation wird durch einen Request for Evaluation des Service Transition Managers oder des Change Managements ausgelöst. Der Prozess beginnt mit der Planung der Evaluierung unter Verwendung von Change Request, Service Design Package und Testergebnissen (siehe Abb. 14).

Im Prozess Evaluation wird zunächst eine Prüfung darauf hin durchgeführt, ob die vorhergesagte Leistungsfähigkeit des neuen oder veränderten Service mit den Anforderungen des Kunden übereinstimmt oder ob aus der Leistungsfähigkeit des Service Risiken erwachsen. Falls diese Prüfung nicht bestanden wird, sendet man an das Change Management einen Zwischenbericht mit den Ergebnissen und der Empfehlung, den Change abzulehnen. Bei Bestehen

ITIL V3

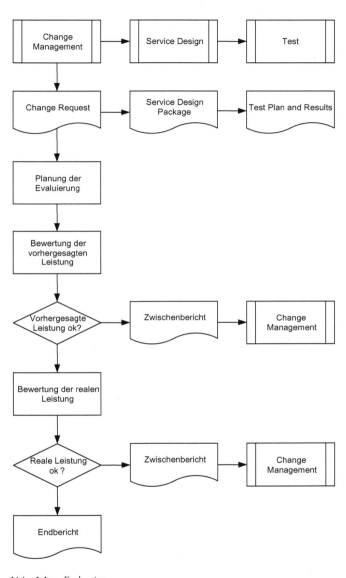

Abb. 14: *Evaluation*

der Prüfung wird mit der Evaluierung der realen Leistungsfähigkeit fortgefahren. Auch hier untersucht man sowohl die Einhaltung von Kundenanforderungen als auch das Entstehen von Risiken aus der Leistungsfähigkeit des neuen oder veränderten Service. Ist das Ergebnis dieser Prüfung nicht zufriedenstellend, wird auch hier ein Zwischenbericht mit den Ergebnissen und der Empfehlung, den Change abzulehnen, an das Change Management gesandt.

Wird die Prüfung erfolgreich absolviert, kommt dem Change Management ein Abschlussbericht (»Evaluation Report«) zu. Dieser enthält eine Beschreibung der sich aus der Durchführung des Change ergebenden Risiken, wobei risikoreduzierende Maßnahmen berücksichtigt werden. Ferner gibt der Bericht mögliche Abweichungen zwischen der vorhergesagten und der tatsächlichen Serviceleistung an.

Bei der Begutachtung der Auswertungen eines Change sollten nicht nur die beabsichtigten Auswirkungen sondern auch die nicht beabsichtigten Auswirkungen (Seiteneffekte) berücksichtigt werden. Seiteneffekte können eine Vielzahl von Formen annehmen. Manche verändern die Funktionalität des Service an anderer Stelle, sie können aber auch nicht-funktionale Eigenschaften wie beispielsweise Sicherheit und Zuverlässigkeit beeinflussen.

Für das Aufdecken von Seiteneffekten hat sich besonders die Diskussion mit allen an der Entwicklung und Installation des Service Beteiligten als Erfolg versprechend herausgestellt.

Im Zuge der Beurteilung von Risiken werden darüber hinaus auch die möglichen Maßnahmen zur Reduzierung der Risiken untersucht.

Knowledge Management

Ziel des Knowledge Managements ist die Sicherstellung der Informationsversorgung im Service Management, das heißt, die richtige Information der richtigen Person zum richtigen Zeitpunkt zur Verfügung zu stellen. Damit soll auf der Ebene Service Transition die Qualität

von Entscheidungen und die Durchführung von Aktionen verbessert werden. Insbesondere sollen die Benutzer, die Mitarbeiter des Service Desk und andere Betroffene über Zusammenhänge informiert werden, die für sie nicht sofort ersichtlich sind. Durch das Wissensmanagement (»Knowledge Management«) soll ein klareres Verständnis für die Problemsituation, in der sich der Service befindet, und seine Bedeutung für den Kunden erreicht werden. Beispiele für ein solches Wissen sind:
⇨ Identität der Stakeholder oder
⇨ Wissen um Ressourcen und zeitliche Abläufe.

Im Knowledge Management wird zwischen folgenden Elementen unterschieden:
⇨ *Daten* stellen die reine Sachinformation dar. Sie werden typischerweise strukturiert, also beispielsweise in einer Datenbank gespeichert. Zu denken wäre hier etwa an die Log-Informationen eines Servers.
⇨ *Information* entsteht, indem Daten mit einem Kontext versehen werden. Dies geschieht im Rahmen von Dokumenten, E-Mails, etc.
⇨ *Wissen* beinhaltet Informationen, enthält aber zusätzlich noch weitere Elemente wie Erfahrungen, Ideen usw., die nicht strukturiert erfassbar sind.
⇨ *Weisheit* (»Wisdom«) ist die Fähigkeit, Wissen zielgerichtet einzusetzen.

Grundlage für das Wissensmanagement ist eine Wissensmanagementstrategie. Sie ist notwendig, um eine Ausrichtung der Wissensmanagementaktivitäten an den Bedürfnissen des Unternehmens sicherzustellen. Insbesondere ist dabei festzulegen, wie wichtiges Wissen identifiziert und erfasst werden soll.

Zur Unterstützung des Wissensmanagements ist die Einrichtung eines speziellen Wissensmanagementsystems erforderlich. In dieses System wird das Wissen zur Unterstützung von Entscheidungen eingespeist.

Der Wissenstransfer muss sich an den unterschiedlichen Lernstilen der Mitarbeiter orientieren. Hierbei kann die Verwendung geeigneter Visualisierungsmittel von großer Hilfe sein. Auch die Einbettung des Wissens in Software und deren Prozeduren kann den Transfer von Wissen in die betriebliche Praxis deutlich erleichtern. Schließlich sollten auch klassische Mittel wie Seminare oder Schulungen zum Einsatz kommen, die beispielsweise durch regelmäßige Newsletter ergänzt und aktualisiert werden.

Service Operation
Service Operation ist eine Sammlung von Prozessen, die die Erbringung und Verwaltung von Services entsprechend den vereinbarten Service Levels bewerkstelligen soll. Dies schließt die Verwaltung der dazu verwendeten Technologie mit ein.

Eine wichtige Herausforderung bei der Gestaltung der Abläufe in Service Operation ist die Schaffung eines Gleichgewichtes im Hinblick auf vier Gegensätze:
⇨ interne, technische IT-Sicht vs. externe, fachliche Sicht,
⇨ Stabilität vs. Flexibilität,
⇨ Kosten vs. Qualität,
⇨ Reaktivität vs. Proaktivität.

IT-Systeme können aus zwei gänzlich unterschiedlichen Perspektiven betrachtet werden:
⇨ einerseits aus einer *technischen Perspektive*, bei der die Gestaltung des technischen Systems im Vordergrund steht,
⇨ andererseits aus einer *fachlichen Perspektive*, die den Einsatz der IT-Systeme zur Unterstützung von Geschäftsprozessen betrachtet.

So können technisch höchst unterschiedliche Lösungen dennoch den gleichen Nutzen für die Unterstützung von Geschäftsprozessen erbringen. Kleine technische Änderungen können erhebliche Auswirkungen auf die Unterstützung der Geschäftsprozesse haben.

Bezüglich der Erbringung von Services ergibt sich ein Dilemma zwischen *Stabilität* und *Flexibilität*. Zwar möchte man auf veränderte Rahmenbedingungen reagieren und Änderungen durchführen. Jede Änderung bringt aber auch die gesteigerte Gefahr einer Störung mit sich, die die Stabilität des Systems beeinträchtigt. Stellt man andererseits die Stabilität in den Vordergrund, ergibt sich schnell die Gefahr, auf aktuelle Entwicklungen nicht zu reagieren und inflexibel zu sein.

Auch *Kosten* und *Qualität* sind zwei widersprüchliche Ziele. Hohe Qualität kann nur durch einen dementsprechenden Aufwand an Ressourcen oder ein hohes Maß an Überlegung und Planung erreicht werden. Beides ist mit Kosten verbunden.

Sowohl eine rein *reaktive* als auch eine rein *proaktive* Herangehensweise werden die Bedürfnisse der Benutzer nicht erfüllen. Bei einer rein reaktiven Herangehensweise werden immer wieder Probleme »unerwartet« auftauchen und die Zufriedenheit des Kunden senken. Andererseits wird man trotz vieler Vorsorge nicht verhindern können, dass es zu Störungen kommt und es Bedarf nach einer Reaktion auf diese Störung gibt.

Um ein Gleichgewicht zwischen all diesen Gegensätzen finden zu können, umfasst Service Operation fünf *Prozesse*:

⇨ Event Management,
⇨ Incident Management,
⇨ Problem Management,
⇨ Access Management,
⇨ Request Fulfillment.

Aufgabe des *Event-Management-Prozesses* ist es, alle Ereignisse, die während des Betriebs der IT-Infrastruktur auftreten, zu erfassen, Ausnahmesituationen zu erkennen und eine dementsprechende Eskalation zu betreiben. Der *Incident-Management-Prozess* hat als vorrangiges Ziel die schnellstmögliche Wiederherstellung eines gestörten Services. Das *Problem Management* soll sowohl die Ursache für aufgetretene Störungen aufdecken als auch proaktiv das zukünftige Auftreten von Störungen verhindern. Der Prozess *Access Management* steuert die

Freigabe von Services an autorisierte Benutzer beziehungsweise das Verweigern von Services an nicht-autorisierte Benutzer. Der Prozess *Request Fulfillment* behandelt die Bearbeitung von Service-Anfragen, also Anfragen zur Erbringung eines Service.

Neben diesen Prozessen beschreibt Service Operation aber auch eine Reihe von zentralen *Funktionen*:

⇨ Der *Service Desk* ist die zentrale Anlaufstelle für Benutzer in Bezug auf Service-Anfragen oder wenn es zur Störung eines Service gekommen ist.

⇨ Das *technische Management* stellt detaillierte technische Fähigkeiten und Ressourcen zur Unterstützung des Betriebs bereit und spielt eine wichtige Rolle beim Design, Test und der Verbesserung von Services.

⇨ Das *IT Operations Management* ist für die Steuerung des Regelbetriebs der IT-Infrastruktur zuständig.

⇨ Das *Application Management* übernimmt die Verwaltung von Anwendungen über deren gesamten Lebenszyklus.

Nachfolgend soll auf die Prozesse Event Management, Request Fulfillment und Access Management näher eingegangen werden.

Event Management

Das Event Management hat die Aufgabe, alle Ereignisse, die sich während des Betriebs der IT-Infrastruktur ereignen, zu überwachen und Ausnahmensituationen zu erkennen, um daraus Handlungsanweisungen abzuleiten. Die vom Event Management erfassten Ereignisse werden von einer Reihe von Prozessen weiterverarbeitet, wie beispielsweise dem Incident- und dem Problem-Management (siehe auch Abb. 15).

Ein Ereignis ist alles, was für das Management der IT-Infrastruktur oder die Erbringung von Services von Bedeutung ist oder sein könnte. Ereignisse können durch Services, die IT-Infrastruktur oder

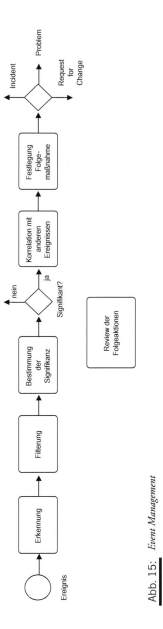

Abb. 15: *Event Management*

Überwachungswerkzeuge ausgelöst werden. Allerdings kann es gerade durch eine mangelnde Überwachung leicht dazu kommen, dass auftretende Ereignisse nicht erkannt werden. Um so wichtiger ist es, entsprechende Überwachungsmechanismen zu implementieren, die die zu erkennenden Ereignisse als solche identifizieren. Andererseits sind zwar viele Systeme heute in der Lage, Mitteilungen über das Auftreten von Ereignissen zu erzeugen. Das Problem liegt aber oftmals darin, dass es für die Beschreibung der Events keine einheitliche Semantik gibt, das heißt, es fehlt ein homogenes Benennungsschema. Will man die Beschreibungen von aufgetretenen Ereignissen allerdings in ein einheitliches Format transformieren, kann sich herausstellen, dass im Zuge dessen wichtige Informationen zur Beschreibung des Events verloren gehen. Daher sollte die Identifikation relevanter Events bereits beim Design eines Service berücksichtigt werden.

Viele Ereignisse treten auch beim ordnungsgemäßen Betrieb ein oder sie sind nur von Bedeutung, wenn sie zusammen mit bestimmten anderen Ereignissen auftreten. Daher ist es notwendig, aus der Vielzahl der Ereignisse diejenigen herauszufiltern, die signifikant sind. Das Spektrum signifikanter Ereignisse kann beispielsweise von einem bloßen informativen Ereignis über ein warnendes Ereignis bis zu einem Ereignis reichen, dass eine Ausnahmesituation oder einen Fehler charakterisiert. Ist ein Ereignis als signifikant erkannt, muss überprüft werden, ob es mit anderen Ereignissen korreliert, das heißt, ob es andere Ereignisse gibt, die zusammen mit dem aufgetretenen Ereignis eine besondere Bedeutung bekommen. Dies geschieht durch einen Korrelationsmechanismus, der auf der Basis von Regeln, statistischen Auswertungen etc. Wechselbeziehungen in den Ereignissen aufdeckt. Ein Beispiel hierfür ist das Auftreten eines Lesefehlers bei einer Festplatte. Ein einzelner Lesefehler ist meist ohne Bedeutung, tauchen jedoch gehäuft Leserfehler auf, muss ein baldiger Defekt der Festplatte erwartet werden.

Auf der Basis eines einzelnen Ereignisses oder der festgestellten Korrelation von Ereignissen kann es erforderlich sein, Folgeaktionen zu starten. Hierbei kann es sich um das Auslösen eines Incidents, Problems oder eines Requests for Change (RfC) handeln. Ein regelmäßig stattfindender Review sollte sicherstellen, dass angemessene Folgeaktionen gestartet wurden. Ein formeller Abschluss eines Events kann dann notwendig sein, wenn sich aus ihm überprüfungsnotwendig Folgeaktivitäten ergeben.

Request Fulfilment

In ITIL Version 2 wurden Anfragen der Benutzer nach der Erbringung von Services im Rahmen des Incident-Management-Prozesses abgearbeitet. Dies hat sich mit ITIL V3 geändert. Der Prozess *Request Fulfilment* wurde eingeführt, um die Bearbeitung vom Service-Anfragen separat von der Behandlung von Incidents durchführen zu können.

Über den Request-Fulfilment-Prozess (siehe Abb. 16) können Benutzer Services anfordern, für die im Vorhinein festgelegt worden ist, wie sie beschaffen sind und wer sie anfordern kann. Request Fulfillment behandelt also nicht die Durchführung beliebiger Services, sondern bietet den Benutzern eine Art »Katalog« an, aus dem sie wählen können. Der Request-Fulfillment-Prozess koordiniert nach Anforderung sämtliche Aktivitäten des Service und informiert den Benutzer. Außerdem nimmt er Beschwerden und Vorschläge im Zusammenhang mit der Service-Erbringung entgegen.

Der Request-Fulfillment-Prozess bietet ein weites Spektrum von Anwendungsmöglichkeiten für Selbstbedienungskonzepte. Beispielsweise kann dem Benutzer über das Internet ein Katalog der angebotenen Services präsentiert werden.

Ein häufig benötigter Schritt im Request Fulfillment ist die Genehmigung der durch die Service-Anforderung entstehenden Kosten. Diese sollten idealerweise von Anfang an dem Benutzer im Katalog bekannt gemacht werden. Hat der Benutzer nicht selbst die erforderlichen Befugnisse, einen Service mit bestimmten Kosten anzufordern, ist gegebenenfalls ein Genehmigungs-Workflow unter Einschaltung

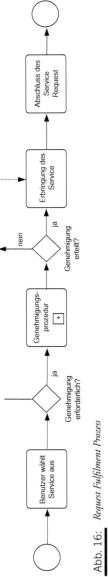

Abb. 16: *Request Fulfilment Prozess*

des Vorgesetzten anzustoßen. Eine solche Genehmigungsprozedur kann auch erforderlich sein, wenn es um andere Anforderungen, beispielsweise aus dem Compliance-Bereich, geht.

Die Erfüllung der Service-Anforderung kann auf unterschiedlichste Art und Weise erfolgen. Manche Service Requests können direkt durch den Service Desk erfüllt werden, andere durch spezialisierte Dienstleister. Auf jeden Fall sollte der Service Desk im Rahmen des Request Fulfilments die Ausführung überwachen und den Benutzer über den Fortschritt informieren. Nach Erbringung des Service sollte der Service Desk den Request formell abschließen und insbesondere sicherstellen, dass der Benutzer mit dem Ergebnis zufrieden ist.

Access Management

Aufgabe des Access-Management-Prozesses ist es, berechtigten Benutzern Zugriff auf Services, die im Service Katalog sind, zu geben und nicht berechtigten Benutzern diesen Zugriff zu verweigern. Besondere Bedeutung hat das Access Management für die Erfüllung von Compliance Anforderungen wie dem Sarbanes-Oxley-Act (SOX) bekommen.

Das Access Management wird aktiv, wenn eine Person eingestellt oder versetzt wird, zusätzliche Aufgaben bekommt oder das Unternehmen verlässt. Entsprechend der Art der Veränderung werden die Zugriffsrechte der Person jeweils verändert. Das Access Management ist aber auch gefordert, wenn Änderungen durch einen Request for Change oder einen Service Request durchgeführt werden und die Berechtigungen der betroffenen Personen entsprechend nachgeführt werden müssen. Ein Beispiel ist die Aufstellung eines neuen Druckers in einer Abteilung. Die Mitarbeiter müssen demzufolge auch Zugriff auf den neuen Drucker erhalten.

Das Access Management prüft jede Anforderung zum Zugriff auf einen Service unter zwei Perspektiven:
⇨ Ist die Identität des anfragenden Mitarbeiters geklärt? Diese Frage wird durch die Identifikation des Benutzers, meist über Benut-

zername und Passwort beantwortet. Es kann aber auch besonders sensitive Bereiche geben, bei denen zusätzliche Verfahren, wie Karten, Biometrie etc. zum Einsatz kommen.
⇨ Hat der Mitarbeiter ein legitimes Interesse zum Zugriff auf den Service? Diese Frage wird durch Rückgriff auf die Informationen aus der Personalabteilung, Informationen des Vorgesetzten usw. beantwortet. Auf Basis der gesammelten Informationen werden dann Zugriffsrechte an den Benutzer vergeben. Dabei ist darauf zu achten, dass es nicht zu widersprüchlichen Rechten aus der Zuteilung unterschiedlicher Rollen kommt.

Das Access Management prüft auch in regelmäßigen Abständen die vergebenen Rollen und Berechtigungen. Die soll verhindern, dass Rechte auf der Grundlage nicht mehr aktueller Informationen zugewiesen werden. Dies kann beispielsweise beim Ausscheiden eines Mitarbeiters oder seinem Wechsel in eine andere Abteilung geschehen.

Continual Service Improvement
Zentrale Aufgabe des Continual Service Improvements ist die wiederholte Anpassung der IT-Services an sich verändernde geschäftliche Anforderungen. Diese Verbesserungsmaßnahmen orientieren sich am Lebenszyklusansatz von ITIL V3 bestehend aus Service Strategy, Service Design, Service Transition und Service Operation. Daraus ergeben sich folgende Ziele für das Continual Service Improvement:
⇨ Bewertung, Analyse und Entwicklung von Verbesserungsmaßnahmen für jede der Phasen Service Strategy, Service Design, Service Transition und Service Operation,
⇨ Bewertung und Analyse von Service Level Agreements,
⇨ Identifikation und Implementierung konkreter Maßnahmen zur Verbesserung der IT-Service-Qualität und zur Verbesserung der Effizienz und Effektivität der unterstützenden ITSM-Prozesse,
⇨ Verbesserung der Kosteneffizienz bei der Erbringung von IT-Services ohne Einschränkung der Kundenzufriedenheit,
⇨ Anwendung von Methoden zum Qualitätsmanagement.

ITIL V3

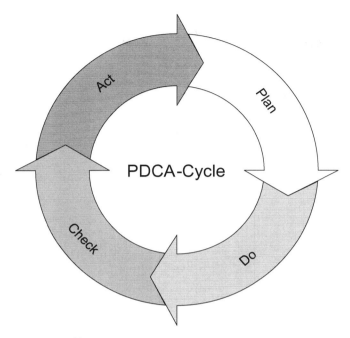

Abb. 17: *PDCA-Zyklus*

Um diese Ziele zu erreichen, setzt das Continual Service Improvement den so genannten PDCA-Zyklus an, der auf dem Deming-Kreislauf basiert. Die vier Phasen bestehen aus Planung (Plan), Durchführung (Do), Überprüfung (Check) und der Verbesserung (Act).

Durch das wiederholte Durchlaufen der Phasen Plan, Do, Check, Act soll eine kontinuierliche Qualitätsverbesserung und Verbesserung des Service Managements erreicht werden. Insbesondere soll das Ziel der Abstimmung von Business und IT erreicht werden:
⇨ In der »*Plan*«-Phase werden die Ziele festgelegt sowie die Prozesse definiert, mit denen diese Ziele erreicht werden sollen. Ziele und

Prozesse müssen mit den Bedürfnissen des Geschäftsbetriebs abgestimmt sein.
⇨ In der »*Do*«-Phase werden die in der »*Plan*«-Phase definierten Prozesse umgesetzt.
⇨ In der »*Check*« Phase werden die Prozesse überwacht und bezüglich der Erfüllung von Regeln, Zielen und Anforderungen bewertet. Die Ergebnisse fließen in ein Berichtswesen ein.
⇨ In der »*Act*«-Phase werden Maßnahmen zur ständigen Verbesserung der Prozessleistung ergriffen.

Auf Basis des PDCA-Zyklus findet sich im Continual Service Improvement ein siebenstufiges Vorgehen:

1. *Auswahl der Messgrößen:* In diesem Schritt werden die Messgrößen festgelegt, mit denen die Qualität des Serice Managements und der Prozesse gemessen werden können.
2. *Definition der Messgrößen*: Die ausgewählten Messgrößen werden um Vorschriften für die Erhebung ergänzt. Grundlage kann dabei das so genannte SMART-Konzept sein. Es fordert für Messungen, dass diese spezifisch, exakt messbar, erreichbar, relevant und terminiert sein müssen.
3. *Sammlung der Daten*: Die Daten werden den definierten Verfahren entsprechend erhoben.
4. *Verarbeitung der Daten*: Die gesammelten Daten werden standardisiert und vereinheitlicht. Mögliche Lücken werden geschlossen.
5. *Analyse der Daten*: Aus den Daten werden Rückschlüsse über Optimierungspotentziale gezogen.
6. *Präsentation der Daten*: Die Ergebnisse werden den betroffenen Partnern, Kunden, Benutzern usw. präsentiert.
7. *Umsetzung korrigierender Maßnahmen*: Verbesserungsmaßnahmen werden konzipiert und umgesetzt.

Zusammenfassung

Mit ITIL V3 wurde ein neuer Ansatz für das IT-Service-Management geschaffen, im welchem viele der seit Version 2 hinzugekommenen Anforderungen aufgegriffen wurden. Die Zielsetzung von ITIL V3 geht dahin, die Ausrichtung des ITSM deutlicher an den Geschäftsanforderungen eines Unternehmens auszurichten und den Schwerpunkt nicht ausschließlich auf Standards im Bereich des IT-Betriebs zu richten. ITIL V3 bietet hierzu eine Orientierung, wie sich Services entwickeln, gestalten, einführen und verbessern lassen. Der Begriff Service hat sich im Umfeld des IT-Service-Managements als Synonym für Dienstleistungen eingebürgert. IT-Services sind Dienstleistungen, die in der ITIL V3 durch Service Packages beschrieben werden. Hierbei handelt es sich um eine detaillierte Beschreibung eines Service, der für den Kunden erbracht werden kann. Die dazu erforderlichen Prozesse und Strukturen reichen von der Service-Strategie bis zur Umsetzung korrigierender Maßnahmen und lehnen sich an den Lebenszyklusphasen von IT-Services an. Die fünf neu entstandenen Publikationen beschreiben jeweils eine dieser Lebenszyklusphasen: Service Strategy, Service Transition (Serviceüberführung), Service Operation (Servicebetrieb) und Continual Service Improvement. Zu den wichtigsten Neuerungen von ITIL V3 zählt daher, durch entsprechende Best-Practices die Entwicklung und Verbesserung der IT-Services auf die Unternehmensziele und Geschäftsprozesse optimal abzustimmen.

Kernprozesse der ITIL-Implementierung

Incident Management 77
Frank Zielke

Problem Management 123
Michael Flasche

Change Management 173
Lars Schwarze, Dennis Trawnitschek

Release- und Deployment-Management 219
Michael Flasche, Christian Fronober

Service Asset und Configuration Management 279
Jens Köwing

Der proaktive Service Desk 317
Michael Weber

Incident Management

Störungen der Abläufe in der IT sind oft unangenehm und treffen Unternehmen mitunter sehr empfindlich. Das vorrangige Ziel des Incident-Management-Prozesses nach ITIL ist es, die schnellstmögliche Wiederherstellung der Service-Tätigkeit zu organisieren.

In diesem Beitrag erfahren Sie:
- welche Aufgaben und Zielsetzungen der Incident-Management-Prozess nach ITIL erfüllt,
- wie der Prozess optimal eingeführt und gestaltet wird,
- wie Sie Fehler bei der Implementierung vermeiden.

Frank Zielke

Allgemeine Beschreibung

Das folgende Kapitel beschäftigt sich mit den elementaren Zielen und Aufgaben des Incident Managements und berücksichtigt dabei ganz konkret Erfahrungen aus zahlreichen Projekten. Aufgezeigt werden die kritischen Erfolgsfaktoren, die bei der erfolgreichen Implementierung des Prozesses zu berücksichtigen sind. Praxisgerechte Kennzahlen, Modellierungshinweise für das Prozessdesign sowie zahlreiche Tipps zeigen, wie typische Fehler bei der Einführung des Prozesses vermieden werden können.

Zielsetzung

Incident Management setzt sich in der Regel aus dem 1st Level (Service Desk), 2nd Level (nachgelagerte, verteilte Supportinstanzen) und dem 3rd Level (Hersteller und Entwickler) zusammen. Das vorrangige Ziel des Incident-Management-Prozesses ist die »schnellstmögliche Wiederherstellung der Service-Tätigkeit«.
In dieser Definition verbergen sich zwei Fragen, die die Umsetzung des Prozesses schwierig machen:
1. Wie ist die *schnellstmögliche* Wiederherstellung überhaupt zu definieren? Die einfachste und sinnvollste Antwort auf diese Frage ist es, diese Zeit nach der im Service Level Agreement (SLA) vereinbarten Wiederherstellungszeit auszurichten. Sollten jedoch noch keine SLAs definiert beziehungsweise kein Prozess des Service Level Managements implementiert sein, so sind Erfahrungswerte für Wiederherstellungszeiten der einzelnen Services zu Grunde zu legen.
2. Was sind *Services?* Services sind eine Kombination aus einzelnen Produkten und ihren Dienstleistungen. So können also beispielsweise die Auslieferung eines Desktop-PC und die damit verbundenen Entstörungsleistungen als Service definiert werden.

Eine schnellstmögliche Wiederherstellung der Service-Tätigkeit führt zu einer erhöhten Verfügbarkeit der IT-Services: Ausfallzeiten (Downtimes) werden reduziert und damit die wirtschaftliche Nutzung der IT-Infrastruktur optimiert.

Aufgaben

Die wesentliche Aufgabe des Incident-Management-Prozesses ist bereits durch die Zielsetzung vorgegeben: Es geht um die Behebung von Incidents, in der mit dem Kunden *durchschnittlich* vereinbarten Zeit – dies geschieht durch einen strukturierten, aufeinander abgestimmten

Prozess. Innerhalb dieses Prozesses wird zunächst die Anfrage (Service Request oder Störungsmeldung) aufgenommen und strukturiert (vor allem: Kategorie, Priorität und Service Level) im IT-Service-Management-Tool erfasst. Im Weiteren wird geprüft, ob zu dem Incident eine Lösung beziehungsweise ein Workaround vorliegt oder ob mit der Lösungssuche begonnen werden muss. Hier liegt nun die wesentliche Herausforderung des Incident-Management-Prozesses: zu bestimmen, in welcher Zeit und mit welchem Aufwand eine Lösung herbei geführt wird. In älteren IT-Strukturen lässt sich immer noch feststellen, dass sich die einzelnen Levels zu umfangreich mit der Ursachenforschung der Störungen auseinandersetzen. Oft liegt eine Vereinbarung (Agreement) über die Quantität und Qualität der Lösungssuche erst gar nicht vor. Aus der Implementierung zahlreicher Incident-Management-Prozesse in mittleren und größeren Unternehmen haben sich folgende Erfahrungswerte gebildet: Das Lösen von Incidents im 1st Level sollte auf die Suche nach gleichen beziehungsweise gleichartigen Incidents in der Lösungsdatenbank beschränkt werden – verbunden mit einer (integrierten oder dynamischen) Schnittstelle zu einer Wissensmanagementdatenbank. Ist hiermit keine Lösung zu erzielen, sollte sich der 1st Level noch auf den Anwender-PC (soweit es sich um eine damit verbundene Störung handelt) aufschalten und versuchen, die Störung zu beheben. Diese Aktivitäten sollten eine Dauer von durchschnittlich fünf bis maximal 15 Minuten nicht übersteigen. Ist dann keine Lösung beziehungsweise kein Workaround gefunden worden, wird der Incident an den 2nd Level übergeben. Dieser setzt sich aus Facheinheiten zusammen, die sich in der Regel aus der Kombination der Betreuung von mehreren Serviceleistungen ergeben, und kümmert sich um die Lösung. Auch in diesem 2nd Level geht es um die schnellstmögliche Wiederherstellung der Servicetätigkeit: Sollte keine Lösung gefunden werden, so ist mindestens ein Workaround zur Verfügung zu stellen. Ist auch dies nicht im 2nd Level möglich, so bleibt der letztliche Prozessweg zum 3rd Level (Entwickler beziehungsweise Hersteller). Dieser Weg ist in der Praxis häufig sehr mühsam beziehungsweise zeitaufwändig. Entwickler beziehungsweise Hersteller benötigen im Vergleich zum 1st und 2nd Level meist eine recht lange Zeit, um sich der Störung anzunehmen und eine kurzfristige – schnellstmögliche – Lösung beziehungsweise einen Workaround zu finden. Insgesamt muss der Incident-Management-Prozess dazu genutzt werden, schnelle Lösungen zu finden beziehungsweise Workarounds zur Verfügung zu stellen, damit der Anwender erstmal weiter arbeiten und seinen Aufgaben nachkommen kann – »egal wie«. Eine dezidierte Ursachenforschung hat im Incident-Management-Prozess nichts zu suchen – dies ist Aufgabe des Problem-Management-Prozesses!

Nach einer erfolgreichen Behebung des Incidents und der Wiederherstellung des Service wird die Lösung in dem IT-Service-Management-Tool erfasst und das Ticket an den 1st Level zum Abschluss übergeben und geschlossen. So die graue Theorie. In der Praxis offenbart sich genau hier eine kritische Bruchstelle. So schwierig das professionelle Lösen in einem Prozess ist, so einfach erscheint den Bearbeitern doch die Lösungserfassung. Genau hier, in der Fehlerdokumentation, liegt eine typische Fehlerquelle. Die strukturierte Lösungsdokumentation – gerade in den Levels 2 und 3 – geschieht in der Praxis nur unzureichend. Der eine Bearbeiter dokumentiert sein Arbeitsergebnis mit den Worten »gelöst«, der andere mit »Drucker funktioniert wieder«, ein dritter dokumentiert in einer ausführlichen Prosa mit PDF-Anhang! Wie sollte es aber sein? – Standardisiert! Es gibt kein abschließendes Muster einer bestmöglichen Lösungsdokumentation. In der Praxis überlebt genau diejenige, die zwischen den einzelnen Prozessbeteiligten gemeinsam entwickelt und abgestimmt wurde. Dabei muss der 1st Level die Lösungsdokumentation der nachgelagerten Levels verstehen, damit diese Dokumentation für nachfolgende Incidents auch tatsächlich genutzt werden kann!

Schaubild zum Incident Management

Das nachfolgende Schaubild fasst die Aufgaben des Incident-Management-Prozesses sowie die Input-/Outputbeziehungen zu weiteren Prozessen, Datenbanken und Funktionen zusammen.

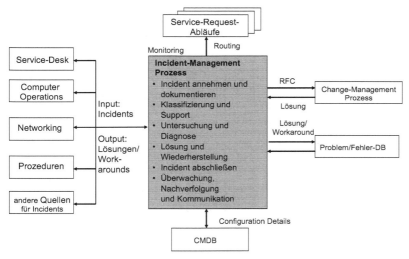

Abb. 1: *Schnittstellen des Incident-Management-Prozesses (Quelle: INFORA GmbH, Hamburg)*

Verbindung mit weiteren Prozessen

Der Incident-Management-Prozess hat in der Praxis Verbindungen zu einer Vielzahl weiterer Prozesse:
⇨ *Schnittstelle zum Problem-Management-Prozess:* Das Problem Management stellt sicher, dass Known Errors, strukturelle Lösungen und Workarounds dem Incident Management zur Verfügung stehen, damit die Störungen getreu der Zielsetzung schnellstmöglich beseitigt und der reibungslose Betriebsablauf wieder hergestellt werden kann.

⇨ *Schnittstelle zum Service-Asset-and-Configuration-Management-Prozess:* Die Verbindung ist insofern bedeutsam, als dass die einzelnen Störungen immer in Verbindung zu einzelnen CIs und Anwenderdaten erfasst werden, so dass genau zu erkennen ist, welche Konfigurationselemente bei welchen Anwendern gestört sind.

⇨ *Schnittstelle zum Change-Management-Prozess:* Das Incident Management hat genau dann eine Verbindung zum Change Management, wenn es sich um Veränderungen in der IT-Infrastruktur handelt, die durch den Incident-Management-Prozess ausgelöst werden beziehungsweise der Prozess dadurch betroffen ist. Ersteres ist gegeben, wenn Service Requests der Anwender gestellt werden, die dann mindestens unter der Kontrolle des Change Managements abgewickelt werden (zum Beispiel Austausch oder Erweitern eines Desktop-PCs). Letzteres findet statt, wenn im Rahmen der Bearbeitung von Changes der Incident-Management-Prozess rechtzeitig vor Einführung oder Erweiterung eines Services zu informieren, häufig auch zu schulen ist, damit der entsprechende Service den Anwendern kommuniziert und diese im Ablauf unterstützt werden können.

⇨ *Schnittstelle zum Service-Level-Management-Prozess:* Die Bedeutung der Schnittstelle zum Service Level Management wird in der einschlägigen Literatur häufig unterschätzt – hier wird eher eine indirekte Schnittstelle gesehen. In der Praxis funktioniert jedoch der durch das Incident Management zu erbringende Service dann am besten, wenn die Prozesse gemeinsam eingeführt werden beziehungsweise bereits zu Beginn die Schnittstellen identifiziert, beschrieben und implementiert werden. Das Vorliegen eines Servicekataloges (Was wird unterstützt?), von Service Level Agreements (Welche Services sind in welcher Zeit wiederherzustellen?) und von Service Levels (Gibt es Service- und/oder Kundenunterschiede in der Qualität und Quantität der Serviceerbringung?) ist unabdingbar, um durch den Incident-Management-Prozess ein wirklich funktionierendes IT-Service-Management zu erreichen!

Des Weiteren bestehen Verbindungen zum Capacity beziehungsweise Availability Management dergestalt, dass bei Leistungsimponderabilien das Capacity Management einbezogen wird, Daten bezüglich der Verfügbarkeit von IT-Diensten werden an das Availability Management weitergeleitet.

Kritische Erfolgsfaktoren

Bei der Etablierung des Incident-Management-Prozesses haben sich mehrere kritische Erfolgsfaktoren herausgestellt, die nachfolgend beschrieben werden. Über allem steht jedoch das Credo »der Prozess ist der Prozess ist der Prozess«. Die Mitarbeiter in IT-Strukturen sind es in der Regel historisch nicht gewohnt, in aufeinanderfolgenden Aktivitäten und auch noch Hand-in-Hand miteinander an Erfolgen zu arbeiten. Das hört sich schlimm an, wird von allen bestritten und trifft jedoch genau des Pudels Kern. Gründe dafür, warum der Incident-Management-Prozess häufig nicht funktioniert beziehungsweise gelebt wird, gibt es viele: Da werden beispielsweise von Mitarbeitern des 1st Level Störungen an den 2nd Level weitergegeben und der reagiert konsterniert: »Seit wann kann ein Agent mir sagen, was ich zu tun habe – und dann ist der auch noch geringer qualifiziert und weniger hoch dotiert«. Aussagen wie diese sind in Projekten nicht selten. Für das erfolgreiche Etablieren des Incident-Management-Prozesses sollten Sie auf die Hilfe eines professionellen, engagierten Beratungsunternehmen nicht verzichten. Achten Sie jedoch darauf, dass Sie sich kein reines »Papierkonzept« schreiben lassen. Das Beratungsunternehmen muss Sie in Ihrem Veränderungsprozess unterstützen, mit dem Wissen aus einer Vielzahl von Implementierungsprojekten zur Seite stehen. Mindestens genau so wichtig ist es jedoch, die Mitarbeiter mit ihrem wertvollen Erfahrungsschatz und Fachwissen aus insgesamt Jahrzehnten beziehungsweise Jahrhunderten miteinzubinden. Der externe Berater zeichnet sich durch seine Fähigkeiten als Coach und als Ratgeber aus und sollte also mehr können, als nur Konzeptpapiere erstellen. Wenn es gelingt, mindestens mehrere Mitarbeiter aus den einzelnen Levels zur gemeinsamen Definition des Incident-Management-Prozesses zu beteiligen, so können Vorurteile abgebaut und der Nutzen des gemeinsamen Tuns herausgearbeitet werden (der 2nd-Level-Mitarbeiter wird ja deswegen besser vergütet, weil sein Fach-Know-how größer ist und er in der Lage ist, anderen Mitarbeitern sein Wissen zur Verfügung zu stellen).

Nun bleibt nur noch ein Problem – der Prozess an sich: Nicht von ungefähr überschreiten zahlreiche Tickets die mit dem Kunden vereinbarte durchschnittliche Lösungszeit. Die Frage des »Wie«, der Weitergabe von Tickets an den 2nd Level, ist zu klären. Installieren Sie im 2nd Level einen Dispatcher oder haben Sie ein Poolprinzip? Dispatcher meint, dass sich Mitarbeiter im 2nd Level um die Sichtung und Aufteilung von Tickets auf die Fach-Support-Einheiten kümmern – ein Prinzip, dass sich insbesondere bei größeren IT-Einheiten bewährt hat. Poolprinzip meint, dass die Tickets einfach an eine Rolle »2nd Level« weitergeleitet wird und je nach Auslastung sich die Mitarbeiter um deren Bearbeitung selbst kümmern. Dieses Prinzip hat sich insbesondere in kleineren und mittleren Organisationen bewährt. Voraussetzung ist, dass das Klima unter den Mitarbeitern stimmt!

Prozess vs. Aufbauorganisation

Die Schwierigkeit beim Incident-Management-Prozess liegt darin, dass sich der Incident-Bearbeitungsprozess über mehrere Organisationseinheiten vollzieht. »Dies ist doch bei anderen Prozessen genauso«, mag man meinen. Dies ist natürlich grundsätzlich richtig, nur eine der besonderen Herausforderungen bei diesem Prozess liegt darin, dass der Service Desk häufig eine klar abgegrenzte Organisationseinheit ist, die auch noch räumlich der Bezeichnung »Raum 122« zuzuordnen ist. Für den 2nd und 3rd Level gilt dies nicht mehr! Hier werden Tickets weitergeleitet an Rollen, die dann räumlich, vielleicht sogar örtlich verteilt sitzen und, gegebenenfalls, sich auch noch gemeinsam um die Lösungserarbeitung kümmern müssen (zum Beispiel bei einer Störung, die sowohl software- als auch hardwarebezogene

Gründe hat). Auch hier hilft wieder, die Mitarbeiter aus unterschiedlichen Organisationseinheiten bei der Definition und Implementierung der Prozesse zu beteiligen. Das sind die Mitarbeiter, die mit den Prozessen arbeiten müssen und hinterher auch anpassen werden!

Management-Awareness

Neben der Herausforderung, das Prozessdenken in Unternehmen zu etablieren, gibt es zwei weitere kritische Faktoren, die darüber entscheiden, ob die Einführung von Prozessen nach ITIL in Unternehmen gelingt oder nicht: Der eine ist die Akzeptanz der Mitarbeiter und der andere ist die Awareness beim Management: »Der Fisch stinkt immer vom Kopf«. Wenn sich die Leitungsebene(n) nicht für die Standardisierung der IT und den Prozessen begeistern kann, wie soll es dann bei den Mitarbeitern funktionieren? Das Management muss mit Enthusiasmus ein Prozessoptimierungsprojekt verkünden und mitleben, die Vorteile aufzeigen und sich darüber im Klaren sein, dass sich Prozessoptimierungen nicht innerhalb von einigen Wochen nachhaltig ergeben können. Zudem hat das Management die Aufgaben, BITA (Business-IT-Alignment, Abstimmung der Geschäftserfordernisse mit den IT-Aufgaben) zu etablieren und die VBFs (Vital Business Functions, die vitalen Geschäftsaufgaben) mindestens mit zu identifizieren.

Mitarbeiter-Awareness

Bei der systematischen Einführung von Prozessen, ob nach ITIL oder einer anderen Philosophie, geht es vor allem um Veränderungsmanagement. Beim Veränderungsmanagement lässt sich erkennen, dass 20 Prozent der betroffenen Mitarbeiter der Einführung eines Incident-Management-Prozesses positiv gegenüberstehen, 60 Prozent neutral gestimmt und 20 Prozent immun gegenüber Veränderungen sind. Es ist vorteilhaft, die »Pro-Veränderung« eingestellten 20 Prozent in den Veränderungsprozess direkt miteinzubeziehen und schrittweise die weiteren 60 Prozent »Neutralen« von den Vorzügen des Prozessdenkens zu überzeugen und sie so an Bord zu holen. Beim Incident-Management-Prozess ist es am besten, wenn sie Quick Wins erzielen, um die Skeptiker vom Sinn des Vorhabens zu überzeugen, etwa durch Abbau von Überstunden gerade im 2nd Level durch strukturierte, im Prozess gemeinsame Lösungsermittlungen unter Zurhilfenahme eines Wissensmangement-Tools. Die Prozessvorteile lassen sich dabei am besten durch Simulationsworkshops verdeutlichen, wie zum Beispiel die Apollo-13-Simulation (diese Simulation ermöglicht es, anhand des Szenarios des Raumschifffluges von 1970 die Sinnhaftigkeit und das Prinzip der ITIL-Prozesse in Workshops praxisgerecht und begeisternd zu erproben).

Skills im 1st und 2nd Level

Ein wesentlicher Vorteil der Einführung des strukturierten Incident-Management-Prozesses liegt in der vernünftigen Aufteilung der Mitarbeiter-Skills im 1st, 2nd und 3rd Level. Mitarbeiter im 1st Level arbeiten an der Behebung wiederkehrender Störungen oder lösen Störungen anhand strukturierter Lösungsbeschreibungen. Viel zu häufig werden Mitarbeiter gerade im 2nd Level durch Trivialanfragen oder wiederkehrende Störungen von ihrer eigentlichen Aufgabe, der Bearbeitung von schwierigen, kniffligen Incidents, abgehalten. Es bietet sich in der Regel an, die Mitarbeiter im 2nd Level auch mit Aufgaben des Problem Managements zu betrauen. Wichtig ist dabei, dass sich die Mitarbeiter die unterschiedlichen Zielsetzungen der Prozesse bewusst machen und diese dabei auch, je nachdem, in welcher Rolle sie sich gerade befinden, wahrnehmen. Beispielsweise können Zielkonflikte entstehen, wenn Aufgaben des Incident- und des Problem-Managements aufgrund der unterschiedlichen Zielsetzungen dieser Prozesse zu einem Zeitpunkt von einer Person wahrgenommen werden.

Umfassende Unterstützung durch Tools und Knowledge-Management-Datenbanken

Projektleiter äußern in ITIL-Projekten sehr häufig: »Machen wir erst den Prozess rund, dann kümmern wir uns ums Tool«. Diese Aussage ist nicht falsch, aber sie ist leider auch nicht ganz richtig. Haben Sie schon mal Fußballprofis beobachtet, die sich eine Woche nur um Konditionstraining ohne Ball kümmern sollen? Menschen lieben das Anfassen und Ausprobieren, genauso ist es bei den Prozessen. Diskutieren Sie einen halben Tag den Incident-Management-Prozess und dann bilden Sie Teams aus jeweils 3-5 Personen, die den 1st, 2nd und 3rd Level mimen. Den dahinter liegenden Prozess können Sie in simplen Tools in Testversionen ganz einfach einrichten und dann simulieren. Sie sollten sehen, wie begeistert die Mitarbeiter davon sind. Wenn Sie dies ein paar Mal wiederholen, wird niemand mehr fragen, welches Tool dieser Welt denn die gesamten Prozeduren abbilden soll.

Das Gleiche gilt für die integrierte oder zu integrierende Knowledge-Management-Datenbank: Zeigen Sie mit einfachen E-Mail-Suchwerkzeugen, wie intelligent nach Lösungen gesucht werden kann, integrieren Sie dies in Ihren Simulationsworkshop wie oben beschrieben und die Mitarbeiter verspüren plötzlich Lust, endlich an den Prozessen und Tools zu arbeiten.

Wechselwirkung des Incident Managements und der IT-Organisation

Das Angenehme am Incident-Management-Prozess ist, dass eigentlich jeder in der IT-Organisation die Störungsbearbeitung kennt oder zumindest meint, zu kennen. Doch mit dem Incident-Management-Prozess ist es wie mit dem Englisch-Sprechen – der Anfang ist leicht, die Schwierigkeit liegt in der Professionalisierung. Dies macht die Einführung oder die Optimierung des Prozesses umso schwieriger: Warum soll plötzlich der Service Desk das Ticket schließen und nicht der 2nd Level? (Damit die Lösungen qualitätsgesichert werden können). Warum kann die Ursachenforschung nicht direkt in einem Guss im 2nd Level mitbearbeitet werden? (Weil die Anwender dann keine schnellstmögliche Lösung erhalten). Warum sollen Lösungen überhaupt transparent gemacht werden? (Damit die Störungen schneller im 1st Level geschlossen werden können und nicht mühsam jedes Mal wieder nach einer Lösung oder nach einem Workaround gesucht werden muss). Und der Klassiker der Skeptikerfragestellungen: Warum kann nicht jeder so die Störungen bearbeiten, wie es ihm beliebt? (Weil IT-Service-Management sich um eine Standardisierung der Prozesse bemüht, damit auch in Spitzen- und Stresszeiten Lösungen in gleicher Qualität erbracht werden können; wer ad hoc handelt, kommt zu weniger qualifizierten Ergebnissen!).

Erfolgsfaktoren für die Einführung
Bei der Einführung des Incident-Management-Prozesses ist es wichtig, wesentliche Parameter zu beachten, die so genannten Do's and Dont's. Letztlich hängt die erfolgreiche Einführung des Prozesses nicht nur vom Management Commitment und der Mitarbeiter-Awareness ab. Wichtig ist es, den Incident-Management-Prozess nicht als Allheilmittel zu deklarieren, sondern mit den Mitarbeitern gemeinsam in Workshops zu beratschlagen, welche positiven und negativen Erfahrungen beim bisherigen Störungsbearbeitungsprozess gesammelt wurden. Fragen Sie hierbei nach, warum etwas bisher nicht gut gewesen ist. Aus der Gegenüberstellung der positiven und negativen Erfahrungen stoßen Sie wie von selbst auf die wesentlichen Aspekte der IT-Infrastructure Library – in keinem anderen Prozess lassen sich die Best Practices so gut herausarbeiten.

Grundlagen für die Einführung

Umfang des Incident-Management-Prozesses
Der Incident-Management-Prozess ist ohne eine grundsätzliche Klärung nicht realisierbar: Was ist ein Incident? Unstrittig ist die Bearbeitung von Störungsmeldungen. Doch bereits bei der Klassifikation

des Service Requests gehen die Meinungen sehr weit auseinander. Ist ein Service Request nun die Bestellung eines neuen, standardisierten Desktop-PCs, einer definierten Softwareumgebung, ist es die Beauftragung eines Umzugs oder gar die Aufrüstung des PCs? – Letzlich kann es alles sein, der Umfang hängt elementar davon ab, was Sie im Servicekatalog definieren und für welche Services der Incident-Management-Prozess letzlich zuständig ist.

Abgrenzung Incident- und Problem-Management
Die schwierigste Abgrenzung in Projekten ist jedoch nach wie vor die Trennung zwischen Incident- und Problem-Management. Die nachfolgenden Aspekte zeigen, wie Sie auch in schwierigen Projektsituationen den Überblick behalten können und die beiden Prozesse problemlos voneinander trennen können:

Tabelle 1: Incident Management und Problem Management	
Incident Management	**Problem Management**
operiert wirkungsorientiert, d.h.: ⇨ schnelle Beseitigung von akuten Störungen ⇨ Wiederherstellung des Service ⇨ ... »egal wie«	operiert ursachenorientiert, d.h.: ⇨ problemspezifische Arbeitsweise (Team, Organisation, Aktivitäten) ⇨ nachhaltige Beseitigung bestehender Fehler
proaktives Incident Management: Auswertung und Bewertung von Störungstrends	proaktives Problem Management: Anwendung von Lösungen auf vergleichbare Systeme
Support-Levels definieren sich nur innerhalb des Incident-Management-Prozesses	./.
direkter Kontakt mit Anwender	indirekter Kontakt mit Anwender

Projektstruktur

Nachstehend werden die wesentlichen Aspekte der Vorgehensweise genannt, die sich bei der Einführung des Incident-Management-Prozesses in der Praxis bewährt haben. Dabei wird insbesondere eingegangen auf folgende Parameter:
- ⇨ Definition von Visionen und Ziele des Incident Management-Prozesses,
- ⇨ Bestimmung von Mission und Umfang des Prozesses,
- ⇨ Beschreibung von Prozessen, Prozeduren und Arbeitsanweisungen,
- ⇨ Beschreibung der Verantwortlichkeiten und Befugnisse der Prozessbeteiligten in Zuständigkeitsmatrizen und umfassenden, so genannten »VABI-Tabellen« (der Begriff wird später weiter ausgeführt),
- ⇨ Schulung der Prozessbeteiligten,
- ⇨ Definition der Reports,
- ⇨ Implementierung beziehungsweise Anpassung des IT-Service-Management-Tools,
- ⇨ Pilotierung und Betriebsführung des Incident-Management-Prozesses.

Awareness-Workshops
Zu Beginn ist es ratsam, den beteiligten Projektmitarbeitern das mit dem Auftrageber abgestimmte Ziel des Projektes vorzustellen. Sollte noch kein Ziel definiert sein, so ist den Projektbeteiligten der Umfang des Projektauftrags zu präsentieren: mindestens die schlichte Einführung des Incident-Management-Prozesses. Im Rahmen dieses Workshops ist es gut, wenn grundsätzliche Ziele und Vorteile des IT-Service-Management und ITIL benannt werden können. Genauso ist es zu empfehlen, auch Risiken des Projektes zu beschreiben: Das Projekt braucht Zeit, kostet Geld und kann nur zum Erfolg kommen, wenn die Mitarbeiter mitarbeiten und ihre Erfahrungen in das Projekt einbringen – nur die Mitarbeiter haben das Potenzial, das Projekt zum Erfolg zu führen, der Projektleiter kann es nur befördern!

Nach dem Awareness-Workshop in der Runde aller involvierten Projektmitarbeiter, ist zu überlegen, so genannte »Klimagespräche« in kleineren Gruppen durchzuführen. Klimagespräche eignen sich dazu, das Eis zwischen dem Projektleiter und den Mitarbeitern zu durchbrechen. Sie sollten mit den Mitarbeitern ihre Potenziale besprechen, positive und negative Aspekte erörtern und den Erfahrungsschatz der Mitarbeiter im Umfeld des Incident Managements kennen lernen.

Einführung in ITIL, das Service-Support-Prinzip und der Incident-Management-Prozess

Oftmals haben die in das Projekt involvierten Mitarbeiter noch nichts oder nur wenig über das Thema ITIL und IT-Service-Management erfahren. Doch auch wenn ITIL-Kenntnisse vorhanden sind, bietet sich ein Überblick über diese Themen im Incident-Management-Kontext an. Dies können Sie mit nachstehender Abbildung 2 und

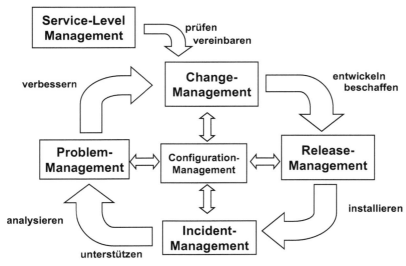

Abb. 2: *Kreislauf der Service-Suppport-Prozesse nach ITIL (Quelle: INFORA GmbH, Hamburg)*

einem selbst gewählten Praxisbeispiel für alle Projektbeteiligte verständlich skizzieren.

Ein Beispiel zur Erläuterung des Prinzips der Service-Support-Prozesse:

Sie sitzen in Ihrem Wohnzimmer und lesen gerade dieses Buch. Plötzlich steigt Ihnen ein stechender Geruch in die Nase. Sie laufen dem Geruch nach in die Küche und stellen fest, dass es brennt. Was tun Sie als erstes? – Sie rufen die Feuerwehr an (Service Desk), die das Feuer als Single Point of Contact unter der Telefonnummer 112 aufnimmt. Die Feuerwehrzentrale benachrichtigt im »Incident-Management-Prozess« die mobilen Einheiten, um das Feuer zu löschen (Ziel: schnellstmögliches Löschen des Feuers).

Nach dem das Feuer erfolgreich gelöscht wurde, besucht Sie einige Tage später der Hausverwalter, da er vermutet, dass das Feuer durch einen Kabelbrand entstanden sein könnte. Der Hausverwalter schaltet einen Sachverständigen ein, der die Ursache des Brandes untersucht (Problem Management). Nach dem die Ursache ermittelt und festgestellt wurde, dass der Kabelbrand durch veraltete Kabellagen verursacht wurde, rät der Sachverständige, in dem gesamten Haus die Kabellagen gegen neue auszutauschen. Das kann der Hausverwalter nicht allein entscheiden, da es infrastrukturelle und wirtschaftliche Auswirkungen auf alle Hauseigentümer hat. Daher stellt der Hausverwalter einen Modernisierungsantrag (RfC = Request for Change) an alle Eigentümer und ruft eine Versammlung ein (CAB = Change Advisory Board), in dieser wird grundsätzlich entschieden, dass die Kabellagen erneuert werden. Die Erneuerung wird durch den Hausverwalter an eine Elektrizitätsfirma (Release and Deployment Management) vergeben, diese installiert nach Autorisierung der Modernisierungskosten und nach Abstimmung des Installationstermins die neuen Kabellagen, die durch die Eigentümerverwaltung formal abgenommen und in ihren Unterlagen dokumentiert wird (Software Asset and Configuration Management). Die Installation der neuen Kabellagen wird abschließend durch den Sachverständigen qualitätsgesichert (Post Implementation Review).

Anschließend gehen Sie auf die wesentlichen Aspekte des Incident-Management-Prozesses, diese sind:
⇨ Ziele,
⇨ Input, Aktivitäten/Subprozesse/Output,
⇨ Ziele des Prozesses, Incident-Management-Owner, KPIs (Key Performance Indicators),
⇨ Ressourcen (wie Tools) und Rollen (Incident Manager und Prozessmitarbeiter).

Durchführen einer Apollo-13-Simualtion
Je nach Tiefe des Verständnisses von Prozessen eignet sich die Durchführung von Simulationsworkshops. Simulationsworkshops gibt es von unterschiedlichen Anbietern in unterschiedlicher Ausprägung und Güte. Herstellerunabhängig sind die Simulationsworkshops »Apollo 13« und Controll-IT (bereits älteren Datums) zu nennen, die anhand von konkreten Szenarien das Funktionieren der ITIL-Prozesse praxisrelevant aufzeigen und für viel Spaß und Motivation bei den Workshop-Mitarbeitern führt.

Mission und Umfang des Prozesses Incident Management bestimmen
Nunmehr können Sie beginnen, die Mission und den Umfang des Prozesses zu bestimmen (vgl. dazu auch den Abschnitt »Umfang des Incident Managements«). Ist von allen Projektmitarbeitern und dem Auftraggeber ein Commitment erfolgt, wie die Mission des Projektes aussieht und in welchem Umfang die Prozesse eingeführt werden sollen, so können Sie damit beginnen, die Prozesse, Prozeduren und Arbeitsanweisungen im Projektteam zu definieren und in den erwähnten Simulationsworkshops auszuprobieren (vgl. Abschnitte »Umfassende Unterstützung durch Tools und Knowledge-Management-Datenbanken« und »Wahrnehmung der Rollen im Incident Management Prozess«).

Simulationsworkshops

Simulationsworkshops sind Veranstaltungen, die an einem konkreten Beispiel das Funktionieren der ITIL-Prozesse spielerisch verdeutlichen. Leider ist das Wort »Simulationsspiel« in Deutschland negativ besetzt – »wer spielt« schon während der Arbeitszeit – offiziell zumindestens. Da findet ein Simulationsworkshop in der Tat wesentlich mehr Akzeptanz

Prozeduren und Aktivitäten beschreiben

Grundsätzlich ist zu empfehlen, den Incident-Management-Prozess nach dem dreistufigen Schema – Prozesse, Prozeduren, Arbeitsanweisungen – gemäß nachstehender Abbildung zu beschreiben.

Abb. 3: *Prozess, Prozedur, Arbeitsanweisungen*
(Quelle: INFORA GmbH, Hamburg. Incident Management)

Das Dokumentieren von Prozessen, Prozeduren und Arbeitsanweisungen ist notwendig, um:
⇨ Arbeitsweisen eindeutig festzulegen, andernfalls tut jeder etwas anderes (und vergisst womöglich Schritte),

⇨ Arbeitsweisen übertragbar zu gestalten (zum Beispiel auf neues oder nur vorübergehend beschäftigtes Personal),
⇨ Arbeitsweisen verifizierbar zu gestalten (zum Beispiel durch einen externen Wirtschaftsprüfer und eine zukünftige ISO-20 000-Zertifizierung). Die ISOIIEC ist ein internationaler Standard für das IT-Service-Management, der auf ITIL aufbaut und Ende 2005 veröffentlicht wurde. Darin werden die Anforderungen an einen (internen oder externen) IT-Service-Provider durch die Spezifikation zusammenhängender IT-Service-Management-Prozesse festgelegt.

Die Beschreibung der Prozeduren und Arbeitsanweisungen kann sehr gut in Form eines so genannten Prozesshandbuches erfolgen, die wesentlichen Parameter sind nachstehender Abbildung zu entnehmen:

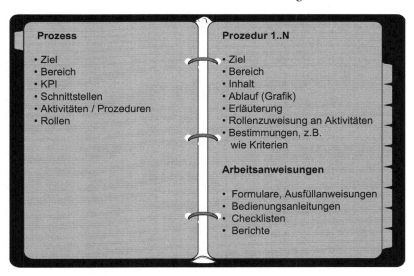

Abb. 4: *Prozesshandbuch (Quelle: INFORA GmbH, Hamburg)*

Für die Erstellung von Prozessen, Prozeduren und Arbeitsanweisungen ist zu beachten, dass dies nie zum Selbstzweck erfolgt. Es ist ratsam, eine kurze Beschreibung in Umgangssprache vorzunehmen, so dass auch neu einzuarbeitende Mitarbeiter die Dokumentation verstehen. Denken Sie daran, dass Flussdiagramme oft besser lesbar sind als lange Texte, soweit sie ausreichend erklärt sind. Fügen Sie den Prozeduren nur Arbeitsanweisungen an, wenn sie wirklich nötig sind.

Nachstehende Tabelle gibt ein Beispiel für den Zusammenhang zwischen Prozess, Prozedur und Arbeitsanweisung:

Tabelle 2: Zusammenhang zwischen Prozess, Prozedur und Arbeitsanweisung		
	Ebene	**Beispiel**
Prozess	Warum? (Ziel)	Incident-Management
Prozedur	Was, wer, wann?	Störung bearbeiten
Arbeitsanweisung	Wie?	Ausfüllanleitung für Störungsmaske

Aufgaben, Befugnisse und Verantwortlichkeiten der Mitarbeiter, des Process Owners und des Process Managers

Das Wichtigste des Incident-Management-Prozesses ist ein gut geschultes Team. Nur wenn das Personal den fachlichen Anforderungen gerecht wird und auch motiviert ist, kann der Prozess funktionieren. In der Praxis lohnt es sich daher, so genannte Zuständigkeitsmatrizen und »VABI-Tabellen einzusetzen. *Zuständigkeitsmatrizen* eignen sich hervorragend dazu, die Zuständigkeiten in den einzelnen Levels abzubilden, nachdem sie mit den Mitarbeitern gemeinsam entwickelt worden sind. Tabelle 3 zeigt ein solches Beispiel.

VABI-Tabellen (VABI steht für »Verantwortlich«, »Ausführend«, »Beteiligt« und »Informiert«) zeigen für den Incident-Management-Prozess eindeutig auf, welche Rolle für welche Aktivität verantwortlich ist. Dies wird in Tabelle 4 exemplarisch vorgestellt.

Tabelle 3: Zuständigkeitsmatrix (Quelle: INFORA GmbH, Hamburg)

	Call Center		
	1st Level Support		
	Verantwortlicher	Vertreter	Notfall
Service 1			
Service 2			
Service 3		*2nd Level Support*	
Service 4			
Service 5			
...			

Schulungsbedarf der Mitarbeiter des Incident-Management-Prozesses bestimmen, auswählen und durchführen

Welche Schulungen und wie viele Schulungen notwendig sind, hängt von dem Wissens- und sozialen Kompetenzstand der Mitarbeiter ab. Nachdem Sie bereits mehr oder weniger ausführliche Schulungen in IT-Service-Management und ITIL durchgeführt haben (siehe oben), sind nunmehr Schulungen gefragt in:

⇨ Telefontraining-Schulungen für die Mitarbeiter des 1st Level
⇨ Schulungen in den in den einzelnen Levels zu betreuenden Software-, Hardware- und Netzwerk-CIs, beispielsweise in...
   – Standard-Software (Betriebssystem, Textverarbeitung, Tabellenkalkulation usw.),
   – Fachapplikationen (je nach Betreuungsumfeld),
   – Desktop-PC, Notebooks, Drucker usw.
   – Switches, Patches usw.

Weitere Schulungen fallen in jedem Fall für den nachstehenden Punkt der Toolauswahl an.

Eventuell benötigte Tools auswählen, anpassen und einführen
Häufig sind bereits IT-Service-Management-Werkzeuge in Unternehmen vorhanden. Sollte bisher kein Werkzeug eingesetzt werden oder kann mit dem bisherigen Werkzeug nicht mehr weitergearbeitet werden, so ist es erforderlich, ein neues Werkzeug gemäß den zu unterstützenden Aktivitäten in dem Prozess auszuwählen. Dabei ist darauf zu achten, dass Sie auch die Anforderungen aus den anderen gegebenenfalls einzuführenden Prozessen mit aufnehmen und als Parameter für die Toolbeschaffung definieren.

Hier sollten Sie sich immer mit Ihrem Projektteam die Frage stellen, welche Funktionalitäten Sie tatsächlich benötigen und wie mächtig ein Tool sein muss beziehungsweise darf. Bei der Toolauswahl ist auch immer darauf zu achten, wie viel Customizing durch Sie selbst beziehungsweise durch den Hersteller oder einen seiner Partner aufzuwenden ist.

Arten der Berichterstattung definieren und ausarbeiten
Der Definition der Kennzahlen und dem Reporting ist ein eigener Abschnitt aufgrund seiner elementaren Wichtigkeit gewidmet. Bei der Definition der Kennzahlen und der daraus resultierenden Reports, stellen Sie sich immer die Frage, warum und was Sie eigentlich messen wollen. Die wichtigsten Antworten darauf entnehmen Sie der Abbildung 5.

Tabelle 4: Beispiel für eine VABI-Tabelle

Aktivität	Verantwortlich	Ausführend	Beteiligt	Informiert
Störung anlegen und klassifizieren	Teamleiter	Service-Desk-Mitarbeiter		
Störungsbearbeitung	Teamleiter	Service-Desk-Mitarbeiter, 2nd-Level-Mitarbeiter	Externe Dienstleister	
Ticket schließen u. Anwender über Erledigung informieren	Teamleiter	Service-Desk-Mitarbeiter		
Befüllung Lösungsdatenbank	Qualitätssicherung im Service Desk	Service-Desk-Mitarbeiter, 2nd-Level-Mitarbeiter		
Pflege der Lösungsdatenbank	Qualitätssicherung im Service Desk	Qualitätssicherung im Service Desk		
2nd Level Support für Standardsoftware	Service-Desk-Mitarbeiter	Dispatcher im 2nd-Level für Standardsoftware		
2nd Level Support für Fachapplikationen	Service-Desk-Mitarbeiter	Dispatcher im 2nd-Level für Standardsoftware		
2nd Level Support für Hardware	Service-Desk-Mitarbeiter	Dispatcher im 2nd-Level für Hardware		
3rd Level Support	Service-Desk-Mitarbeiter	Entwickler, externe Dienstleister		
Erstellen der Reports bzgl. des Incident Managements	Incident Manager	Qualitätssicherung im Service Desk	Teamleiter im Service Desk	Owner im Incident-Management-Prozess

Incident Management

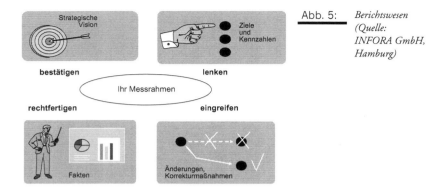

Abb. 5: *Berichtswesen (Quelle: INFORA GmbH, Hamburg)*

Einführung: Pilotierung und Echtbetrieb

Nun sind Sie die grundlegenden Schritte für die Einführung des Incident-Management-Prozesses gegangen: Sie haben die Führungsriege und die Mitarbeiter von dem Sinn und Zweck des Incident-Management-Prozesses überzeugt, haben gemeinsam die Mission und den Umfang der Prozesse bestimmt. Sie haben gemeinsam die Prozeduren und die Aktivitäten beschrieben, die Verantwortlichkeiten und Befugnisse der Beteiligten festgelegt, sie in Zuständigkeitsmatrizen hinterlegt und in VABI-Tabellen unmissverständlich definiert. Alle Beteiligten sind umfassend und ausreichend geschult worden, die Reports sind definiert und im Tool, nebst Prozess und Rollen, implementiert. Nun können Sie mit der Pilotierung des Prozesses beginnen. Vergessen Sie vorher jedoch nicht, die für den Prozess maßgeblichen Personen in das Vorhaben einzuweihen: Ihre Kunden und Anwender. Dafür sollten Sie vorab ein entsprechendes Marketing betreiben, das in der Regel über die Instanz der Initialisierung des 1st Levels erfolgt. Sprechen Sie im Vorfeld nun noch einmal genau den Umfang (Welche Services werden in welchem Zeitraum für welche Anwender unterstützt und was sind die Mitwirkungspflichten auf Anwenderseite?). Diese Pilotierung wird Ihnen viele positive aber auch zahlreiche negative Erkenntnisse bringen. Erkenntnisse, an die sie vorher noch gar nicht gedacht haben: Der Prozess funktioniert, doch nicht so, wie sie es sich gewünscht haben, die Antwortzeiten sind langsamer als angenommen, die Lösungsdokumentation lässt aufgrund der Überlastung zu wünschen übrig usw. Doch auch diese Erkenntnisse sind für Sie als Projektleiter positiv, denn Sie können vor Einführung des Prozesses in dem nächsten Pilotumfeld reagieren und korrigieren, so bereiten Sie sich professionell auf den Echtbetrieb vor.

Prozess reviewen und aktualisieren
»Nichts ist so beständig wie der Wandel«. Dies gilt ganz besonders für den Incident-Management-Prozess. Definierte und eingeführte Prozesse unterliegen der permanenten Veränderung, die der Incident Manager steuert, um die vorgegebenen Ziele des Incident Management Owners erfolgreich zu erfüllen. Der Prozess-Review wird gerade in den nächsten Jahren einen wachsenden Stellenwert bekommen, weil sich gerade IT-Dienstleister nach der ISO-20 000-Norm zertifizieren lassen werden (müssen), um ihre Prozessqualität unter Beweis zu stellen. Dabei wird der Incident-Management-Prozess ein gern unter die Lupe genommener Prozess sein, da sich hier schnell die Prozessgüte messen lässt.

Von daher sollte der Kontinuierliche Verbesserungsprozess auch in diesem Prozess ein elementarer Bestandteil sein und nach dem Deming-Cycle (Plan/Do/Check/Act) vollzogen werden.

Besonderheiten beim Management of Change

Wie bei der Einführung eines jeden Prozesses sind nicht der Prozess, seine Prozeduren und deren Arbeitsanweisungen das wirklich spannende, sondern die Veränderung der Kultur im Unternehmen und vor allem die Veränderung der Arbeitsweise der Mitarbeiter. Welche Parameter sich dabei am meisten durch die Einführung des Incident-Management-Prozesses verändern, wird im Folgenden erläutert.

Veränderung der »Lösungskultur«
In noch nicht prozessbezogen arbeitenden IT-Abteilungen wird in erster Linie nicht der Service, die schnellstmögliche Lösung oder ein Workaround angestrebt, sondern die Priorisierung von Aufgaben nach »Gutdünken« und das Lösen der Incidents nach vorbildlicher Ursachenanalyse. Das ist möglicherweise typisch deutsch: Der deutsche Mitarbeiter organisiert sich gern selbst, er weiß, was am wichtigsten ist und wenn er sich schon um die Lösung kümmert, dann aber gründlich. Das mag gut gemeint sein, hilft jedoch nicht unbedingt weiter.

Das IT-Service-Management dagegen bringt eine völlig neue Kultur in die Unternehmen, jeder Mitarbeiter in der IT richtet sich nach den Service-Gedanken und den auf den IT-Betrieb abgestimmten Möglichkeiten der Erfüllung der Kundenanforderungen. Das kann nicht von heute auf morgen erfolgen. Jedoch ist die strukturierte Abarbeitung von Störungen und der schnellstmöglichen Wiederherstellung des Services das Herzstück des Incident-Management-Prozesses. Die Ursachenanalyse erfolgt im Problem-Management-Prozess. Trennen Sie diese beiden Aufgaben sauber voneinander und setzen Sie in Workshops den Beteiligten unterschiedliche Hüte auf, um den Unterschied deutlich zu machen.

Noch deutlicher wird die Veränderung der Lösungskultur in der Öffentlichen Verwaltung. Alteingesessene Strukturen lassen sich nicht plötzlich in einen neuen Prozess pressen; probieren Sie die Möglichkeit, die Ihnen der Incident-Management-Prozess bietet, Schritt für Schritt aus. An dieser Stelle möchte ich den Projektleiter des Projektes mit@justiz der niedersächsischen Justiz, Herrn Dr. Ralph Guise-Rübe zitieren: »Lassen Sie es uns ausprobieren, wenn es nicht funktionieren sollte oder sich bessere Ideen im Laufe der Zeit ergeben, dann wenden wir diese an«. Das nenne ich Service-Management! Sie probieren etwas aus, weil sie wissen, es ist das Beste, jedoch im Laufe der Zeit werden Sie feststellen, dass sie beispielsweise doch noch eine fachbezogene Aufteilung im 2nd Level benötigen. Jetzt passen Sie es an, damit der Anwender die schnellstmögliche Lösung repräsentiert bekommt.

Incident Management

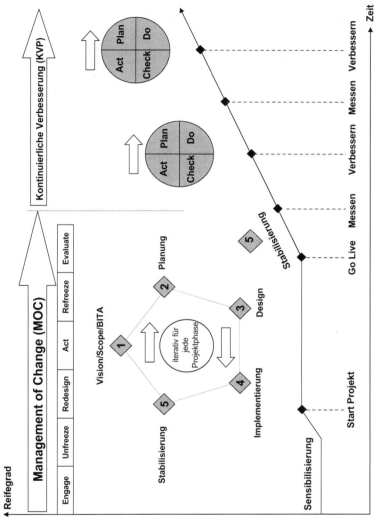

Abb. 6: MOC und KVP (Quelle: INFORA GmbH, Hamburg)

Veränderung der »Arbeitsorganisation«

Die Veränderung der Arbeitsorganisation bedeutet insbesondere, dass Mitarbeiter zukünftig klare Aufgaben und Verantwortungen haben, es werden so genannte Zuständigkeitsmatrizen inklusive Vertretungsregelungen eingeführt. Das bedeutet für den service-orientierten Mitarbeiter endlich die Transparenz in der Bearbeitung von Störungen, die er sich schon immer gewünscht hat. Für andere bedeutet diese Transparenz jedoch Kontrolle: Kontrolle der Leistungsfähigkeit und der von ihnen bearbeiteten Incidents. Aber glauben Sie wirklich, dass ein Vorgesetzter erst einen Prozess benötigt, um die Leistungsfähigkeit seiner Mitarbeiter zu beurteilen? Sehen Sie es positiv: Wenn nicht die Mitarbeiter selbst Licht in das Dunkel der schnellstmöglichen Lösungsfindung bringt, dann tut es ein anderer und die Aufgaben können an andere abgegeben werden. Nur der transparente Prozess bringt die Möglichkeit der Optimierung und letztlich den Erhalt von tatsächlich benötigten Arbeitsplätzen.

Veränderung der »Mitarbeiterkompetenzen«

Es muss nicht jeder alles können, aber jeder muss so viel können, damit alle zusammen den definierten Service erbringen. Auch hier lässt sich der Fußball zitieren: Erfolgreich spielen nicht die Mannschaften mit den besten Einzelspielern (sonst wären die Holländer doch schon mal Weltmeister geworden), sondern die Mannschaft mit dem besten Teamgeist, deren Spieler sich auf ihre Aufgaben konzentrieren. Um das zu erreichen, muss sich eine Führungskraft um ihre Mitarbeiter bemühen, mit ihnen besprechen, was ihre tatsächlichen Stärken sind und in welchen Prozessen sie am besten eingesetzt werden können. Sie werden staunen, welche Potenziale plötzlich zu Tage kommen. Wenn Sie der Meinung sind, dass man dafür aber auch die richtigen Mitarbeiter braucht, so ist das sicherlich stimmig.

Veränderung der »Eigenkompetenz der Mitarbeiter«

Zum Schluss dieses Abschnitts sei erwähnt, dass nicht jedes Prozessarbeiten ein gutes Arbeiten ist. Achten Sie darauf, dass der Incident-

Management-Prozess nicht bis ins letzte i-Tüpfelchen beschrieben wird und jede Weiterleitung im Tool so weit vorgedacht ist, dass der Mitarbeiter nicht mehr denken muss. Mitarbeiter, die im Incident-Management-Prozess tätig sind, arbeiten bei einer erfolgreichen Einführung nicht durch Zufall hier, sondern weil sie kompetent genug sind, Störungen schnell zu bearbeiten und nach etablierten Verfahren eine Lösung zu finden. Wenn alles Erdenkliche im Incident-Management-Prozess bereits vorgedacht ist, dann wird der Prozess nicht funktionieren, da die Mitarbeiter das Denken aufgeben und sich damit mehr Fehler in der Infrastruktur einschleichen als ausgebessert werden können. Schließlich führt dies auch zu einer Unzufriedenheit der Mitarbeiter – keine gute Voraussetzung für IT-Service-Management.

Kennzahlen

Die grundlegende Frage, die Sie sich bei der Definition des Incident-Management-Prozesses stellen sollten, ist, ob die Beteiligten wirklich Kennzahlen benötigen und ob sich diese nicht nach der Implementierung sowieso ergeben. An dieser Stelle werden Sie als Projektleiter gebraucht: Welche Rollen, welche Funktion, welcher Prozess, welche Organisationseinheit usw. benötigen welche Kennzahlen und zu welchem Zweck? Für die Entwicklung eines wirklich erfolgreichen Kennzahlensystems und der geschäftsentsprechenden Nutzung von KPIs (Key Performance Indicators) hat sich folgende sinnvolle Kennzahlendefinitionsmethode ergeben: Erstellen Sie eine Matrix für den Prozess Incident Management und die Adressaten (beispielsweise strategische Ebene, taktische Ebene und operative Ebene). Führen Sie mit den für den Incident-Management-Prozess maßgeblichen Personen Interviews durch, schildern Sie die Zielsetzung und die Möglichkeiten des Prozesses, und fragen Sie die jeweilige Person, welche Information sie tatsächlich interessiert und wofür diese benötigt werden. Aus diesen Erwartungen formen Sie nun die zu generierenden Kennzahlen. Tabelle 5 zeigt ein Beispiel für diese Bedarfserhebung und die Transformation in die Kennzahlen.

Generell gibt es eine Reihe von Kennzahlen, die sich in der Praxis bewährt haben. Nachstehend sind die »Top 10« aufgeführt:
- ⇨ Gesamtzahl der Störungen,
- ⇨ durchschnittliche Lösungszeit aller Incidents,
- ⇨ durchschnittliche Lösungszeit pro Kategorie (Software, Hardware, Netzwerk usw.),
- ⇨ durchschnittliche Lösungszeit pro Priorität,
- ⇨ Anteil der vom First-Level-Support behobenen Störungen,
- ⇨ Anteil der Störungen, die innerhalb der vereinbarten Lösungszeiten (gemäß SLA) bearbeitet wurden,
- ⇨ behobene Störung pro Rolle,
- ⇨ Anzahl der Störungen, die anfänglich falsch klassifiziert wurden,
- ⇨ Anzahl der Störungen, die falsch weitergeleitet wurden,
- ⇨ Anteil der Lösungen, die vom Anwender nicht akzeptiert wurden.

Bei der Auswahl der Leistungsindikatoren ist zu beachten, dass diese frühzeitig mit dem Personal- respektive Betriebsrat abzustimmen sind. Am besten sollte dies erfolgen, wenn Sie vor der Einführung eines IT-Service-Management-Systems stehen. Hier können mit den Personalvertretungen auch die kritischen Fragestellungen der Auswertemöglichkeiten von derartigen Werkzeugen diskutiert werden. In der Praxis sollten folgende Möglichkeiten nicht zugelassen werden (es geht ja um die Transparenz und Verbesserung der Prozesse und nicht um die Kontrolle der Mitarbeiter):
- ⇨ Leistungsüberwachung der am Prozess Beteiligten;
- ⇨ der Aufwand für die Kennzahlenerhebung ist unvertretbar hoch und die Wiederholbarkeit ist nicht gewährleistet.

Tabelle 5: Bedarfserhebung und Ermittlung von Kennzahlen

STRATEGISCH		TAKTISCH		OPERATIV	
(Vorstand, Hauptabteilungsleiter)		(Abteilungsleiter, Teamleiter, Kunden*)		Sachbearbeiter	
Erwartungen	Kennzahlen	Erwartungen	Kennzahlen	Erwartungen	Kennzahlen
Alle Störungen werden während eines Tages geschlossen	⇨ Anzahl der Incidents ⇨ Lösungszeit je Incident ⇨ Durchschnittl. Lösungszeit aller Incidents	⇨ Welcher Incident kommt besonders häufig vor? ⇨ Wo liegen die Schwächen in unserer Infrastruktur?	⇨ Anzahl der Incidents je Kategorie und Subkategorie	⇨ Welche Incidents sind gelöst? ⇨ Welche Incidents sind geschlossen? ⇨ Für welche Incidents liegt nur eine Zwischenfalllösung vor?	⇨ Anzahl der Incidents mit dem Status »gelöst« im Verhältnis zu allen Störungen ⇨ Anzahl der Incidents mit dem Status »geschlossen« im Verhältnis zu allen Incidents ⇨ Anzahl der Incidents mit dem Status »Workaround« im Verhältnis zu allen Incidents.**

* Die Erwartungen der Kunden brauchen Sie selbstverständlich nur dann erheben, wenn diese noch nicht durch den Prozess des Service-Level-Managements erhoben sein sollten.

**Die inhaltlichen Aussagen zu den Störungen ergeben sich, wenn die einzelnen Störungen im IT-Service-Management-Tool direkt mit den Tickets und ihren Attributen verknüpft sind.

Reporting

Ein Reporting sorgt für Transparenz, zeigt Stärken und Schwächen in der Ausführung des Incident-Management-Prozesses auf, liefert den entsprechenden Nachweis über SLA-Erfüllungen beziehungsweise Verstöße. Das Reporting ist in Unternehmen und Behörden deshalb so wichtig, da nur das, was »schwarz auf weiß« steht, nachweisbar ist und damit akzeptiert wird. Zudem hilft das Reporting aber auch, Zusammenhänge grundsätzlich in den Handlungsfeldern der IT-Infrastruktur, aber speziell im Incident-Management-Prozess zu erkennen. Da ein Reporting nie zum Selbstzweck erfolgen sollte, sind folgende Merksätze anzuwenden:
⇨ Zähle, was zählbar ist.
⇨ Miss, was messbar ist und was nicht messbar ist, versuche messbar zu machen.
⇨ Nur was man messen kann, kann man auch überwachen.
⇨ Nur was man überwachen kann, soll man auch vereinbaren.
Die Vereinbarung ist wiederum ein entsprechendes Service Level Agreement.

In der Praxis haben sich Kennzahlen und daraus resultierende Reports ergeben, die ein »Ampelsystem«, mindestens für die strategische und taktische Ebene, ergeben. Bei einem solchen Ampelsystem werden den Führungskräften auf Knopfdruck nur die Incidents angezeigt, die nicht den Status »grün« haben. Grüner Status bedeutet, dass die Incidents in den mit dem Kunden in SLAs vereinbarten Lösungszeiten wiederhergestellt worden sind. »Gelber« Status zeigt die Incidents auf, die in Kürze aus den SLA-Zeiten zu laufen drohen. »Roter Status« bedeutet, dass Incidents in der vereinbarten Wiederherstellungszeit nicht gelöst werden konnten.

Eskalationsmanagement

ITIL-affine Projektleiter haben für die Behebung des »roten Status« den Methodenkoffer bereits parat: Hier ist der Incident Manager als Prozessmanager gefragt. Es ist zu untersuchen, warum sich der jeweilige Incident im Status rot befindet (es wird an dieser Stelle davon ausgegangen, dass es sich nicht um technische, sondern um prozessuale Imponderabilien handelt). Dazu sind die Prozeduren zu analysieren, ob diese nicht praxisgerecht modelliert worden sind beziehungsweise nicht oder nur zum Teil angewendet werden. Eine im Incident-Management-Prozess häufig festgestellte Schwachstelle sind die definierten Eskalationsverfahren. Ein professionelles Eskalationsmanagement *stellt sicher,* dass...
⇨ ein hohes, definiertes Serviceniveau erreicht wird,
⇨ die Incidents innerhalb festgelegter Fristen gelöst werden,
⇨ Überschreitungen des Lösungszeitrahmens transparent werden.

Mit einem Eskalationsmanagement wird erreicht, dass...
⇨ die Incidents über alle Zuständigkeitsgrenzen hinweg durch alle Instanzen als Gesamtheit zügig und sachgerecht bearbeitet werden,
⇨ außergewöhnlich lange Bearbeitungszeiten von Störungen erkannt werden, um Maßnahmen zur Verbesserung einleiten zu können.

Bei der Festlegung von Eskalationszeiten ist die Dringlichkeit eines Incidents zu berücksichtigen und somit sind die Bearbeitungsprioritäten für die Störungsmeldungen zu verifizieren. Des Weiteren ist die Reihenfolge der Abarbeitung der Störungsmeldungen durch die Bearbeitungsinstanzen zu überprüfen und gegebenenfalls anzupassen. Da die Auswahl einer entsprechenden Priorität (Kombination aus Dringlichkeit und Auswirkung) die Eskalationszeiten für den Incident beeinflusst, sind folgende Kriterien zu justieren:
⇨ Zahl der betroffenen Anwender,
⇨ Schwere der Nutzungseinschränkung durch die Störung sowie
⇨ Kritikalität des IT-Verfahrens.

Modellierungshinweise

Die folgenden Modellierungshinweise enthalten Erfahrungen des Autors aus einer Vielzahl von Implementierungsprojekten des Incident-Management-Prozesses in privatwirtschaftlichen Unternehmen, IT-Dienstleistungsunternehmen, Bundes- und Landesbehörden sowie kommunalen Strukturen.

Umfang des Incident Managements

Wie bereits im Abschnitt »Umfang des Incident-Management-Prozesses« dargestellt, ist mit den Auftraggebern des Projektes beziehungsweise den Projektbeteiligen zu klären, welchen Umfang der Prozess haben soll. In der Praxis hat sich bewährt, dass Incidents im Sinne von Störungsmeldungen und Service Requests definiert und im Umfang des Incident-Management-Prozesses implementiert werden, also zum Beispiel eine Frage zur Bedienung einer Anwendung oder Funktionalität, ein Passwort-Reset, die Installation eines Desktop-PCs oder eine reine Informationsanfrage. Hingegen sollte das Beschaffungsmanagement nicht im Umfang des Incident-Management-Prozesses stehen. Zwar ist das Beschaffungsmanagement nicht explizit in der IT Infrastructure Library beschrieben, dennoch ist es gut möglich, unter der Betrachtungsweise des Incidents-, Change- und Service-Level-Management zu definieren und zu implementieren. Daraus zeigt sich, dass das Beschaffungsmanagement nicht einem Prozess zu zuordnen ist, sondern mehrere Prozesse beteiligt sind. Gerade in der Öffentlichen Verwaltung ist das Beschaffungsmanagement in seiner Komplexität einmalig. Hier sind Stellen, wie das Haushaltsreferat und die Vergabestellen einzuschalten und die einschlägigen Vorschriften von VOL (Verdingungsordnung für Leistungen) und VOF (Verdingungsordnung für freiberufliche Leistungen) sowie UfAB IV (Unterlage für die Ausschreibung und Bewertung von IT-Leistungen in der Version 4) zu berücksichtigen und der Leistungsgegenstand nach nationalem beziehungsweise EU-Recht auszuschreiben. (Der Autor des vorliegenden Praxisberichts hat in einem Projekt in einer Landesbehörde mit den Projektbeteiligten ein Beschaffungsmanagement in Anlehnung an ITIL definiert. Informationen erhalten Sie bei Bedarf gern auf Anfrage: Frank.Zielke@ITSM-Consulting.de).

Metamodell

Wer sich intensiver mit den »ITIL-Bibeln« der Version 2 (Service Support und Service Delivery) auseinandersetzt, wird sich an zahlreichen Stellen des Incident-Management-Prozesses fragen: »Und nun? Welche Informationen fließen denn jetzt von einer Aktivität zur nächsten?« Wer häufiger Implementierungen von Prozessen durchführt, hat sich ein eigenes Informationsschema zurecht gelegt beziehungsweise seine »eigenen Best Practices« definiert. Besser ist jedoch, wenn sich auch hier Standardisierungen ergäben. So hat das itSMF (it-Service-Management-Forum) unter der Federführung von Prof. Dr. Rainer Schmidt und Gerhard Langenmayr ein Metamodell entwickelt, das alle notwendigen Prozessschnittstellen, Datenflüsse, Informationsübergaben, Rollen, Funktionen usw. eindeutig definiert, so dass keine Informationen vergessen werden können. Die ersten Projekte in der Öffentlichen Verwaltung in Kooperation mit der INFORA GmbH zeigen, dass durch die Anwendung des Metamodells Prozessdefinitionszeiten eingespart und mühsame Prozessanpassungen in weiteren Phasen der Prozessoptimierung erspart werden können.

Wahrnehmung der Rollen im Incident-Management-Prozess

Da der Incident-Management-Prozess in der Praxis häufig einer der ersten Prozesse ist, der nach den Best Practices der ITIL implementiert wird, ist nach den Rollen der Instantiierung zu fragen.

Zum einen ist es erforderlich, die Rolle des Prozesseigners (Process Owners) zu etablieren. Der Prozesseigner im Incident-Management-

Prozess gibt die Ziele des Prozesses vor. Es ist meist der IT-Leiter (bei größeren Unternehmen beziehungsweise Verwaltungen), eventuell sogar der Unternehmensleiter (bei kleinen bis mittleren Unternehmen). Diese Rolle wird in der Praxis häufig leider nicht besetzt. Die Nicht-Etablierung dieser Rolle birgt jedoch die Gefahr, dass keine wirklichen Ziele des Prozesses, abgleitet aus den Vital Business Functions vorgegeben und überprüft werden. Besprechen Sie diese Rolle unbedingt zu Beginn Ihres Projektes mit dem Auftraggeber. Neben dem Process Owner wird der Process Manager zu etablieren sein. Er operationalisiert im Incident-Management-Prozess die vorgegebenen Ziele des Process Owners und sorgt für einen reibungslosen Verlauf sowie eine permanente Optimierung des Prozesses.

Schließlich sind die einzelnen Mitarbeiter in dem Prozess zu etablieren: Dies sind die Mitarbeiter im 1st, 2nd und 3rd Level. In allen drei Levels sind Leitungspersonal (mindestens Teamleiter) und Mitarbeiter zur operativen, schnellstmöglichen Wiederherstellung der Incidents notwendig. Erfahrungen bei der Implementierung des Incident-Management-Prozesses zeigen, dass eine abstrakte Definition dieser Rollen nicht ausreicht. Jede Rolle, jeder Mitarbeiter hat eine zentrale Bedeutung im Prozess. Zur Veranschaulichung organisieren Sie wiederum einen Workshop. Vergeben Sie hier die zusätzlichen Rollen des Incident Management Owners, des Incident Managers und der Teamleiter im 1st, 2nd und 3rd Level.

Diskutieren Sie die Ziele des Incident-Management-Prozesses, die der Process Owner definiert. Praxisgerechte Ziele zum Beispiel in produzierenden Unternehmen sind, dass beispielsweise alle geschäftskritischen Services, die einen Austausch von IT-Komponenten nach sich ziehen, innerhalb von einer halben Stunde wiederhergestellt sein müssen. Netzwerkausfälle bedeuten, dass die Güter nicht gefertigt werden können: In jeder Minute, in der das Gut nicht gefertigt wird, entstehen erhebliche Opportunitätskosten.

Wenn der Incident Manager in Ihrem Workshop mit dieser Zieldefinition beauftragt wird, wird ihm schnell bewusst, dass es eine Herausforderung ist, einen Service in maximal einer halben Stunde wiederherzustellen. Das Wissen um den Geschäftshintergrund führt ihm eindringlich vor Augen, dass dies unbedingt erforderlich ist. Der Incident Manager diskutiert nun mit den Mitarbeitern, wie der Incident-Management-Prozess aussehen muss, um einen kritischen Service nach 30 Minuten wiederherstellen zu können. Sie diskutieren gemeinsam mit den Mitarbeitern, ob der bisher im Tool hinterlegte Prozess ausreichend ist oder angepasst werden muss, um der Zielsetzung zu entsprechen. Das Leitungspersonal hat dabei die Aufgabe, die einzelnen Mitarbeiter in den einzelnen Levels zu führen und den Prozess im Sinne des Eskalationsmanagements auszuführen.

Wenn Sie den Prozess in Ihrer Testversion des IT-Service-Management-Werkzeuges angepasst haben und die Aufgaben und Rollen unter den Mitarbeitern verteilt und verstanden worden sind, fangen Sie mit der Bearbeitung des kritischen Incidents an: Der Prozesseigner mimt den Anwender und gibt die Störung auf. Die Mitarbeiter im 1st Level erfassen die Störung, klassifizieren den Incident und führen eine Überprüfung des Störungsmusters durch. Da keine Lösung im Tool vorhanden sein wird, wird das Ticket in den 2nd Level weitergeleitet, hier wird der Teamleiter aktiv. Er prüft das Ticket und gibt es den Mitarbeitern, die mit der Analyse und Diagnose beginnen. Wird keine Lösung gefunden, so erfolgt die Eskalation in den 3rd Levels bis der Incident gelöst beziehungsweise ein Workaround bereitgestellt werden kann. Der Incident wird anschließend an den 1st Level mit der Lösungsbeschreibung toolgestützt zurück geleitet. Hier wird die Lösung qualitätsgesichert, in dem überprüft wird, ob die Beschreibung ausreichend ist, damit die zu Grunde liegenden Störungen bei wiederholtem Auftritt direkt durch den Service Desk gelöst werden können, und dem Anwender mitgeteilt. Ist auch aus seiner Sicht der Service wiederhergestellt, so kann das Ticket geschlossen werden.

Beginnen Sie nun mit der Auswertung des durchlaufenden Prozesses: Diskutieren Sie mit dem Process Owner, ob sein Ziel erreicht worden ist, verifizieren Sie mit dem Incident Manager, wie aus seiner Sicht der Prozess abgelaufen ist – welche Stärken, welche Schwächen sind erkennbar, was ist anzupassen? Fragen Sie danach das Leistungspersonal, wie es die Rollenwahrnehmung der Mitarbeiter erlebt hat und wie das Eskalationsmanagement funktioniert hat. Abschließend äußern sich die Mitarbeiter, was sie positiv und negativ bei der Wiederherstellung des Services wahrgenommen haben. Haben Sie Vorschläge zur Optimierung des Prozesses, so diskutieren Sie diese gemeinsam mit dem Incident Manager und dem Leistungspersonal. Danach passen Sie nötigenfalls den Workflow im Tool an, steigen erneut in die Incident-Bearbeitung ein: Lassen Sie kritische und nicht-kritische Incidents durch den Prozess und seine Beteiligten toolgestützt laufen und bringen Sie Stresssituation in die Simulation – so lange, bis alle Beteiligten sagen »Wir haben's!«

Hinweise zum Detaillierungsgrad

Es gibt kein Patentrezept, aus dem hervorgeht, wie tief der Prozess, die Prozeduren und die Arbeitsanweisungen zu beschreiben sind. Öffentliche Verwaltungen neigen häufig dazu, die Arbeitsanweisungen zu kleinteilig zu beschreiben, so dass kein kreativer Spielraum mehr für den einzelnen Mitarbeiter übrig bleibt. Beispielsweise reicht es aus zu beschreiben, dass eine Weiterleitung eines Incidents an den 2nd Level erforderlich ist, wenn dieser nicht im 1st Level wiederhergestellt werden konnte. Auch die Rollen sind zu beschreiben: Software-Incidents gehen an die Rolle »SW-Betreuung«. Auch die Beschreibung, dass die Auswahl des Feldes »Rolle« im IT-Service-Mangement-Tool in der Maske »Incident« dazu notwendig ist, mag von Fall zu Fall sinnvoll sein. Eine Angabe jedoch, dass auf der Maske »Incident« das Feld »Rolle« auszuwählen ist, und aus der Kombobox die Rolle »SW-Betreuung« auszuwählen ist und danach der Knopf »Weiterleiten« zu drücken ist, geht zu weit. Eine zu detaillierte Beschreibung der Arbeitsanweisungen führt zur Abstumpfung der Mitarbeiter und zur Erhöhung der Fehlerquote in der Bearbeitung!

Hinweise zur Toolevaluierung

Unternehmen neigen oft zu einem »Overengineering«, wenn alle erdenklichen Funktionalitäten eines Werkzeugs plötzlich wichtig erscheinen. Legen Sie Wert darauf, dass die wirklichen kritischen Aspekte des Incident-Management-Prozesses ohne erhöhte Consulting-Aufwände umsetzbar sind. Es gibt mittlerweile gute Werkzeuge, die die wesentlichen Anforderungen der Prozesse Incident-, Problem-, Change-, Configuration- und Service-Level-Management »out-of the box« umsetzen. Weitergehende Anforderungen können ohne erhöhte Customizing-Aufwände implementiert werden.

Große Unternehmen sollten insbesondere strategische Partnerschaften mit Toolherstellern suchen, um die nicht zu unterschätzenden Lizenzpreise und Customizing-Aufwände, die natürlich aus erhöhten Funktionalitätsanforderungen resultieren, zu reduzieren.

Welche Fehler Sie vermeiden können

»Was interessiert mich das Geschwätz von gestern?«. Die Einführung und gerade die Optimierung von Incident-Management-Prozessen führen dazu, dass Sie definierte und implementierte Prozesse ständig überarbeiten und optimieren müssen. Das ist ein Zielkonflikt: Zum einen haben Sie Empfehlungen zu bestimmten Aktivitäten und Prozeduren abgegeben, zum anderen müssen Sie diese einer permanenten Optimierung und Anpassung unterziehen. Auch vor diesem Hintergrund ist es unerlässlich, dass der Incident-Management-Prozess mit Mitarbeitern gemeinsam gestaltet und nicht praxisfremd konzeptioniert wird.
Mit welchen weiteren typischen Fehlern Sie rechnen müssen, erfahren Sie im Folgenden.

100-Prozent-Lösung!

Gerade bei der Implementierung des Incident-Management-Prozesses ist die Versuchung groß, eine 100-Prozent-Lösung zu erreichen. Das liegt daran, dass es einen Störungsbearbeitungsprozess in irgendeiner Art und Weise in nahezu jedem Unternehmen gibt. Wenn diese etablierte – und ja auch funktionierende – Vorgehensweise verbessert werden soll, dann aber gleich richtig. Vermeiden Sie diese Vorgehensweise, es steht nicht die 100-Prozent-Lösung im Vordergrund, sondern die Optimierung der bisherigen Störungsbehebung – aus strategischer, taktischer und operativer Sicht. Kleine Schritte der Verbesserung durch einen transparenten, standardisierten Prozess sind besser als der Aufbau eines umfangreichen Workaround-Managements. Auch die Verbesserung der SLA-Erfüllung kann ein weitreichender Schritt der Einführung des Incident-Management-Prozesses sein!

Fehlerhafte Priorisierung/Kategorisierung

Nehmen Sie sich Zeit für die richtige Einordnung der Prioritäten und Kategorien.
Bei der Prioritätensetzung hat sich in der Praxis eine Matrix bewährt, die exemplarisch nachstehend dargestellt ist:

Tabelle 6: Prioritäten setzen				
		Auswirkung		
		Groß	Mittel	Gering
Dringlich-keit	Hoch	1	2	3
	Mittel	2	3	ohne
	Niedrig	3	ohne	ohne

Zur Veranschaulichung dienen folgende Beispiele:
- *Priorität 1:* Eine größere Organisationseinheit ist von dem Ausfall oder der Störung zentraler IT-Komponenten betroffen und kann nicht arbeiten.
- *Priorität 2:* Einzelne Anwender sind von dem Ausfall oder der Störung wesentlicher IT-Komponenten betroffen und können dadurch überhaupt nicht arbeiten oder eine größere Organisationseinheit ist in ihrer Arbeit beeinträchtigt.
- *Priorität 3:* Einzelne Anwender sind durch den Ausfall oder der Störung von IT-Komponenten in ihrer Arbeit beeinträchtigt.
- *Ohne Priorität:* Es sind sonstige Ereignisse eingetreten, die entweder nicht dringlich oder von geringer Auswirkung für den Anwender sind.

Auch bei der Definition von Kategorien sollten Sie entsprechend praxisgerecht vorgehen; in der Praxis hat sich herausgestellt, dass nicht mehr als drei Ebenen der Kategorisierung sinnvoll sind, wie das Beispiel in Tabelle 7 zeigt.

Tabelle 7: Kategorisierung – Beispiel		
Ebene 1	Standard-Software	Fachapplikationen
Ebene 2	MS Office	SAP
Ebene 3	MS Word	HR-Modul

Unterschätzung des 1st-Level-Supportes

Man dürfte im Allgemeinen annehmen, dass der 1st-Level-Support mit einer Ziellösungsrate von 85 Prozent aller Incidents in der Regel recht stringent implementiert werden kann. Dies ist jedoch weit gefehlt. Wenn der 1st-Level-Support fachlich nicht ausreichend qualifiziert ist, dann werden ihnen die besten und ausgereiftesten Prozesse nichts nutzen. Nur wenn hier gut geschultes Personal, insbesondere in den zu unterstützenden Fachapplikationen sitzt, dann haben Sie

a) eine Chance, die Ziellösungsrate überhaupt zu erreichen und, mindestens genauso wichtig, b) die ermittelten Personalanteile – häufig auch als Vollzeiteinheiten (VZE) oder Full Time Equivalent (FTE) bezeichnet – im 2nd Level aufrecht zu erhalten. Arbeitet der 1st Level nicht quantitativ *und* qualitativ hochwertig, dann müssen Sie die in der Regel mehrfach vergebenen Rollen im 2nd Level aus Incident- und Problembearbeiter aufgliedern und das Personal nicht zu gering im 2nd Level nachrüsten – von der Anwenderakzeptanz des Incident-Management-Prozess ganz zu schweigen.

Fehlende Process Owner und Prozess-Manager-Festlegung

Wie im Abschnitt »Wahrnehmung der Rollen im Incident-Management-Prozess« erläutert, ist die Besetzung des Incident Management Owners und des Incident Managers besonders wichtig. Anders als in der ITIL beschrieben, hat sich in der Praxis bewährt, dass die Rollen nicht unabhängig von der hierarchischen Stellung der Mitarbeiter besetzt werden können. Ein Prozesseigner ist nun mal ein Geschäftsführer, ein Hauptabteilungsleiter, ein IT-Leiter und in Ausnahmefällen auch noch ein Abteilungsleiter. Er benötigt diese Stellung, damit seine Zielvorgaben überhaupt ernst genommen werden und damit diese Zielsetzung auch durchgesetzt werden kann. Auch der Incident Manager wird meistens nicht durch einen Sachbearbeiter erfolgreich ausfüllbar sein. Er soll das Funktionieren eines Prozesses sicherstellen und mit den Mitarbeitern zusammen den Prozess optimieren, wenn es nötig ist. Er muss sich aber auch gegen Partikularinteressen des 1st, 2nd oder 3rd Levels durchsetzen. Insofern ist es sinnvoll, wenn der Incident Manager in der Praxis immer in einer Leitungsfunktion tätig ist, zum Beispiel die Leitung des Service Desks oder die Leitung einer dem Incident-Management-Prozess nahe stehenden Organisationseinheit übernimmt.

Ein besonderer Hinweis sei an dieser Stelle noch der Implementierung des Incident-Management-Prozesses in der Öffentlichen

Verwaltung gewidmet: Prozess Owner und Prozess Manager sind im Geschäftsverteilungsplan respektive in Stellen- und/oder Dienstpostenbeschreibungen per se nicht vorhanden – es gibt dementsprechend auch keine formalisierten Besoldungseingruppierungsmöglichkeiten. Dies ist ein wirkliches Problem. Während die Prozess-Ownerschaften noch einigermaßen durch die Wahrnehmung ohnehin gut besoldeten Personals erfolgen können, fragen die in Augenschein genommenen Mitarbeiter nach der entsprechenden Eingruppierung. Ein Patentrezept hierfür gibt es nicht, versuchen Sie mit den prädestinierten Mitarbeitern gemeinsam eine Lösung zu finden, möglicherweise befindet sich der eine oder die andere vor einer Höhergruppierung oder Sie finden immer noch motiviertes Personal, dass die Aufgabe als wirkliche Aufgabe der Etablierung von Service Management versteht und seine monetären Partikularinteressen zurückstellt. Wie auch immer: Klären Sie diesen Dissens auf, ohne Incident Manager werden Sie keinen erfolgreichen Incident-Management-Prozess etablieren können!

Und zum Schluss: Vergessen Sie das Feiern (nicht)!

Wenn Sie ein Projekt erfolgreich abschließen, dann sollten sie das mit den Projektmitarbeitern auch gehörig feiern. Die Einführung eines optimierten Störungsbearbeitungsprozesses ist eine echte Feier Wert – bei der Einführung eines Availability-Management-Prozesses hat in der Regel niemand so hohe Erwartungen wie beim allseits bekannten Incident-Management-Prozess.

Dosieren Sie Anerkennung und auch negative Kritik richtig zueinander, halten Sie Mediationssitzungen ab, wenn das Projekt den Anlass dazu gibt, laden Sie die »Mannschaft« auf ein Eis ein, wenn etwa der Standard für das Reporting verabschiedet wurde.

In diesem Zusammenhang noch ein weiterer Tipp: Neben Ihnen als Projektleiter sollte es auch noch einen »Mannschaftskapitän« geben. Dieser Mannschaftskapitän ist der erste Ansprechpartner für alle Mitarbeiter bei der Einführung des Incident-Management-Prozesses und kanalisiert auch persönliche Fragestellungen und Probleme zu Ihnen.

Damit Sie und die Mitarbeiter überhaupt wissen, wann es etwas zu feiern gibt, ist die gemeinsame Verständigung auf das Ziel, die Vision der Einführung unabdingbar. Entwickeln Sie zusammen mit allen Mitarbeitern eine Vision im Sinne der Fragestellung »Was wollen Sie persönlich mit der Einführung des Incident-Management-Prozesses erreichen«. Am besten fixieren Sie die Visionsfindung in einem der ersten Workshops auf Metaplankarten und bilden durch eine Clusterung der unterschiedlichen Visionen eine gemeinsame Projektgruppenvision. Ist diese am Ende der Implementierung des Incident-Management-Prozesses erreicht, dann können Sie feiern. Wie Freude aussieht, können Sie auch wieder symbolisieren. Mein persönlicher Ansporn auf Freude der Projektbeteiligten, und damit schließt sich dieses Kapitel, gibt Abbildung 7 wieder.

Abb. 7: *Der Mannschaftskapitän Daniel Graf vom Fußballzweitligisten Eintracht Braunschweig umarmt den Torschützen Jürgen Rische nach dessen 2:0 gegen Unterhaching am 07. Mai 2006 und damit das Erreichen des Zieles, den Klassenerhalt gemeinsam zu schaffen! (Quelle und Freigabe durch: www.eintracht.com)*

In diesem Sinne wünsche ich Ihnen viel Freude und Erfolg mit dem Incident-Management-Prozess!

Zusammenfassung
Dieser Beitrag beschreibt die Ziele und Aufgaben des Incident Managements im Rahmen von ITIL. Vorrangiges Ziel des Incident-Management-Prozesses ist es, im Fall von Störungen die »schnellstmögliche Wiederherstellung der Service-Tätigkeit« zu organisieren. Innerhalb des Prozesses wird dabei zunächst der Incident (Service Request oder Störungsmeldung) im 1st Level aufgenommen und strukturiert im IT-Service-Management-Tool erfasst. Der verantwortliche Service-Desk-Mitarbeiter prüft, ob zu dem Incident eine Lösung beziehungsweise ein Workaround vorliegt oder ob mit der Lösungssuche durch nachgelagerte Level begonnen werden muss.
Mit der Einführung des Incident-Management-Prozesses ändern sich Abläufe und Arbeitsweisen zum Teil erheblich. Wesentlich für die Einführung des Prozesses ist es daher, das Commitment des Managements zu erwirken und die Mitarbeiter für die umfassende Einführung zu begeistern. Hierfür bietet sich das Instrument eines Awareness-Workshops an, mit dem Verantwortlichkeiten und Prozesse trainiert werden können.
Erfolgsentscheidend ist es, zur Prozesssteuerung sinnvolle und praxisgerechte Kennzahlen auszuwählen und einzusetzen. Bei der Modellierung des Prozessdesign ist es unter anderem wesentlich, hierarchieentsprechende Incident Owner und Incident Manager einzusetzen.

Problem Management

Im Rahmen des Problem Managements werden die Ursachen für kritische Störungen ermittelt und nachhaltig behoben sowie vorbeugend potenzielle Fehlerquellen für mögliche Störungen aufgespürt. Der Beitrag erläutert, wie der Problem-Management-Prozess abläuft und was bei der Einführung zu beachten ist.

In diesem Beitrag erfahren Sie:
- welche Aktivitäten zum Problem Management gehören,
- worin sich proaktives und reaktives Problem Management unterscheiden,
- welche Rollen, Prozesse und Erfolgsfaktoren bei der Einführung zu berücksichtigen sind.

MICHAEL FLASCHE

Ziele des Problem Managements

Das Problem Management als Teil der »Service Operations« in ITIL (siehe Kapitel »Einführung von ITIL V3«) hat das Ziel, strukturierte Lösung von kritischen Störungen zu realisieren und so langfristig eine nachhaltige Verbesserung der IT-Stabilität zu gewährleisten. Die Wiederherstellung eines Services in der mit dem Kunden vereinbarten Zeit ist hierbei nicht das Ziel des Problem Managements. Dies ist Aufgabe des Incident Managements, das reaktiv auf Störfälle reagiert.

Um die eng miteinander verzahnten Prozesse Incident- und Problem-Management sauber voneinander zu trennen, ist es wichtig, die Begrifflichkeiten eines typischen Incident-Lebenszyklus genau zu beschreiben:

⇨ Ein *Incident* ist eine Störung im Betriebsablauf – als Ursache kann, muss aber nicht zwingend, ein Fehler vorliegen; auch Fehlbedie-

nungen des Anwenders, komplizierte Verfahren oder unergonomische Benutzerschnittstellen können Incidents verursachen.
⇨ Ein *Fehler* ist ein irreguläres Verhalten in der zugrunde liegenden IT-Infrastruktur; der Unterschied zu einem Incident besteht darin, dass Fehler nicht zwingend eine sichtbare Auswirkung auf den angebotenen Service haben müssen.
⇨ Ein *Problem* ist ein Fehler, der eine massive Störung im Betriebsablauf bewirkt, die zeitnahe Behebung dieser Störung ist nur mit erheblichem Aufwand möglich.
⇨ Ein Problem hat in aller Regel am Anfang eine *unbekannte Ursache* (Unknown Error) und kann mit den Mitteln des Incident Managements nicht gelöst werden.

Die Zielsetzung des reaktiven Problem Managements besteht darin, mittels strukturierter Vorgehensweisen die Ursache (Root Cause) des Fehlers zu finden, im Jargon von ITIL ausgedrückt: den Unknown Error in einen Known Error zu überführen.

Das Problem Management besitzt einen proaktiven Anteil, der zu einer dauerhaften Verbesserung der angebotenen Dienstleistungen führen soll. Es versucht auf Basis der ihm vorliegenden Daten – Störungstickets, Logdateien, Reportings – potenzielle Fehlerquellen zu finden, die Störungen auslösen könnten. Dazu gehört das Aufspüren von Ähnlichkeiten bei immer wieder auftretenden Fehlern, die im allgemeinen Tagesgeschäft zwar nicht auffallen, die Support-Organisation aber kontinuierlich belasten und die Verfügbarkeit der Services beeinträchtigen.

Als wichtiger Effekt eines funktionierenden Problem Managements können aufgrund der Known-Error-Datenbank, die unter anderem gut dokumentierte Workarounds enthält, Störungen auch von weniger qualifizierten Mitarbeitern im Incident Management (zumeist dem Service Desk) zufriedenstellend gelöst werden. Eine Verlagerung der Support-Aktivitäten der IT-Organisation bei Störungen nach vorne zum Service Desk (First Level) und die damit verbundene Entlastung der dahinter liegenden Support-Einheiten (2nd,

3rd, n-Level) entlastet die sowieso knappen Ressourcen – eines der elementaren Probleme einer jeden operativen Abteilung. Einmal entlastet von der (all)täglichen reaktiven Störungsbekämpfung können die Fachabteilungen sich um ihr eigentliches Kerngeschäft kümmern: einen stabilen Betrieb der IT-Infrastrukur dauerhaft zu gewährleisten.

Das Problem Management besitzt neben der zugegebenermaßen wichtigen operativen Komponente auch eine Management-Komponente: Es reicht nicht aus, mit einigen isoliert agierenden Spezialisten Probleme zu lösen (vgl. Abschnitt »Task Force«), wenn damit auch schon viel gewonnen ist, der kostspielige Einsatz nebst der gezielten Ausbildung (vgl. Abschnitt »Ausbildung der Mitarbeiter«) solcher Kompetenzträger muss gesteuert werden, damit die Kosten besser kontrolliert werden können. Damit wird der Wissenstransfer in die Organisation (vgl. Abschnitt »Toolauswahl«) einer der wichtigsten Nebeneffekte eines funktionierenden Problem Managements.

Aufgaben des Problem-Management-Prozesses

Die Aufgaben des Problem Management werden grob auf zwei unterschiedlichen Wegen realisiert: reaktiv und proaktiv. Die Reife einer IT-Organisation lässt sich unter anderem aus dem Anteil von proaktivem zu reaktivem Problem Management erschließen. Wenn die Support-Organisation dem Kunden immer einen Schritt voraus ist, dann werden Fehler erst gar nicht ihr Potenzial als Incidents entfalten können.

Reaktives Problem Management arbeitet direkt dem Incident-Management-Prozess zu: Kritische Störungen, die immer wieder auftreten können, weil die Ursache unbekannt ist, werden einer strukturierten Analyse unterzogen, damit die Auswirkungen beherrscht und die Problemquelle(n) erkannt und ausgeräumt werden können.

Proaktives Problem Management verfolgt das Ideal, zukünftige Störungen erst gar nicht entstehen zu lassen. Der Problem Support (vergleiche entsprechenden Abschnitt weiter unten) wertet dazu alle ihm zur Verfügung stehenden Quellen aus, ohne das eine konkrete Störung vorliegt. Die identifizierten Probleme stellen einen der Inputs für die Problemmeldung dar und werden dort (vgl. Abschnitt »Problemmeldung«) näher beschrieben.

Beispiel
Häufig werden zu viele Informationen über Systeme an verteilten Plätzen hinterlegt. Deshalb kann eine Automatisierung der Auswertung die lästige Sucherei verkürzen, indem die Log-Dateien (wenn möglich täglich) nach charakteristischen Schlüsselwörtern durchsucht und anschließend die gefundenen Daten aggregiert werden. Der Problem Support (vgl. Abschnitt »Problem Support«) kann seine knappe Zeit besser nutzen, unerkannte Fehler auf ihre Kritikalität in den einschlägigen Wissensdatenbanken zu überprüfen.

Das proaktive Problem Management ist Bestandteil des in ITIL V3 neu geschaffenen Continual Service Improvements; die Ergebnisse dieses Teilprozesses fließen als Eingangsquelle in den regulären Problem-Lebenszyklus ein.

Aktivitäten des Problem Managements
Der Problem-Management-Prozess der Originalpublikation von ITIL V3 stellt sich als einfacher linearer Ablauf dar (siehe Abb. 1).

Dies führt, im Design mit Hilfe eines Prozessmodellierungstools, bei der abschließenden routinemäßigen Kardinalitätsprüfung (syntaktische Prüfung auf konsistente Modellierung) zu drei Fehlermeldungen:
⇨ Der Prozess beginnt mit fünf (sehr unterschiedlichen) Inputquellen. Korrektur: *eine* Inputquelle.
⇨ Die Entscheidungsraute »Workaround?« ist keine. Korrektur: *neue* Aktivität »Beurteilen eines vorhandenen oder Finden eines Workarounds«.
⇨ Aus der Aktivität »Lösung« gehen zwei Feedback-Schleifen zu der Entscheidungsraute »Workaround« und »Ursachenforschung und Diagnose« zurück. Korrektur: Hinzufügen einer *neuen* Entscheidungsraute »Führt die Lösung zum erhofften Resultat« nach der »Lösungs«-Aktivität.

Problem Management

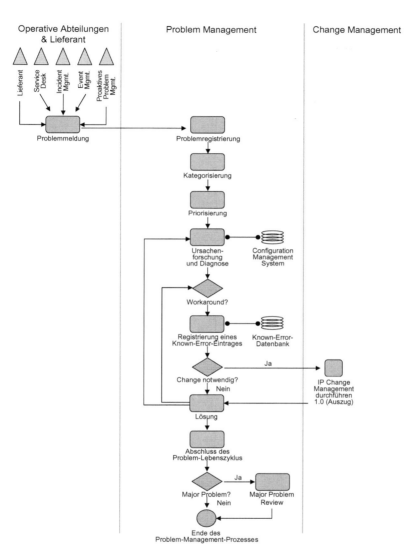

Abb. 1: *Ablauf des Problem-Management-Prozesses nach ITIL V3*

Dass es sich nicht nur um formale Fehler handelt, wird offensichtlich, wenn man versucht, durch praktisches Befolgen den Ablauf nachzuvollziehen: Bis zu der Aktivität »Ursachenforschung und Analyse« entspricht es täglicher Praxis. Aber eine Entscheidung »Workaround?«, die als einzige Alternative nur das »Erzeugen eines Known-Error-Datensatzes« kennt, lässt sich den ausführenden Mitarbeitern nur schwer vermitteln, zumal die berechtigte Frage aufkommt, womit denn die Aktivität »Ursachenforschung und Analyse« endet:
⇨ mit einem Workaround oder
⇨ einer Lösung oder
⇨ mit einer präzisen Beschreibung der Fehlerquelle samt Wirkungskette?

Hieran schließt sich die Frage an, wo denn die eigentliche Lösung erarbeitet wird. Die Aktivität »Lösung« kommt nicht in Frage, da sie *nach* dem Change Management durchgeführt wird, aber bereits zur Erstellung des Changes eine Lösung vorliegen sollte. Ein akzeptierter Workaround kann es auch nicht sein: Im Gegensatz zu einer Lösung werden keine Änderungen in der IT-Infrastruktur vorgenommen, sondern mit den vorhandenen Möglichkeiten wird die Auswirkung der kritischen Störung reduziert. Ein Change ist nur bei einer Änderung in der Infrastruktur notwendig.

Diese inhaltlichen Betrachtungen führen zwangsläufig zur Definition einer weiteren Aktivität, indem die »Erarbeitung einer Lösung« erfolgt, und der Umbenennung der ursprünglichen »Lösungs«-aktivität zu »Durchführung der Änderung«, eine viel präzisere Beschreibung der hier durchzuführenden Aktionen. Der ergänzte und modifizierte Problem-Management-Prozess (siehe Abb. 2) wird in den folgenden Abschnitten detailliert besprochen.

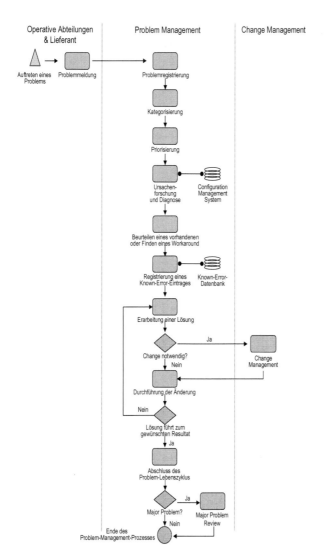

Abb. 2: *Ergänzter und modifizierter Problem-Management-Prozess*

Problemmeldung

Probleme können von unterschiedlichen Quellen an das Problem Management gemeldet werden. Gängig sind folgende Szenarien:
⇨ eine einzelne Störung, die eine kritische Auswirkung auf die Stabilität des Gesamtsystems hat;
⇨ eine einzelne Störung, bei der das Incident Management keine eindeutige Ursache zu erkennen vermag. Aus Zeitgründen entfällt eine tiefer gehende Analyse, weil die SLA-abhängige Wiederherstellung des Service im Vordergrund steht;
⇨ eine kritische, aber bekannte Störung, für die ein Workaround angewendet wurde, der aber vom Problem Management auf Wirksamkeit und potenzielle Kollateralschäden überprüft werden muss.
Hinweis: Ein Workaround stellt immer nur eine Kompromisslösung dar, wenn aber die Problemursache im neuen Release beseitigt ist, ist es pragmatisch, bis zum Release-Wechsel den Workaround beizubehalten.
⇨ Im Rahmen des proaktiven Problem Managements werden mehrere gleichartige Störungen durch eine statistische Auswertung des zur Verfügung stehenden Materials erkannt. Eine genauere Analyse soll klarlegen, ob eine gemeinsame Konstellation immer wieder die gleiche Störung hervorruft.
⇨ Im Rahmen eines Ausfalltests vom IT Continuity Management kann ein System nur noch durch ein komplettes Backup eines zentralen Infrastrukturelementes produktiv geschaltet werden.
⇨ Durch das Patch Management – ein Prozess, der sich im Rahmen des Lebenszyklus einer zugelieferten Komponente um die zeitnahe und prozesskonforme Einspielung von Verbesserungen und Fehlerbehebungen des Lieferanten dreht – werden kritische Korrekturen und notwendige Ergänzungen der zugrunde liegenden Plattform beziehungsweise Applikaton gemeldet, die einer Impact-Analyse unterzogen werden müssen.
⇨ Große Ausfälle, die vom Incident Management mit ihren Mitteln erfolgreich bekämpft wurden, sollten grundsätzlich einer nach-

geordneten Analyse durch das Problem Management unterzogen werden.
⇨ In Grenzfällen, also Situationen, die nur unter besonderem Einsatz der Support-Mitarbeiter (zum Beispiel durch die Rufbereitschaft) gelöst werden konnten und die darüber hinaus schon mehrfach vorgekommen sind, ist es im Sinne der Kostenersparnis ratsam, solche Ereignisse einer Prüfung durch das Problem Management zu unterziehen.

Die letztendliche Verantwortung, ob eine konkrete Störung als Problem bearbeitet wird, trägt der Problem Management Owner (vgl. dazu den entsprechenden Abschnitt unten). Er hat die Budgetverantwortung für dessen Lösung.
Es ist ratsam, zwischen Incident Management und Problem Management klare Vereinbarungen zu treffen, wie zum Beispiel:
⇨ Alle Störungen, die einen Ausfall eines geschäftskritischen Prozesses (siehe SLA-Vereinbarungen) verursachen, müssen grundsätzlich vom Problem Management bearbeitet werden.
⇨ Alle Störungen, die nicht innerhalb der SLA-Frist bearbeitet werden können, müssen vom Problem Management auf ihr »Problempotenzial« hin beurteilt werden.
⇨ Alle Störungen, bei denen als Fehlerquelle lediglich »unbekannte Ursache« eingetragen wird, sollten grundsätzlich vom Problem Management überprüft werden.

Eine Ausnahme zu den oben beschriebenen Regeln bilden Störungen mit sehr schwerwiegenden Auswirkungen auf die Geschäftsprozesse. In diesen Fällen tritt das Incident Management direkt an das Problem Management heran, um parallel zur Entstörung mit der Ursachenanalyse zu beginnen und die Störung schnellstmöglich zu *lösen*. Hier arbeiten beide Prozesse parallel mit dem gemeinsamen Ziel, die Störung samt Ursache zu beseitigen. Während das Incident Management sich auf die Störungsbeseitigung konzentriert, kann das Problem Management diagnostische Untersuchungen am gestörten System durchführen und die Organisation der gebildeten Task Force (siehe gleichnamigen Abschnitt weiter unten) koordinieren, um die Suche nach der Ursache voranzutreiben und eine Lösung zu forcieren.

Problemregistrierung

Der eigentliche Problem-Lebenszyklus wird in der Problemregistrierung durch die Eröffnung eines Problem-Tickets dokumentiert. Es erfolgt die erste präzisere *Beschreibung* des aufgetretenen Problems anhand von Kriterien wie zum Beispiel:
⇨ betroffener Service,
⇨ verursachende Software,
⇨ zugrunde liegende Hardware,
⇨ Netzwerk-Topologie (beispielsweise Applikations- oder Präsentationsschicht) etc.

Es empfiehlt sich, auf die Beschreibung der Problemmeldung aufzusetzen, die Symptome der Störung aber mit Hilfe eines Ticket-Tools oder zumindest anhand einer Vorlage zu beschreiben. Durch seine Benutzerschnittstelle »diszipliniert« das Ticket-Tool den Anwender, automatisch durch Vorauswahl suchbare Begriffe einzutragen – wenn es denn sorgfältig gepflegt ist (vgl. Abschnitt »Toolauswahl«). Allerdings sollte eine Vorlage – vom Problem Manager generiert(!) – so ausgelegt sein, dass nur bestimmte Schlüsselbegriffe gewählt werden können, da andernfalls ein in »Prosa« geschriebener Text nur schwer indiziert werden kann, um bei der Suche nach bereits vorgekommenen Störungen zu helfen. Das entsprechende Störungsticket wird mit dem neu eröffneten Problem-Ticket referenziert, wenn ein geeignetes Service Management Tool das nicht schon automatisch einfordert. Erst dann sollte eine kurze Beschreibung in einem weiteren Feld in vollständigen Sätzen erfolgen, die die Symptome und deren Auswirkungen genauer schildert.

Außerdem muss eine frühestmögliche Verbindung mit den Configuration Items des Configuration-Management-Systems (CMS) erfolgen, um den Einfluss einer Störung auf abhängige Infrastrukturelemente direkt im Blick zu haben. Diese Verbindung soll gemäß ITIL V3 während der »Ursachenforschung und Diagnose« (vgl. entsprechenden Abschnitt weiter unten) erfolgen. Erst während der Analyse kann nämlich mit Zuverlässigkeit gesagt werden, welches Configuration Item wirklich betroffen ist. Allerdings ist es in der Praxis zielführender, alle *potenziell* betroffenen Infrastrukturelemente mit Hilfe des CMS zu identifizieren und in der folgenden Analyse auszuschließen, anstatt zu einem späteren Zeitpunkt festzustellen, dass die Auswirkungen eines Problems zu früh eingegrenzt worden sind und der Diagnoseprozess (in Teilen) wieder neu aufgerollt werden muss.

Kategorisierung

Die Kategorisierung, also die Benennung des/der potenziell verursachende(n) IT-Infrastrukturelemente(s), sorgt für eine erste grobe Eingrenzung erforderlicher Aktivitäten. Sie kann aber gerade bei »unbekannten« Fehlerquellen nur mit einer Unschärfe beschrieben werden und unterliegt im Laufe der Analysearbeiten einer permanenten Nachbesserung. Hier hat das Problem Management die vor-

> **Hinweis**
>
> Wichtig ist, dass sich eine Störung, insbesondere ein Problem, am Anfang meistens nicht eindeutig spezifizieren lässt (schon gar nicht von den Mitarbeitern des Service Desk). Das liegt daran, dass *nicht monokausal* aufklärbare Fehler aus einem komplexen Geflecht von Ursachen herrühren können. Deshalb sollte die Kategorisierung im Ticket-Tool nicht aus Verlegenheit – Pflichtfeld und was jetzt tun – zu spezifisch angelegt sein, sondern generell ein Feld »Unbekannte Fehlerquelle« anbieten, das sich als sehr gutes Indiz für das Vorliegen eines Problems eignet. Damit dieses Feld weniger ambitionierte Mitarbeiter nun nicht ermutigt, grundsätzlich von unbekannten Ursachen auszugehen, muss gerade der Key Performance Indicator (KPI) »Korrekte Kategorisierung von Problemen im Incident Management« (vgl. weiter unten Abschnitt den »Beispiele für KPIs«) ständig überwacht und gemeldet werden.

dringliche Aufgabe, das Bearbeitungsfeld schnellstmöglich einzugrenzen, um nicht unnötig Ressourcen zu binden.

Unabhängig von der Bewertung der betroffenen Fachabteilungen muss die Kategorisierung eines aufgetretenen Problems vom Problem Manager erfolgen, da die Einordnung in eine bestimmte Kritikalitätsklasse einen zu budgetierenden Aufwand nach sich zieht.
Diese Kategorisierung richtet sich in erster Linie nach folgenden Kriterien:
⇨ Wie viele Kunden sind vom Problem betroffen?
⇨ Wie groß ist der Business Impact?
⇨ Wie häufig tritt das Problem auf?
⇨ Wie lange dauert die Wiederherstellung des Services?
⇨ Wie viele Fachabteilungen sind von dem Problem betroffen?

Während die ersten drei Fragen schon bei jeder SLA-Verhandlung festgeschrieben werden oder zumindest in einem Incident-Management-Prozess vereinbart sein sollten, sind die letzten beiden Fragen speziell auf das Problem Management zugeschnitten und sollten in die Abwägung einbezogen werden, wenn Probleme parallel aufschlagen und – wie üblich – die Ressourcen begrenzt sind.

Probleme, die sich quer durch die Organisation »vererben«, sollten bevorzugt mit einer Task Force angegangen werden, um schnellstmöglich das verursachende Infrastrukturelement zu identifizieren und so den Kreis der betroffenen Abteilungen zu reduzieren. Nichts wirkt auf eine IT-Organisation beunruhigender als Probleme, die die gesamte IT-Infrastruktur betreffen.

Priorisierung

Weiter muss die Priorität festgelegt werden. Diese wird durch das Problem Management – eventuell in Abstimmung mit der IT-Leitung und/oder dem Kunden – festgelegt. Sie orientiert sich wie im Incident Management am zeitlichen (Dringlichkeit) und finanziellen Aspekt

(Auswirkung). Die Bearbeitung im Problem Management erstreckt sich über sehr viel längere Zeiträume, deshalb sollte die Priorisierung nur drei Stufen besitzen:
- ⇨ *Prio eins*: geschäftskritischer und sichtbarer Ausfall, Störung kann außerhalb der Kernarbeitszeiten nur durch Rufbereitschaftseinsatz und/oder unter massiver Beeinträchtigung – Durchstarten der gesamten Anwendung – behoben werden;
- ⇨ *Prio zwei:* geschäftskritischer Ausfall, der aber keine deutlich spürbare Auswirkung auf den Endnutzer hat, da ein vom 1st Level handhabbarer, wenn auch unspezifischer Workaround existiert;
- ⇨ *Prio drei:* Störung, die regelmäßig auftritt und mit einem Procedere behoben werden kann, deren Ursache und gesamte Auswirkung aber unbekannt ist.

Ursachenforschung und Diagnose

Es gibt eine Reihe anerkannter Verfahren, die Ursache eines auftretenden Problems einzukreisen, unter anderem:
- ⇨ Chronologische Analyse,
- ⇨ Brainstorming,
- ⇨ End-To-End-Aufnahme eines Problemfalls.

An dieser Stelle erweist sich ein übergeordnetes Problem Management als besonders erfolgsversprechend, weil an dieser zentralen Stelle alle angewendeten Verfahren bekannt sind und die Wirksamkeit beziehungsweise Korrelation bestimmter Verfahrensweisen zu bestimmten Problemkonstellationen zu einer Optimierung dieser Aktivität führen können.

Beurteilen eines bestehenden oder Finden eines Workarounds

Als besonders praktisch hat sich herausgestellt, zunächst die Auswirkung der Störung durch einen Workaround zu minimieren und sich anschließend um eine praktikable Lösung zu bemühen, mit der dieses Problem nachhaltig eliminiert wird. Ein Workaround ist eine Verfahrensanweisung, die ein koordiniertes Verhalten der Support-Mitarbeiter auf eine als Problem eingestufte Störung gestattet, also keine kostspielige und riskante Änderung in der IT-Infrastruktur erfordert. Damit wird nicht die Ursache der Störung behoben, aber der Service in einer definierten Zeit wiederhergestellt und die Auswirkungen begrenzt.

In der Praxis bestehen in aller Regel mehrere Wege, auf einen erkannten Fehler zu reagieren. Als Gütekriterien eines Workarounds sollten gelten:
⇨ schnelle Behebung der Störung,
⇨ geringe Kollateralschäden,
⇨ geringe Beeinträchtigung des Endkunden,
⇨ gezieltere Bekämpfung der Störung.

Häufig ist ein Workaround der erste Machbarkeitsbeweis (*Proof of Concept*) für eine Analyse, um die Richtigkeit der Ergebnisse zu untermauern.

Sollte sich nach einer Kosten/Nutzen-Betrachtung herausstellen, dass eine Lösung wesentlich kostspieliger ist als die dauerhafte Ausführung eines Workarounds, dann wird diese Prozedur vom Problem Management für das Incident Management in der Known-Error-Datenbank dokumentiert. Das Akzeptieren eines Workarounds als dauerhafte Lösung ist ebenfalls möglich, wenn beispielsweise die Lösung nur durch Umordnung der IT-Organisation – Zusammenlegen historisch unterschiedlicher Support-Abteilungen mit je eigener Geschichte und Aufstellung in der Organisation – realisierbar ist. Ein solches Vorgehen kann lediglich strategisch begründet und angestoßen werden und nicht auf operativer Ebene verantwortet werden.

Es darf nicht zur Regel werden, sich mit Workarounds über die Runden zu retten, weil dann grundsätzliche Schwächen der IT-Infrastruktur oder der betreuenden IT-Organisation durch Mehraufwand auf den Rücken der Support-Mitarbeiter verdeckt werden. Dies sollte durch einen entsprechenden KPI (vgl. Abschnitt »Beispiele für KPIs«) transparent gemacht werden.

Meistens hat das Incident Management in seinem steten Bemühen, möglichst schnell (SLAs/OLAs!) einen geregelten Betrieb wiederherzustellen, eine Standardvorgehensweise (»Reboot tut gut« oder »Deinstallieren/Installieren der Druckersoftware«). Sie lässt sich bei Kenntnis der eigentlichen Ursache durch eine adäquate Vorgehensweise ersetzen, die zielgenauer die Auswirkung bekämpft.

Beispiel
Ein Portal war durch gängige Wartungsmethoden – Neustarten des zentralen Infrastrukturelementes – nicht handhabbar: Das Portal stand dem Endkunden für mehrere Minuten nicht zur Verfügung. Eine erste Diagnose des verursachenden Systems zum Zeitpunkt des Ausfalls zeigte, dass beim vermeintlichen Stoppen nicht alle Prozesse sauber beendet wurden und solche verwaisten Prozesse zu einem Kollaps des Gesamtsystems führten. Ein automatisiertes »Abschießen« dieser verwaisten Prozesse nach dem Stopp sorgte zumindest für ein betreibbares System.

Registrieren eines Known-Error-Eintrags

Ist die Ursache der Störung gefunden, wird das Problem als Known Error registriert. Dieser formale Akt ist insofern wichtig, weil es für das Management keine unbefriedigendere Situation gibt als ein schwerwiegendes Problem, dessen Ursache unbekannt ist. Mit dieser Umetikettierung wird auch nach Außen signalisiert, dass eine Lösung jetzt nur noch eine Frage der Zeit ist.

Erarbeiten einer Lösung

Nachdem die Ursache des Fehlers gefunden ist, muss eine Lösung erarbeitet werden, die den bekannten Fehler beseitigt sowie den zuvor akzeptierten Workaround ersetzt. Die Tatsache, dass man jetzt weiß, warum die Störung aufgetreten ist, impliziert nicht zwangsläufig, dass die Störung endgültig behoben werden kann.

Beispiel 1
In einer verteilten IT-Infrastruktur wurde als Ursache eines Performance-Engpasses (»Bottleneck« genannt) die räumliche Entfernung (WAN) zwischen den Schnittstellen identifiziert. Eine Lösung wäre darauf hinausgelaufen, die gesamte Plattform zu einem zentralen Standort zu migrieren. Dies hätte aber erhebliche organisatorische »Nebenwirkungen« gehabt, so dass dem Problem Management in der Zwischenzeit nichts anderes übrig blieb, dies als einen der Gründe für eine Migration an das Management zu adressieren und auf eine Änderung der politischen Großwetterlage zu hoffen.

Um eine endgültige Behebung zu initiieren, ist die Zusammensetzung der Task Force (vgl. entsprechenden Abschnitt unten) zu ändern. Dies trägt dem Lebenszyklus des Problems Rechnung, ähnlich wie der Lebenszyklus bei der Softwareentwicklung – mit dem Unterschied, dass nicht ein Entwurf für ein neues Infrastrukturelement am Anfang steht, sondern die Verbesserung eines bestehenden. Es ist offensichtlich, dass die Lösung jetzt von Mitarbeitern mit anderen Fähigkeiten erarbeitet werden muss.

In aller Regel schrumpft die Zahl der benötigten Mitarbeiter, da jetzt die Ursache bekannt ist. Der Problem Manager ruft nun mehr Entwickler in das Team und entlässt die Problem-Support-Mitarbeiter, deren Beteiligung an einer Fehleranalyse in der Regel gegen das Daily Business teuer erkauft ist.

Häufig besteht die Lösung für ein Problem in einem ganzen Bündel an Maßnahmen, deren genaues Ausmaß am Anfang einer korrekten Analyse selten offen liegt und deren inhärente Abhängigkeiten am Anfang nicht vollständig erfasst und schon gar nicht in einer Testumgebung nachgebildet werden können. Deshalb ist das Ergebnis einer Implementation stets mit den Ergebnissen der »Ursachenforschung und Diagnose« – Aktivität querzuchecken.

Beispiel 2
In einer komplexen Portalanwendung kam es nach längeren Nichtbenutzungsfristen in der Nacht immer wieder zu erheblichen Performance-Engpässen, wenn der erste Kunde am Morgen einen Service in Anspruch nahm. Der erste Ansatz, die Sicherheitsmechanismen nicht so eng auszulegen, führte zu einer Verkürzung, aber nicht Aufhebung der Performance-Probleme. Als nächster Ansatz wurde die Bandbreite der Anbindung zu den Subsystemen vergrößert. Jetzt verbesserte sich die Performance zwar, aber die Ausfälle traten immer noch auf. Erst als an der Portalanwendung das Verbindungshandling strukturell durch Neuprogrammierung modifiziert wurde, traten die Ausfälle nicht mehr auf. Zusammenfassend lässt sich sagen, dass von Außen nach Innen die Verbesserung fortschritt: Sobald das erste Hindernis weggeräumt war, konnte man sich dem nächsten stellen.

Häufig ist es bei komplexen Problemen ein Glücksfall, wenn bereits der erste Lösungsansatz ins Schwarze trifft. Es ist wichtig, in so einem Fall eine Lösung zu favorisieren, die die Auswirkung des Problems am nachhaltigsten einschränkt und wenn eine strukturelle Teillösung mit einem etablierten Workaround kombiniert wird.

Change notwendig?

Die geeignete Lösung wird – in der Regel – bei Veränderungen in der IT-Infrastruktur über einen *Request for Change* (RFC) implementiert.

Beispiel
Ursache eines Problems kann durchaus die Fehlbedienung durch technisch nicht versierte Mitarbeiter sein. Beispielsweise geben sie für

das Auffinden eines bestimmten Kundenauftrags nicht ein gezieltes Statement ein, sondern induzieren durch unscharfe Formulierung der Suchkriterien einen »Full Table Scan« der gesamten Stammdaten, der jedes Mal alle angebundenen Front-End-Systeme lahm legt. Auch wenn gute Software solche Fehler durch geschickte Benutzerführung verhindern hilft, so ist eine Schulung der Mitarbeiter in diesem Fall dringend erforderlich und quasi als Lösung aufzufassen.

Der Request for Change wird durch den Problem Manager gestellt. Ein RFC ist der Antrag auf Änderung eines oder mehrerer Configuration Items. Die Lösung und die anstehenden Änderungen in der IT-Infrastruktur werden im RFC beschrieben. Werden moderne Service Management Tools mit einem Change Management Front End eingesetzt, dann ist allein durch die Pflichtfelder eine Vorauswahl aller notwendigen Kriterien zur Durchführung eines Erfolg versprechenden Changes gewährleistet. Dabei sollte stets beschrieben werden, welche Veränderung/Verbesserung sich das Problem Management durch Einführung der Problemlösung erwartet

⇨ damit bei einem Erfolg das proaktive Problem Management diese Vorgehensweise auf Übertragbarkeit auf ähnliche Konstellationen überprüft und
⇨ bei einem Fehlschlag die Folgen dieser Veränderung auf die wahrscheinliche Problemursache verifiziert werden.

Der Request for Change initiiert dann das Change Management.

Durchführung der Änderung

Es ist von dem Charakter des Problems und des zugrunde liegenden Lösungsvorschlages abhängig, ob eine Änderung ein IT-Infrastrukturelement betrifft oder mit anderen Maßnahmen einhergeht:
⇨ So kann man durch Schulungsmaßnahmen interner Mitarbeiter die Fehlbedienung einer komplexen, schwierig handzuhabenden

Support-Anwendung vermeiden und damit die Ursache immer wiederkehrender Störungen beseitigen.
⇨ Auch der Unsicherheit des operativen Personals und damit einhergehende Fehlbedienungen – das so genannte menschliche Versagen – können durch geeignete Maßnahmen (zum Beispiel der Schulung beim Hersteller oder im begleitenden E-Learning) entgegengewirkt werden.

In der Regel wird die Lösung eines Problems darin bestehen, ein IT-Infrastrukturelement zu ändern, was von der Umkonfiguration bis zum Beheben wesentlicher Fehler in der internen Logik reichen kann. Allerdings können im Rahmen des Problem-Management-Prozesses IT-Infrastrukturelemente nicht komplett ausgetauscht werden. Dies wird über den Release- und Deployment-Management-Prozess abgehandelt. Nur dieser Prozess steuert die aufwendigen Test- und Einführungsprozeduren und liegt damit außerhalb der Aufgabenbeschreibung des Problem Managements.

Ende des Problem-Lebenszyklus

Nachdem der Change freigegeben und implementiert wurde, überzeugt sich das Problem Management, ob die Änderungen zum erwünschten Erfolg geführt haben. Erfolgreiche Implementierung liegt dann vor, wenn keine mit dem ursprünglichen Problem verbundenen Störungen mehr auftreten (als Post Implementation Review im Rahmen des Change Managements). Wenn der Change erfolgreich abgeschlossen wurde, also die vom Problem Manager erhoffte Wirkung durch den Change eingetreten ist (siehe Abschnitt »Erarbeiten einer Lösung«), schließt das Change Management den Change.

Das bedeutet aber nicht sogleich, dass das Problem-Ticket ebenfalls geschlossen wird, denn die Erfahrung lehrt, dass ein beseitigtes Hindernis häufig nur den Weg dafür ebnet, dass nächste Hindernis anzugehen. Allerdings sollte die Problemlösung so wirkungsvoll sein, die Kritikalität der Störung erheblich entschärft zu haben.

Major Problem?

Nach Abschluss des Problem-Lebenszyklus muss entschieden werden, ob es sich um ein schwerwiegendes Problem gehandelt hat. Dabei dient der Impact und eine hohe Priorisierung sicherlich als erste Richtschnur für eine Entscheidung, aber auch die Häufigkeit notwendiger Nachbesserungsmaßnahmen (vgl. vorherigen Abschnitt) oder die Verbreitung einer Problemkonstellation (vgl. Abschnitt »Aufgaben des Problem-Management-Prozesses«) ist sicherlich ein sehr wichtiges Kriterium für eine Einordnung als ernstzunehmendes Problem.

Major Problem Review

In einem Review werden für das Management und für den Service Level Manager die genaue Ursache für das Auftreten einer solchen Problemkonstellation aufgeschlüsselt. Damit die Organisation aus ihren Fehlern lernen kann, werden neben den ganzen Maßnahmen, die zur Lösung des Problems beigetragen haben auch Wiedererkennungsmuster angegeben, die immer wieder zu solchen negativen Folgen führen können. Dabei hilft es nichts, die Ursachen allein technologisch zu begründen, denn meistens sind menschliche, organisatorische oder prozessorale Fehler zumindest mitverantwortlich für das Auftreten von erheblichen Problemen.

Das neue ITIL-V3-Rahmenwerk

Am 1. Juni 2007 veröffentlichte das Office of Government Commerce (OGC) die neue Version 3 des ITIL-Rahmenwerks. Es sollte den Erfahrungen bei der Neuausrichtung operativer Prozesse nach ITIL Rechnung getragen und die immer stärkere Rolle der IT für alle wesentlichen Geschäftsprozesse durch eine konzeptionelle Ausrichtung nach dem IT Lifecycle berücksichtigt werden.

Entsprechend erfuhren alle Prozesse eine Revision, die im Folgenden für das hier beschriebene Problem Management gegenübergestellt wird.

Gegenüberstellung V2 und V3

Die Identifikation, Bearbeitung und Lösung von Problemen folgt einem standardisierten Verfahren, das nicht viele Freiheitsgrade zulässt. Entsprechend halten sich die Änderungen von V2 auf V3 sehr in Grenzen. Eine Gegenüberstellung und vollständige Auflistung der Unterschiede – ungeachtet der Tatsache, dass der Prozess fehlerhaft ist (vgl. Abschnitt »Aktivitäten des Problem Managements«) – führt Tabelle 1 auf.

Signifikant ist der Wegfall der formalen Klammer Problem- und Error-Kontrolle aus dem V2-Rahmenwerk. Folgerichtig fällt die Error-Bewertung *nach* der erfolgreichen Ursachenerkennung bei ITIL V3 weg. Neu hinzugekommen sind die Entscheidungen »Workaround – ja oder nein?« oder »Hat es sich um ein Major Problem gehandelt?«, die sicherlich die Praxis des Problem Managements widerspiegelt.

Das proaktive Problem Management wurde aufgrund der Lebenszyklus-Ausrichtung von ITIL gegenüber der ursprünglichen Aufteilung in operative und strategische Prozesse komplett aus dem operativen Problem Management herausgelöst.

Tabelle 1: Prozessvergleich des Problem Managements bei ITIL V2 und V3			
ITIL V2		**ITIL V3**	**Unterschied**
Problem-Kontrolle	Problem-Identifizierung und Aufzeichnung	Problem-Identifizierung	aus 1 mach 2
		Problem-Aufnahme	
	Problem-Klassifizierung	Kategorisierung	aus 1 mach 2
		Priorisierung	
	Problem-Ursachenforschung und Diagnose	Ursachenforschung und Diagnose	
		Gibt es ein Workaround?	neu
Error-Kontrolle	Aufnahme i. d. Known-Error-Datenbank	Aufnahme i. d. Known-Error-Datenbank	
	Error-Bewertung		weggefallen
		Ist ein Change notwenig?	neu
	Error-Lösung	Lösung	
		Major Problem	neu
	Abschluss des Problem-Lebenszyklus	Abschluss des Problem-Lebenszyklus	

Bewertung des neuen Problem Managements

Die unter ITIL V2 erfolgte Trennung in die beiden Teilprozesse Problem- und Error-Kontrolle ist keineswegs so willkürlich, wie durch den ersatzlosen Wegfall in V3 suggeriert wird. Tatsächlich gibt es einen qualitativen Unterschied, der darin besteht,
⇨ ob die Ursache für ein Problem noch unbekannt ist oder
⇨ bereits als Error beschrieben werden kann.

Diese Unterscheidung wirkt sich auf Toolauswahl, Vorgehensweise und Auswahl und Aktivitäten der beteiligten Personen aus. Dagegen sind die einzelnen Aktivitäten der ursprünglichen Problem-Kontrolle

in kleinere Schritte unterteilt. Dies ist eine sinnvolle Entscheidung, wenn
⇨ Schnittstellen zwischen den Teilschritten definierbar sind,
⇨ die Akteure sich unterscheiden,
⇨ Handlungen aufeinander aufbauen und
⇨ unterschiedlich sind.

Theoretisch lässt sich diesem Vorgehen zustimmen: Es besteht durchaus eine Unterscheidung zwischen der Meldung eines Problems und dessen Registrierung, da erstere ein Input der operativen Abteilungen ist, letztere aber allein der Verantwortung des Problem Managements unterliegt. Auch zwischen Kategorisierung und Priorisierung gibt es Unterschiede, da die Kategorisierung nur von den betroffenen Fachabteilungen unternommen werden kann, die Priorisierung aber durchaus vom Kunden mitbestimmt werden sollte – in der Theorie. In der operativen Praxis werden – wie schon in V2 beschrieben – Problemmeldung und -registrierung toolgestützt in einem Schritt vorgenommen und auch die Bewertung – also Kategorisierung und Priorisierung – erfolgt in einem Rutsch. Die Vorteile liegen auf der Hand: Anstelle aufwendiger Abstimmungen – für jedes einzelne (!) Problem – zwischen den unterschiedlichen Interessenvertretern wird ein Problemfall direkt dem Prozess zugeführt und kann dort anhand vorher in SLA/OLA-Verhandlungen (vgl. Abschnitt »Service Level Management«) und Abnahmebedingungen (vgl. Abschnitt »Release- und Deployment-Management«) vereinbarter Kriterien behandelt werden. Idealerweise sind diese Kriterien in der Organisation bekannt und müssen nicht mit jedem aufgetretenen Problem von Neuem angewendet werden.

Im Problem Management unter V2 wird der Error einer Bewertung unterzogen, nachdem die Ursache erkannt wurde. Dies spiegelt die tägliche Praxis wider, da es fehlerträchtig ist, in einer komplexen Umgebung am Anfang die Ursache eines aufgetretenen Problems einzugrenzen. Vielmehr liegt es in der Natur eines Problems, dass es sich – angesichts der Schwierigkeit der Zuordnung – von Fehlern (vgl.

Abschnitt »Ziele des Problem Managements«) unterscheidet. Deshalb kann erst nach der erfolgreichen Problemdiagnose eine korrekte Zuordnung erfolgen, die dann zu einem entsprechenden Mehrwert des Known-Error-Datensatzes führt, denn mit diesem Datenmaterial wird das Incident Management versorgt, um ähnliche Situationen gezielt angehen oder zumindest korrekt zuordnen zu können. Auch das proaktive Problem Management profitiert zu einem wesentlichen Teil in seiner Früherkennung von der Präzision des zur Verfügung stehenden diagnostischen Materials.

Insgesamt entsteht der Eindruck einer gewissen Theorielastigkeit: Während künstlich Grenzen zwischen Tätigkeiten gezogen werden, die so in der Praxis nicht auftreten, fallen inhaltlich motivierte Unterscheidungen ersatzlos weg. Gleichzeitig fehlen in dem Abschnitt zum operativen Problem Management Ausführungen zu Rollen und dem Beitrag von Mitarbeitern zum Problem Management. In ITIL V2 war man sich noch bewusst, dass Menschen diesen Prozess leben müssen – dies scheint in Version 3 nicht mehr nötig zu sein, vermutlich, weil davon ausgegangen wird, das Problem Management sei schon allgemein implementiert.

Schnittstellen mit anderen ITIL-Prozessen im Service-Lebenszyklus

Im Live Environment treten immer wieder komplexe Störungen auf, die ein Eingreifen des Problem-Management-Prozesses notwendig machen. Deshalb ist die Beziehung zum Incident-Management-Prozess besonders eng. Probleme treten aber auch überall dort auf, wo im Rahmen der Service Transitions ein neues oder modifiziertes Infrastrukturelement in das Live Environment überführt wird, da sich Lücken bei der Planung und der praktischen Realisierung nie gänzlich ausschließen lassen. Eine Übersicht hierzu zeigt Abbildung 3.

Die Schnittstellen werden in den entsprechenden Abschnitten beschrieben.

Problem Management

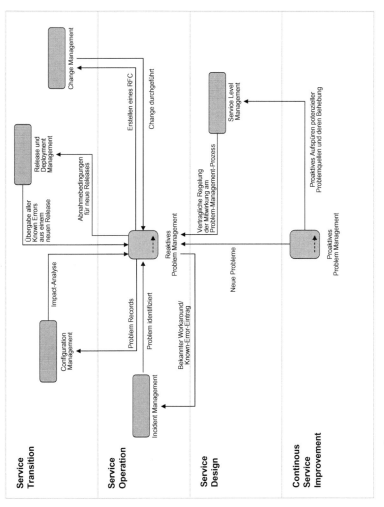

Abb. 3: *Übersicht zu den Schnittstellen mit anderen ITIL-Prozessen im Service-Lebenszyklus*

Service Operation

Incident Management
Das Incident Management ist mit Abstand der bedeutendste operative Prozess, mit dem das Problem Management interagiert. Dies hat zwei wesentliche Ursachen:
⇨ Das Incident Management stellt dem Problem Management detaillierte und idealerweise strukturierte Informationen über Störungen der Services zur Verfügung, die in der IT-Infrastruktur aufgetreten sind. Das proaktive Problem Management (vgl. Abschnitt »Aufgaben des Problem-Management-Prozesses«) erkennt größtenteils auf Basis dieser Informationen Probleme. Die Qualität dieser Informationen sowie die Güte des Informationsflusses haben einen wesentlichen Einfluss auf den Erfolg des Problem Managements (vgl. Abschnitt »Ausbildung der Mitarbeiter«). Eine schlecht kategorisierte Incident-Datenbank, die über keine aussagekräftigen Daten bezüglich der aufgetretenen Störungen verfügt, verhindert eine wirksame Problemidentifikation und verlagert die korrekte Kategorisierung einer aufgetretenen Störung in den wesentlich kostspieligeren und von Ressourcennot geplagten 2nd und 3rd Level. Diese Informationen dienen dem Problem Management als Ausgangsbasis, um nach Abschluss der Analyse die Known-Error-Datenbank zu befüllen. Diese wird dem First Level im Service Desk zur Verfügung gestellt, um die Erstlösungsrate bei Störungen zu erhöhen.
⇨ Die meisten Aufträge dürften direkt aus dem Incident Management kommen, entweder durch direkte Beauftragung nach oder noch während eines großen Ausfalls (Major Incident) oder durch das gesammelte Ticketmaterial, dass die erste Anlaufstelle für das proaktive Problem Management darstellt.

Service Transition

Change Management
Als kontrollierende und steuernde Instanz wird das Change Management bei anstehenden Änderungen in der IT-Infrastruktur vom Problem Management kontaktiert.

Die Durchführung der Änderung wird vom Change Management gesteuert und das Ergebnis an das Problem Management kommuniziert, das im Rahmen des Post Implementation Review gemeinsam mit dem Change Manager die Erfolgskontrolle übernimmt, um den Change abzuschließen.

Configuration Management
Das Problem Management erhält über das Service-Knowledge-Management-System (SKMS) wichtige Daten über die IT-Infrastruktur und deren Beziehungen zwischen den einzelnen IT-Komponenten, die für eine Impact-Analyse eines Major Incidents von unschätzbarem Wert sind. Außerdem werden alle Problem-Tickets zusammen mit den betroffenen Infrastrukturelementen im SKMS geführt. Bei einer notwendigen Änderung im Rahmen der Lösungsfindung werden die entsprechenden IT-Infrastrukturelemente vom Problem Management aktualisiert.

Release and Deployment Management
In einer Software, die neu in die IT-Infrastruktur eingeführt wird, befinden sich naturgemäß Fehler, die von der Entwicklung nicht mehr vollständig bis zur Live-Schaltung (vergleiche »Durchführung der Überführung und des Deployments« als Aktivität im Release- und Deployment-Prozess) beseitigt werden können. Dieses Release wird in die Produktion eingespielt, sofern seine Fehler keine schwerwiegenden Störungen der Services nach sich ziehen. In diesem Zusammenhang ist eine Abnahme des Release nach vorher zwischen dem Projekt und dem Betrieb (hier vor allem das Proaktive Problem Management) vereinbarten Kriterien – so genannte Non Functional Requirements

– von entscheidender Bedeutung. Dadurch wird verhindert, einerseits die Freigabe über Gebühr hinauszuzögern, andererseits – forciert durch Zeitdruck (Time to Market) – unfertige Produkte in den Betrieb zu drücken (vgl. Abschnitt »Problem Management als Reparaturwerkstatt«) und alle ausbessernden Arbeiten auf den Rücken der Betriebsangehörigen durchzuführen. Diese kennen gerade zu Anfang eines neuen Dienstes die Services am wenigsten, sind aber gleichzeitig die erste Anlaufstelle für alle Fehler der neuen Anwendung und leiden zusätzlich unter dem Druck einer SLA-getriebenen Wiederherstellung des Dienstes. Deshalb wird im Rahmen des Release- und Deployment-Prozesses die Durchführung eines Early Life Supports empfohlen, in deren Verlauf Mitarbeiter des Projektteams dem Betreiber befristet zur direkten Verfügung stehen, um Störungen in der neuen Infrastruktur gemeinsam zu bekämpfen. Diese Übergangsphase eines neuen Release von der Projekt- in die Betriebsorganisation sollte stets vom Problem Management flankiert werden, da in dieser heiklen Phase die Zusammenarbeit der beiden Organisationsformen von entscheidender Bedeutung für den nachhaltigen Erfolg einer Neueinführung ist und der Problem Manager das Zusammenbringen unterschiedlicher Herangehensweisen von seinen Task Forces her kennt.

Sobald das Release erfolgreich eingespielt ist, werden die Informationen über die bekannten Fehler in der Known-Error-Database registriert und das Problem Management übernimmt sie in seinen Problem-Lebenszyklus: Es werden Problem-Tickets generiert, deren Lösung vom Problem Management vorangetrieben werden, idealerweise in einem nachgeschobenen Release Package, dass alle Bug Fixes in gebündelter Form zur Verfügung stellt. Dies sollte ebenfalls im Rahmen der Abnahmebedingungen schriftlich vereinbart werden.

Service Design

Service Level Management
In einem Service Level Agreement (zum Kunden), einem Operational Level Agreement (zur eigenen IT-Organisation) sowie dem Underpinning Contract (zum externen Lieferanten) sollten eine gemeinsame Definition von Problemen und vereinbarte Lösungsmodalitäten integriert sein. Wenn in den Dokumenten die Mitwirkungspflichten der Beteiligten geregelt sind, hat das Problem Management eine gute Verhandlungsbasis, um effektiv Problemlösungen anzugehen, denn die verschiedenen Parteien sind vertraglich zur gemeinsamen Problemlösung verpflichtet.

Continual Service Improvement

Ziel des proaktiven Problem-Management-Prozesses ist es, aus eigener Initiative operative Probleme aufzudecken und deren nachhaltige Lösung zu veranlassen. Diesem Ziel liegt sicherlich keine übergeordnete Strategie zu Grunde, aber die allgemeine Qualität der bereitgestellten Services wird allmählich steigen. Damit leistet der Prozess seinen Beitrag zur kontinuierlichen Service-Verbesserung. Außerdem sind die Major Problem Reviews (vgl. entsprechenden Abschnitt oben) wichtige Quellen für die Identifikation von Schwachstellen in der IT-Landschaft.

Rollen

Problem Management Owner

Der Problem Management Owner braucht nicht zwangsläufig einen technischen Hintergrund zu besitzen, Fähigkeiten wie Durchsetzungsvermögen, Realitätssinn und eine dezidierte Geschäftsprozessorientierung sind aber unabdingbare Voraussetzungen bei der Etablierung des übergeordneten Problem-Management-Prozesses in einer bestehenden Organisation.

Der Problem Management Owner sollte in der Organisation eine leitende Funktion einnehmen, um den Prozess genügend Gewicht und Einfluss zu verschaffen, aber diese Mittel sachorientiert einsetzen, da es um einen lösungszentrierten Ansatz für alle operativen Abteilungen geht.

Als Rechte und Pflichten sollten die folgenden Punkte für die erfolgreiche Einführung und Etablierung eines Problem-Management-Prozesses abgedeckt werden:

⇨ *Pflichten:*
  - Voraussetzungen für eine strukturierte Lösungsinfrastruktur schaffen
  - Teilnahme an den Vertragsverhandlungen zur Erstellung der Service Level und Operational Level Agreements und Underpinning Contract
  - Machbarkeitsstudien, Budgetplanung und Kostenvoranschläge verantworten
  - Major Problem Reviews verantworten

⇨ *Rechte:*
  - Bedingungen für einen offenen Informationsaustausch gemeinsam mit den anderen leitenden IT-Manager schaffen
  - Non Functional Requirements als Basis für die Abnahme neuer Lieferungen verabschieden
  - Verbindlicher Kriterienkatalog für die Bewertung einer Störung als Problem in der IT-Organisation durchsetzen

Problem Manager

Während der Problem Management Owner sich um die Verankerung des Prozesses in der bestehenden Organisation und die Bereitstellung genügender Mittel kümmert, ist der Problem Manager mit den operativen Aspekten eines Problem Managements beschäftigt. Er kümmert sich um die Verteilung der Ressourcen, die ihm von anderen Fachabteilungen zur Verfügung gestellt werden müssen. Dies geht nicht ohne soziale Kompetenz und einen guten Kommunikationsstil, der im Rahmen seiner Tätigkeit die Zuarbeit der operationellen Abteilungen erleichtert. Bei Problemen, die nicht eindeutig zuordbar sind, kommt es häufiger vor, dass Mitglieder oder deren Teamleiter nicht gewillt sind, Ressourcen für die Problemsuche bereitzustellen. Sollte es nicht gelingen, diese Mitarbeiter zu motivieren und nötigenfalls eine Zusammenarbeit durchzusetzen, kann über den Problem Management Owner eine Zusammenarbeit erzwungen werden, wenn dies auch nicht der ideale Weg ist. Die Ergebnisse sollten aber die Startschwierigkeiten rechtfertigen.

Die Pflichten und Rechte orientieren sich nach den Erfordernissen für eine effektive Problemlösung:

⇨ *Pflichten*:
- Know-how zu erfolgreichen Analysemethoden weitergeben
- Problemticket-Template aufstellen
- Problemreports erstellen
- Major Problem Review erstellen
- RFCs erstellen oder die Autorisierung dafür erteilen

⇨ *Rechte*:
- Mitarbeiter aus den betroffenen Fachabteilungen rekrutieren
- Proaktive Problemanalysen einfordern
- Offenen Informationsaustausch einfordern

Problem Support

Dies ist eine Gruppe von in der Regel 1st- und 2nd-Level-Mitarbeitern, die einen Teil ihrer Arbeitszeit für die Problemanalyse und das proaktive Durchscannen diagnostischen Materials der von ihnen betreuten Systeme nutzen dürfen. Neben den Informationen aus dem täglichen Incident Management, die sich im Ticket-Tool wieder finden sollten, ist das eine der Hauptquellen für das Aufspüren von potenziellen Problemkonstellationen. Sie sollten neben fachlichen Voraussetzungen auch Interesse an den Hintergründen und Zusammenhängen der von ihnen betreuten beziehungsweise überwachten IT-Infrastruktur mitbringen und dabei lösungsorientiert und kommunikativ sein, sich mit ihrem Wissen also nicht einigeln.

Task Force

Eine Task Force ist eine speziell für ein hochpriorisiertes Problem zusammengestellte Problemlösungsgruppe, die ihre Zusammensetzung im Laufe des Problem-Lebenszyklus ändert und wie ein Projekt geführt wird. Entsprechend wird anstelle einer Aufbauorganisation eine Projektorganisation in der Task Force eingeführt, die traditionelle Blockaden (»wenn die etwas von mir wollen, können sie ja einen Auftrag schreiben«) von vornherein verhindert und die Zusammenarbeit der Projektmitglieder unter ein Ziel stellt: eine Lösung für ein anstehendes Problem zu finden.

Der Schlüssel zum nachhaltigen Lösen einer komplexen Problemkonstellation besteht in der erfolgreichen Besetzung der Querschnittsfunktionen innerhalb dieser Gruppe, damit zumindest zwei der drei IT-Lebenszyklusfelder – Entwicklung, Implementation, Betrieb – abgedeckt sind. Es ist eine Binsenweisheit, dass man nicht ein System bis in die Details hinein kennen und verstehen kann, zumal ein wesentlicher Unterschied zwischen Entwickeln, Implementieren und Betreiben eines IT-Infrastrukturelementes besteht. Eine Task Force steht und fällt mit der sorgfältigen Auswahl der Teammitglieder und einer ausgewogenen Zusammensetzung aus operationellen und konzeptionellen Spezialisten.

Während bei der Aufklärungsarbeit Mitarbeiter mit analytischen Skills gefragt sind (meistens aus dem Problem Support gegebenenfalls kombiniert mit Support-Mitarbeitern des Lieferanten), wird nach erfolgreich abgeschlossener Analyse das Team um Entwicklungs- und Implementierungsspezialisten erweitert, während die meisten Problem-Support-Mitarbeiter sich wieder verstärkt um ihr »Daily Business« kümmern können.

Erfolgskritische Prozessabschnitte
In diesem Abschnitt werden Teilprozesse näher behandelt, deren Misslingen den Prozess augenblicklich zum Erliegen bringt oder nachhaltig schadet.

Problemmeldung

Das Problem Management ist bei der Identifikation von Problemen auf die Zuarbeit von diversen operativen Abteilungen angewiesen. Dabei ist eine der Grundlagen für die Qualität eines Prozesses, dass jedes Ergebnis nur so gut sein kann, wie es die Qualität des Inputs hergibt. Es kann nicht permanente Aufgabe des Problem Managements sein, das Material einer Qualitätskontrolle zu unterziehen, also ob überhaupt ein Problem vorliegt, ehe eine inhaltliche Prüfung erfolgen kann. Diese Klassifizierung anhand einer erarbeiteten Kriterienliste muss in der Einführungsphase des Prozesses etabliert werden und abgestimmt – idealerweise toolgestützt – erfolgen,
⇨ damit ein gemeinsames Verständnis von Problemen in der IT-Organisation aufgebaut wird und eine Vorfilterfunktion bei den Fachabteilungen geleistet werden kann.
⇨ Außerdem werden Probleme häufig dadurch generiert, indem ein Fehler sich durch mehrere IT-Infrastrukturelemente fortpflanzt.
⇨ Um dies zu erkennen, ist eine einheitliche Aufnahme der Symptomatik eine notwendige Voraussetzung.

Wenn eine Organisationseinheit einen überdurchschnittlich hohen Grad an fehlerhaften Problem-Tickets aufweist, ist es durchaus ein valides Problem, die fehlende Analyse-Fähigkeit zu identifizieren und prozesskonform als Lösung die Mitarbeiter weiterzubilden. Als mögliche Ursache kann sich auch ein unzureichendes Logging der Applikation herausstellen, dass einfach zu wenig verwertbare Informationen erzeugt, um Fehler, geschweige denn Probleme, korrekt zuordnen zu können. Es ist offensichtlich, dass auftretende Störungen dann leicht mit »Ursache unbekannt« klassifiziert werden, eines der wesentlichen Kriterien für eine Problemidentifikation. Je früher in einem Workflow die richtigen Auswahlkriterien getroffen werden, desto effektiver kann der Prozess arbeiten. Das ist umso dramatischer, da das Problem Management eine Fülle von Input-Quellen hat und regelrecht wie ein Nadelöhr im Datenfluss wirkt, wenn nicht die wesentliche Arbeit der Vorauswahl an den Stellen passiert, wo das Know-how vorhanden ist.

Ursachenforschung und Diagnose

Neben der eigentlichen methodischen Vorgehensweise können sich auch organisatorische Randbedingungen als erfolgskritisch für die Analyse herausstellen: Um ein Problem genauer zu bestimmen, muss der Problem Manager Personen zur Analyse benennen und ihre Tätigkeit koordinieren. Es hat sich als zielführend erwiesen, zunächst Mitarbeiter des Problem Supports zu rekrutieren, da diese über genaue Systemkenntnisse und die analytischen Fähigkeiten verfügen, schnell eine realistische Bewertung des Sachverhaltes zu liefern. Sodann bringt man diese Mitarbeiter mit einem Vertreter des Lieferanten (externer Hersteller, Entwicklungsabteilung) zusammen, damit die zusammengetragenen Ergebnisse auf Basis der zugrunde liegenden Infrastruktur (Source Code, Firmware, Schnittstellenmodule) mit spezifischen Hintergrundwissen quergecheckt werden können. So naheliegend dieses Vorgehen erscheint, so schwierig ist es, in einer bestehenden IT-Organisation das traditionelle Lagerdenken zu überwinden. Gerade an dieser Stelle unterscheidet sich der über den einzelnen Fachabteilungen aufgestellte Problem Manager von dem meistens in der Linie befindlichen Problem Supporter, der in der Regel keine Handhabe hat, von anderen Fachabteilungen einen offenen Informationsaustausch einzufordern, und sich schon bei der Informationsbeschaffung die Zähne ausbeißt. Dies ist ein erfolgskritischer Faktor, da gerade einer der häufigsten Gründe für eine ungeklärte Fehlerursache der ungenügende Informationsfluss zwischen den unterschiedlichen Wissensträgern ist. Indem diese sonst isolierten Parteien an einen Tisch gebracht werden, können Vermutungen und ungenaue Kenntnisse über die internen Mechanismen der zu untersuchenden Systeme sehr schnell ausgeräumt werden und eine gute Basis begründen, den Fehler verursachenden Hintergrund aufzudecken (so genanntes Brainstorming). Dabei wird in der Regel der Mitarbeiter des externen Herstellers nicht vor Ort agieren, sondern mittels einer Support-Anwendung im Rahmen eines Wartungsvertrages über ein entsprechendes Support-Ticket in den Lösungsprozess eingebunden. Meist hat es sich als ratsam herausgestellt, zuerst die eigenen potenziellen Fehlerursachen in einer Voranalyse kurz auszuloten, ehe auf externe Unterstützung zurückgegriffen wird, deren Kosten oftmals von der Zahl der gestellten Support Cases abhängig ist.

Wenn es sich um ein Problem der Prioritätsklasse 1 (vgl. Abschnitt »Priorisierung«) handelt, ist die Bildung einer Task Force angezeigt: Diese Gruppe soll sich abseits des operativen Geschäfts um die Lösung des hochpriorisierten Problems kümmern; zu sehen ist diese Gruppe wie ein Ad-hoc-Projekt mit separater Budgetierung, einem Problemlösungsplan und einer Projektorganisation über Abteilungsgrenzen hinweg, quasi eine temporäre Prozessorganisation. In dem einleitenden Kick-off-Meeting beschreibt der Problem Manager als Leiter dieser Task Force das Problem, überträgt der Gruppe Aufgaben und terminiert diese. In regelmäßigen Statusmeetings wird der Fortschritt miteinander ausgetauscht, um die Information über die gesamte Gruppe zu verteilen. Durch dieses Miteinander lässt sich eine konstruktive Atmosphäre schaffen, die dringend notwendig ist, um gemeinsam pragmatisch und zielorientiert das Problem einzukreisen und zu identifizieren.

Erarbeiten einer Lösung

Selbstverständlich kann sich ein Problem Management auf Dauer nur behaupten, wenn es Probleme federführend löst. Diverse Lösungstechniken, die schon in den Standardpublikationen von ITIL beschrieben sind, stellen dabei nur die technologische Basis dar, um diese Herausforderung zu stemmen. Vor allem kommt es darauf an, diese Methoden organisationsweit in Lösungskompetenz umzumünzen, was inbesondere bedeutet, die unsichtbaren Grenzen zwischen den häufig rivalisierenden Abteilungen zu überwinden. Der Problem Manager sollte deshalb ein guter Netzwerker sein, der es versteht, in jeder Abteilung die entsprechenden Mitarbeiter mit den passenden Skills (so genannte informelle Organisation) zu identifizieren und zusammenzuführen. Jedes abteilungsübergreifende Problem erfordert eine projektartige Vorgehensweise, sozusagen eine temporäre Prozessorganisation, ohne dass damit gleich eine Task Force gebildet würde, zumal hierfür nicht immer die Mittel zur Verfügung stehen.

Wechselwirkungen des Prozesses mit der IT-Organisation

Zeitliche Belastungen der Support-Organisation durch das Problem Management

Durch die neuen Rollen im Problem Management müssen die notorisch knappen Ressourcen weiter aufgeteilt werden: Zu den klassischen Arbeitsfeldern Projektarbeit, Applikationspflege und Störungsbekämpfung kommen noch die neuen Aufgaben des Problem Managements hinzu.
Es gibt zwei Möglichkeiten:
⇨ Entweder werden Kernaufgaben nicht mit 100 Prozent der Ressourcen ausgeführt und die Ergebnisse fließen allein dem Problem Management zu oder
⇨ strukturierte, vom Problem Management getriebene Fehleranalysen werden als neue Arbeitsmethode bewusst in den Arbeitskatalog

integriert und die daraus gewonnenen Erkenntnisse werden als willkommene Ergänzung in die tägliche Arbeit aufgenommen.

Die häufig bevorzugte Option, externe Mitarbeiter für Support-Aufgaben ins Team zu holen, ist nur dann vertretbar, wenn ein Wissenstransfer erfolgt oder die Ressourcen knapp sind und Standardaufgaben auf mehrere Schultern verteilt werden sollen. Externe Kräfte einzustellen und ihnen alle anspruchsvollen Aufgaben zu überlassen, weil es vom Projektbudget finanziert wird und die eigenen Mitarbeiter entlastet, kann allerdings zur Folge haben, dass sich langfristig das Skill Set des Teams ausdünnt.

Aktive Zuarbeit der IT-Organisation

Der IT-Mitarbeiter wird lernen, einen Teil seiner Arbeitzeit der Problem-Bearbeitung zu widmen. Es ist eine erfolgskritische Größe, genügend Zeit für die Analyse eines Problems und die Lösungssuche zu haben, damit sich ein nachweisbarer Erfolg einstellen kann. Dabei muss der Mitarbeiter sich in die Materie vertiefen können, ohne immer wieder aus seiner Analyse oder Problemlösung herausgerissen zu werden. Dies gilt nicht nur für den Fall einer tatsächlich vorhandenen Problemlage, sondern auch schon bei der Einführung eines wirksamen Problem Managements: So sollte das vorliegende Datenmaterial nach potenziellen Problemquellen proaktiv durchsucht werden. Dies muss nicht zusammen mit dem Problem Manager geschehen – es reicht schon, dass die entsprechenden Systemverantwortlichen die Schwachstellen ihres Systems offenlegen. Allerdings erfordert dies zumindest in Richtung Problem Manager eine offene Informationspolitik und nicht – wie in den meisten gewachsenen Strukturen – ein Beharren auf den eigenen Kompetenzen und eine generelle Abneigung gegen ein Eingreifen von Außen.

Ein weiterer kritischer Aspekt betrifft die Bereitschaft der Organisation, für ein so schwer greifbares Thema wie eine zentral gesteuerte

Problemlösung im Rahmen einer Task Force geeignete Mitarbeiter aus ihren Bereichen temporär zur Verfügung zu stellen. Meist wird eine solche Anforderung abgewehrt, nach der Devise: »Wieso, bei uns geht doch alles und wenn nicht, wissen wir selber am besten, was zu tun ist.«

Zeitliche Entlastung der Support-Organisation durch weniger Störungen

Durch die Abwärtsspirale der täglichen Störungsbekämpfung kommt ein hochwertiges und verlässliches Arbeiten in den Projekten zu kurz. All dies führt zu einer unglücklichen Entwicklung: Support-Leistungen werden immer mehr dazu »missbraucht«, die erst kürzlich schlecht implementierten Projekte zu stützen, da diese viele Störungen erzeugen (vgl. Abschnitt »Problem Management als Reparaturwerkstatt«). Ein funktionierendes Problem Management wird durch Steigerung der Betriebsstabilität diese Art der Störungen reduzieren, die allein durch reaktive Aktionen beherrscht werden können.

Wenn die Mitarbeiter die Zeit im Problem Management nutzen, Fehler nachhaltig auszumerzen und Lösungsinformationen über die Known-Error-Datenbank dem Incident Management zur Verfügung zu stellen, werden in einen überschaubaren Zeitraum genügend Ressourcen für sorgfältige Projekt- und Wartungsaufgaben zur Verfügung stehen – eine wesentliche Basis, um die IT-Stabilität zu steigern.

Erfolgskritische Aspekte bei der Einführung

Das Problem Management gehört zu den Support-Prozessen, die im Gegensatz zum Incident- und Change-Management nicht zum Grundkanon einer jeden IT-Organisation gehören und deshalb bei einer ITIL-Einführung die erste echte Veränderung in einer gewachsenen Organisation darstellen. Daher ist eine sorgfältige Vorbereitung der gewachsenen Organisation idealerweise bei einer Neuausrichtung der gesamten Support-Prozesse nach ITIL der richtige Ansatz, um das Problem Management erfolgreich einzuführen.

Modellierungshinweise

Prinzipiell ist für den Problem-Management-Prozess eine feingranulare Detaillierung bei der Prozessmodellierung wenig sinnvoll. Ein Prozess sollte detailliert genug modelliert werden, die optimalen organisatorischen Rahmenbedingungen zu schaffen, um ein effektives Arbeiten innerhalb der IT-Organisation zu ermöglichen. Er sollte aber wiederum so generisch aufgesetzt sein, dass nicht bei jeder organisatorischen oder technologischen Neuausrichtung ein Umschreiben des Prozessschemas notwendig wird. Anpassungen dieser Art sind durch detaillierte Arbeitsanweisungen zu leisten, die auf die entsprechenden Aktivitäten in der generischen Prozessbeschreibung referenzieren.

Außerdem sollte von einem Prozessmodellierungstool extensiv Gebrauch gemacht werden, um handwerkliche Fehler bei der Modellierung zu vermeiden und mittels Simulationen alternative Ablaufszenarien durchzuspielen.

> **Hinweis**
> In den meisten Organisationen ist ein Prozessmodellierungstool vorhanden. Aber fehlender oder unzureichender Umgang mit diesem Werkzeug und die Nichtakzeptanz seiner Ergebnisse (»Man muss das nicht so ernst nehmen, die Realität ist häufig komplexer, als das Tool erfassen kann, dann sind Syntaxfehler unausweichlich!«) sorgen für ein Verschenken seines Potenzials, die Abläufe in der Organisation transparent zu machen und objektiv zu beurteilen.

Grundsätzlich sollten bei einer Modellierung die folgenden Empfehlungen beachtet werden:
⇨ Der Ablauf sollte möglichst viele lineare Strecken aufweisen.
⇨ Rückkopplungsschleifen sollten so kurz wie möglich sein.
⇨ Abläufe sollten in einem hohen Maß parallelisierbar sein.

⇨ Ein hoher Vernetzungsgrad der informellen Ergebnisse sorgt für Synergien, während
⇨ ein hoher Grad von Abhängigkeiten einzelner Prozess-Outputs für künstliche Verzögerungen im Ablauf sorgt.

Die Güte des Prozessmodells lässt sich über eine Simulation bewerten und sollte als eine Entscheidungsgrundlage für den Problem Management Owner herangezogen werden, diesen Prozessablauf in der Organisation freizugeben.

Unterstützung vom leitenden Management

Wie in der Einführung zu diesem Abschnitt erläutert wurde, stellt das Problem Management in einer gewachsenen IT-Infrastruktur die erste wirkliche Neuerung für die IT-Organisation dar. Ferner ist es ganz wesentlich auf die Zuarbeit aus den bisher für sich arbeitenden Fachabteilungen angewiesen. Deshalb stellt diese Einführung die Nagelprobe für die Veränderungsfähigkeit und -willigkeit einer Organisation dar. Entsprechend kann alles dies nicht ohne den permanenten Rückhalt des leitenden Managements und einer feinfühligen Management-of-Change-Kampagne gelingen.

Reihenfolge der Einführung

Es ist sinnvoll, zunächst das reaktive Problem Management parallel zum Incident- und Change-Management-Prozess im Rahmen einer IT-Service-Management-Kampagne einzuführen. Dabei sollte gleich zu Anfang die Rolle des Problem Management Owners besetzt werden, um die Interessen seines Problem Managements wirksam zu vertreten. Der Problem Management Owner sollte sich frühzeitig überlegen, welche Informationen er aus den anderen operativen Prozessen benötigt, um Probleme wirksam identifizieren zu können. Zu einem frühen Zeitpunkt sollte auch geklärt werden, welchen Aufbau und welche Informationen die Known-Error-Database haben sollte, damit sie den Wissenstransfer in der IT-Organisation optimal unterstützen kann. Während die Rollen des Incident und des Change Managers traditionell in jeder IT-Organisation besetzt sind, ist die Bedeutung eines übergeordneten Problem Managements nicht so offensichtlich (vgl. Abschnitt »Aktive Zuarbeit der IT-Organisation«). Das macht bei Nichtberücksichtigung eine nachträgliche Anpassung neu aufgebauter Support-Prozesse erforderlich und erschwert die gesamte Implementation. Allerdings sollte man den Problem-Management-Prozess selbst nachgeordnet implementieren, denn es braucht als Arbeitsbasis ein funktionierendes Incident- und Change-Management *mit* eingebauten Schnittstellen zum Problem Management. Wenn diese Vorarbeiten geleistet wurden und der Incident-Management-Prozess die Erfordernisse des Problem Managements umgesetzt hat, kann der Problem-Management-Prozess gleich im Anschluss zu den modifizierten Incident- und Change-Management-Prozessen eingeführt werden: Es werden die neuen Rollen vorgestellt, die zu leistenden Arbeitspakete beschrieben, der Mehraufwand im Verhältnis zum Nutzen klar dargestellt und die weitere Vorgehensweise allen involvierten Abteilungen bekannt gemacht. Generell ist es wichtig, kurz nach der Einführung des neuen beziehungsweise modifizierten Prozesses eine Feedback-Runde mit allen Beteiligten durchzuführen, um zu diesem günstigen Zeitpunkt mögliche Fehlentwicklungen einzufangen und alle Beteiligten mitzunehmen.

Ausbildung der Mitarbeiter

Die Mitarbeiter der IT-Organisation verfügen über Fähigkeiten, mit denen sie ihre Kernaufgaben – zumeist Support- oder Projekttätigkeiten für spezielle Betriebssysteme, Applikationen, Netzwerk etc. – bewältigen. Die Fähigkeit, Probleme zu erkennen, zu analysieren und gemeinsam mit anderen Fachkollegen eine Lösung zu finden, muss durch den Problem-Management-Prozess systematisch gefördert werden.

Dazu gehört die Vermittlung und angeleitete Anwendung einer Methodik, die den Blick für ein potenzielles Problem schärft und im Anschluss die strukturierte Analyse einer aufgetretenen Störung gestattet. Ein guter Anfang ist eine exemplarische Analyse von aufgetretenen Phänomenen, die der beobachtende Mitarbeiter für problemverdächtig hält. Diese Phänomene müssen dann gemeinsam mit den Kollegen der Schnittstellen und abhängigen Applikationsteilen analysiert werden, so dass ein Geist des Miteinanders zumindest in diesen Seminarstunden aufkommt.

Neben diesen wissensbasierten Aspekten muss insgesamt eine Kultur des Miteinanders aufgebaut werden, die wegführt von Intransparenz und gewohnten Schuldzuweisungen.

Toolauswahl

Um Wissen in einer IT-Organisation aufzubauen, ist ein führendes Wissensmanagementsystem das Mittel der Wahl. In ITIL V3 wird ein so genanntes Service Knowledge Management Tool beschrieben. Dieses Tool
⇨ bündelt die gesammelten Daten aller Service-Prozesse – zum Beispiel Incident- und Problem-Tickets, Configuration Items, Change Records – in einem einheitlichen Information-Management-System,
⇨ stellt die Daten über Benutzerschnittstellen der IT-Organisation zur Verfügung und
⇨ realisiert durch die Interoperabilität zwischen den Modulen den eigentlichen Mehrwert eines solchen hochintegrativen Systems.

Bevor ein solches Tool eingeführt wird, ist eine Evaluation des vorhandenen Datenmaterials, der hinterlegten Datenqualität und des Support-Aufkommens notwendig. Es ist besonders wichtig, darauf zu achten, dass dieses Tool die Prozesse *unterstützt* und nicht in eine bestimmte Richtung lenkt oder gar erschwert, wie es gerade bei technikgetriebenden Entscheidungen oft genug auftritt (nach dem Motto: »Wir nehmen die ganze Suite aus einer Hand und immer nur die neueste Version, aber jede Fachabteilung darf daran rumschrauben, bis es den eigenen Bedürfnissen entspricht.«).

Kerngeschäft, Größe und Historie des Unternehmens bestimmen den Anpassungsaufwand und den Umfang des einzuführenden Tools. Bei Unternehmen, in denen die IT ein wesentliches Geschäftsfeld darstellt, trifft man in der Regel auf eine historisch gewachsene Support-Infrastruktur, die bei der Implementierung berücksichtigt werden muss, um neben den schon gewaltigen Herausforderungen durch eine neue Support-Kultur nicht auch noch technologisch die Organisation zu überfordern.

Für die Konfiguration und Betreibbarkeit des Service Knowledge Management Tools sollten für die Problem-Tickets die folgenden Hinweise eine Orientierung bilden:

⇨ Es sollte Pflicht- und optionale Felder geben, wobei die Pflichtfelder den Anwender am Prozess entlang führen und automatisch die Einhaltung der vereinbarten Abläufe garantieren.
⇨ Alle an der Problembehandlung beteiligten Mitarbeiter – auch die des Lieferanten (!) – sollten die gleichen Felder sehen und vor allem ausfüllen können, damit der Prozessablauf auch von allen befolgt werden kann.
⇨ Ein Problem-Ticket besitzt andere Schwerpunkte als ein Incident-Ticket.
⇨ Workarounds müssen beschrieben und akzeptiert oder abgelehnt werden können, beziehungsweise bei einer Lösung dem Incident Management als Alternative für eine erneute Umgehungslösung kenntlich gemacht werden.
⇨ Die betroffenen Incident-Tickets sowie der für die Lösungsimplementierung erforderliche Request for Change müssen in dem Problem-Ticket referenziert werden können.

⇨ Eine Rekategorisierung durch den Problem Manager sollte jederzeit möglich sein, wenn der Problem-Lebenszyklus noch nicht geschlossen ist.
⇨ Ein solches Tool muss auch gepflegt werden, es bringt nichts, wenn der Mitarbeiter sehr wohl weiß, was er in dem betreffenden Feld ausfüllen möchte, aber es aufgrund von Tool-Restriktionen (nur wenige, unpassende oder veraltete Attribute) nicht kann. Gerade bei neuen Diensten wird dies stets gerne vergessen.

> **Hinweis**
> Die einfache Lösung, das Feld schreibend freizugeben, führt allerdings zu einem Wildwuchs an Attributen und konterkariert das Ordnungsprinzip des Tools.

Kennzahlen des Prozesses

Das Ziel des Problem Managements ist es, eine IT-Infrastruktur nachhaltig zu stabilisieren, in dem man die Störungsursache registrierter Probleme mittels Root-Cause-Analyse untersucht und eine passende Lösung etabliert. Konsequenz wird eine geringere Zahl an Ausfällen sein, ein nach einem erfolgten Release-Wechsel schnelleres Einschwingen in einen stabilen Betriebszustand und eine strukturiertere Herangehensweise an neue Problemsituationen. Dies muss sich in den Key Performance Indikatoren (KPI) widerspiegeln.

> **Hinweis**
> KPIs und SLAs sind wichtige Kenngrößen, um die Leistungsfähigkeit einer IT-Organisation zu dokumentieren. Dabei reflektieren SLAs die Außenwirkung einer erbrachten Dienstleistung, während KPIs die interne Qualität eines Service-Prozesses bewerten helfen. Die häufig auftretende Fehlanpassung, strenge SLAs durch eine Erhöhung der individuellen Anstrengungen einzelner Leistungsträger zu realisieren, kann mit der gezielten Bewertung kritischer Prozessmerkmale effektiv vereitelt werden. So lässt sich verhindern, dass historisch gewachsene Abläufe nicht durch einen überproportionalen Mehraufwand an Ressourcen individueller und/oder finanzieller Art für eine stärkere Serviceausrichtung flott gemacht werden, sondern das Übel an der Wurzel bekämpft wird.

Charakteristika von KPIs

Es gibt prinzipiell drei Ebenen, auf denen KPIs für den Problem-Management-Prozess aufgestellt werden können:
⇨ *teilprozessbezogene KPIs*, die die Effektivität einzelner Teilaktivitäten herausstellen, um die Wirksamkeit der Implementation in der IT-Organisation zu vermessen,
⇨ *gesamtprozessbezogene KPIs*, die eine Bewertung der Gesamtperformance erlauben,
⇨ *prozessübergreifende KPIs*, die die Auswirkung des Prozesses auf die gesamte IT-Organisation transparent machen, um die Nachhaltigkeit umsichtig angewandten Problem Managements unter Beweis zu stellen.

Während die beiden ersten Kategorien ziemlich einfach zahlenmäßig zu erfassen sind, lassen sich alle prozessübergreifenden KPIs nur schwer eindeutig definieren, besitzen aber den griffigsten Aussagewert. Es ist also lohnenswert, sich über eine Aggregation teilprozessbezogener Kennzahlen zu einer quantitativen Bewertung des Gesamtprozesses hochzuarbeiten.

Beispiele für KPIs

Beispiele für die Bewertung einzelner Prozessaktivitäten stellen die folgenden KPIs dar:
⇨ Verhältnis echter zu gemeldeten Problemen,
⇨ Ansteigen der Nutzungsrate der Known-Error-Datenbank durch das Incident Management,
⇨ Zahl der dauerhaften Workarounds im Verhältnis zu den Lösungen.

Als gute Beispiele für die wirksame Arbeit des Gesamtprozesses empfehlen sich diese beiden KPIs:

⇨ korrekte Kategorisierung von Problemen im Incident Management,
⇨ Verhältnis reaktiver zu proaktiven Problem-Tickets.

Als Beispiel für eine prozessübergreifende KPI kann man folgende Größen heranziehen:
⇨ Rückgang der Incidents durch angewandtes Problem Management,
⇨ Tendenz der Mean Time Between Failures (MTBF),
⇨ Tendenz der Mean Time To Repair (MTTR).

Gerade die eigentlich aus dem Availability Management – jedenfalls nach ITIL V2 – entlehnten MTBF und MTTR ermöglichen einen Blick von Außen auf die Performance des Gesamtprozesses im Orchester mit anderen ITIL-Prozessen und untermauern den strategischen Aspekt des Problem Managements.

Deshalb ist eine Verdichtung der Kennzahlen in Abhängigkeit vom Adressaten eine empfehlenswerte Vorgehensweise, die Wirksamkeit des Prozesses zu untermauern.

Welche Fehler lassen sich vermeiden?

Handwerkliche Fehler bei der Modellierung

Die Modellierung des Problem-Management-Prozesses sollte in sich konsistent sein, was am besten durch ein entsprechendes Prozessmodellierungstool (zum Beispiel durch Syntaxprüfung) gewährleistet ist, aber gleichzeitig auf die Gegebenheiten in der Organisation angepasst sein. Diese entsprechen nicht immer den Idealbedingungen, deshalb sollte der Modellierung ein Assessment des etablierten Prozesses vorausgehen und alle Abweichungen vom Status quo in der Modellierung kenntlich gemacht werden. Man tut sich keinen Gefallen, die Abläufe zu sehr den Gegebenheiten anzupassen, mindestens genauso verheerend ist es aber auch, sie gänzlich zu ignorieren. Ein guter Weg stellt die Modellierung des realen Prozesses mit dem gleichen Prozessmodellierungstool dar und eine anschließende Kardinalitätsprüfung inklusive Simulation an *beiden* Modellierungen: Nichts ist erhellender als eine Gegenüberstellung vom Ist/Soll-Zustand auf gleicher Ebene.

Problem Management als Reparaturwerkstatt

Time to Market ist das alles beherrschende Thema in den meisten IT-fokussierten Unternehmen. Dieser gewaltige Zeitdruck und der Zwang, möglichst kostengünstig zu produzieren, lässt die Versuchung gewaltig wachsen, die Projektkosten auf Kosten des Betriebes zu reduzieren, indem man dem Betrieb *nach* »Going live« Nachbesserungsarbeiten unterschiebt und mit operativen Mitteln dort mühsam erst mal identifiziert. Dem hat ITIL V3 dadurch einen Riegel vorgeschoben, dass im Rahmen des Early Life Supports (im Rahmen des Release- und Deployment- Management-Prozesses) die Mitarbeiter des Projektteams mit den eigenen Untaten konfrontiert werden. Sollte dies allerdings nicht geplant – oder nahe liegender – budgetiert sein, kann sich der Problem Management Owner nur dadurch zur Wehr setzen, indem er klare Abnahmebedingungen mit dem Lieferanten abstimmt. Diese Bedingungen und die entsprechenden Mehrkosten müssen gegenüber dem (internen) Kunden gegengerechnet werden. Als besonders geeignetes Instrument hat sich dabei bewährt, die Mehrkosten aufzuzeigen, die bei einer Nichtbefolgung in Form gewaltiger operativer Kosten für Betreuung (Anstieg der Rufbereitschaftseinsätze), langer Ausfallzeiten (Mean Time Between Repair) gerade am Anfang einer Implementierung und mangelnder Qualität des IT-Services (direkter und indirekter Kundenverlust) entstehen.

Alleinige reaktive Auslegung des Problem Managements

Während die Bekämpfung von Problemen ein allen Abteilungen geläufiges Thema ist, wird es unanschaulicher bei der vorbeugenden Bekämpfung von noch nicht gemeldeten Störungen. Der Königsweg, dies auch IT-Organisationsfremden Einheiten transparent zu machen, ist die Definition passender KPIs. Diese sollten vor allem die Tendenz beleuchten, mit dem proaktiven Arbeiten das Ziel einer kontinuierlichen Verbesserung der IT-Stabilität erreichen. Es muss allen Beteiligten klar sein, dass man mit der reaktiven Auslegung dem Problem Management seinen strategischen Stachel nimmt: Nur proaktiv werden Incidents *verhindert* und nicht erst vom Kunden entdeckt (Kunde als Beta-Tester) und die Arbeitsbedingungen der IT-Organisation *qualitativ* verbessert.

Auswahl des Problem Management Owners

Trotz der Techniklastigkeit seiner Aufgabe darf der Problem Management Owner nicht die Führungs- und Kommunikationskompetenzen vernachlässigen, sonst läuft er Gefahr, sich mehr auf die technische Lösung der Probleme zu konzentrieren, als seine Ressourcen darauf auszurichten, in (mühsamen) Verhandlungen mit den beteiligten Fachabteilungen ein wirksames Problem Management langfristig aufzubauen.

Das darf aber nicht dazu führen, einen durch Verhandlung gestählten Prozess-Spezialisten als beste Wahl anzusehen: Er muss immer auch die Fähigkeit besitzen, komplexe technische Zusammenhänge zu durchschauen, technologielastige Lösungen zu beurteilen und fundierte Entscheidungen zu treffen.

Mit dem Problem Management wird alles besser

Ein neuer Prozess ist immer eine kostspielige und spannungsreiche Angelegenheit, die natürlich eine Erwartungshaltung erzeugt: dass jetzt alle Probleme in kürzester Zeit verschwinden. Leider ist am Anfang eher das Gegenteil der Fall, die Probleme treten durch die Arbeit eines wirksamen Problem Managements zum ersten Mal wirklich zu

Tage – nicht so sehr die technischen, sondern die organisatorischen, die beispielsweise eine effektive Problemerkennung verhindern – und werden in Form von KPIs und konsolidierten Managementreports offensichtlich. Dies zu Beginn als notwendige Rosskur zu benennen, ist Aufgabe des Problem Management Owners. Mittelfristig werden sich – angeschoben durch die Selbstkontrollinstrumente eines sauber implementierten Prozesses – nachhaltige Besserungen der IT-Services, des Kundenverhältnisses und nicht zuletzt der konkreten Arbeitsbedingungen einstellen. Deshalb ist auch die Feedback-Runde kurz nach der Einführung einer der erfolgskritischen Schritte bei der Implementierung des Problem-Management-Prozesses.

Der Autor bedankt sich bei der Firma BOC Information Technologies Consulting AG (http://www.boc-eu.com/), die ihm freundlicherweise ihr Prozessmodellierungstool zur Verfügung stellte.

Zusammenfassung
Der Problem-Management-Prozess ist die operative Instanz, strukturierte Verbesserungen in die IT-Landschaft einzubringen. Diese Verbesserungen beziehen sich nicht nur auf das klassische Feld der Behebung identifizierter infrastruktureller Fehler, sondern beinhalten ebenso prozessorale Aspekte wie Optimierung der Abläufe und Schulungsmaßnahmen für Mitarbeiter. Dieser operative Zweig wird durch einen strategischen Zweig flankiert, der Schaffung eines Problembewusstseins bei allen Beteiligten und ihrer Bereitschaft, gemeinsam eine Lösung für ein bestehendes Problem zu finden. Im idealen Fall führt dies zu einer nachhaltigen Stabilisierung der IT-Infrastruktur.

Change Management

Die Devise »Never change a running system!« lässt sich aufgrund der vielen Anforderungen von Kunden, Benutzern und Geschäftsprozessen im IT-Bereich nicht mehr einhalten. Immer wieder werden Änderungen erforderlich, die sich nur mit einem Change Management nach ITIL sicher und stabil realisieren lassen.

In diesem Beitrag erfahren Sie:
- warum Change Management eine zentrale Rolle im Service Management nach ITIL spielt,
- wie ein optimierter Change-Management-Prozess abläuft,
- wie sich der Change-Management-Prozess beurteilen und kontinuierlich weiterentwickeln lässt.

Lars Schwarze, Dennis Trawnitschek

Allgemeine Beschreibung des Change Managements als ITIL-Prozess

Durch den wachsenden Kostendruck im IT-Bereich entsteht ein erheblicher Druck auf die Betreiber und Verantwortlichen in den Rechenzentren, mit vorhandenen personellen Ressourcen die IT-System-Landschaft möglichst effizient und mit gleich bleibend hoher Qualität des erbrachten Service zu betreiben. Der Kernpunkt im Bereich der betrieblichen Optimierung von Rechenzentrumsabläufen ist ein effizientes Servicemanagement. Innerhalb des Servicemanagements stellen insbesondere die Änderungen an Systemkonfigurationen und Parametern eine Quelle für Systemausfälle und Serviceunterbrechungen dar. Der alte Vorsatz »Never change a running system!« ist aufgrund der dynamischen Anforderungen von Kunden, Benutzern und Geschäftsprozessen nicht länger haltbar. Ziel muss vielmehr sein, durch systematisierte und standardisierte Vorgehensweisen und betriebliche Prozessabläufe, Systemausfälle angesichts unvorhersehbarer Auswirkungen von Änderungen bereits im Vorfeld proaktiv zu vermeiden. Im Rahmen des IT-Service-Managements nach ITIL kommt dabei dem Change Management in Verbindung mit den entsprechenden Prozessen, Rollen und Aktivitäten eine entscheidende Rolle zu, um die Stabilität der gesamten IT-Landschaft im Sinne eines kontinuierlichen Verbesserungsprozesses sicherzustellen.

Ziele des Change Managements

Die IT-Umgebungen als Gesamtheit von Soft- und Hardware in einem Unternehmen sind ständigen Veränderungen ausgesetzt. Diese Veränderungen können einerseits von Geschäftsanforderungen getrieben sein, wenn zum Beispiel die Installation einer neuen Anwendungssoftware auf dem Desktop eines Anwenders erforderlich wird, da sich der Aufgabenbereich dieses Anwenders erweitert hat. Andererseits können diese Veränderungen auch technisch begründet sein, wie etwa durch die Migration eines Server-Betriebssystems beziehungsweise die Installation eines neuen Release. Selbst bei einem mittelgroßen Unternehmen mit einer nicht übermäßig komplexen IT-Umgebung nimmt die Anzahl an derartigen Veränderungen (Changes) schnell eine signifikante Größe an. Einzelne Changes weisen zudem häufig Abhängigkeiten auf, die im Vorfeld der Implementierung zu analysieren und zu berücksichtigen sind. Auf diese Weise soll das Risiko einer change-bedingten Störung des IT-Systems oder gar des Ausfalls minimiert werden. Als besondere Herausforderung stellt sich in der Praxis immer wieder die Schnittstelle zwischen Anwendungsentwicklung und Betrieb dar. Die aus der Anwendungsentwicklung initiierten Changes, primär bestimmt durch den Roll-out eines neuen Release einer Anwendung, werden in der Regel nur sehr spät und unkoordiniert aber dafür mit zeitlich sehr engen Vorgaben bekannt gegeben.

Nach der ITIL-Definition [1] soll mit dem Change Management sichergestellt werden, dass standardisierte Methoden und Verfahren für eine effiziente und rasche Handhabung aller Änderungen verwendet werden mit dem Ziel, die Auswirkung von änderungsbedingten Störungen für den Service zu minimieren. Dabei ist das Change Management verantwortlich für die Kontrolle von Änderungen an allen Konfigurationselementen (Configuration Items und Service Assets) innerhalb der Produktivumgebung. Als Configuration Items wiederum sind alle Komponenten einer IT-Infrastruktur zu verstehen. Diese sind in der Configuration Management System (CMS) zu dokumentieren. Außerdem soll das Change Management das Risiko für das Gesamtunternehmen minimal halten. Diese Aufgaben erfüllt das Change Management neben dem Ziel die IT-Services an den Anforderungen des Business bei maximalem Wert und Reduzierung von Störungen auszurichten. Soweit zur Definition gemäß ITIL-Standard. Aber was bedeutet dieser Ansatz für die Unternehmenspraxis?

Für die IT-Organisation eines Unternehmens bedeutet Change Management zunächst, einen Prozess zu etablieren, der im ersten Schritt dafür sorgt, dass alle Changes an einer zentralen Stelle bekannt gemacht und dokumentiert werden. Denn nur wenn alle Changes bekannt sind, können sie entsprechend bewertet werden, insbesondere im Hinblick auf Abhängigkeiten der Changes untereinander. Als Mindestvoraussetzung hierfür ist zu definieren, was unter einem Change zu verstehen ist. In der Praxis kommt es allerdings immer wieder zu unterschiedlichen Ansichten, so zum Beispiel, ob die Einrichtung einer Drucker-Queue für einen Benutzer ein Change ist oder nicht. Hier bietet die Definition von Configuration Items eine gute Hilfestellung, da jegliche Zustandsveränderung an einem solchen Item auch als Änderung – also Change – zu verstehen ist und somit der Change-Management-Prozess zu durchlaufen ist.

Das Change Management muss neben der reinen Aufnahme und Dokumentation auch einen Prozess bereitstellen, der die Auswirkungen geplanter Changes auf die bestehende IT-Umgebung sowie die damit verbundenen Service-Level und Servicekosten analysiert.

Bei der Durchführung der Änderungen hat das Change Management darauf zu achten, dass die Geschäftsabwicklung des Unternehmens aufgrund der Changes nicht negativ beeinflusst wird. Dies kann einerseits erreicht werden, indem die geplanten Changes im Rahmen definierter Wartungsfenster durchgeführt werden. Andererseits kann man sich mit der Durchführung von Changes nicht immer bis zum nächsten Wartungsfenster Zeit lassen, so dass eine Implementierung parallel zum laufenden Geschäftsbetrieb erfolgen muss. In diesem Fall ist eine erhöhte Aufmerksamkeit geboten, damit die erfolgreiche Implementierung des Changes schnellstmöglich durchgeführt werden kann.

Aufgrund der Vielzahl an möglichen Arten von Änderungen im Hinblick auf ihre Kritikalität beziehungsweise ihren Umfang wird deutlich, dass es nicht den einen Change-Management-Prozess gibt. Vielmehr ist in Abhängigkeit der unterschiedlichen Typen von Changes (Change-Klassifikation) ein jeweils spezifischer Prozess auszuprägen. Generell kann unterschieden werden nach Art des Changes und nach der betroffenen Ebene des Unternehmens. Changes können sich auf strategische, taktische und operative Bereiche auswirken. Ebenso werden Änderungen in Standard, Nicht-Standard und Emergency unterschieden.

Welche Aspekte hierzu relevant sind und auch im Rahmen von Audits geprüft werden, kann beispielsweise dem Standard COBIT (=Control Objectives for Information and related Technology) [2] entnommen werden. Dieser umfasst Kontrollziele (Control Objectives) für die insgesamt 34 Prozesse, die im Rahmen dieses Referenzmodells definiert sind. Das Change Management von ITIL korrespondiert hier mit dem gleichnamigen Prozess.

Change Management nach ITIL

Change Management nach ITIL umfasst die Kontrolle und Implementierung von Änderungen an allen Komponenten eines Services. Die Änderungen können sich zum Beispiel auf folgende Aspekte beziehen:

⇨ Hardware zur Erbringung von Information und Kommunikationsleistungen (etwa Server, Mainframesysteme, Netzwerkkomponenten, Telefonanlagen, usw.),
⇨ System-Software (zum Beispiel Firmware, Betriebssysteme, Monitoring und System-Management-Werkzeuge),
⇨ Software-Applikationen zur Unterstützung und Automatisierung der eigentlichen Geschäftsprozesse,
⇨ Dokumente, in denen Verfahren, Prozeduren, technische Informationen und Anleitungen beschrieben und niedergelegt sind. [3]

Das Change Management nach ITIL umfasst dabei nicht die Änderungen innerhalb laufender Projekte, die im Rahmen des Projekt-Change-Managements behandelt werden. In jedem Fall ist eine enge Abstimmung mit dem Change Manager der einzelnen laufenden Projekte notwendig, da die im Rahmen von Projekten neu und weiterentwickelten Komponenten über das operative Change Management implementiert werden.

Typischerweise kommen dem Change Management folgende Funktionen zu:
⇨ Erstellung und Sammlung von Änderungsanträgen (Requests for Change),
⇨ Assessment der mit den Changes verbundenen Auswirkungen im Sinne von
 – Kosten, Nutzen und Risiken,
 – Autorisierung der einzelnen Changes,
 – Planung und Überwachung der Implementierung und entsprechende Maßnahmen bei Implementierungsproblemen,
⇨ Koordination und Überwachung der Change-Umsetzung,
⇨ Planung der genehmigten Changes in terminlicher und ressourcentechnischer Hinsicht,
⇨ Sicherstellung der Dokumentation der Changes und ihrer Auswirkungen wie zum Beispiel Aktualisierung von Inventarlisten im Asset-Management.

Der Change-Management-Prozess dient also als zentrales Kontroll-, Überwachungs- und Koordinierungsinstrument für Veränderungen der IT-Infrastruktur. Die eigentliche Durchführung der Änderungen ist im Rahmen von ITIL streng genommen nicht Bestandteil des Change-Management-Prozesses. Diese operative Durchführung der Änderungen wird im Rahmen der ITIL Common Service Activities vorgenommen.

Prozessschaubild des Change Managements

Grundsätzlich lässt sich das Change Management in seinem Ablauf nach der Art des Changes unterscheiden. Ein Standard Change wird anders behandelt als ein Emergency Change, dem eine akute Gefährdung des Geschäfts zugrunde liegt. Hierzu wollen wir einen normalen (nicht Standard) Change und dessen Phasen betrachten.

Phasen des Change-Management-Prozesses
Entsprechend des ITIL-Ansatzes lässt sich der Change-Prozess in vier Phasen gliedern. Jede Änderungsanforderung durchläuft die Stufen des Prozesses in der hier beschriebenen Reihenfolge. Man spricht dabei vom Lebenszyklus eines Changes, vom ursprünglichen Antrag bis zur abschließenden Implementierung.

Erstellen von Changes
Am Beginn des Prozesses steht die Änderungsanforderung. Durch Erstellen einer schriftlichen Änderungsanforderung wird der Bedarf nach einer Veränderung vom Change Initiator dokumentiert und durch Einreichen der Anforderung beim Change Manager der Change-Management-Prozess angestoßen. Die Forderung nach einem Change kann dabei durch unterschiedliche Quellen initiiert werden. Es kann grundsätzlich unterschieden werden zwischen reaktiven Changes, die einen Fehler oder eine Störung beheben, und proaktiven, geschäftsverbessernden Changes. Die Implementierung

Change Management

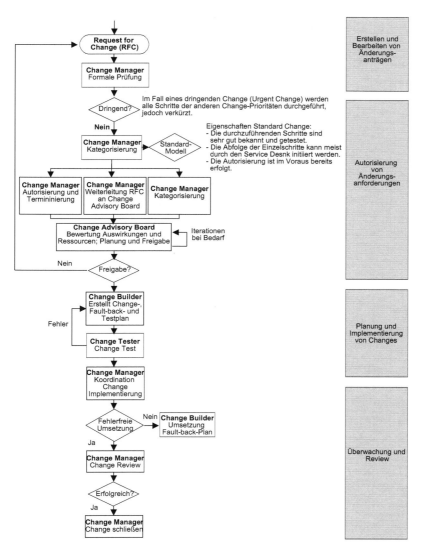

Abb. 1: *Prinzipieller Ablauf des Change-Management-Prozesses*

von neuen Soft- und Hardware-Releases erfolgt ebenso wie die Einführung von neuen oder geänderten IT-Dienstleistungen unter der Kontrolle durch das Change Management. Eine weitere Quelle für Veränderungswünsche stellen geänderte Anforderungen des Geschäfts oder rechtliche Aspekte dar, die eine Modifikation des Ist-Zustandes erfordern. Unabhängig von der Quelle der Änderung ist darauf zu achten, dass Changes an einer zentralen Stelle gesammelt beziehungsweise an diese adressiert werden.

Review der Änderungsanforderung
Innerhalb dieses Prozessschrittes sollte sichergestellt werden, dass keine unvollständigen oder nicht umsetzbaren Änderungsanforderungen beziehungsweise keine Wiederholungen eines früheren Change Requests in den weiteren Prozess eingespielt werden. Das Change Management sollte in diesen Fällen den Änderungsantrag zurück an den Initiator schicken und ihm begründen, warum der Change abgelehnt wurde.

Assement und Untersuchung des Changes
Bei der Überprüfung eines Request for Change (RfC, alternativ auch Change Request = CR) wird dabei zunächst überprüft, ob die Angaben vollständig sind und den formalen Anforderungen genügen. Der Request for Change enthält detaillierte Beschreibungen bezüglich der geplanten beziehungsweise geforderten Änderung. Der formale Änderungswunsch muss in jedem Fall Angaben über die so genannten »Seven Rs of Change Management« enthalten:
⇨ Who raised the change?
⇨ What is the reason for the change?
⇨ What is the return required from the change?
⇨ What are the risks involved in the change?
⇨ What resources are required to deliver the change?
⇨ Who is responsible for the build, test and implementation of the change?
⇨ What is the relationship between this change and other changes? (siehe [6], S. 53)

Nach der initialen Prüfung des Request for Change erfolgt seine Klassifikation nach Priorität und Kategorie. Auf Basis dieser Einordnung wird der weitere Umgang mit der Änderungsanforderung festgelegt. Die Klassifikation bildet auch die Basis für die Zusammensetzung des mit der Autorisierung des Changes betrauten Gremiums. Daher ist es unumgänglich, diese nicht ausschließlich durch den Change Initiator durchführen zu lassen. Der Initiator hat immer ein Interesse, eine höhere Priorität anzugeben, um eine zeitlich schnellere Implementierung zu erreichen oder bestimmte Verfahren zu umgehen.

Entsprechend der ITIL-Terminologie erfolgt die Priorisierung nach Dringlichkeit der geforderten Änderung. Vier Stufen werden hier unterschieden, wobei jeweils noch zu differenzieren ist, ob es sich um einen korrigierenden oder verbessernden Change handelt:

⇨ *Niedrige Priorität:* Es handelt sich um eine Korrektur die notwendig und bestätigt ist, aber bis zum nächsten geplanten Release-Fenster aufgeschoben werden kann. Eine verbessernde Änderungen hat lediglich Einfluss auf die Handhabbarkeit eines Service. Die Änderungen dieser Priorität werden ausschließlich im geplanten Wartungsfenster implementiert.

⇨ *Mittlere Priorität:* Es handelt es sich um Verbesserungen des bestehenden Betriebs oder um funktionale Erweiterungen, die im Rahmen der kontinuierlichen Verbesserung und zum Erhalt der Wettbewerbsfähigkeit notwendig sind. Mittlere Priorität hat aber auch das Beheben von Fehlern oder Störungslösungen, die zwar keine schwerwiegenden Ursachen haben, aber nicht bis zum nächsten Wartungsfenster aufgeschoben werden können.

⇨ *Hohe Priorität:* Diese Änderungswünsche erhalten absolute Bevorzugung bei Entwicklung, Test und Implementierung. Sind sie korrigierenden Ursprungs, handelt es sich um Fehler, die entweder ernsthaft Key User oder aber eine große Gruppe von Usern betreffen. Hierbei kann es sich beispielsweise um gesetzliche Änderungen, das Reagieren auf kurzzeitige Marktänderungen oder aber neue Geschäftsfelder handeln, welche die Marktposition des Unternehmens stützen.

⇨ *Dringende Priorität:* Für Changes zur Abwendung von schwerwiegenden Schäden, die ein unmittelbares Risiko für die laufende Geschäftstätigkeit darstellen, lässt sich die Priorität auch auf dringend setzen. Diese Priorisierung wird ausschließlich für korrigierende Änderungen angewendet und führt automatisch dazu, dass der Änderungsantrag als Notfall (so genannter Emergency Change) behandelt wird und den Standard-Prozess verlässt.

Das zweite Klassifikationskriterium ist die Kategorisierung nach der Auswirkung auf die betroffenen Configuration Items oder Service Assets und die damit betroffenen Geschäftsprozesse. Die beschriebene Klassifikation ist notwendig, um die Autorisierung des Request for Change effektiv durchführen zu können. Zwischen der potenziellen Auswirkung und der Priorität besteht üblicherweise ein zumindest mittelbarer Zusammenhang.

Um in der Praxis eine effiziente und transparente Klassifikation von Changes zu ermöglichen, ist es empfehlenswert, unternehmensspezifisch die einzelnen Change-Klassen zu operationalisieren und nachvollziehbar zu dokumentieren.

Autorisierung von Änderungsanforderungen
Grundsätzlich sind alle Änderungsanforderungen von einem entsprechenden Gremium zu autorisieren. Abhängig von dem Risiko, der finanziellen Auswirkung und den nötigen Ressourcen sollte die Genehmigung durch unterschiedliche Instanzen erfolgen. Während ein Standard-Change ohne Hinzuziehung von weiteren Instanzen lokal genehmigt werden kann, sollte bei Änderungen mit größerer Auswirkung das so genannte Change Advisory Board (CAB) einberufen werden. Dieses wird durch den Change Manager geführt und besteht grundsätzlich aus einem festen Personenkreis, der in der Lage sein muss, möglichst alle Changes zu beurteilen. Handelt es sich um Changes, die Auswirkungen und Risken auf mehrere Einheiten haben, sollte die Entscheidung an das IT-Management eskaliert werden. Als letzte Eskalationsstufe sollte das Senior Management eingeschaltet

werden. Dies sollte aber nur bei Changes mit globaler Auswirkung und hohem Risiko und Ressourcenaufwand geschehen. Bei sämtlichen Entscheidungsebenen ist die Priorität des Changes zu berücksichtigen, um eine zeitgerechte Implementierung sicherzustellen. Die Autorisierung eines Changes erfolgt auf Basis sowohl technischer als auch kaufmännischer Aspekte, die Eingang finden in einer der Entscheidung zugrunde liegenden Risikoanalyse.

Liegt einem Änderungsantrag ein Fehler zugrunde, der unternehmensbedrohend ist (Emergency Change), erfolgt ein verkürzter Genehmigungsprozess, da es aufgrund der zeitkritischen Situation hier nicht möglich ist, das gesamte CAB oder ein anderes Gremium einzuberufen. Zur Realisierung dieses verkürzten Prozesses sollte ein Emergency Change Advisory Board (ECAB) installiert werden. Innerhalb des ECAB sollte auch die Geschäftsleitung eingebunden werden. Das ECAB kann ohne weitere Analyse die Notfalländerung freigeben.

Aus dieser Darstellung wird unmittelbar klar, dass der Mechanismus der Emergency Changes nicht dazu missbraucht werden darf, konventionelle Changes möglichst schnell im Sinne eines verkürzten Entscheidungsprozesses zu genehmigen und umzusetzen.

Planung und Implementierung von Changes
Nach erfolgter Autorisierung des Changes muss der Zeitpunkt der Implementierung im Detail geplant werden. Diese Planung wird für jeden einzelnen Change vom zugeordneten Change Implementer zusammen mit den betroffenen Fachmitarbeitern durchgeführt. Planungen, in denen Abhängigkeiten zwischen den einzelnen Changes zu berücksichtigen sind, werden vom Change Manager abgestimmt und durchgeführt. In dieser Planung werden alle anstehenden Änderungen erfasst und terminiert. Das Ergebnis ist ein Plan (Forward Schedule of Changes), der den genauen zeitlichen Ablauf der Änderungen beschreibt und etwaige technische und zeitliche Interdependenzen zwischen den geplanten Änderungen berücksichtigt. Außerdem muss sichergestellt werden, dass die Unterbrechung des Services

minimiert beziehungsweise der Priorität des Changes entsprechend durchgeführt wird.

Bevor ein Change implementiert werden kann, müssen für die geplanten Änderungen detaillierte Prozeduren erarbeitet werden, in denen im Sinne einer Schritt-für-Schritt-Anweisung genau beschrieben wird, wie bei der Implementierung des Changes vorzugehen ist. Der Bedarf nach einer möglichst detaillierten Beschreibung leitet sich von der Tatsache ab, dass die Entwicklung der Änderung und die Implementierung üblicherweise von verschiedenen Teilen der IT-Organisation durchgeführt werden (Entwicklungsabteilung beziehungsweise Betriebsmannschaft). Der zu implementierende Change besteht dabei aus Software- und Hardwarekomponenten sowie der entsprechenden Dokumentation. Neben der Implementierungsanweisung ist auch der Fall zu berücksichtigen, dass während der Implementierung in der produktiven Umgebung Probleme auftauchen. Deshalb ist es wichtig, sicherzustellen, dass auch entsprechende Remediation-Lösungen beschrieben werden, mit deren Hilfe die Changes deinstalliert und die betroffenen Komponenten in ihren Ausgangszustand zurückgesetzt werden. Die Erstellung dieser Bestandteile kann dabei nicht erst nach der erfolgten Autorisierung des Changes erfolgen, sondern auch schon vor der Öffnung des Request for Change, beispielsweise im Rahmen eines Projektes. Die den Change konstituierenden Elemente müssen zusammengestellt und die geplante Änderung bereits vorab in Testumgebungen und Qualitätssicherungssystemen getestet werden. Der entsprechende Zeitbedarf hierfür ist bei der Erstellung des Implementierungsplans zu berücksichtigen. Diese qualitätssichernden Maßnahmen dienen dazu, das Risiko eventuell negativer Auswirkungen des Changes in ein Minimum zu reduzieren. Der Change Manager muss dabei neben der Durchführung des Tests auch die Dokumentation der einzelnen Testergebnisse sicherstellen. Die Ergebnisse der einzelnen Tests sind wesentlich für die Sicherung der Qualität und stellen einen integralen Teil der begleitenden Dokumentation durch den Change Manager dar. Die umfangreichen Tests können bei Emergency Changes – aufgrund der üblicherweise starken zeitlichen Restriktionen – entfallen beziehungsweise auf einen Zeitpunkt nach der Implementierung verschoben werden. Das durch die reduzierten oder entfallenen Tests in Kauf genommene höhere Risiko für Notfalländerungen wird von dem Emergency Change Advisory Board getragen. Dies begründet die Einbindung beziehungsweise Information der Geschäftsführung im Rahmen dieses Komitees.

Die eigentliche Implementierung des Changes erfolgt operativ durch die relevante technische Gruppe, wird aber durch das Change Management überwacht. Vorrangige Aufgabe des Changes Managements ist es hier sicherzustellen, dass alle Changes ausreichend getestet wurden. Hierbei ist zu gewährleisten, dass sowohl der Change an sich wie auch die Wechselwirkung zu anderen Changes abgedeckt ist. Im Falle von Problemen bei der Implementierung von Changes muss dafür gesorgt werden, dass entsprechende Fallback-Maßnahmen eingeleitet werden, um den entstehenden negativen Einfluss oder Schaden zu vermindern.

Die vorgenommenen Änderungen an den einzelnen Komponenten müssen durch enge Abstimmung mit dem Configuration-Management-Prozess innerhalb des Configuration-Management-Systems (CMS) nachgehalten werden, um die Aktualität der Konfigurationsangaben (Configuration Items und Service Assets) sicherzustellen.

Review und Schließen des Änderungsantrags

Als letzter Prozessschritt des Change Managements findet der Review des Changes nach erfolgter Implementierung statt. Bevor ein Change endgültig geschlossen wird, sollte ein so genannter Post Implementation Review (PIR) stattfinden. Dieser Review dient dazu, durch Initiator und Stakeholder des Changes noch einmal zu prüfen, ob die Änderung die gewünschten Effekte erreicht hat. Außerdem soll sichergestellt werden, dass keine ungewünschten Nebeneffekte eingetreten sind. Der PIR unterscheidet sich signifikant danach, ob ein Service oder aber die Infrastruktur Teil des Changes war. Da eine Änderung an der Infrastruktur für den Kunden kaum sichtbar ist (es ändert sich in den meisten Fällen lediglich, wie der Service geliefert wird, nicht jedoch, was man liefert), ist bei dieser Art von Changes weniger Einbindung des Kunden gefordert als bei einer Änderung eines Services. In jedem Fall sollte aber untersucht werden, ob Störungen infolge des Changes aufgetreten sind.

Neben den qualitativen Aufgaben, fällt dem Change Management auch noch die Aufgabe des Monitorings zu. Hierbei sollte überwacht werden,

⇨ ob der Change innerhalb der geplanten Ressourcen und des Zeitrahmens implementiert und erstellt werden konnte,

⇨ ob der Remediation-Plan, falls er nötig war, funktioniert hat, um alles wieder auf den Pre-Change-Zustand zurückzusetzen. Die Erhebung und Speicherung dieser statistischen und wirtschaftlichen Daten dient dazu, zukünftige Änderungen genauer planen zu können.

Abhängigkeit von anderen Prozessen

Der Change-Management-Prozess hat eine starke Abhängigkeit zu anderen Prozessen innerhalb des Service Managements nach ITIL. Vorrangig sind hierbei die Prozesse Asset- und Configuration Management, Problem Management, IT Service Continuity, Security-, Capacity- und Demand Management zu nennen.

Die wohl engste Verzahnung des Change Managements besteht mit dem Asset- und Configuration Management. Änderungen an CI oder Service Assets, die durch das Change Management ausgelöst werden, müssen akkurat und zum richtigen Zeitpunkt innerhalb des Configuration-Management-Systems (CMS) abgebildet werden. Gleichzeitig liefert aber auch das CMS wichtigen Input an das Change Management. Nur über das CMS kann festgestellt werden, welche Komponenten (Hard- und Software) von einen Change betroffen sein können – und nur so kann eine präzise Auswirkungsanalyse durchgeführt werden.

Weiteren Input zu Auswirkungsanalysen liefert der Capacity- und Demand-Management-Prozess. Das Capacity Management liefert

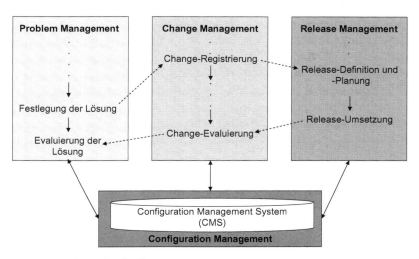

Abb. 2: *Schnittstellen des Change Managements*

wichtigen Input zu den Gesamtauswirkungen eines Changes auf einen Service. Gleichzeitig stellen aber sowohl Capacity- als auch Demand Management eine Quelle für RfCs da. Geänderte Anforderungen, die durch das Demand Management gesteuert werden, liefern – genauso wie Engpässe in der Kapazität – einen Auslöser für das Erstellen von Änderungsanforderungen.

IT Security Management liefert sowohl Input in Form von RfCs als auch Entscheidungshilfen für das CAB. Änderungen, die durch das Security Management ausgelöst werden, müssen den Change-Prozess durchlaufen. Auf der anderen Seite sind Security-Themen oft ein Teil der Entscheidung des CAB.

Das Problem Management stellt eine der Hauptquellen für RfCs da. Sehr häufig werden Änderungen für die Lösung von »Known Errors« oder aber auch zur Implementierung von Workarounds benötigt. Gleichzeitig kann aber auch über das Problem Management eine Aussage über die Qualität des Change Managements getroffen werden. Ein qualitativ schlechtes Change Management führt zu übermäßig vielen Fehlern und entsprechend zu einem oft benötigten Problem-Management-Prozess.

Kritische Prozessabschnitte und kritische Erfolgsfaktoren für das Erreichen der Prozessziele

Abgrenzung zum Projekt-Change-Management

Beim Begriff des Change Managements sind einzelne Ausprägungen von Changes beziehungsweise Change Management zu unterscheiden. Dabei soll an dieser Stelle der Change-Management-Begriff im Hinblick auf personelle Veränderungsprozesse (Management of Change) nicht weiter vertieft werden. Auch im Hinblick auf den mehr technisch geprägten Change-Begriff im ITIL-Verständnis gibt es zwei wesentliche Ausprägungen, die es zu differenzieren gilt:
⇨ operatives Change Management,
⇨ Projekt-Change-Management.

Das Projekt-Change-Management umfasst Planen, Design und Testen von Neu- und Weiterentwicklungen im Rahmen von Projekten. Im Zuge dessen werden die Anforderungen, die sich im Vergleich zu den ursprünglichen Entwicklungszielen geändert haben, mit aufgenommen und bei der Entwicklung der Projektgegenstände berücksichtigt. Das Projekt-Change-Management beschäftigt sich mit der Bewertung und Beurteilung neuer oder sich im Projektverlauf ändernder Anforderungen zu Projektziel und -ergebnissen. Der Test der Implementierung der Projektergebnisse stellt dabei die Schnittstelle zum operativen Change Management sicher.

Das operative Change Management als koordinierender Teil des operativen IT-Betriebs gewährleistet die koordinierte Einbringung der Changes in den operativen IT-Betrieb. Ziel ist es, das Risiko ungeplanter Systemausfälle zu minimieren und die Implementierung der Änderungen zu planen. Dabei durchläuft die Change-Anforderung

– der Request for Change – einen wohl definierten Freigabeprozess für die Implementierung. Neben der Freigabe und Implementierungsplanung werden auch die Resultate bei der Implementierung überwacht und somit eine reibungsfreie, wiederholbare Implementierung sichergestellt. Probleme beim Einbringen von Veränderungen werden protokolliert und gegebenenfalls Maßnahmen zur Rückabwicklung des Changes eingeleitet, um den ursprünglichen Zustand wiederherzustellen. Diese Informationen werden vom operativen Change Management an das Projekt-Change-Management zurückgespielt und münden somit in Anforderungen an das Projekt-Change-Management, wo sie zur Anpassung der Entwicklungen im Projekt führen. Die enge Verzahnung zwischen operativem und Projekt-Change-Management ist damit eine unabdingbare Voraussetzung für eine geordnete und strukturierte Implementierung von Projekten in die bestehende produktive IT-Landschaft. Abbildung 3 stellt den Zusammenhang zwischen den beiden Arten des Change Managements graphisch dar.

Wichtig für die tägliche Arbeit ist das Bewusstsein über die beiden Arten von Changes sowie die saubere Trennung dieser Arten, wobei der Prozess der Übergabe klar zu definieren und einzuhalten ist. Diesem Ansatz liegt die grundsätzlich anzustrebende Trennung von operativen Aufgaben des »Tagesgeschäfts« und Projektaufgaben zugrunde.

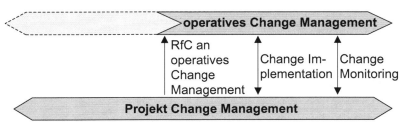

Abb. 3: *Zusammenhang zwischen operativem Change Management und Projekt-Change-Management (vgl. [4])*

Kein Missbrauch bei der Klassifizierung

In einem bereits implementierten Prozess sollte darauf geachtet werden, dass bei der Klassifizierung der Changes kein Missbrauch betrieben wird. Die Bewertung eines beantragten Changes nach Dringlichkeit und Auswirkung (Priorität) verführt seitens des Change-Initiators dazu, eine höhere Priorität zu erwirken, als es realistisch erforderlich wäre. Hierdurch soll häufig der Entscheidungsprozess verkürzt und die Genehmigung beschleunigt werden. Ein restriktives, aber transparentes Vorgehen seitens der Entscheidungsgremien trägt in diesen Fällen zu einer breiten Akzeptanz des Change-Management-Prozesses bei. Für einen einzelnen User ist es zwar sehr ärgerlich, wenn er aufgrund eines vergessenen Passworts nicht arbeiten kann, aber die Existenz des Unternehmens ist dadurch im Regelfall nicht gefährdet. Eine Einordnung in die höchste Prioritätsstufe erscheint aus Sicht des betroffenen Users sinnvoll, ist aber sicher nicht realistisch.

Ein weiteres Beispiel für den Missbrauch der Klassifizierung ist die zu häufige Einstufung von Changes als Standard-Change. Der Sinn von Standard-Changes liegt darin, für immer wiederkehrende Aufgaben, deren Abläufe vollständig bekannt und getestet sind, das Genehmigungsverfahren zu vereinfachen. Wird diese Klassifikation missbraucht, indem ein nicht ausreichend getesteter Change als Standard-Change eingestuft wird, nur um das »lästige« Genehmigungsverfahren zu umgehen, so kommt es bei der Implementierung häufiger zu Fehlern beziehungsweise Problemen. Daraus resultiert ein entsprechender Aufwand in der Fehleranalyse und -behebung, so dass sich die Change-Implementierung zeitlich verschiebt.

Bedeutung von Testergebnissen und Fallback-Lösungen

Das rechtzeitige Einfordern einer konkreten Fallback-Lösung ist zwar für jeden Change angezeigt, aber verbindlich für alle Changes mit einem mittleren eingehenden Risiko. Schon bei der formalen Vollständigkeitsprüfung eines Request for Change muss hier ein besonderes Augenmerk liegen. Ein Request for Change mit entsprechender Dringlichkeit oder Auswirkung, der ohne eine Fall-Back-Lösung eingereicht wird, sollte schon in diesem frühen Stadium des Prozesses abgelehnt werden. Schlägt die Implementierung eines Changes fehl und existiert keine geeignete Fall-Back-Lösung, werden die daraus resultierenden Probleme dem Gesamtprozess Change Management zugeschrieben und nicht dem einen unvollständigen Request for Change. Die gleiche restriktive Vorgehensweise empfiehlt sich bei der Beurteilung fehlender oder unvollständiger Testergebnisse. Ein Change mit einer nicht tolerierbaren Fehlerquote in den verschiedenen Tests stellt ein Risiko für die Produktivumgebung dar und sollte auch so behandelt werden. Selbst der in solchen Fällen gerne ins Feld geführte enorme Zeitdruck und die immensen Abhängigkeiten dürfen nicht zu einem Aufweichen der Freigabekriterien führen. Letztendlich steht die Akzeptanz des Gesamtprozesses auf dem Spiel. Daraus folgt: ohne Fall-Back-Lösung und zufriedenstellende Testergebnisse keine Freigabe!

Kommunikation als Erfolgsfaktor

Unbestritten ist die Tatsache, dass durch die Implementierung eines Prozesses der Mehraufwand an Dokumentation bei den Mitarbeitern steigt – zweifellos eine erfolgskritische Situation. Der Leidensdruck durch die unbefriedigend hohe Zahl an Störungen und den damit verbundenen Nachteilen alleine reicht nicht aus, um Akzeptanz für die neue Vorgehensweise zu wecken. Mitarbeiter drücken diese Abwehrhaltung deutlich aus, etwa durch Äußerungen wie: »Diese Verfahrensweise ist viel zu bürokratisch«, oder: »Durch den Mehraufwand an Dokumentation werden wir viel zu langsam«. In unserem Fall haben wir alle Mitarbeiter frühzeitig informiert und die direkt Betroffenen in Einzelgesprächen aufgeklärt. Als übergeordnete Maßnahme und zur Einbettung in das Gesamtthema hat ein Drittel aller IT-Mitarbeiter an einer zweitägigen ITIL-Foundation-Schulung teilgenommen. Die Kunden sind ebenfalls frühzeitig durch den Prozess Manager informiert worden. Eine informelle Begleitung des Antragsstellers (Change Owner) bei der Bearbeitung und Umsetzung seines Antrages ist unerlässlich. Auch auf der Seite des Kunden bietet diese Vorgehensweise deutlich mehr Vorteile als Nachteile. Der Status seines Antrages wird transparent, nachvollziehbar und bietet zu jeder Zeit eine einheitliche Basis für Gespräche zwischen Kunden und IT.

Change Management und Testverfahren

Ein umfangreiches Testverfahren ist eines der wichtigsten Bestandteile des Change-Prozesses. Ohne einen erfolgreichen Test sollte kein Change implementiert werden. Wie ist es aber um die Qualität des Testverfahrens selber bestellt? Bei der Beantwortung dieser Frage helfen Key-Performance-Indikatoren weiter. Die Anzahl der aus einer Change-Implementierung resultierenden Probleme oder Incidents gibt Aufschluss über die Güte des Testverfahrens. Ebenso aussagekräftig ist die Anzahl der aufgrund von Problemen rückgängig gemachten Changes.

Wesentliche Voraussetzung für die Umsetzung von Testverfahren ist der Aufbau beziehungsweise die Verfügbarkeit einer entsprechenden Testumgebung. Eine maximale Sicherheit bei der Durchführung von Tests kann in der Regel nur dann erreicht werden, wenn die Tests, unter realen Bedingungen durchführbar sind. Dies wiederum bedingt eine vollständige Abbildung der Produktivumgebung, was aus wirtschaftlichen Gründen in den meisten Fällen nicht vertretbar ist. Somit ist ein ausgewogenes Verhältnis zwischen wirtschaftlich vertretbarem Aufwand und Anforderungen an Integrationstests anzustreben.

Bezogen auf den einzelnen Change ist zwingend darauf zu achten, dass so früh wie möglich – in jedem Fall vor der Durchführung der Tests – die Testkriterien zu definieren sind. Zudem sind diese Kriterien durch den Change Tester und keinesfalls durch den Change Builder zu definieren.

Standard Change Request

Standardisierte Verfahren sind ein Markenzeichen insbesondere auch des Change-Management-Prozesses. Für häufig wiederkehrende Änderungsanfragen gleichen Typs verwendet man Standard Change Requests. Ein wichtiger Key-Performance-Indikator an dieser Stelle gibt Auskunft darüber, wie häufig diese Standard-Requests tatsächlich benutzt werden im Vergleich zur Gesamtzahl aller Requests. Der Prozess Manager kann anhand dieser Verhältniszahl ablesen, inwieweit er mit der Auswahl der Standard Requests tatsächlich den Bedarf abdeckt.

Grundsätzlich empfiehlt es sich, bei der Definition der Key-Performance-Indikatoren den Kunden mit einzubeziehen, denn letztlich dient der Change-Prozess über die Verbesserung der IT-Services auch seinen Interessen. Für die Kommunikation mit dem Kunden über die Qualität der Services ist es stets von Vorteil, wenn beide Seiten hinsichtlich der gemessenen Werte ein gewisses Maß an Einvernehmen haben.

Wechselwirkungen des Prozesses und der IT-Organisation

Im Change Management nach ITIL sind für die einzelnen Prozessschritte Rollen und Gremien definiert, um zu gewährleisten, dass jeweils ein definierter Owner vorhanden ist. Die Ausführung der einzelnen Aktivitäten im Rahmen des Change-Management-Prozesses obliegt verschiedenen Rollen und Gremien. Diese Definition kann zunächst weitgehend unternehmensunabhängig erfolgen, wenngleich in diesem Schritt bereits die entsprechenden Rahmenbedingungen und Gestaltungswünsche zu berücksichtigen sind. Die definierten Rollen und Gremien sind im nächsten Schritt mit spezifischen Organisationseinheiten beziehungsweise spezieller mit konkreten Mitarbeitern aus dem Unternehmen zu besetzen. Somit erfolgt eine Adaption des Rollen- und Gremienmodells auf die Unternehmensorganisation und ermöglicht erst die Ausführung der definierten Prozessschritte in geeigneter Form.

Die Definition und Implementierung eines stringenten Rollenkonzepts erlaubt eine transparente Zuteilung von Entscheidungs- und Durchführungsbefugnissen und ist somit für die Implementierung eines effizienten Prozesses unabdingbar. Durch die dokumentierte und organisatorische Implementierung des Rollenmodells werden die verschiedenen Aufgaben und Verantwortungsbereiche definiert und voneinander abgegrenzt, was insbesondere im Falle von kurzfristigen Änderungsanpassungen die Agilität und Flexibilität deutlich erhöht.

Bei der Dokumentation und Umsetzung des Rollenmodells hat sich in der Praxis eine mehrstufige Zuordnungsmatrix bewährt (siehe Beispiel Tabelle 1). Dabei wird für jeden Prozessschritt die verantwortliche Rolle festgelegt. Neben der Verantwortung werden auch die beteiligten, aktiven Rollen dokumentiert sowie die Prozessrollen, die

Tabelle 1: Beispiel für eine Verantwortlichkeitsmatrix					
Aktivität	Entscheid.	Leitung	Durchführung	Unterst.	Info an
Anforderung erfassen und kategorisieren					
2.1) Erfassen der Change-Anforderungen		CI	CO		
2.2) Authentifizierung des Change Request Melders		CI	CO		
2.3) Vervollständigen der Change-Anforderung		CI	CO		
2.4) Zuweisung des Change zur Supportkategorie	CO	CI	CO		
2.5.) Klassifizierung des Change Request in Emergency, Standard und Info	CM	CI	CO		
2.6) Erstellen eines neuen Change Record		CI	CO		
Kürzel: CO = Change-Owner CI = Change-Initiator CM = Change Manager					

in die mit dem jeweiligen Prozessschritt verbundenen Kommunikationsflüsse einbezogen werden.

Nachfolgend werden zunächst die für das Change Management relevanten Rollen und anschließend die Gremien beschrieben.

Rollen im Change-Management-Prozess

Bevor auf die einzelnen Rollen im Change-Management-Prozess eingegangen wird, soll an dieser Stelle auf den Aspekt der »Inkompatibilität« der einzelnen Rollen hingewiesen werden. Damit ist gemeint, dass bestimmte Rollen nicht durch die gleiche Person durchgeführt werden dürfen, um die Prozesssicherheit zu gewährleisten. So ist beispielsweise die Rolle des Change Initiators von der Rolle des Change Approvers zu trennen. Dies gebietet sich heute aus Compliance-Gesichtspunkten mehr denn je, da das Change Management als Prozess erhebliche Auswirkungen auf das interne Kontrollsystem eines Unternehmens haben kann. Ebenso sollte die Rolle des Change Managers als überwachende Kontrollinstanz getrennt werden von der des Change Implementers, der für die Durchführung der Änderung zuständig ist.

Die Rollen, die gemäß ITIL-Standard definiert sind, sollten man aus der Praxis heraus um die Rollen des Change Initiators und des Change Owners erweitern.

Change Initiator

Der Change Initiator ist für das ordnungsgemäße Erstellen des Request for Change verantwortlich. Dabei muss er sicherstellen, dass der Change im Hinblick auf Vollständigkeit und Inhalt des Änderungsantrages den formalen Anforderungen genügt, die im Rahmen des Change-Prozesses definiert sind. Das Eröffnen des Changes wird dabei meist durch andere Prozesse (zum Beispiel durch das Problem Management) initiiert. Deshalb ist der Change Initiator üblicherweise auch mit einer Rolle innerhalb des initiierenden Prozesses betraut und stellt somit eine Schnittstelle zwischen Initiierung und Change-Management-Prozess dar.

In der Praxis hat es sich bewährt, den Change Initiator nicht nur in die Eröffnung des Changes einzubinden, sondern auch in den Abschluss des Changes beziehungsweise in die Abnahme nach der Implementation einzubeziehen. Damit wird Akzeptanz sichergestellt und gewährleistet, dass der Change den ursprünglichen Anforderungen entspricht. Die Einbindung des Change Initiators in die Abnahme leistet somit einen Beitrag zur Sicherung der Qualität im Rahmen des Change-Management-Prozesses.

Change Manager
Im Rahmen des Change-Management-Prozesses kommt dem Change Manager die zentrale Kontrollfunktion zu. Er begleitet den gesamten Lebenszyklus eines Changes
⇨ von der initialen Aufnahme
⇨ über die Autorisierung und die Implementierung
⇨ bis hin zur abschließenden Beurteilung und
⇨ Sammlung und Erstellung der relevanten Dokumentation.

Der Change Manager überwacht die Implementierung und ist verantwortlich für die Adressierung von möglichen Problemen, die bei der Implementierung eines Changes entstehen können. Er bildet damit die Eskalationsinstanz für den Change Owner, der seinerseits für die Implementierung verantwortlich ist. Zu den Aufgaben des Change Managers gehört außerdem die change- und bereichsübergreifende Koordination aller mit den verschiedenen Changes verbundenen Aktivitäten. Aufgrund seiner zentralen Funktion als Sammelstelle für alle Changes hat der Change Manager auch eine zentrale Rolle bei der Koordination und Kommunikation innerhalb des Change-Prozesses. Er informiert die Change-Initiatoren über den Status der Änderung, den geplanten Zeithorizont für die Implementierung oder begründet – im Falle einer Ablehnung durch das Change Advisory Board – die Entscheidung gegenüber den Initiatoren.

Der Change Manager ist ferner für die Einladung und die Terminierung der Sitzungen des Change Advisory Boards verantwortlich und hat auch dessen Vorsitz inne. Er berücksichtigt die entsprechenden Changes in der Agenda des jeweiligen Meetings.

Ein weiteres Tätigkeitsfeld des Change Managers ist die Kontrolle des gesamten Change-Prozesses, die Erstellung von Reports sowie die Ableitung und Implementierung von Verbesserungen im Rahmen der kontinuierlichen Verbesserung des Change-Management-Prozesses.

Change Tester
Der Change Tester ist die Instanz im Change Advisory Board, die über die Implementierung oder Nicht-Implementierung eines Request for Change die abschließende Entscheidung trifft. Die Rolle des Change Testers kommt aber nicht einem Einzelnen zu, sondern wird durch mehrere Personen mit verschiedenen Hintergründen je nach Art und Auswirkung des Changes besetzt. Change Tester sind für die detaillierte technische und wirtschaftliche Evaluation der Machbarkeit eines Changes verantwortlich und führen auf Basis dieser Evaluierung die Analyse des mit dem Change verbundenen Risikos durch. Dieses Assessment dient dann als Entscheidungsgrundlage für die Annahme oder Ablehnung des Request for Change.

Change Owner
Nach erfolgreicher Bewilligung wird jeder Änderung ein Change Owner zugeordnet. Er begleitet die geplante Änderung im Rahmen der Change-Entwicklung und der Implementierung. Die Rolle des Change Owners kann dabei entweder vom Initiator des Changes übernommen oder mit einer anderen Person besetzt werden, die über die notwendige change-spezifische Expertise verfügt. Bei der Auswahl des Change Owners dient die Klassifizierung der Änderung als wichtiges Hilfsmittel. Bei kleineren Änderungen ist der Change Owner meist auch direkt mit der Implementierung betraut, während er bei größeren Changes als Projektmanager für die Entwicklung, den Test und die Implementierung des Changes fungiert. Im Übrigen ist der

Change Owner für das ordnungsgemäße Testen der Änderungen zuständig. Bei Problemen wendet er sich an den Change Manager als Eskalationsinstanz.

Change Builder
Der Change Builder ist mit der Implementierung des Changes in die produktive Umgebung betraut. Er übernimmt den Change inklusive der damit verbundenen Implementierungsanleitung (detaillierte Beschreibung, Checklisten, Verifikationstests) und ändert entsprechend die Konfiguration der betroffenen Systeme. Für Probleme während der Implementierung dient ihm der Change Owner als Anlaufstelle. Meist ist der Change Builder auch in den letzten Phasen des Change-Tests mit eingebunden, um an dieser Stelle bereits Erfahrungen zu sammeln, die für die Implementierung relevant sind. Keinesfalls sollte der Change Builder aber den kompletten Test übernehmen. Hier ist ein Funktionstrennung wichtig, um sicherzustellen, dass die Tests umfassend und gemäß den Compliance-Richtlinien ausgeführt werden.

Gremien im Change-Management-Prozess

Change Advisory Board
Das Change Advisory Board (CAB) besteht aus einer Gruppe von Personen, die darüber entscheiden, ob ein Change umgesetzt wird, und – bei positiver Beurteilung – den Implementierungszeitraum zusammen mit dem Change Manager abstimmen. Das Board berücksichtigt hierbei auch Interdependenzen zu anderen geplanten Changes und fasst gegebenenfalls mehrere Changes für die Implementierung zu einem bestimmten Zeitpunkt zusammen – zum Beispiel im Rahmen von geplanten Wartungsfenstern, um auf diese Weise die notwendigen Downtimes von Systemen so weit wie möglich zu minimieren.

Das Change Advisory Board hat technisch operativ und wirtschaftlich orientierte Mitglieder. Der Personenkreis, aus dem es sich konstituiert, ist dabei nicht statisch festgelegt, sondern muss dynamisch an die jeweiligen spezifischen Aspekte der einzelnen Changes angepasst werden. Im Sinne eines praktikablen und unbürokratischen Ansatzes werden je nach Art, Umfang und Auswirkung – entsprechend der Klassifikation des Änderungsantrages – die entsprechenden Personen nominiert. Je besser die Klassifikation durchgeführt wurde, desto reibungsloser lässt sich ein adäquater Personenkreis für das Change Advisory Board finden. Wenn zum Beispiel Betriebssystemkomponenten von der geplanten Änderung betroffen sind, dann sind technische Experten aus dem Bereich Netzwerk nicht unbedingt notwendig für die Besetzung des Komitees.

Das Change Advisory Board sollte auch deshalb mit Personen aus verschiedenen Funktionsbereichen zusammengesetzt werden, da über Ablehnung oder Akzeptanz eines Changes auf Basis von Risiko, Kosten und technischer Machbarkeit entschieden wird. Für eine umfassende Risikobewertung und valide Entscheidung ist daher eine entsprechende Expertise aus den verschiedenen Bereichen (technisch, kaufmännisch, operativ) unabdingbar. Überlicherweise besteht ein CAB aus Vertretern der Kundenseite, aus User Managern, Anwendungsentwicklern und Betreuern, Spezialisten und technischen Consultants, Vertretern des Services und – falls vom Change betroffen – aus Vertretern einer dritten Partei, beispielsweise eines Outsourcers. Der Kreis kann je nach Art des Changes beliebig erweitert werden.

Emergency Committee
Eine Sonderform des Change Advisory Boards ist das Emergency Committee (EC). Es umfasst einen festgelegten Kreis von Personen, der über besonders dringende Changes entscheidet, deren Umsetzung erklärtermaßen kritisch für das Geschäft ist, das heißt, ohne deren Umsetzung eine signifikante, materielle oder finanzielle Bedrohung entsteht. Um möglichst zeitnah auf die Bedrohung und die zu erwartenden negativen Folgen reagieren zu können, erfolgt im Emergency Control Board eine beschleunigte Behandlung und Beurteilung der betreffenden Änderungsanforderung.

Bei der Besetzung des Emergency Committee ist drauf zu achten, dass dieses Gremium auch schnell zusammenkommt und entscheidungsfähig ist. Dies bedeutet, dass der Teilnehmerkreis nicht zu groß sein darf.

Wichtige Punkte bei der Einführung des Prozesses

Projektstruktur

Die Projektstruktur bei der Einführung des Change Managements ist grundsätzlich abhängig vom Gesamtprojektvorhaben. Hierbei ist zuerst zu klären, ob das Change Management als ein Prozess im Rahmen eines übergeordneten ITIL-Projekts oder als erster und zunächst alleinstehender Prozess eingeführt werden soll.

Bei der Einführung im Rahmen eines übergeordneten ITIL-Projekts bildet man typischerweise zunächst ein Rahmenwerk aller ITIL-Prozesse unternehmensspezifisch heraus und berücksichtigt bei der Einführung des Change Managements auch die Schnittstellen zu weiteren Prozessen. Dies hat den Vorteil, dass in der Durchführung der Prozessablauf nicht an einer Schnittstelle abrupt endet.

Wird das Change Management dagegen als alleinstehender Prozess eingeführt, werden die angrenzenden ITIL-Prozesse meist nicht berücksichtigt, was zu dem erwähnten unvermittelten Prozessabbruch führt. Andererseits ist die Einführung eines alleinstehenden Prozesses mit weniger Aufwand verbunden.

Ferner ist der Umfang einer Change-Management-Einführung zu berücksichtigen. Soll zunächst nur eine Prozessdefinition inklusive der dazugehörigen Rollen und Gremienorganisation erfolgen, so kann man von einem deutlich geringeren Projektaufwand und damit einer schlankeren Projektorganisation ausgehen, als für den Fall, dass eine vollumfassende Implementierung bis hin zur Einführung entsprechender integrierter Datenverarbeitungssysteme zur Unterstützung der Prozesse realisiert werden soll.

In jedem Fall ist ein Projektleiter zu bestimmen. Er sollte unbedingt aus dem Unternehmen stammen und über einen guten Überblick zu den angrenzenden Bereichen verfügen. Dieser Überblick hilft enorm bei der Abstimmungs- und Kommunikationsarbeit mit den angrenzenden Prozessbereichen.

Zusätzlich zum Projektleiter sind je nach definiertem Umfang des Projektes einer oder mehrere Fachspezialisten hinzuzuziehen. Sofern es sich um einen kleineren Projektumfang handelt, bei dem zunächst der Prozess samt Rollen- und Gremienmodell definiert werden soll, kann man hier mit einem Fachspezialisten arbeiten. Falls ein erweiterter Projektumfang vorliegt – wenn beispielsweise neben der eigentlichen Prozessdefinition auch entsprechende DV-Werkzeuge eingeführt werden sollen –, ist es sinnvoll, für diese spezifischen Themen Fachspezialisten in die Projektstruktur zu integrieren. Grundsätzlich empfiehlt es sich, bei den Spezialisten auch auf externe Unterstützung zurückzugreifen, damit das Unternehmen auf die Erfahrungen von anderen Unternehmen in Bezug auf die Einführung von Change Management zurückgreift. Wichtig bei einer externen Unterstützung ist der frühzeitige Know-how-Transfer auf die internen Mitarbeiter. In der Praxis hat es sich dabei bewährt, dass der interne Mitarbeiter, der als Prozesseigner für den Change-Management-Prozess vorgesehen ist, von Anfang an mit dem externen Fachspezialisten zusammenarbeitet. Somit kann er die Ausgestaltung der Ergebnisse mitverfolgen beziehungsweise beeinflussen und ist zugleich an einem kontinuierlichen Wissenstransfer beteiligt.

Besonderheiten beim Management of Change

Bei der Einführung eines Change-Management-Prozesses ist von Anfang an eine angemessene Unterstützung durch entsprechende EDV-Systeme zu berücksichtigen. Papierbasierte Systeme führen nämlich sehr schnell zu Verwaltungsproblemen und bieten nur begrenzte Möglichkeiten für ein Reporting.

In der Einführungsphase des Change Managements nehmen Anwender und IT-Mitarbeiter das Change Management häufig als eine Art »Verhinderer« wahr, der die notwendigen Veränderungen erschwert oder blockiert. Diese mangelnde Akzeptanz muss von Anfang an durch eine möglichst schlanke Form der Change-Verwaltung adressiert werden, denn die Bürokratisierung erweist sich in der Praxis dabei als größtes Hindernis. Eine schlanke Verwaltung kann insbesondere erreicht werden, wenn die Anforderungen zur Dokumentation von Changes so gering wie möglich gehalten werden, dennoch alle relevanten Informationen verfügbar sind. Nicht selten ist zu beobachten, dass Prozesse »over-engineert« werden, das heißt, alle erdenklichen Informationen sollen erhoben und dokumentiert werden, auch wenn diese Informationen so gut wie niemals genutzt werden.

Es darf allerdings nicht möglich sein, einen eingeführten Change-Management-Prozess durch ad hoc implementierte Changes zu umgehen. Dies kann beispielsweise proaktiv durch das Abbilden von Standard Requests und damit verbundenen automatisierten Vorgehensweisen erzielt werden, zumal dadurch der bürokratische Aufwand deutlich reduziert wird. Grundsätzlich ist bei der Implementierung zu beachten, dass die Aufgabe des Change Managements darin besteht, Änderungen zu ermöglichen und nicht durch zusätzliche Administration zu verhindern. Bei der Implementierung sind auch die Change-Management-Prozesse von eventuellen Service-Providern zu berücksichtigen. Ein möglichst durchgängiger Change-Prozess im Hinblick auf Prozeduren und unterstützende Werkzeuge soll dabei eine reibungsfreies Handling ohne hemmende Medienbrüche gewährleisten. Dies ist insbesondere in Umgebungen zu berücksichtigen, in denen die einzelnen Teile der Leistungskette von unterschiedlichen Partnern erbracht werden.

Lessons learned aus der Praxis

Auch für die Einführung von Prozessen gemäß ITIL – und somit auch für Change Management – ist das Management Commitment essentiell für eine erfolgreiche Umsetzung. Primär geht es darum, die Erwartungshaltung und die mit der Einführung verbundenen Zielsetzungen zu kommunizieren. Hier müssen einerseits möglichst klare Zielsetzungen seitens des Managements vorgegeben beziehungsweise durch die IT-Abteilung ermittelt werden. Im Gegenzug obliegt es der IT-Abteilung, klar zu kommunizieren, inwieweit diese Zielvorgaben des Managements erreichbar sind und unter welchem Ressourceneinsatz. Zudem ist auch die Fachabteilung in diesen Kommunikationsprozess einzubeziehen, da insbesondere seitens der Fachabteilung Anforderungen an die Qualität und Flexibilität bestehen. Diese stehen in der Regel im Gegensatz zu den Anforderungen des Managements zur Kostenoptimierung. Mit der Einführung von standardisierten Prozessen nach ITIL ist auch bei den Mitarbeitern ein entsprechender Wandel verbunden. Nicht selten bewirkt die Einführung von ITIL-Prozessen, dass sich Mitarbeiter in ihrer Flexibilität und Reaktionszeit zunächst eingeschränkt sehen. Somit entsteht bei diesen Mitarbeitern eine Abwehrhaltung in Bezug auf die Einführung von ITIL-Prozessen.

Generell sind bei der Einführung von ITIL-Prozessen die verschiedenen Situationen im so genannten organisatorischen Momentum zu berücksichtigen. Von der »frühen Euphorie« bis zur endgültigen »Zustimmung« sind die Phasen der »Störung« zu berücksichtigen und entsprechend zu beeinflussen. Abbildung 4 zeigt den typischen Verlauf des organisatorischen Momentums mit einzelnen Situationen und beispielhaften Maßnahmen.

Für die Gestaltung des Change-Management-Prozesses muss man berücksichtigen, dass dieser Prozess nicht für sich alleine steht, sondern im Kontext zu weiteren ITIL-Prozessen zu betrachten ist. Da der Change-Management-Prozess insbesondere eine intensive Wechselwirkung mit dem Configuration und Service Asset (kurz Configuration Management) und dem Release Management aufweist, sollte man

Change Management

Abb. 4: *Organisatorisches Momentum im Zeitverlauf*

im Rahmen der Implementierung klären, wie diese Schnittstellen in der operativen Prozessdurchführung ausgestaltet werden. Idealerweise erfolgt eine kombinierte Einführung dieser Prozesse, sodass der Bruch an den Schnittstellen zwischen den Prozessen nicht ins Gewicht fällt. Sofern die Durchführung eines Changes Änderungen an einem Configuration Item nach sich zieht, ist es für den Ablauf erschwerend, wenn zum Beispiel das Configuration-Management-System nicht eindeutig und mit aktuellen Informationen vorliegt. Ist diese Schnittstelle klar definiert, erleichtert sich der Prozessablauf.

Kennzahlen des Prozesses – Key-Performance-Indikatoren

Einen Prozess zu definieren und zu implementieren, ist eine Sache; ihn anschließend zu überwachen und zu optimieren, ist aber ebenso bedeutend. Key-Performance-Indikatoren (KPI) liefern Hinweise darauf, an welchen Punkten eines Prozesses Optimierungen erforderlich sind. Daher ist eine aussagekräftige Platzierung von Messpunkten über den gesamten Prozessverlauf eine der wichtigsten Aufgaben des Prozessmanagements. Die Betonung liegt dabei eindeutig auf »aussagekräftig«. Priorität sollten die Messpunkte haben, die eine automatische Messung zulassen. Ein hoher Kostenaufwand durch manuelle Messungen wird nur in Ausnahmefällen im richtigen Verhältnis zum Nutzen stehen. Grundsätzlich gilt auch hier: nur messen, wo es erforderlich und sinnvoll ist. Man sollte sich nicht verführen lassen, alles messen zu wollen, was machbar ist. Und noch etwas ist zu beachten: Mit dem Thema der Messung und Überwachung von Prozessen bewegt man sich auf das sensible Thema der Leistungs- und Verhaltenskontrolle von Mitarbeitern zu. Hier sollte man rechtzeitig das Gespräch mit dem Betriebs- beziehungsweise Personalrat suchen, um unnötige Widerstände zu vermeiden.

Um die Frage nach der Berechtigung des Change-Management-Prozesses zu beantworten, liefert die Anzahl der Change-Requests ausreichend Argumente. Anhand dieses Indikators kann die Auslastung des Prozesses verfolgt werden. Um die Qualität der Änderungsanforderung zu bewerten, kann man die Anzahl der zurückgewiesenen Changes im Vergleich zur Gesamtzahl der Änderungen heranziehen. Ein hoher Prozentsatz zurückgewiesener Changes deutet auf mangelnde Eindeutigkeit und Verständlichkeit des Antragsverfahrens hin.

Grundsätzlich lassen sich drei Kategorien von Kennzahlen definieren: statistische Prozesskennzahlen, qualitative Prozesskennzahlen und Kennzahlen zur Prozessdurchführung.

Statistische Prozesskennzahlen
Unter dieser Rubrik sind solche Kennzahlen zu kategorisieren, die statistische Aussagen zum Beispiel über Anzahl oder Dauer machen. Folgende Kennzahlen sollten im Rahmen des Change Managements erhoben und ausgewertet werden:
⇨ Anzahl Changes (insgesamt und nach Change-Typ),
⇨ Anzahl von abgelehnten Changes,
⇨ Anzahl von fehlerfrei durchgeführten Changes.

Qualitative Prozesskennzahlen
Unter dieser Rubrik sind solche Kennzahlen zu fassen, die Aussagen zur Qualität des Change Managements treffen. Hierbei handelt es sich teilweise um Relationen von den zuvor genannten statistischen Kennzahlen. Folgende qualitative Kennzahlen sollten im Change Management erhoben und ausgewertet werden:
⇨ Anteil der Standard-Changes an der Gesamtzahl der Changes,
⇨ Anteil der abgelehnten Changes an der Gesamtzahl der Requests for Change,
⇨ Anteil der Emergency Changes an der Gesamtanzahl der Änderungsanforderungen,
⇨ Anteil der fehlerfrei durchgeführten Changes,
⇨ Verhältnis von Störungen zu Ausfallzeiten bei Changes,
⇨ Anzahl der in Kraft getretenen Fallback-Lösungen.

Kennzahlen zur Prozessdurchführung
Unter dieser Rubrik sind solche Kennzahlen einzuordnen, die Aussagen zur Prozessdurchführung enthalten und nicht bereits unter die qualitativen Prozesskennzahlen fallen. Hierbei handelt es sich primär um Kennzahlen mit Zeitbezug. Folgende Kennzahlen zur Prozessdurchführung sollten innerhalb des Change Managements erhoben und ausgewertet werden:
⇨ Dauer zur formalen Bewertung und Kategorisierung eines Request for Change,
⇨ Dauer zur Bewertung, Planung und Freigabe eines Changes,
⇨ Anzahl der Iterationen bei Bewertung, Planung und Freigabe eines Changes,
⇨ Dauer zur Erstellung des Changes inklusive Fault-back- und Test-Plan,
⇨ Anzahl der Iterationen bei der Erstellung des Changes aufgrund von Fehlern,
⇨ Dauer von der Aufnahme des Request for Change bis zum Schließen des Change.

Diese Liste erhebt keinesfalls den Anspruch auf Vollständigkeit. Aufgeführt sind nur die wesentlichen Kennzahlen, mit denen man in der Praxis auch eine effiziente Steuerung des Change Managements realisieren kann. Für die weitere Definition von Kennzahlen sind der Kreativität keine Grenzen gesetzt. Zudem lassen sich die genannten Kennzahlen in der Regel auch ohne größeren Einsatz von Software-Tools realisieren. Ab einer gewissen Unternehmensgröße und unter der Voraussetzung, dass eine Korrelation zwischen der Größe der IT-Organisation und der Anzahl der Changes besteht, ist der Einsatz entsprechender Software allerdings unumgänglich, um die Changes managen zu können.

Modellierung der Prozesse – Umfang und Detaillierung

Allgemeine Modellierungshinweise

Die Modellierung der Prozesse – und hier insbesondere Modellierungsumfang und -detaillierung – stellt sich immer wieder als eine zentrale Fragestellung heraus. Grundsätzlich sollte die Definition der Prozesse auf der Basis der im Unternehmen bekannten Modellierungsstandards erfolgen, um nicht im Voraus bereits wesentliche Akzeptanz bei den Anwendern beziehungsweise Prozessnutzern zu verlieren. Wichtig bei der Definition des Change-Management-Prozesses ist es, den Prozess nicht übermäßig zu bürokratisieren, aber dennoch in ausreichendem Maß die Sicherheit bei der Change-Implementierung zu gewährleisten. Da Changes prinzipiell durch das Ergebnis anderer Prozesse entstehen, ist beim Design des Gesamtprozessmodells darauf zu achten, die entsprechenden Schnittstellen zum Change-Management-Prozess zu bestimmen.

Der erste kritische Schritt in der Prozessmodellierung existiert bereits bei der Definition des Soll-Prozesses. Es sollte unbedingt darauf geachtet werden, eine ausgewogene Balance zwischen dem erforderlichen Maß an Sicherheit und dem bürokratischen Aufwand herzustellen. In jeder Phase des Prozesses sollte das Bestreben erkennbar sein, bei Änderungen an der IT-Infrastruktur den Sicherheitsaspekt mit der höchsten Priorität zu belegen. Dieses Ziel sollte aber mit einem Minimum an Formalismus erreicht werden. Große Bedeutung für den Erfolg des Change-Management-Prozesses haben die Schnittstellen – speziell zu den übrigen Support-Prozessen (Configuration-, Release- und Problem Management). Hier sollte viel Wert auf eine klare und eindeutige Definition mindestens zu folgenden Aspekten gelegt werden:

⇨ Von welchem anderen Prozess benötige ich welches Ergebnis?
⇨ An welcher Stelle des Prozesses werden diese Ergebnisse übergeben?
⇨ Welcher andere Prozess benötigt wann vom Change-Management-Prozess welches Ergebnis?

Sobald die erforderlichen Daten einen gesicherten Stand erreicht haben, sollte die Transformation in die anderen Prozesse erfolgen. Auf diese Weise kann man im erheblichen Maße zur Transparenz eines Prozesses beitragen.

Darstellung einer konkreten Dokumentation

In der Praxis hat sich gezeigt, dass eine zu detaillierte Modellierung sehr viel Aufwand in der erstmaligen Erstellung und – sofern es überhaupt dazu kommt – in der kontinuierlichen Pflege derartiger Modelle erzeugt. Unabhängig von der Unternehmensgröße ist ein pragmatischer Ansatz für den Einsatz der Prozessdokumentation zu empfehlen. Als erfolgreich hat sich eine dreistufige Dokumentationshierarchie bewährt, wobei die Dokumentenstruktur sich lediglich auf zwei Hierarchieebenen beschränkt (siehe Abb. 5).

Auf der ersten Ebene sollte das übergeordnete Prozessmodell und sein Geltungsbereich vorgestellt werden. Der Geltungsbereich ist insbesondere in größeren Unternehmen mit einer entsprechend umfänglichen IT-Organisation zu berücksichtigen, da hier das Prozessmodell nicht selten für eine bestimmte Organisation (zum Beispiel ein Re-

1. Ebene
- Überblick Prozessmodell

2. Ebene
- Beschreibung Geltungsbereich
- Beschreibung der Prozesse im Überblick (separate Detaillierung je Prozess)

    3. Ebene
    - Prozessablauf
    - Prozessbeschreibung
    - Schnittstellen
    - Rollenbeschreibungen
    - Gremienorganisation
    - Methoden und Tools
- Schnittstellen zu weiteren Bereichen
- Mapping auf Organisationsstruktur

Abb. 5: *Hierarchie bei der Prozessdokumentation Change Management mit ITIL*

chenzentrum), für eine Region oder für bestimmte IT-Services (zum Beispiel SAP-Betrieb) gilt. In solchen Fällen ist darauf zu achten, dass diese Einzel-Prozessmodelle insgesamt aufeinander abgestimmt sind. Neben dem Geltungsbereich sind die einzelnen Prozesse im Überblick zu beschreiben, um den Gesamtkontext herzustellen. Darüber hinaus sind hier die Schnittstellen zu weiteren Bereichen zu dokumentieren. Es handelt sich allerdings nicht um Schnittstellen zwischen den ITIL-Prozessen, sondern beispielsweise um Schnittstellen zu angrenzenden Bereichen wie Anwendungsentwicklung oder IT-Rechenzentrumsbetrieb. Zudem sollte auf dieser Ebene ein Mapping auf die Organisationsstruktur erfolgen, sodass bereits an dieser Stelle deutlich wird, welcher Prozess durch welche Organisationseinheit maßgeblich abgedeckt wird.

Auf der nächsten Ebene sollte dann in einem separaten Dokument jeder Prozess – also auch der Change-Management-Prozess – detailliert werden. Dabei ist auf der ersten Ebene der Prozessablauf idealerweise grafisch im Überblick darzustellen. Hierbei ist darauf zu achten, keine allzu komplizierte Darstellungsform zu verwenden. In der Regel werden die klassischen Flow-Chart-Darstellungen schnell verstanden

und akzeptiert. Folgende Informationen sollten in diesem Prozessablauf enthalten sein:
⇨ Prozessschritte,
⇨ Schnittstellen zu anderen Prozessen,
⇨ Verzweigungen innerhalb des Prozesses.

Auf der nächsten Ebene ist der Prozessablauf durch eine konkretisierende Prozessbeschreibung zu detaillieren. Für jeden Prozessschritt werden aus der Prozessablaufdarstellung die einzelnen Aktivitäten dargestellt. Hierbei hat sich eine formularbasierte Darstellung, wie bereits in Tabelle 1 gezeigt, bewährt. Separat sollten die Schnittstellen von und zu dem Change-Management-Prozess beschrieben werden. Dabei sollten zunächst alle Input- und im Anschluss daran alle Output-Schnittstellen mit einer Bezeichnung und einer entsprechenden Beschreibung der Schnittstelle dokumentiert werden. Zudem sind auf dieser Ebene die für den jeweiligen Prozess relevanten Rollen mit Aufgaben und Verantwortlichkeiten sowie Anforderungen und speziellen Kenntnissen zu beschreiben. Ebenso sind die erforderlichen Gremien zu dokumentieren. Hierzu gehört neben der Gremienbezeichnung auch Ziel und Aufgabe des Gremiums, seine Meetingfrequenz sowie seine Zusammensetzung. Schließlich sind auf der Ebene der Prozessbeschreibung auch die zu verwendenden Methoden und Tools anzugeben. In diesem Zusammenhang geht es nicht darum, eine vollständige Methoden- beziehungsweise Tooldarstellung in die Prozessbeschreibung zu integrieren. Vielmehr sollen das jeweilige Tool beziehungsweise die jeweilige Methode genannt und der Einsatzzweck sowie die Bestandteile kurz erläutert werden. Im Rahmen des Change Managements stellt ein Klassifikationsschema zur Ordnung und Priorisierung von Changes ein Beispiel für ein derartiges Tool/eine derartige Methode dar. Weitere Beispiele sind Checklisten zur Test-Durchführung sowie Templates zur Abschätzung der Auswirkungen.

Welche Fehler kann man vermeiden?

Generelle Aspekte

Wie die vorangegangenen Ausführungen zum Change Management erahnen lassen, ist seine Einführung nach ITIL keine triviale Herausforderung, die sich neben den täglichen operativen Aufgaben zielführend realisieren ließe. Für die Einführung ist vielmehr die Unterstützung des Managements – zumindest des IT-Managements – notwendig.

Da das Change Management lediglich ein Prozess unter vielen ist, die das ITIL-Rahmenwerk ausmachen, ist für eine übergeordnete Koordination bei der Einführung der Prozesse zu sorgen. Dies bedeutet nicht, dass zeitgleich alle von ITIL definierten Prozesse in einem Unternehmen eingeführt werden sollten. Eher das Gegenteil ist der Fall, da eine gleichzeitige Einführung aller ITIL-Prozesse die meisten Unternehmen überfordern würde. Es ist jedoch ein übergeordnetes Konzept zu definieren, das etwa die Abgrenzung und Schnittstellen der einzelnen Prozesse festlegt sowie einen Implementierungsplan erstellt und im weiteren Verlauf koordiniert. Bei der Implementierungsplanung ist einerseits auf eine sinnvolle Reihenfolge und Gruppierung der Prozesse zu achten. Andererseits ist auch ein Roll-out-Plan auf der Ebene der einzelnen Prozesse beziehungsweise Prozessgruppen nach inhaltlichen und geographischen Dimensionen zu definieren. Bei der Gruppierung der Prozesse hat sich herausgestellt, dass eine Einführung des Change Managements sinnvoll mit der Einführung des Configuration- und Release Managements zu kombinieren ist.

Erfolgsfaktoren für die Implementierung des Change-Management-Prozesses

Die folgende Zusammenstellung der Erfolgsfaktoren für die Implementierung dient dazu, einen bestehenden Change-Management-Prozess zu beurteilen und kritisch zu überprüfen. Außerdem kann daraus im Falle einer Neuimplementierung abgeleitet werden, welche Punkte zu berücksichtigen sind:

⇨ Die Regeln für den Change-Management-Prozess sollten klar dokumentiert und durch entsprechende Kommunikation im Unternehmen verankert und systematisch implementiert sein.

⇨ Das Service Asset and Configuration Management muss integraler Bestandteil des Change Managements sein.

⇨ Die Prozesse und Prozeduren zur Planung, Autorisierung und Implementierung von Changes müssen pragmatisch umsetzbar sein und eine schnelle Reaktion erlauben.

⇨ Die Notwendigkeit des Change Managements, auch unter Compliance-Aspekten, sollte klar kommuniziert werden. Nur so wird Change Management nicht als nötiges Übel, sondern als wichtiger Prozess angesehen, der eine funktionierende IT und vor allem auch Businessprozesse sicherstellt und maßgeblich den Gesamterfolg des Unternehmens beeinflusst.

⇨ Der Arbeitsplan des Change Managements sollte durch Werkzeuge unterstützt und begleitet werden. Dazu gehört die Dokumentation und Schulung mit Hilfe der Arbeitspläne als auch die Erstellung von entsprechenden (webbasierten) Formularen zur Unterstützung der einzelnen Arbeitschritte. Sinnvolle und umfangreiche Funktions- und Akzeptanztests stellen einen Teil der Change-Entwicklung dar.

⇨ Der Status der einzelnen Changes sollte mit Hilfe eines Werkzeugs verfolgt und überwacht werden und entsprechende Abfragen durch die Nutzer zulassen.

⇨ Eine Teilung der Verantwortung zwischen der Change-Entwicklung und der Change-Implementierung ist im Prozess verankert, um Auswirkungen von ungeplanten Änderungen in der produktiven Umgebung zu verhindern.

⇨ Bei der Übergabe von Changes zwischen der Entwicklungs- und der Betriebsmannschaft muss einem definierten Übergabeprozess gefolgt werden. Für die einzelnen Changes sollte man die Anfor-

derungen hinsichtlich Kapazität und Performance der Zielobjekte berücksichtigen.
⇨ Eine komplette und aktuelle Dokumentation der Applikationen und Konfigurationen ist verfügbar.
⇨ Die Abhängigkeiten zwischen den einzelnen Changes werden durch einen entsprechenden Koordinationsprozess berücksichtigt.
⇨ Ein entsprechender Prozess zur Verifikation von Erfolg oder Misserfolg der einzelnen Changes ist implementiert, der eine unabhängige Bewertung erlaubt.

Reifegrad der Implementierung

Hinsichtlich des Reifegrads der Implementierung lassen sich verschiedene Stufen entsprechend dem Grad der Erfüllung der oben genannten Erfolgsfaktoren unterscheiden. Ein möglichst hoher Reifegrad sollte angestrebt werden, um das Potenzial des Change-Management-Prozesses im vollen Umfang ausnutzen zu können. Als wesentliches Hilfsmittel zur positiven Veränderung entlang der Reifegradskala dienen die bereits beschriebenen Key-Performance-Indikatoren des Change-Management-Prozesses. Im Folgenden wird zwischen fünf unterschiedlichen Reifegrad-Stufen unterschieden und die wesentlichen Kriterien für die Einordnung in eine dieser Stufen erläutert:

⇨ Im Rahmen der *Nicht-Implementierung* ist weder ein Change-Management-Prozess definiert, noch ist in diesem Kontext das Bewusstsein für die Notwendigkeit zur Einführung eines geordneten Change-Management-Prozesses vorhanden.
⇨ Von einer *initialen Implementierung* kann dann gesprochen werden, wenn das Bewusstsein im Unternehmen für die Notwendigkeit eines Change Managements vorhanden ist. In der Regel werden hier bereits erste Schritte in Richtung eines Change-Management-Prozesses unternommen, ohne jedoch eine klare Strategie beziehungsweise eine klare Zielvorstellung zu verfolgen. Als typisches Beispiel in dieser Phase ist der Aufbau einer Liste zu nen-

nen, mit der möglichst die wesentlichen Changes verwaltet werden sollen.

⇨ Eine *Basisimplementierung* des Change-Management-Prozesses zeichnet sich dadurch aus, dass die Requests for Change der Nutzer aufgenommen, verfolgt und dokumentiert werden. Der Change-Management-Prozess erlaubt eine rasche Umsetzung der Changes. Der Status eines Changes ist jederzeit bekannt und abrufbar. Für die Umsetzung der Changes gibt es definierte und dokumentierte Vorgehensweisen.

⇨ Im Rahmen einer *reifen Umsetzung* des Change-Management-Prozesses ist ein Reporting implementiert, das eine Analyse der Prozess-Performance sowie ein proaktives Change Management erlaubt. Der Change-Prozess dieses Reifegrads zeichnet sich durch Flexibilität gegenüber der Umgebung aus. Zum Beispiel kann auf ein hohes Change-Aufkommen flexibel durch skalierbare Prozesse und Tools reagiert werden. Die Zusammensetzung des Change Advisory Board ist teilweise aufgrund der Change-Klassifikation automatisiert, so dass die Entscheidung und Freigabeprozesse beschleunigt sind. Im Rahmen der Change-Autorisierung findet eine Risikoanalyse statt, die durch die Entwicklung von Roll-back-Szenarien und Roll-back-Fähigkeit der entwickelten Changes unterstützt wird.

⇨ In *optimierten Implementierungen* des Change Managements werden Key-Performance-Indikatoren in allen Bereichen des Change Managements benutzt, um so die Effektivität und Effizienz der Prozesse fortlaufend zu überwachen. Ein Großteil des Change-Management-Prozesses ist ebenso wie die Erhebung der formalen Kennzahlen automatisiert. Durch die Integration mit dem Configuration-Management stehen unterschiedliche Sichten auf die Changes zur Verfügung (beispielsweise Netzwerk-Changes, Betriebssystem-Changes, Datenbank-Changes). Die Schnittstellen zwischen anderen IT-Prozessen wie Problem-, Release- und Configuration Management sind soweit automatisiert, dass Medienbrüche großenteils verhindert werden.

Zum Messen des Reifegrads und der darauf aufbauenden Verbesserung des Change-Management-Prozesses ist eine Analyse des bestehenden Prozesses notwendig. Aufbauend auf dieser Ist-Aufnahme können dann Verbesserungspotenziale identifiziert werden. Für die Ist-Aufnahme bietet sich der Einsatz eines zielgerichteten Befragungsverfahrens (Assessment) an. Im Assessment wird der Ist-Zustand mittels strukturierter Fragebögen erhoben. Ein standardisiertes Analyse-Verfahren erlaubt es, auf Basis geeigneter Tools vergleichbare Analysen zu verschiedenen Zeitpunkten oder zwischen verschiedenen Organisationen durchzuführen. Durch die Abfrage können verschiedene Bereiche des Change Managements beurteilt werden und darüber hinaus durch die Nutzung von Benchmarkdaten den Best Practices anderer IT-Organisationen gegenübergestellt werden.

Die Unternehmensberatung Deloitte hat im Bereich Business-IT-Strategy eine IT-Assessment-Lösung entwickelt, die unter anderem eine detaillierte Analyse ITIL-basierter Service-Management-Prozesse

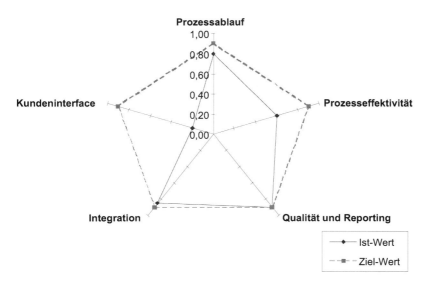

Abb. 6: *Exemplarisches Ergebnis eines Assessments des Change-Management-Prozesses*

erlaubt. Abbildung 6 stellt exemplarisch eine graphische Analyse des Assessments eines Change-Management-Prozesses dar. In dem hier gewählten Beispiel beziehen sich die unterschiedlichen Dimensionen auf den generellen Prozessablauf und die anhand von KPIs gemessene Prozesseffektivität.

Weiterhin wird erhoben, inwieweit der Change-Prozess mit den übrigen Prozessen im IT-Service-Management integriert ist und welche Qualitätsparameter im Sinne der kontinuierlichen Prozessverbesserung berichtet werden. Eine weitere Dimension stellen die Bedienbarkeit und die Eignung des Kundeninterface (Schnittstelle zur Eröffnung und zum Verfolgen des Changes) dar. Eine solche Analyse ermöglicht es, den bestehenden Implementierungsstatus des Change Managements zu bewerten, um somit zielorientiert weitere Verbesserungen einleiten zu können. So zeigt Abbildung 6, dass vor allem in den Dimensionen Integration sowie Qualität und Reporting bereits ein sehr hoher Reifegrad erreicht wurde, während insbesondere in der Dimension Kundeninterface noch deutlicher Nachholbedarf zu verzeichnen ist.

Neben der Beurteilung eines Einzelprozesses kann durch Anwendung einer geeigneten Assessment-Methodologie der Reifegrad des Change-Management-Prozesses im Vergleich zu den weiteren ITIL-Prozessen ermittelt und beurteilt werden. Dies erlaubt eine detaillierte Analyse des gesamten Prozessmodells und ermöglicht die gezielte und priorisierte Erarbeitung von Maßnahmen zur Verbesserung in einzelnen Prozessbereichen.

Glossar

Die wichtigsten Begriffe und Abkürzungen zum Change-Management-Prozess entsprechend ihrer Definition im Rahmen von ITIL sind in Tabelle 2 zusammengefasst:

Tabelle 2: Begriffe und Abkürzungen zum Change-Management-Prozess

Begriff	Abkürzung	Erklärung
Change Advisory Board	CAB	Das Change Advisory Board ist die zentrale Instanz zur Evaluierung und Freigabe von Änderungen.
Configuration Items	CI	Komponenten einer IT-Infrastruktur, die in der Configuration Management Database im Rahmen des Configuration Managements erfasst sind.
Configuration Management System	CMS	Datenbank, in der CIs und ihre Beziehungen untereinander verwaltet werden.
Emergency Commitee	EC	Ausgewählte Mitglieder des CAB für die Evaluierung und Freigabe von geschäftskritischen Änderungen als Antwort auf unmittelbare Bedrohungen.
Forward Schedule of Changes	FSC	Plan mit den Details zur Implementierung von autorisierten Änderungen.
Request for Change	RfC	Die Änderungsanforderung enthält alle notwendigen Angaben zur Autorisierung, Priorisierung und Implementierung einer geplanten Änderung.
Post Implementation Review	PIR	Endkontrolle der durchgeführten Changes.
Standard-Request	SR	Eine vordefinierte Änderung, die im Einzelfall keiner expliziten Freigabe durch das Change Advisory Board bedarf.

Literatur

[1] Office of Government GC (Hrsg.): *ITIL: Service Support. Version 1.2.* London 2000

[2] IT Governance Institute: *CobiT® 4th Edition – Framework, Dezember 2005*

[3] Elsässer, W.: *ITIL einführen und umsetzen. Leitfaden für effizientes IT-Management durch Prozessorientierung.* München, Wien 2005

[4] Scott, D.; Brittain, K.: *Defining IT Change Management, Research Note, Gartner Research, 2003*

[5] Olbirch, A.: *ITIL kompakt und verständlich, 2. Auflage, Oktober 2004, S.42-50*

[6] OGC (Hrsg.): *Service Transition Book, London 2007*

Zusammenfassung

Die IT-Umgebung als Gesamtheit von Soft- und Hardware in einem Unternehmen ist ständigen Veränderungen ausgesetzt. Mit dem Change Management nach ITIL soll daher sichergestellt werden, dass standardisierte Methoden und Verfahren für eine effiziente und rasche Handhabung aller Änderungen verwendet werden mit dem Ziel, die Auswirkung von änderungsbedingten Störungen für den IT-Betrieb zu minimieren.

Für die IT-Organisation eines Unternehmens bedeutet Change Management, Prozesse zu etablieren,

⇨ die zum einen dafür sorgen, dass alle Änderungen (Changes) an einer zentralen Stelle bekannt gemacht und dokumentiert werden,

⇨ die zum anderen gewährleisten, dass die Auswirkungen geplanter Changes auf die bestehende IT-Umgebung sowie die damit verbundenen Service-Level analysiert werden.

Dazu müssen bestimmte Phasen im Change-Management-Prozess durchlaufen werden, die von der Erstellung und Bearbeitung von Änderungsanträgen, ihrer Autorisierung, der Planung und Implementierung der Changes bis hin zur deren Überwachung und Bewertung reichen. Zu berücksichtigen ist, dass der Change-Management-Prozess immer auch in Abhängigkeit und Wechselwirkung zu anderen Prozessen in der IT-Organisation steht. Für eine erfolgreiche Implementierung des Change Managements sind dabei bestimmte Funktionsträger und Gremien im Unternehmen ebenso ausschlaggebend wie eine adäquate Ausgestaltung der Prozessmodellierung.

Release- und Deployment-Management

Immer schneller und auch immer häufiger werden durch betriebliche oder technologische Anforderungen Änderungen in der Unternehmens-IT nötig. Häufig stören diese Änderungen dann aber den Betriebsablauf. Das Release- und Deployment-Management bietet nützliche Methoden, diese Störungen zu bewältigen.

In diesem Beitrag erfahren Sie:
- wie Änderungen in der IT durchgeführt werden können, ohne den laufenden Betrieb zu gefährden,
- welche Aspekte dabei beachtet werden müssen, um die Kosten nicht explodieren zu lassen,
- welche Phasen erfolgskritisch für das Veränderungsvorhaben sind.

MICHAEL FLASCHE, CHRISTIAN FRONOBER

Beschreibung von Release- und Deployment-Management nach ITIL V3

Jede Veränderung in der produktiven IT-Infrastruktur birgt Risiken für den gleichförmigen Betriebsablauf. Ziel des Release- und Deployment-Managements (RDM) ist es, eine möglichst störungsfreie, geregelte und kontrollierte Veränderung der IT-Infrastruktur zu garantieren. Darüber hinaus soll die Integrität sowohl der produktiven Umgebung als auch der neuen IT-Infrastrukturelemente gesichert werden und bei der Überführung in den produktiven Betrieb gewahrt bleiben. Zu diesem Zweck werden zunächst alle Veränderungsaktivitäten gemeinsam geplant und verantwortet und anschließend in Form eines Release gebündelt, danach wird dieses Release dann in die produktive Umgebung überführt *(deployed)* und einer finalen Kontrolle unterzogen. Leitlinie ist, den laufenden Betrieb weitestgehend nicht zu beeinträchtigen – oder um es auf den Punkt zu bringen: Es soll sich etwas ändern, ohne das sich etwas am Betriebsablauf ändert.

Typologie von Veränderungen

Veränderungen im IT-Betrieb können sehr unterschiedliche Auslöser und sehr unterschiedlichen Umfang haben. Das RDM wird bei komplexen Änderungen in der IT-Infrastruktur eingesetzt. Unter komplexen Änderungen werden hier Eingriffe verstanden, die an mehreren Stellen in der Produktionsumgebung erfolgen müssen und dadurch ein hohes Risiko von schwer kontrollierbaren »Nebenwirkungen« haben. Nicht-komplexe Änderungen sind nach diesem Verständnis singulär auf ein System beschränkt und daher leichter kontrollierbar (zum Beispiel Änderungen in Konfigurationsdateien). Sie werden in der Regel im Rahmen des allgemeinen Change-Management-Prozesses durchgeführt. Sollten hierbei besondere systemspezifische Prozeduren zu beachten sein, wurden diese bei der Einführung des jeweiligen Systems im Rahmen des RDM mit entwickelt.
Änderungen aus innerbetrieblichen Gründen, wie zum Beispiel
⇨ Ende des Lebenszyklus für eine lizenzierte Applikation,
⇨ geplante Wartungsarbeiten an Applikationen,
⇨ Modernisierung der etablierten IT-Infrastruktur oder
⇨ Service Packs für Plattformen,
können eine technologische Herausforderung darstellen, sind aber nicht so komplex wie Änderungen im Zusammenhang mit der Einführung, Wartung oder Abschaltung von Diensten, bei denen organisatorische und methodische Wechselwirkungen außerhalb der betrieblichen Organisation in das RDM integriert werden müssen.
Änderungen mit strategischer Dimension, wie zum Beispiel
⇨ Modernisierung der Geschäftsprozesse,
⇨ Begleitung einer Neuausrichtung der Firmenstrategie,
⇨ Fusion mit einem Mitbewerber oder
⇨ Einführung von Prozessen nach ITIL,

fallen prinzipiell aus dem Zuständigkeitsbereich des RDM, da sie einen organisatorischen Fokus haben und von der Unternehmensleitung aus initiiert werden müssen.

Eine Grauzone stellen Eingriffe dar, die zwar unter Umständen erhebliche Nebenwirkungen haben können, aus übergeordneten Erwägungen aber nicht über ein Release Management erfolgen (zum Beispiel das Beheben kritischer Softwarefehler). Hier muss durch geeignete Freigabemechanismen im Change Management sichergestellt werden, dass die Risiken kontrollierbar bleiben.

Grundsätzliche Überlegungen vor der Durchführung des Release- und Deployment-Managements

Aus Umfang, Art und Charakter der durchzuführenden Veränderungen ergeben sich, bevor der eigentliche Prozess angestoßen wird, Konsequenzen, die vorher mit allen beteiligten Abteilungen abgestimmt und vereinbart werden müssen. Sie beziehen sich auf konkrete Rahmenbedingungen, wie zum Beispiel die anzuwendende Verfahrensweise in Abhängigkeit zum Veränderungsvorhaben, Release-Packetierungen oder Release-Einheiten und werden im Rahmen der Release Policy mit allen Fachabteilungen verbindlich festgelegt. Die Release Policy beschreibt auf generischer Ebene die Aufgaben und Zuständigkeiten des RDM in Abhängigkeit vom Typ der Veränderung (siehe Abschnitt »Typologie von Veränderungen«).

Wesentliche Punkte, die bei der Vereinbarung der Release Policy berücksichtigt werden müssen, sind etwa:
⇨ Art und Häufigkeit der durch den RDM zu strukturierenden Änderungen,
⇨ Detaillierung und Angemessenheit der bisher gelebten Prozesse,
⇨ Notwendigkeit zur Konformität mit Vorgaben von außerhalb des Unternehmens (beispielsweise Dokumentations- und Kontrollpflicht nach Sarbanes-Oxley Act oder ISO 17799 Security Management).

Die Release Policy dokumentiert die Bereitschaft der Führung, den RDM in der IT-Organisation zu etablieren und gegen Widerstände durchzusetzen – einer der erfolgskritischen Punkte eines jeden Prozesses. Wenn die Release Policy nicht vereinbart worden ist, besteht keine Basis für ein verbindliches gemeinsames Vorgehen. Dann wird vielleicht ein einzelnes Veränderungsprojekt bewältigt, aber es lässt sich nicht auf einen anderen Release übertragen. Da der RDM quer durch eine IT-Organisation (siehe Abschnitt »Organisatorische Aspekte«) geht, ist eine der größten Herausforderungen, eine gemeinsame Sprache und ein gemeinsames Verständnis (füreinander) zu finden. Tatsächlich ist es aber auch die beste Gelegenheit, um Wünsche, Erwartungen und Ziele aufeinander abstimmen zu können. Leitlinie bei der Erstellung einer generischen Release Policy muss das gemeinsame Ziel sein, zukünftige Veränderungen der IT-Infrastruktur in einen einheitlichen und verbindlichen Rahmen (siehe Abschnitt »Einführung des Prozessgerüstes«) zu stellen.

Eine Release Policy sollte wie ein Service Level Agreement vereinbart werden. Wichtige Punkte dieses Vertrages sind:

⇨ Welche Arten von Veränderungen sollen von einem RDM durchgeführt werden?
⇨ Wann kann eine Veränderung als Standard-Change behandelt und allein vom Change Management initiiert werden?
⇨ Art und Umfang des RDM in Abhängigkeit zur Komplexität der zu verändernden IT-Infrastruktur,
⇨ KPIs (siehe Abschnitt »Erstellung der Key Performance Indicators«).

Zu jedem neuen Release-Typ wird eine spezifizierte Release Policy für formale Aufgaben wie etwa
⇨ Benennung der Release-Art,
⇨ Unterscheidung von Full Release (alle Infrastrukturelemente einer zu ändernden Umgebung werden ausgetauscht), Package Release (voneinander unabhängige Änderungen werden an einem gemein-

samen Termin eingespielt) und Delta Release (nur die neuen Bestandteile der Infrastrukturelemente werden ausgetauscht) und
⇨ Namensgebung der Pakete

aufgestellt (siehe Abschnitt »Prinzipielle Durchführung eines Release«), die dann bei einer ähnlichen Situation wieder herangezogen werden kann. Die Release Policy sollte zu jedem Prozess-Audit kontrolliert werden.

Teilprozesse des RDM
Das RDM stellt eine Methodik und einen Satz von Werkzeugen dar, die in unterschiedlichen Ausprägungen bei allen genannten Änderungen angewendet werden können. Dabei umfasst das Release- und Deployment-Management zehn Teilprozesse, die verschiedene IT-Umgebungen miteinander verknüpfen wie Abbildung 1 veranschaulicht. Vier Feedback-Schleifen runden den Prozess ab. Sie führen durch die letzten qualitätskontrollierenden und -sichernden Teilschritte, die als Input in die Planungsphase des nächsten Veränderungsprojektes einfließen.

Relevante IT-Umgebungen

Es ist möglich, zu fast jedem der Teilprozesse eine entsprechende Umgebung zu definieren, die sich grob auf vier Zuständigkeitsbereiche verteilt:
Entwicklungsumgebung
⇨ mit isolierten Testumgebungen
  – für einzelne Komponententests
  – für integrierte Komponententests
⇨ Integriertationsumgebungen
  – für die Integration der Komponenten
  – für die Systemtests

Release- und Deployment-Management

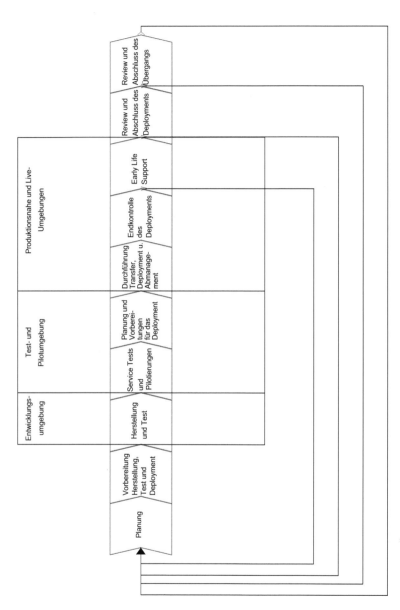

Abb. 1: *Überblick über das Release- und Deployment-Management (RDM)*

Testumgebungen
⇨ Service-Release-Testumgebung
⇨ Service-Operation-Readiness-Testumgebung
⇨ Business-Simulationsumgebung
⇨ Service-Management-Simulationsumgebung
Trainingsumgebung
Produktionsnahe und Live-Umgebung
⇨ Pilotumgebung
⇨ Backup und Wiederherstellungsumgebung
⇨ Produktionsumgebung

Allerdings muss sorgfältig abgewogen werden, inwieweit der Aufwand für die Erstellung einer spezifischen Umgebung gerechtfertigt ist.

Die *Entwicklungsumgebung,* obwohl nur von den Entwicklern genutzt, darf nicht völlig isoliert von den späteren produktiven System aufgesetzt werden (siehe Kasten »Beispiel für eine vorausschauende Planung der Entwicklungsumgebung«).

Aus Sicherheitsgründen darf aus dieser Umgebung kein direkter Zugriff auf produktive Systeme möglich sein, da sonst die Gefahr bestünde, dass nicht-qualitätsgesicherte Software versehentlich in die Produktion gerät. Dies bedingt allerdings im Gegenzug, dass Tests

---

Beispiel für eine vorausschauende Planung der Entwicklungsumgebung

Normale Entwicklungsumgebungen werden häufig auf jedem einzelnen Arbeitsplatzrechner des Entwicklers eigenverantwortlich mit dem Ziel installiert, schnell handlungsfähig zu sein. Betriebliche Aspekte wie eingesetzte Plattform (Unix anstatt PC), Hochverfügbarkeitsmechanismen wie beispielsweise Clusterbildungen, Mehrschichtenarchitekturen oder Ausfallszenarien spielen in der Regel keine Rolle. Dabei können durch simple Kunstgriffe – wie etwa ein zentrales Back-End-System (zum Beispiel mit einer Datenbank) auf einem Arbeitsplatzrechner, auf den alle anderen Entwickler-Rechner zugreifen müssen – Situationen wie Performance-Engpässe oder Systemausfälle simuliert werden und entsprechende Ausfallmechanismen nach dem Programmieren gleich auf ihre Wirksamkeit hin vertestet werden. In der Regel werden typische umgebungsbezogene Abhängigkeiten erst in der Produktionsumgebung in ihrer vollen Wirksamkeit erkannt und die entsprechenden Sicherheitsmechanismen müssen nachträglich kostenträchtig einprogrammiert werden.

neu entwickelter Komponenten häufig nur an simulierten Systemen beziehungsweise Schnittstellen durchgeführt werden können, wodurch ihre Aussagefähigkeit deutlich eingeschränkt wird.

Aus diesem Grunde benötigt man eine weitere Umgebung, die *Testumgebung*, in welcher der Zugriff auf reale Systeme oder realitätsnahe Systeme für Tests möglich ist; andererseits sollte in dieser Umgebung in der Regel keine echte Softwareentwicklung mehr erfolgen. Daher sind dort zumeist weder Compiler noch ein schreibender Zugriff auf das entwicklungseigene Softwareversionierungstool (siehe Abschnitt »Dynamik des RDM«) möglich, in der die verschiedenen Entwicklungsversionen der Software verwaltet werden. Bei extern entwickelten Komponenten oder Systemen besteht für den Lieferanten erstmals in der Testumgebung die Möglichkeit, online auf Systeme zuzugreifen, zu denen die neu entwickelte Lösung Schnittstellen hat.

Die *Trainingsumgebung* wird für die Schulung der betroffenen Mitarbeiter und Supporter eingerichtet und enthält idealerweise alle in der Testphase als wesentlich erkannten Infrastrukturelemente im Kleinen. Sie ist quasi eine Produktionsumgebung »in a nutshell«, wie zum Beispiel die Nachbildung einer Mehrschichtenarchitektur, dies aber in einem abgetrennten Netzsegment.

Die *Produktionsumgebung* steht für die tatsächliche produktive Umgebung. Sie unterscheidet sich von der Testumgebung unter anderem durch

⇨ noch striktere Sicherheitsanforderungen,
⇨ auf produktive Last ausgelegte Systeme und
⇨ unter Umständen dislozierte (das heißt in der Fläche verteilte) Systeme.

Die im RDM eingeführten Veränderungen müssen kontinuierlich in der Configuration Management Database (CMDB) dokumentiert werden.

Überblick über das Release- und Deployment-Management (RDM)

Planung
Die Vorgaben des Veränderungsprojektes werden vor dem Eröffnen eines Change-Vorganges (siehe Abschnitt »Welche Schnittstellen gibt es?«) mit den betrieblichen Anforderungen abgestimmt. Dazu zählen im Wesentlichen:
⇨ das Festlegung des konkreten Release- und Deployment-Plans,
⇨ ein Realisierungskonzept für die einzelnen Release- und Deployment-Phasen,
⇨ die Begründung und Beschreibung diverser Pilotumgebungen und
⇨ die Abschätzung der finanziellen und kommerziellen Auswirkungen.

Alle unmittelbar und mittelbar betroffenen Konfigurationseinheiten werden identifiziert, katalogisiert und darauf aufbauend Abnahmekriterien, ein Release- und Deployment-Konzept und ein Projektplan für die durchzuführende Service-Überführung erstellt (siehe Abb. 2).

Abb. 2: *Teilprozess Release-Planung*

Der finalisierte Plan muss durch das Change Management abgesegnet werden, ehe die weiteren Schritte eingeleitet werden können.

Vorbereitungen für Einführung, Test und Deployment

Die Fülle an notwendigen Veränderungen, die in der Planungsphase identifiziert worden sind, werden im Sinne des Vier-Augen-Prinzips
⇨ einer Prüfung durch die betroffenen Fachabteilungen unterzogen,
⇨ sodann werden eventuelle Risiken und notwendige Abweichungen in einem Überprüfungsreport protokolliert und
⇨ erwartete Aufwände identifiziert und an das Change Management kommuniziert,

um einen gemeinsamen Ausgangspunkt für die Service-Überführung zu haben.

Zu den Vorbereitungen gehört auch, die betroffenen Abteilungen auf die Änderungen einzustimmen, und zwar in Trainingseinheiten, die auf deren Fähigkeiten und Bedürfnisse zugeschnitten sind.

Abb. 3: *Vorbereitungen für Einführung, Test und Deployment*

Einführen und Testen

Diese Aktivität wird in drei Phasen durchgeführt:
⇨ In der Vorbereitungsphase erfolgt die Prüfung der Informationen zu dem Veränderungsvorhaben auf Vollständigkeit, Anwendbarkeit und Qualität, die auch rechtliche Aspekte – zum Beispiel Lizensierung – einschließt.

⇨ Nach erfolgreichem Abschluss der Prüfungen wird das Release gebündelt und zur Einspielung in die Testumgebung freigegeben.
⇨ Abgeschlossen wird diese Aktivität durch die Bereitstellung einer Testumgebung (siehe Abb. 4).

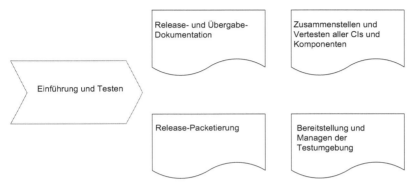

Abb. 4: *Einführen und Testen*

Servicetests und Pilotierung
Der finale Abnahmetest vor der Live-Schaltung wird im Rahmen des »Service- und Validierungstests« durchgeführt und verantwortet. Der Output dieses Prozesses wird vom Release- und Deployment-Management bewertet und mit allen beteiligten Parteien abgestimmt. Er besteht aus einer Art Generalprobe, also dem finalen Lauf aller neuen beziehungsweise modifizierten Services, den angepassten Service-Level-Management-Prozeduren und davon abhängigen nachgeordneten Geschäftsprozessen in einem Ende-zu-Ende-Schema, um vor Live-Schaltung eine belastbare Bewertungsgrundlage für das folgende Deployment zu haben. Aus den gesammelten Erkenntnissen geht ein *Plane-Handle-Überprüfe-Agiere*-Zyklus für den Tag X hervor (siehe Abb. 5).

Bei großen Umstellungen ist es empfehlenswert, für eine befristete Zeit einem geschlossenen Nutzerkreis die Services anzubieten (Friendly User Test), um eine endgültige Aussage über die Endnutzerakzeptanz zu erreichen.

Release- und Deployment-Management

Abb. 5:   *Servicetests und Pilotierung*

Planen und Vorbereiten für das Deployment
Bevor das Release konkret verteilt wird, werden in diesem Teilprozess die organisatorischen Bedingungen geschaffen, um den Service-Übergang erfolgreich in der Organisation ankommen zu lassen. Dazu gehören (siehe Abb. 6)
⇨ die Erfassung des zu verändernden Bestands,
⇨ die finale Erstellung der Umstellungspläne und
⇨ die konkreten Vorbereitungen auf das Deployment.

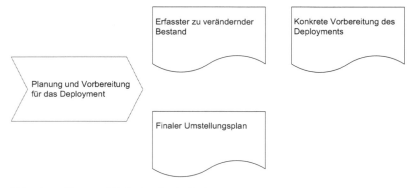

Abb. 6:   *Planen und Vorbereiten für das Deployment*

Durchführung der Überführung, des Deployments und der Rückführungen

In diesem Teilprozess werden die neuen IT-Infrastrukturelemente vollständig mit allen verbundenen Prozessen und Beständen in den neuen Service überführt und obsolet gewordene IT-Infrastrukturelemente entfernt (siehe Abb. 7).

Das Einholen eines Feedbacks stellt den ersten Schritt dar, Gewissheit über die erfolgreiche Freischaltung des neuen Services zu bekommen und ist gleichzeitig eine gute Basis, um beim nächsten Release-Wechsel die hier aufgetretenen Probleme durch umsichtigere Planung besser einfangen zu können.

Abb. 7: *Durchführung der Überführung, des Deployments und der Rückführungen*

Überprüfung des Deployments

Dies ist der erste Härtetest für die neuen beziehungsweise modifizierten Infrastrukturelemente, da in der Live-Umgebung die Tests der geänderten Services unter Einbeziehung aller betroffenen Parteien Aufschluss darüber geben, inwiefern die bisherigen Voraussagen und Tests tatsächlich die realen Gegebenheiten widerspiegeln. Die Protokollierung sämtlicher Abweichungen und die entsprechende Berücksichtigung in den zukünftigen Planungsphasen ist eine Voraussetzung, um die Qualität des gesamten RDM nachhaltig zu steigern.

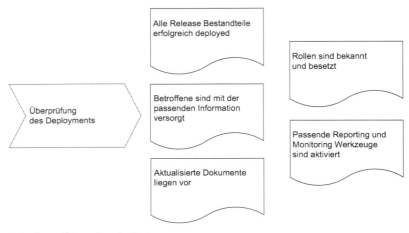

Abb. 8: *Überprüfung des Deployments*

Early Life Support
Mit »Early Life« wird die erste Phase nach dem Deployment beschrieben. »Early Life Support« bedeutet: Die Support-Mannschaften werden in den ersten Wochen nach Live-Schaltung durch das Deployment-Team verstärkt, das die gesamten Änderungen in der Live-Umgebung durchgeführt hat. Durch diese Unterstützung lassen sich auftretende Probleme schneller lösen, als es durch die betroffenen Abteilungen alleine möglich wäre (siehe Abb. 9). Die in diesem Teilprozess gewonnenen Erkenntnisse fließen ebenfalls in die nächste Release-Planung mit ein.

Review und Schließen des Deployments
In diesem Teilschritt werden die Ergebnisse der geänderten IT-Infrastrukur in einem Abschlussbericht zusammengefasst und dem Kunden vorgelegt. Ziel ist es, eine finale Abnahme aller beteiligten und betroffenen Gruppen zu bekommen (siehe Abb. 10). Die Erkenntnisse aus diesem Teilprozess werden in Form von »Lessons Learned« für zu-

Release- und Deployment-Management

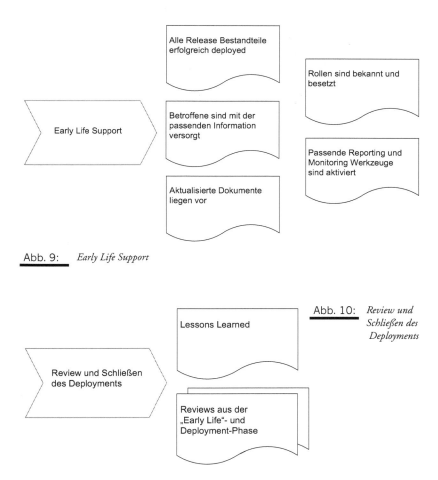

Abb. 9:   *Early Life Support*

Abb. 10:   *Review und Schließen des Deployments*

künftige Releases veröffentlicht, damit sie in den Planungsphasen der nächsten Releases berücksichtigt werden können.

Review und Schließen der Service Überführung
Damit das Veränderungsprojekt offiziell über das Change Management abgeschlossen werden kann, wird der RDM durch einen for-

233

mellen Abschluss des Service-Überganges und das offizielle Ende der Service-Überführung abgeschlossen (siehe Abb. 11).

Abb. 11: *Review und Schließen der Service Überführung*

Unterschiede zwischen den Veränderungsprozessen nach ITIL V2 und ITIL V3

Übersicht

Neben der von ITIL V2 her bekannten Ausgestaltung des Releases – sowohl organisatorisch als auch technologisch – wird ein weiteres Schwergewicht auf das so genannte Deployment gelegt, also auf alle Aspekte, die das »Wie« der Release-Verteilung behandeln. Eine tabellarische Gegenüberstellung der Teilprozesse nach ITIL V2 und V3 findet sich in der Tabelle 1.

Tabelle 1: Vergleich der Veränderungsprozesse ITIL V2 versus V3	
Teilprozesse ITIL V2	**Teilprozesse ITIL V3**
Release Policy - Full, Delta oder Package Release - Benennung der Pakete - Struktur der Pakete	
Release-Planung - der notwendigen finanziellen und personellen Resourcen - der betroffenen CIs - der Dauer der Verteilung	**Planung** - Festlegung des konkreten Release- und Deployment-Plans - Bestanden/Durchgefallen-Kriterien - Planung der einzelnen Phasen des Service-V-Modells - Planung des Piloten - Planung der finanziellen und kommerziellen Auswirkungen

Tabelle 1: Vergleich der Veränderungsprozesse ITIL V2 versus V3 (Fortsetzung)

Teilprozesse ITIL V2	Teilprozesse ITIL V3
Design und Entwicklung oder Bestellung und Abnahme der IT-Infrastrukturelemente - Entwicklung inhouse oder nach hausinternen Vorgaben - Entwicklungsverfahren (z.B. V-Modell) werden auf die aus dem RMP referenziert - Systemarchitekturdokumente	
	Vorbereitungen für die Erstellung, den Test und das Deployment
Bündeln und Konfigurieren - Zusammenführen der einzelnen Entwicklungsstränge auf ein einheitliches Release - Dokumentation: Installation und Konfiguration - Testcases und Testdaten	**Erstellung und Test** - Erstellungsdokument - Beschaffung und Test der Ausgangsumgebung - Release-Erstellung - Aufbau der Testumgebung
Systemintegrationstests - hausinterner Abnahmetest - Roll-Back-Test - Übergabedokument	**Systemtests und Pilotierung** - Service Rehearsals - Planung: Erstellen eines Runbooks - Handel: Freigabe des Rehearsals - Überprüfe: Bestandsaufnahme der Generalprobe - Passe an: Verbesserungsmaßnahmen - Pilotierung
Qualitätssicherung - Testzyklus in einer Testumgebung - Testlauf in einer Pilotumgebung - verbindliche Entscheidung zur Release-Abnahme	
Roll-out-Planung - Konkrete Pläne für die Verteilung - Festlegen der notwendigen Ressourcen - Abstimmung mit dem Change Management	**Planung und Vorbereitungen für das Deployment** - Bestandsaufnahme - Entwicklung des Umsetzungsplans und Vorbereitung für das Deployment

Tabelle 1: Vergleich der Veränderungsprozesse ITIL V2 versus V3 (Fortsetzung)	
Teilprozesse ITIL V2	Teilprozesse ITIL V3
Kommunikation, Vorbereitung und Schulung - rechtzeitige Kommunikation aller erforderlichen Veränderungen - Management of Change - Schulungsmassnahmen synchronisiert mit dem Roll-out	
Verteilung und Installation - Vollzug des Roll-outs oder -backs	**Durchführung von Transfer, Deployment und Retirement** - Transfer der finanziellen Bestände - Transfer/Umwandlung des Geschäfts und der Organisation - Verteilung der Prozesse und des unterstützenden/begleitenden Materials - Verteilung der neuen Service-Management-Verfahren - Transfer des Dienstes - Verteilen des Services - Decommissioning and service retirement - Entfernen überflüssig gewordener Bestände
	Endkontrolle des Deployments
	Early Life Support
	Review und Abschluss des Deployments
	Review und Abschluss des Service-Übergangs

Bewertung

Wer sich mit dem Release- und Deployment-Management intensiver auseinandersetzt, dem wird Folgendes auffallen: Es haben sich nicht nur Begrifflichkeiten geändert (Deployment anstelle von Roll-out). Vielmehr sind auch die neun vom V2-Release-Management-Prozess (RMP) her bekannten Prozesse nicht einfach weiter ausdifferenziert worden (und werden deshalb jetzt in zehn Teilprozesse unterteilt), sondern es vollzieht sich eine wesentliche Akzentverschiebung: Die stärkere Life-Cycle-Betonung des neuen ITIL-V3-Rahmenwerkes schlägt sich folgerichtig am deutlichsten nieder in dem jetzt als »Release- und Deployment-Management« (RDM) bezeichneten Prozess, der sich den Veränderungen widmet. Die Veränderungen werden akribisch in allen Verästelungen beschrieben, um möglichst viele Fälle abzuhandeln. Was darüber verloren gegangen zu sein scheint, ist ein konzises und zeitlich geschlossenes Framework. So werden zum Beispiel die Trainingsmaßnahmen im dritten Teilprozess »Vorbereitung für Einführung, Test und Deployment« so beschrieben, als ob es tatsächlich sinnvoll wäre, in so einem frühen Stadium des Prozesses alle Beteiligten mit den neuen Elementen vertraut zu machen – es werden aber erst im folgenden Schritt »Einführen und Testen« die zu verändernden Infrastrukturelemente eingeführt. Der Hang zur Detailfülle treibt besondere Blüten bei der Beschreibung der Planungsphase, die mit nicht weniger als neun (!) Outputs glänzt, als ob man alle Unwägbarkeiten im Vorfeld planen und dann bei der Durchführung entsprechend verhindern könnte.

Während der RMP nach V2 kritische flankierende Teilprozesse wie »Release Policy« und »Training, Kommunikation und Schulung« beschreibt, kommen diese beim RDM nach V3 nur am Rande vor. Auch wenn es sich bei den vorgenannten flankierenden Aktivitäten streng genommen nicht in der Gänze um Prozessabschnitte handelt, so stellen sie einen erfolgskritischen Faktor für die Durchführung jedes Veränderungsprozesses dar.

Spätestens jetzt ist klar, dass dieser ITIL-Prozess in aller erster Linie ein Angebotskatalog sinnvoller Maßnahmen darstellt und nicht eine verbindliche Vorgabe aufeinanderfolgender Schritte, die genau in dieser Reihenfolge einzuhalten sind. Tatsächlich muss man aus dem Angebot die Elemente auswählen, die optimal das eigene Veränderungsvorhaben unterstützen und diese zur gegebenen Zeit einsetzen. Dies lässt sich nicht generisch vorgeben, so schön das auch wäre.

Würde man die zeitrichtige und konzise Darstellung des Release-Management-Prozesses nach V2 mit der sauberen Überführungsbeschreibung nach V3 kombinieren und die Detailfülle zugunsten einer geschlosseneren Darstellung zurückdrängen, dann wäre schon ein wesentlicher Schritt getan. Vielleicht verhält es sich mit ITIL mittlerweile genauso wie mit herkömmlicher Software und wir müssen auf ein Update V3.5 warten.

Dynamik des RDM

Charakteristisch für das Release- und Deployment-Management ist, dass projekthaft in einer eigenen Testumgebung (siehe Abb. 1) vorgenommene Änderungen schrittweise und kontrolliert in die betriebliche Umgebung eingeführt werden, so dass sich die möglichen Risiken minimieren lassen und damit beherrschbar bleiben. Insbesondere bedingt dies, dass für typische Entwicklungsprojekte meistens drei unterschiedliche IT-Infrastrukturen durchlaufen werden, die man als Entwicklungs-, Test- und Produktionsumgebung bezeichnet (siehe Abb. 1). Die Trainingsumgebung wird nur in einem abgesonderten Bereich eingesetzt und braucht deshalb in diesem Zusammenhang nicht erörtert zu werden.

Entwicklungsumgebung

In der Entwicklungsumgebung herrschen optimale Bedingungen für ein projektspezifisches Vorgehen zur Erstellung der neuen IT-Infrastrukturelemente, weil die Umgebung sehr kurzfristig an die Erfordernisse des neuen Release angepasst werden kann. Probleme, die durch derartige Anpassungen hervorgerufen werden, betreffen zumeist nur die Entwickler selbst und stellen daher zwar ein Projektrisiko, aber kein Produktionsrisiko dar. In der Regel existieren in der Entwicklungsumgebung aber deutliche Beschränkungen hinsichtlich der Leistungsfähigkeit der eingesetzten Plattformen, der Verfügbarkeit von Systemen, mit denen Daten ausgetauscht werden müssen, und der Vollständigkeit von Testdaten. So muss häufig auf relativ kleinen

Plattformen mit einem exemplarischen Ausschnitt aus Testdaten und simulierten Systemen an den Schnittstellen entwickelt werden.

Testumgebung

Erst in der Testumgebung besteht die Möglichkeit, die Integration neu entwickelter oder veränderter Komponenten unter produktionsnahen Bedingungen zu testen. Dennoch gelten auch hier – aus Kostengründen und bedingt durch mögliche Mehrfachnutzung von Komponenten (zum Beispiel durch gleichzeitig laufende Projekte) – Einschränkungen bezüglich der Aussagekraft von Tests. Ein Ziel der Tests und der mit dem jeweiligen RDM implementierten Methodik muss es daher sein, die Abweichungen zwischen Test- und Produktionsumgebung zu identifizieren, wo möglich zu minimieren und die daraus erwachsenden Risiken bewertbar zu machen.

Produktionsumgebung

Mit der Einspielung in die Produktionsumgebung (Live-Umgebung) wird die Veränderung schließlich live geschaltet. Dennoch kann es erforderlich sein, aus den Betrachtungen der vorherigen Abnahmestufen noch einen »Friendly User Test« – einen Piloten – durchzuführen, ehe die tatsächliche Produktivnahme/Vermarktung erfolgen kann.

Welche Schnittstellen gibt es?
Der RDM wird vom Change Management beauftragt und bezieht seine wesentlichen Informationen aus der CMDB, die er mit allen veränderten und neuen CIs versorgt. Wurde unter anderem ein Service Pack oder ein Bugfix erfolgreich eingespielt, werden die zugehörigen Problem Records in der Problem-Datenbank geschlossen. Allerdings können nicht alle Fehler, die während der Servicetests und Pilotierung beobachtet werden, sofort behoben werden: Existiert ein

Workaround, wird dieser mit einer Fehlerbeschreibung an das Service Desk kommuniziert. Wenn der Fehler nicht gelöst werden kann, aber diagnostiziert ist und nicht die Produktionsumgebung gefährdet, wird ein neuer Problem Record eröffnet und das Problem Management mit der Lösung beauftragt.

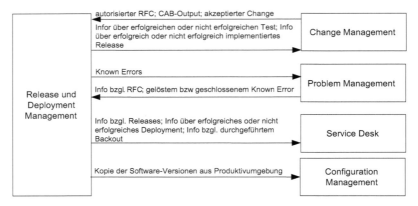

Abb. 12: *Schnittstellen des RMP zu den anderen ITIL Supportprozessen*

Kritische Prozessabschnitte

Planung

Durch das Release- und Deployment-Management soll sichergestellt werden, dass in der Entwurfsphase alle betrieblichen Anforderungen vorliegen und in der Architektur der Systemlösung berücksichtigt werden können; dies lässt sich durch ein (im Idealfall toolunterstütztes) Requirement Management ermöglichen, bei dem betriebliche Anforderungen (so genannte »non-functional requirements«) mit ähnlicher Priorität verfolgt werden wie die tatsächlichen »functional requirements«, die den Funktionsumfang der Systemlösung definieren. Hier ist das Ergebnis ein von allen Anforderern abgenommenes Pflichtenheft, das sowohl zur Kommunikation mit der internen Softwareentwicklung als auch mit möglichen zusätzlichen externen Auftragnehmern dient.

Darüber hinaus kontrolliert das RDM, dass in den verschiedenen Stufen der Qualitätssicherungsprozesse (»Bereitstellung und Tests« sowie »Service Tests und Pilotierung«) reproduzierbare Tests durchgeführt werden, die eine objektive Beurteilung von Entwurfsschwächen oder Entwicklungsfehlern erlauben; hierzu bedarf es neben dem Requirement Management, aus dem sich ein großer Teil der Testfälle ableiten lässt, eines abgestimmten Testkonzeptes. Dies umfasst eine lückenlose Dokumentation der Testumgebungen, der durchgeführten Testfälle und der Testergebnisse.

Eine ganz besondere (und häufig unterschätzte) Bedeutung kommt den verwendeten Testdaten zu (siehe Kasten »Beispiel für die Bedeutung der Testdaten«).

> **Beispiel für die Bedeutung der Testdaten**
>
> Während sich aus den Requirements relativ leicht eine überschaubare Anzahl von Positiv-Testfällen ableiten lassen, hat die Auswahl der Testdaten maßgeblichen Einfluss auf den Umfang der durchzuführenden Negativ-Testfälle. So muss man bei der Einführung eines neuen Tarifs für ein Abrechnungssystem nicht nur die korrekte Rechnungslegung für alle Kunden dieser Tarifoption testen, sondern auch prüfen, ob alle unveränderten Kunden weiterhin korrekt abgerechnet werden. Je nach Anzahl der bestehenden anderen Optionen kann dieser Aufwand den des Positiv-Tests um ein Vielfaches übersteigen.

Schließlich garantiert das RDM einen kontrollierten Übergang der Systemlösung in den produktiven Betrieb, der im Falle von Problemen ebenso kontrolliert wieder zurückgerollt werden kann; dies wird durch ein Versionsmanagement erreicht, das idealerweise inhärenter Bestandteil der Systemlösung sein sollte, so dass beispielsweise Komponenten der Systemlösung beim Start überprüfen, ob sich ihre Umgebung in der erwarteten Version befindet.

Das Release- und Deployment-Management beschreibt vier abschließende Teilprozesse, in denen Erkenntnisse über Planungsschwächen und -fehler aufgenommen, zusammengefasst und bewertet werden. Für die Qualität zukünftiger Planungen ist es unerlässlich, diese Erkenntnisse als Grundlage für neue Veränderungsvorhaben heranzuziehen und zu adaptieren, wo es möglich ist.

Servicetests und Pilotierung

Wie aus dem Übersichtsschema in Abbildung 1 zu entnehmen ist, wird die Qualitätssicherung (QS) in einer Testumgebung durchgeführt. Abhängig von der anstehenden Release-Art kann der Aufbau einer Pilotumgebung eine besondere Herausforderung sein und entsprechend Kosten treibend ausfallen. Allerdings wird der wesentliche Mehrwert des RDM an den folgenden Aspekten entschieden:

⇨ realistische Risikoabschätzung und damit Risikominimierung durch präzise Testergebnisse in einer maßstabsgetreuen Pilotumgebung und

⇨ Kostenreduktion, weil die Kosten einer anspruchsvollen Qualitätssicherung durch ein reibungsloses Deployment des Release und der geringen Zahl an entstehenden Incidents aufgewogen werden.

Beispiel für die Bedeutung des Versionsmanagements

Bei einer Diensterweiterung wurde die vereinbarte Paketbenennung nicht eingehalten; statt dessen bekam die Softwarelieferung den gleichen Namen wie das schon aktuell in Produktion befindliche Paket. Der verantwortliche Mitarbeiter kopierte das Paket in das Verzeichnis, aus dem heraus die Installation erfolgen sollte, und sicherte das Paket der vorherigen Version. Anschließend installierte er die neue Lieferung, stellte aber bei Durchführung einiger Testfälle fest, dass ein wesentlicher Anwendungsfall zu einem kritischen Fehler führte. Durch Rücksichern des alten Paketes konnte der instabile Zustand allerdings nicht behoben werden, denn tatsächlich war das alte, funktionierende Paket durch das Kopieren des neuen Paketes in das Installationsverzeichnis überschrieben worden, da das neu gelieferte den gleichen Namen hatte. Erst eine Einspielung einer Sicherung der Serverdaten fünf Stunden später führte wieder zu einer stabilen Situation.

Die Testläufe sollten idealerweise in vier Ausprägungen durchgeführt werden:

1. Testumgebung
Zunächst muss die eigentliche Testumgebung evaluiert werden, damit ein Basiswert vor dem Release festgelegt werden kann (vergleichbar mit wissenschaftlichen Testreihen, die auch stets eine Blindprobe in ihren Testdurchgängen einbeziehen); hierzu gehört auch die Dokumentation des in der Testumgebung eingespielten Ist-Standes in ähnlichem Umfang wie beim produktiven Change Management.

2. Funktionalitätstests
Anschließend erfolgt die Prüfung der Funktionalität in Form eines End-to-End-Testings aus Kundensicht. Dabei ist es durchaus nicht selbstverständlich, welche Endpunkte in den Tests tatsächlich betrachtet werden. Beispielsweise wird man beim Versand einer MMS vorwiegend die Übertragung von Endgerät zu Endgerät kontrollieren; ein vollständiger End-to-End-Test muss aber auch die korrekte Erfassung des Vorgangs im Abrechnungssystem und die Erstellung einer Rechnung für den Kunden umfassen.

3. Pilotumgebung
Danach folgen Tests in einer sorgfältig der Produktion nachempfundenen Pilotumgebung, bei denen alle relevanten systemnahen Betriebsparameter abgeprüft werden, beispielsweise das korrekte Reagieren der neuen Systemlösung auf den Ausfall von Teilkomponenten oder die Protokollierung kritischer Systemzustände.

4. Clean Run
Abschließend wird ein Clean Run vollzogen, das heißt, die Testumgebung wird auf den alten Stand vor dem Release zurückgesetzt, ein zeitnahes Abbild der Produktionsumgebung möglichst automatisiert generiert und darin das Deployment/Roll-back überprüft, damit eine genaue Aussage über die Auswirkungen des neuen Release auf mittel-

bar betroffene Configuration Items getroffen und nach dem Roll-back die rückstandsfreie Entfernung des Release realistisch bewertet werden kann.

Ein wesentlicher Fokus sollte auf automatisierte Tests gelegt werden, damit

⇨ reproduzierbare Werte entstehen, denn mit dem Clean Run, Deployment und Roll-back soll die Reversibilität des gesamten Release einem Härtetest unterzogen werden,

⇨ sie eine Grundlage für grundsätzlich notwendige Performancetests darstellen sowie

⇨ zusätzliche Kosten einer manuellen Ausführung vermeiden helfen und zudem der Einhaltung des Zeitrahmens dienen.

Dabei darf allerdings nicht vernachlässigt werden, dass die Entwicklung automatisierter Tests unter Umständen in ihrer Komplexität der eigentlichen Softwareentwicklung nahe kommt und insbesondere genauso fehleranfällig sein kann. Insofern kann und darf man bei der erstmaligen Einführung eines Release nicht auf manuelle (Stichproben-)Tests verzichten, die die Aussagen der automatisierten Tests validieren.

Bei aller Sorgfalt, die in die Erstellung der Testszenarien investiert wird, sollte die Aufbereitung der Daten nicht zu kurz kommen: Grafische Präsentationen – möglichst mit Hilfsmitteln wie Ampeln, Einsatz von Signalfarben und Animationen – können die Kernaussage von Systemtests auch dem Nichtfachkundigen verständlich machen und die Entscheidungsfindung erleichtern.

Planen und Vorbereitung des Deployments

Dieser Schritt entscheidet wesentlich über den Prozessreifegrad des RDM (siehe Abschnitt »Der Prozessreifegrad«), denn eine präzise Vorhersage der erforderlichen Zeiten und notwendigen Ressourcen für das Deployment ist ein wesentliches Element für dessen Ausgereiftheit. Außerdem wird ein Großteil des eingesetzten Budgets und der personellen Ressourcen beim Deployment eingesetzt und muss, damit die Kosten nicht explodieren, rechtzeitig bestellt werden.

> **Beispiel einer fehlgeschlagenen Deployment-Planung**
>
> Bei einem Roll-out im Wide Area Network (WAN) eines großen Internet Service Providers (ISP) wurde die Firmware diverser Netzwerkelemente einem Release-Wechsel unterzogen. Was man bei der gesamten Aktion trotz strengen Projektplans außer Acht gelassen hatte, war das nahezu unwahrscheinliche Risiko eines misslingenden Upgrades und entsprechend der Test eines Firmware-Rollbacks. Darüber hinaus waren die Netzwerkpläne nicht mehr auf dem neuesten Stand. Nach einem misslungenen Upgrade an einem zentralen Router im WAN, von dessen Existenz man bisher nur am Rande erfahren hatte, scheiterte der Versuch, die Firmware wieder auf den alten Stand zu bringen – man hatte nach der ganzen Aktion ein inkonsistentes Zwischenstadium und der große WAN-Router stellte sämtliche Tätigkeiten ein. Nur durch Reboot dieses zentralen Routers war es wieder möglich, diesen mit einer sauberen Konfiguration zu versorgen. Erst jetzt erkannte man, dass sich einige unkontrolliert eingerichtete Konfigurationen durch das Flushen (das heißt, die Informationen befinden sich nur in dem – flüchtigen – Arbeitsspeicher, der durch einen Hardware-Reset geleert wird) des Hardwarespeichers aufgelöst hatten. Da man ebenfalls nicht wusste, welche Datenflüsse konkret über diesen Router geführt wurden, war man darauf angewiesen, dass sich die Dienstnehmer alle nacheinander meldeten. Resultat war ein 14-stündiger Ausfall einzelner Kundenservices.

Um eine realistische Abschätzung des Release-Verlaufs in der Fläche zu erhalten, muss eine aktuelle CMDB vorhanden sein. Andernfalls ist eine genaue Vorhersage des zeitlichen Verlaufs oder möglicher Beeinträchtigungen vor allem nur mittelbar betroffener CIs überhaupt nicht möglich und der Output dieses Prozessabschnitts zu ungenau für eine risikolose Umsetzung.

Überprüfung des Deployments

In keiner anderen Stelle des Prozesses als kurz nach Live-Schaltung kann man sich ein unverstellteres Bild von der Qualität der vorangegangenen Prozessschritte machen als kurz nach Inbetriebnahme aller neuen beziehungsweise modifizierten Services, da die hier aufgenommenen Abweichungen von den erwarteten Prozessresultaten eine unverfälschte Bewertung erlauben. Sie dienen auch als Ausgangspunkt für die folgenden Stabilisierungs- und Reviewschritte und geben einen ersten Aufschluss über den weiteren (zeitlichen) Aufwand aller folgenden Schritte. Um nachhaltig die Qualität zukünftiger Veränderungsvorhaben zu gewährleisten, sollten sie als Input für die Planungsphase herangezogen werden. Sie sind deshalb die erste Feedbackschleife im gesamten Prozessverlauf.

Organisatorische Aspekte

Es liegt in der Natur des RDM, mindestens drei unterschiedliche Organisationseinheiten – Lieferant/Entwickler, Qualitätssicherung, Betrieb und unter Umständen Auftraggeber – zu durchlaufen. Dies spiegelt sich in den Rollen wider, die im RDM besetzt werden.

Rollen im RDM

Release- und Deployment-Manager
Der RD-Manager hat die Budget-Hoheit über das RDM, beantragt die notwendigen Mittel und begründet alle Kosten gegenüber dem Auftraggeber. Dem RD-Manager kommt in seiner Querschnittsfunktion die Aufgabe zu, zwischen den häufig heterogenen Ansichten der Beteiligten zu vermitteln:
- ⇨ Der Auftraggeber will es schnell und günstig haben, selten kann er sich in seinen Wünschen konkret fassen.
- ⇨ Das Engineering möchte gerne die bisher erprobten Lösungen weiter einsetzen, weil es darin genügend Erfahrung hat und kostengünstig auf bekannten Codemustern aufbauen kann.
- ⇨ Der Lieferant möchte eine Lösung »out of the box« und mit langfristiger Kundenbindung verkaufen.
- ⇨ Die Qualitätssicherung kann einen anderen Fokus besitzen, als er für das aktuelle Release wichtig ist.

⇨ Und das Letzte, was der Betrieb will, ist eine Änderung seiner Produktionsumgebung, ohne dabei das Ziel des RDM aus den Augen zu verlieren.

Deshalb ist es entscheidend, dass der RD-Manager mit den notwendigen Befugnissen ausgestattet wird. Die Rolle des RD-Managers muss dabei nicht unbedingt identisch mit einer konkreten Person der Linienorganisation sein. Dies hängt vielmehr wesentlich davon ab, wie häufig Änderungen in der IT-Umgebung durch Releases (siehe Abschnitt »Einführung des Prozessgerüstes«) durchgeführt werden.

Release- und Deployment-Koordinator
Der RD-Koordinator unterstützt den RD-Manager, indem er sich um die operative Ebene beim Übergang von der Entwicklung in die Produktionsumgebung kümmert. Damit fällt es beispielsweise in seinen Verantwortungsbereich, technische Probleme in den Test- und Abnahmeumgebungen zu lösen. Er stellt somit das übergreifende Zusammenwirken aus technischem Blickwinkel sicher, während der RD-Manager das Zusammenwirken aus kommerzieller und prozessualer Perspektive verantwortet.

Business Analyst
Der Planung wird im neuen RDM eine entscheidende Bedeutung haben. Um alle Faktoren bei einem Veränderungsvorhaben gewissenhaft zu berücksichtigen und mögliche Risiken und Fallstricke zuverlässig zu antizipieren, sollte durch einen Business Analyst eine Machbarkeitsstudie erstellt werden. Dieser Analyst wird im Vorfeld nach Möglichkeit alle identifizierbaren Risiken beschreiben, bewerten und Lösungswege vorschlagen. Vor allem muss diese Analyse die Auftraggeber und Entscheider befähigen, auf dieser frühen Stufe eine tragfähige Entscheidung »Go«, »No Go« oder »Go mit Einschränkungen« zu treffen.

Systemverantwortlicher

Der für das zu ändernde System im Betrieb verantwortliche Mitarbeiter muss frühzeitig in das RDM eingebunden werden, um Fehleinschätzungen zu verhindern und Fehlentwicklungen rechtzeitig zu adressieren. Über generelle nicht-funktionale Anforderungen aus betrieblicher Sicht hinaus kann er systemspezifische Requirements formulieren, die für die Entwicklung der Systemlösung maßgeblich sind. Idealerweise steht dem betrieblichen Systemverantwortlichen ein entsprechender Verantwortlicher auf Entwicklerseite gegenüber. Selbst bei Projekten, die ausschließlich mit externer Entwicklung oder Zukauf von Komplettlösungen durchgeführt werden, sollte ein Systemverantwortlicher auf Entwicklerseite verfügbar sein, der auch nach Produktionsaufnahme als Ansprechpartner für den Betrieb fungiert. Während der Entwicklung wird es darüber hinaus häufig erforderlich sein, weitere Systemverantwortliche in den Prozess zu integrieren, weil ihre jeweiligen Systeme durch die Einführung der neuen oder geänderten Systemlösung nachhaltig beeinflusst werden (beispielsweise durch erhöhte Lastanforderungen, geänderte Anbindungen oder Ähnliches).

Auftraggeber

Der Auftraggeber trägt einerseits die Verantwortung für die Bereitstellung der erforderlichen finanziellen Mittel, andererseits entscheidet er als Kunde, ob das Release abgenommen und zur Nutzung oder Vermarktung freigegeben wird.

Experte

Für spezifische Fragestellungen kann es erforderlich sein, externe Berater hinzuzuziehen, da das Fachwissen entweder noch nicht innerhalb des Unternehmens verfügbar ist oder den Systemverantwortlichen der Überblick über das Zusammenwirken verschiedener Systeme fehlt.

Das Problem extern hinzugekaufter Expertise besteht darin, dass sie beim Ablauf des Beratungsvertrages verloren geht. Daher ist es eine wichtige Aufgabe innerhalb des RDM, das Expertenwissen in Form von Schulungen oder Dokumentation für den späteren Betrieb zu konservieren.

Lieferant/Entwickler
Aus Sicht des RDM handelt es sich hierbei um eine einfache Rolle, die für die Erstellung der Systemlösung beziehungsweise die Änderung an einem bestehenden System verantwortlich ist. Zu ihren Aufgaben gehört die Lieferung einer systemgetesteten Software einschließlich der zugehörigen Dokumentation für Architektur, Funktion, Daten- und Kontrollflüsse sowie Installation, Konfiguration und Umgebungsanforderungen. Da nur diese Ergebnisse der Entwicklungsarbeit für das RDM wichtig sind, braucht auf die zahlreichen weiteren Rollen, die innerhalb der Entwicklung zu besetzen sind, nicht näher eingegangen zu werden.

Test-Manager
Der Test-Manager verantwortet die im Rahmen der Qualitätssicherung durchzuführenden Tests. In der Regel sollte er – getreu dem Vier-Augen-Prinzip – nicht selbst Mitarbeiter der entwickelnden Abteilung sein. Seine Arbeit basiert wesentlich auf den Anforderungen, die vom Auftraggeber (»functional requirements«) und Betrieb (»nonfunctional requirements« – der Einfachheit halber werden hier alle nicht-funktionalen Anforderungen unter betrieblichen Requirements subsumiert; tatsächlich kann es natürlich auch sicherheitstechnische oder rechtliche Anforderungen geben, die im Rahmen der Abnahme verifiziert werden müssen) zu Beginn der Entwicklung festgehalten und abgenommen wurden. Dabei braucht ihn für die Abnahme des Testobjektes nicht die konkrete Umsetzung zu interessieren, sondern nur, ob alle Anforderungen in der geforderten Qualität erfüllt wurden. Er unterbreitet dem RD-Manager Vorschläge für passende Testtools und sorgt für eine Automatisierung der Testläufe.

Die Qualitätssicherung kann zu einem erheblichen Kostentreiber werden; so sind beispielsweise Daten zum Lastverhalten nur mit sehr großem Zeit- und Materialaufwand zu ermitteln. Dies macht es häufig sehr schwer, den Auftraggeber von der Notwendigkeit einer angemessenen Qualitätssicherung zu überzeugen.

Deployment-Team
Wenn ein großes Deployment geplant ist, muss rechtzeitig ein Team rekrutiert werden, das die Infrastrukturänderungen in der Fläche umsetzt. Die Komplexität eines solchen Deployments kann dabei – abhängig von der bestehenden Systemlandschaft und den an sie geknüpften Verfügbarkeitsanforderungen – durchaus den Umfang eines Projektes annehmen, das durch einen eigenen Deployment-Teilprojektleiter geplant und verantwortet werden muss.

Wechselwirkung des RDM mit der IT-Organisation
Vordringliche Aufgabe des RDM muss sein, durch ein mit allen Beteiligten abgestimmtes Verfahren zwischen den unterschiedlichen Interessen zu vermitteln, um so insgesamt eine effektive und qualitativ hochwertige, termingerechte und kostengünstige Lösung zu erreichen. Dies beginnt bei der Release Policy (siehe Abschnitt «Vorbereitungen vor der konkreten Durchführung des Release und Deployment Managements»), die potenzielle Reibungsverluste durch Abstimmung der unterschiedlichen Interessen ausräumen soll.

In der Planungsphase wird ein Pflichtenheft mit Abnahmekriterien aufgestellt, damit der Lieferant beziehungsweise Entwickler verbindliche Handlungsanweisungen für die Release-Erstellung hat. In der Praxis wird es hier häufig um die Pflege eines Delta-Dokumentes gehen, das heißt um die Fortschreibung von Anforderungen für Folge-Releases.

Während der heißen Phase des Release-Zyklus – Servicetests und Pilotierung – kann die temporäre Einführung einer Projektorganisation angezeigt sein, durch die die Linienorganisation vorübergehend zugunsten einer Prozessorganisation aufgebrochen wird. Die Einführung einer Prozessorganisation sollte bei häufigen Release-Durchführungen, wie sie bei Unternehmen mit IT als Kerngeschäft (siehe Abschnitt »Prinzipielle Durchführung eines Release«) die Regel sind, als festes Organisationsprinzip ernsthaft in Betracht gezogen werden.

Das RDM unterstützt die Etablierung einer Veränderungskultur innerhalb der betrieblichen IT-Organisation, indem es bei den Beteiligten eine Sensibilität für flexibles Reagieren auf Veränderungen und ein gemeinsames Verständnis für dynamische Veränderungsprozesse schafft. Somit wird eine Grundlage für einen kontinuierlichen Verbesserungsprozess gebildet, die langfristig organisatorische Strukturen für eine reaktionsschnelle IT etablieren hilft und zur Wandlung der IT-Organisation zu einer Prozessorganisation beiträgt.

Einführung des Release- und Deployment-Managements
Das ITIL-Rahmenwerk stellt einen Masterplan dar, der alle Elemente für ein erfolgversprechendes RDM beschreibt und dafür eine einheitliche Sprache verwendet. Dies soll durch die gesamte Einführung hindurch als Richtschnur und Maßstab begleiten.
Grundsätzlich sind drei Stufen zu unterscheiden:
⇨ die Einführung des generischen RDM, das heißt des Prozessgerüstes,
⇨ die Adaption auf die konkreten Gegebenheiten und schließlich
⇨ die Planungsphase mit den notwendigen Anpassungen bei jedem neuen Release.

Erst durch das RDM wird eine konkrete Verbindung hergestellt zwischen den ursprünglichen Anforderungen des Auftraggebers, den für deren Realisierung aufgewendeten finanziellen Mitteln beziehungsweise Ressourcen und dem erreichten Qualitätsniveau. Durch die vollständige Umsetzung wird so erstmals transparent, welche Aufwände eine bestimmte Anforderung des Auftraggebers verursacht hat, welches Qualitätsniveau erreicht wurde und ob sich die Umsetzung dieser spezifischen Anforderung tatsächlich konkret unter wirtschaftlichen Gesichtspunkten lohnt.

Einführung des Prozessgerüstes

Bevor ein RDM eingeführt wird, müssen sich alle Beteiligten die generelle Zielsetzung klar machen:
⇨ Können wir weiter mit projektartigen Einführungen neuer IT-Infrastrukturelemente leben oder brauchen wir einen geregelten Prozess?
⇨ Was sind die Aufgaben und Ziele des RDM?

Sollten Änderungen sehr häufig auftreten oder mit einer massiven Störung der betrieblichen Abläufe verbunden sein, ist die Aufstellung einer standardisierten Vorgehensweise kostengünstiger als die kontinuierliche Gefährdung der produktiven IT-Infrastruktur. Im Rahmen von Workshops sollte ein generisches RDM beschrieben werden, das in einer allgemeinen Release Policy zusammengefasst wird.

Adaption auf die konkreten Gegebenheiten

In der Praxis läuft das IT-Geschäft meistens schon eine Weile, bevor man – wegen seiner gewachsenen Bedeutung oder aufgrund von negativen Erfahrungen mit eingetretenen Risiken – in Betracht zieht, durch die Einführung eines Release- und Deployment-Managements Klarheit in die Abläufe und Verantwortlichkeiten zu bringen. Daher muss der Einführung eine Analyse der gelebten Verfahren und der verschiedenen IT-Infrastrukturen vorausgehen.

Erfassung der Ist-Situation
Wenn man im Rahmen der Prozesseinführung eine Analyse der Ist-Situation durchführt, wird man feststellen, dass die Tätigkeiten, die den einzelnen Prozessabschnitten eines generischen RDM zugeordnet sind, in der Regel auch bei gewachsenen Prozessen mehr oder weniger stark ausgeprägt durchgeführt werden.

Allerdings sind
- ⇨ diese Tätigkeiten in aller Regel chaotisch aus Projektzwängen entstanden und
- ⇨ selten übergreifend abgestimmt und dokumentiert;
- ⇨ Verantwortlichkeiten sind nicht zugewiesen oder starr mit Organisationsstrukturen verknüpft, statt rollenbasiert zu sein;
- ⇨ es ist keine Reihenfolge und Gewichtung der einzelnen Teilprozesse zu erkennen und
- ⇨ häufig sind Änderungen projektartig mit allen bekannten Risiken durchgeführt worden.

Dies wird offensichtlich, wenn man die Ist-Analyse mit einem passenden Prozessmodellierungstool durchführt, weil sich dann die Bruchstellen in den gewachsenen Prozessen zeigen, die es bei der anschließenden Prozessoptimierung zu vermeiden gilt.

Für die Ist-Erfassung sollte man sich der uneingeschränkten Unterstützung durch das Management versichern und dabei auch die zu erwartenden Aufwände, die durch die Mitarbeiter geleistet werden müssen, quantifizieren. Sonst kann es leicht dazu kommen, dass schon dieser erste Schritt der Einführung des RDM daran scheitert, dass die Tätigkeiten gegenüber dem Tagesgeschäft herunter gestuft werden. Außerdem ist es wichtig, vorab die Erwartungshaltung des Managements festzuhalten (also ähnlich wie in einem regulären Projekt die Anforderungen zu erfassen und abnehmen zu lassen).

Für die konkrete Durchführung empfiehlt sich anschließend die Interview-Methodik, wobei vorab ein Fragenkatalog erarbeitet werden sollte, auf den sich die Interviewpartner vorbereiten können.

Die Befragten sollten nicht allein aus der mittleren Führungsebene stammen, sondern möglichst auch aus der Arbeitsebene, da sonst nicht-dokumentiertes Prozesswissen verloren geht.

Anhand der Einzelbeschreibungen können anschließend Rollenbeschreibungen gewonnen und zusammen mit den beschriebenen Tätigkeiten mittels eines Modellierungstools in Form vorläufiger Prozessbeschreibungen dokumentiert werden. Diese Beschreibungen müssen von den ursprünglichen Interviewpartnern abgenommen werden. Erst danach kann mit der Zusammenfassung oder Überarbeitung der nunmehr abgestimmten Prozesse begonnen werden.

Implementierung neuer oder Modifizierung etablierter Teilprozesse
Die Anforderungen, die zur Formalisierung eines Release- und Deployment-Managements geführt haben, bestehen in praktisch jeder etablierten IT-Organisation in unterschiedlicher Ausprägung. Daher existieren häufig (abhängig vom Reifegrad der Organisation, siehe Abschnitt »Grundsätzliches«) bereits eingeführte Handlungsabläufe, die mit denen des RDM vergleichbar sind.

Dennoch stellt ein vollständig implementiertes RDM eine neue Qualität dar, da es die bis zu diesem Zeitpunkt unabhängig voneinander entwickelten Verfahrensweisen zusammenführt, einheitlich dokumentiert und mittels der Rollenbeschreibungen auch klare Verantwortlichkeiten festlegt.

Die größte Herausforderung ist es daher, die Beteiligten davon zu überzeugen, das Nebeneinander eingefahrener Vorgehensweisen, die für sich isoliert betrachtet ihre Berechtigungen hatten, aufzubrechen und durch einen vereinheitlichten Prozess zu ersetzen. Widerstände können hier sowohl aus der Angst entstehen, Aufgaben und damit Einfluss abgeben zu müssen, als auch aus der Sorge, im Prozess verankerter Verantwortung nicht gewachsen zu sein (siehe Abschnitt »Management of Change«).

Andererseits haben sich häufig die IT-Infrastrukturelemente oder die Organisationsstrukturen geändert, die undokumentierten Prozesse wurden aber nicht angepasst. So entstehen unter Umständen zusätzliche Aufwände oder Risiken in Releases, die vermeidbar wären. Allein deren Nachweis kann bereits ausreichen, das Management von den erforderlichen Folgemaßnahmen zu überzeugen.

Allerdings zeigt die Praxis, dass ein RDM nur dann erfolgreich sein kann, wenn sich alle Beteiligten daran halten. Anders ausgedrückt: Das Management muss sich der Tatsache bewusst sein, dass individuelle Lösungen »auf Zuruf« plötzlich nicht mehr so einfach sind. Entweder überwiegen die Vorteile einer kontrollierten Vorgehensweise derart, dass auch das Management von Sonderlösungen absieht, oder es empfiehlt sich, für derartige Ausnahmefälle einen eigenen Prozess zu implementieren. Hierbei muss allerdings durch geeignete KPIs, etwa dem Verhältnis der Gesamtzahl an Veränderungen zu der Zahl an genehmigten Ausnahmeprozessen, überwacht werden, dass der Ausnahmeprozess nicht schleichend zur Regel wird.

Aufbau einer Testumgebung

Wesentlich für eine zuverlässige Qualitätssicherung (siehe gleichnamiger Abschnitt) ist eine sorgfältig aufgebaute Testumgebung. Die Planung einer passenden Pilotumgebung kann nur auf Basis der CMDB zu verlässlichen Ergebnissen führen. Die reale Testumgebung wird sich in der Praxis zwischen den folgenden Extremen befinden:
⇨ einerseits das komplette Duplikat der produktiven Umgebung, das sicherlich die genaueste und damit kostenintensivste Lösung darstellt, die unter bestimmten Bedingungen – beispielsweise der Nachbildung historisch gewachsener Datenströme – schon theoretisch nicht möglich ist und neben der technologischen auch eine organisatorische Herausforderung darstellt;
⇨ andererseits die Vertestung des Release auf der produktiven Infrastruktur, wenn es Release-Art und Topologie zulassen. Dies ist ein realistisches Szenario, wenn die Anwendung prinzipiell modular erweiterbar ist und die zu vertestende Anwendungslogik eine geschlossene Kundengruppe unterstützt.

Häufig wird eine verkleinerte Nachbildung der produktiven IT-Infrastruktur eingesetzt. Unter diesen nicht-idealen Bedingungen sind folgende Voraussetzungen zu erfüllen, damit die Testergebnisse verlässlich sind:
⇨ Die kritischen Systeme (unmittelbar vom Release betroffene CIs) sollten nach Möglichkeit linear skalierbar sein.

⇨ Die Netzwerkelemente sollten, wenn es sich dabei um kleinere Ausführungen handelt, dieselben Features bieten wie die produktiven; sind beispielsweise im produktiven Betrieb Hochverfügbarkeitsanforderungen zu erfüllen, müssen diese auch in der Testumgebung realistisch nachgestellt werden können.

Eine besondere Herausforderung ist die Nachbildung der Datenflüsse der produktiven Umgebung, vor allem, wenn sie historisch oder besonders schnell gewachsen sind. Auch wenn mancher Sonderweg nicht nachvollziehbar ist, sind dies genau die Klippen, an denen sich in der Regel die Präzision der Testergebnisse festmachen.

Die installierten Anwendungen sollten zyklisch und automatisiert mit der Produktion abgeglichen werden. Nichts gewinnt so schnell ein Eigenleben wie eine unabhängige Testumgebung.

Sind kritische Netzelemente nur einmal innerhalb der Testumgebung vorhanden (was aufgrund der Kosten der Regelfall sein dürfte), stellt die Planung paralleler Testvorhaben eine besondere Herausforderung dar. Zum einen können mehrere Releases versuchen, parallel auf ein unverändertes Netzelement für Tests zuzugreifen, was zu gegenseitigen Beeinflussungen führen kann, zum anderen kann auch das Netzelement selbst im Rahmen eines Release verändert werden, so dass ein parallel stattfindender Test unter Umständen nicht mehr in einer produktionsähnlichen Umgebung durchgeführt werden kann.

Besonderes Augenmerk gilt Tests in Testzentren des Lieferanten. Hier ist man auf die vollständige Beschreibung der Testumgebung und -durchführung angewiesen, damit die unvermeidlichen Abweichungen von der spezifischen Produktionssituation in die Bewertung der Ergebnisse mit einfließen können. Diese Rahmenbe-

---
Beispiel für die Ressourcenengpässe in einem Testszenario

Beispielsweise konnten bei einem neuen Dienst, der ein komplexes Messaging-Gateway benutzte, bestimmte Tests im Rahmen des Systemintegrationstests nur noch in der produktiven Umgebung durchgeführt werden, weil an dem Testsystem parallel durch den Hersteller so viele Änderungen vorgenommen wurden, dass keine verlässlichen Aussagen mehr gewonnen werden konnten.

---

dingungen müssen schon bei der Vertragsgestaltung berücksichtigt und beispielsweise in speziell vereinbarten Quality Audits vor Ort beim Lieferanten überprüft werden.

Begleitende Maßnahmen für eine erfolgreiche RDM-Einführung

Management of Change
Unter Management of Change versteht man Methoden, durch die Veränderungen verständlich und verträglich in eine gewachsene und häufig traditionell aufgestellte Organisation eingebracht werden können. Das Management of Change ist deshalb für jeden Prozess erfolgskritisch. Dazu zählt die Einhaltung der kommunikativen Spielregeln:
- Fachvokabular nur mit Augenmaß zu verwenden und an die in der Organisation üblichen Begrifflichkeiten anzupassen,
- eine Informationskampagne mit den Vor- und Nachteilen des Prozesses zu starten,
- dabei auf die Mitarbeiter mit ihren Sichtweisen und Sorgen einzugehen und
- das Management für Unterstützung zu gewinnen (»Buy in«).

Auch wenn es sich viele nicht eingestehen mögen, gelten auch und gerade bei Unternehmensprozessen typisch menschliche Verhaltensweisen:
- Änderungen rufen immer Widerstände hervor,
- die in Ängste münden können, wenn man nicht adäquat auf sie zu reagieren weiß.

Durch die umsichtige Besetzung des Release-Managers (siehe Abschnitt »Release- und Deployment-Manager«) können Vorbehalte der Betroffenen gegenüber den Neuerungen abgebaut werden. Außerdem ist es für die einzelnen Prozessbeteiligten wichtig, ein korrektes Rollenverständnis vermittelt zu bekommen. Darüber hinaus können die neuen Rollen auch als Möglichkeit zur weiteren Qualifikation beschrieben werden – wenn auch garantiert ist, dass entsprechende Taten folgen.

Die Politik der kleinen Schritte

Bei der Einführung des RDM bietet die Vereinbarung gemeinsamer Meilensteine wichtige Orientierungspunkte, um allen Beteiligten den Fortschritt bei der Umsetzung aufzuzeigen. Ein wichtiges Erfolgsrezept ist die Vereinbarung kleiner Schritte, damit man weder wesentliche Abhängigkeiten übersieht, noch die Veränderungsfähigkeit der Organisation überfordert. Außerdem muss durch Quick Wins, also leicht realisierbare und für alle Beteiligten sichtbare Erfolgserlebnisse, der Gewinn der Prozesseinführung vermittelt werden.

Gerade in der Einführungsphase sollten in regelmäßigen Abständen Feedback-Workshops stattfinden, in denen die Erfahrungen aus dem RDM gesammelt, ausgewertet und für Prozessverbesserungen genutzt werden.

Allen an der Einführung des RDM Beteiligten muss von Anfang an klar sein, dass bis zum Abschluss des Projektes mehrere Iterationen notwendig sein werden. In diesem Sinne ist es empfehlenswert, zu Beginn feste Review-Termine zu vereinbaren, zu denen bis dahin gemachte Erfahrungen in eine neue Version der Prozessbeschreibung eingearbeitet werden. Bei Einführung dieser Folgeversion sollte dann konkret auf die eingearbeiteten Änderungswünsche hingewiesen werden, um Schritt für Schritt die Identifikation der Prozessbeteiligten mit dem RDM zu erreichen.

Ein passendes Referenzprojekt

Wenn es möglich ist, sollte als Einstiegsprojekt ein innerbetriebliches Release (siehe Abschnitt »Typologie von Veränderungen«) gewählt werden, um bei der Verprobung der Implementation des RDM in das betriebliche Umfeld nicht noch Unwägbarkeiten durch fehlerhafte oder missverstandene Abstimmungen mit IT-betriebsfremden Organisationen hineinzutragen. Ein Fehlstart in der Pilotierung kann alle folgenden Einführungen nachhaltig behindern.

Kommunikation, Vorbereitung und Schulung
Jede Änderung wirkt auf eine IT-Organisation und die betroffenen Mitarbeiter verunsichernd. Um unnötige Akzeptanzprobleme zu vermeiden, sollten alle Informationen, gestaffelt nach dem Grad der Betroffenheit, an die Beteiligten weitergegeben werden. Das ausgewählte Deployment-Team (siehe Abschnitt »Deployment-Team«) sollte so früh wie möglich mit den internen Charakteristika des neuen Release vertraut gemacht werden: Bei unkritischen Änderungen können diese gemeinsam mit der Release-Übergabe kommuniziert werden, während bei komplexen Änderungen (zum Beispiel großen Release- oder Diensteinführungen) erst im Laufe der Qualitätssicherung alle wichtigen Aspekte verbindlich geklärt sind. In aller Regel werden diese in einem abschließenden Dokument gebündelt und – beispielsweise innerhalb des Betriebskonzeptes – an das Release-Team übergeben.

Das Support-Team sollte kontinuierlich während der Qualitätssicherungsphase (siehe Abschnitte »Bereitstellung und Tests« sowie »Service Tests und Pilotierung«) mit allen zu berücksichtigenden Aspekten des neuen Release – neue Eigenschaften, geändertes Design, während der Tests aufgetretene Probleme und die jeweiligen Beseitigungen – vertraut gemacht werden.

Schließlich werden die vom Release betroffenen Mitarbeiter gestaffelt vorbereitet: Mit angemessenem Vorlauf zum konkreten Deployment-Termin werden gezielte und an die Bedürfnisse des Mitarbeiters angepasste Informationen über die zur Verfügung stehenden Kommunikationskanäle publiziert. Dazu gehört auch stets das Angebot, auf die Neuerungen mit Kommentaren und Rückfragen reagieren zu können. Wenn das Release kurz vor dem Deployment steht, kann eine gemeinsame Informationsveranstaltung mit allen Mitarbeitern auf die bevorstehende Änderung einstimmen. Schließlich wird in gemeinsamen Schulungsveranstaltungen, deren Zeitrahmen und Besetzung in der Planungsphase mit den jeweiligen Fachabteilungen geklärt wurden, auf das neue Release vorbereitet. Dieses für komplexe Änderungen notwendige Vorgehen kann bei fachkundigen Mitarbeitern und überschaubaren Veränderungen mit rein informativem Charakter per E-Mail erfolgen.

Prinzipielle Durchführung eines Release

Es gibt prinzipiell drei unterschiedliche Herangehensweisen, um die Rahmenbedingungen des RDM zu kategorisieren und zu beschreiben:
⇨ die strategische,
⇨ die technologische und
⇨ die topologische Sicht.

Zunächst gilt es, die Bedeutung des Veränderungsvorhabens im Kontext der allgemeinen Geschäftsstrategie zu bewerten, um die Kritikalität des konkreten Vorhabens korrekt einzuschätzen und von vornherein den Bewertungsrahmen für die Kostenplanung daran auszurichten. Erst danach kann die Frage nach der einzuführenden und/oder zugrunde liegenden Technologie angegangen werden, die maßgeblichen Einfluss auf den Umfang des Releases haben wird, bevor abschließend die Topologie der zu verändernden/einzuführenden Infrastrukturelemente behandelt werden sollte, die einen entscheidenden Einfluss auf das »Wie« des Deployments hat.

Dies ist der vernünftigste Weg, bei der Durchführung des RDM vor allem in der Planung eine gesunde Balance zwischen strategischen, taktischen und operativen Sichten zu wahren (siehe Abb. 13): Für jedes Release muss dessen strategische Bedeutung erkannt werden, dann wird durch die vorhandene Technologie die Wahl der Methodik bestimmt. Abschließend legt die Topologie maßgeblich die Deployment-Planung fest.

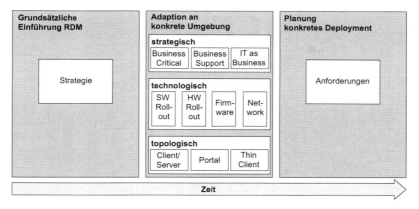

Abb. 13:   Ebenen der Einführung und Sichten auf den Release-Management-Prozess

Ebenen der Einführung und Sichten auf den RDM

Strategische Sicht

Die strategische Sicht unterscheidet nach folgenden Kategorien:
⇨ geschäftskritische IT-Infrastruktur (beispielsweise E-Business),
⇨ geschäftsprozessunterstützende IT-Infrastruktur (beispielsweise Intranet oder Bürokommunikation) oder
⇨ IT als Kerngeschäft (beispielsweise bei einem Softwarelieferant oder ISP), was aus einem anderen Grund ebenfalls geschäftskritisch ist.

Dabei besitzt fast jedes Unternehmen mindestens eine Kombination aus den beiden erstgenannten Infrastrukturen. Dass diese drei verschiedenen Arten von Unternehmens-IT drei unterschiedliche Methodiken bedingen, wird daraus deutlich, dass sie häufig selbst innerhalb desselben Unternehmens mit unterschiedlichen Ansätzen betrieben werden. Dadurch ist es auch möglich, gezielt einen Bereich an einen externen Dienstleister zu vergeben (was häufig im Bereich Bürokommunikation getan wird) oder in eine eigene Firma auszugliedern (wie beispielsweise im Bankenbereich üblich).

Aus der Kombination der beiden erstgenannten Infrastrukturen wird sich die Art und Weise der Gewichtung und der Durchführung der Teilprozesse richten:

⇨ Die geschäftskritische IT-Infrastruktur (zum Beispiel E-Business) muss über die gesamte Deployment-Phase verfügbar sein oder zumindest in den Kernarbeitszeiten uneingeschränkt zur Verfügung stehen. Das Roll-back muss dabei ohne Einschränkungen der Services vonstatten gehen, wenn Probleme mit dem neuen Release auftreten, die über das kritische Maß (was *vor* der Durchführung des RDM vereinbart werden muss) hinausgehen.

⇨ Ein Release-Wechsel im Umfeld einer den Geschäftsprozess unterstützenden IT-Infrastruktur (zum Beispiel Intranet) besitzt keinen so engen Zeitplan, sollte aber, um Anpassungsschwierigkeiten sowie Incidents aufgrund von Bedienungsfehlern zu vermeiden, sorgfältig an die Mitarbeiter und das Support-Team kommuniziert werden.

⇨ Bei IT-basierten Unternehmen muss die Veränderung der IT-Infrastruktur (in der Regel Diensteinführungen und -erweiterungen) in den Geschäftsprozessen integriert und die IT-Organisation danach ausgerichtet werden. In diesem Fall verliert das RDM den Status einer Sondersituation; deshalb ist es besonders wichtig, dass die gesamten Abläufe einem kontinuierlichen Verbesserungsprozess unterzogen werden. Hierbei spielen die Review-Prozesse eine wesentliche Rolle.

Beispiel für die ressourcenschonende Zeitplanung von Schulungsmaßnahmen

Im konkreten Fall einer großen Client-Umstellung ist beispielsweise die Schulung der Mitarbeiter parallel zu den Roll-out-Maßnahmen anzuwenden, damit einerseits nicht wertvolle Arbeitszeit verloren geht und andererseits das Roll-out durch versehentlichen User-Eingriff behindert wird. Wenn der Mitarbeiter die Schulungsmaßnahme erfolgreich beendet hat, kann er sofort die neuen Kenntnisse in der Praxis anwenden.

Technologische Sicht
Die technologische Sicht unterscheidet nach folgenden Kriterien:
⇨ *Softwareeinspielungen*, bei denen im Rahmen des Teilprozesses »Einführung und Test« die Evaluation passender Werkzeuge für das Deployment eine wesentliche Rolle im Prozessverlauf spielen (zum Beispiel ein Betriebssystem-Relaunch oder die Bündelung von Updates beziehungsweise Bugfixes),
⇨ große *Hardware Roll-outs*, die vor allem eine logistische Herausforderung bei der Deployment-Planung darstellen können,
⇨ *Änderungen der IT-Infrastruktur*, die eine besondere Sorgfalt bei der Planung erfordern, da neben einer Zahl unmittelbar betroffener Infrastrukturelemente vor allem die indirekt betroffenen Elemente die Komplexität der Planung erhöhen (beispielsweise durch den Austausch von Netzelementen),
⇨ *Firmware-Updates*, die besondere Ansprüche beim Bündeln und Konfigurieren sowie während der »Planung und Vorbereitung des Deployments« durch die spezifischen Herstellerverfahren darstellen, da deren Grenzen einen kritischen Einfluss auf das gesamte RDM haben, wenn sie nicht in den genannten Teilprozessen gesondert berücksichtigt werden (beispielsweise Firmware-Updates in TK-Anlagen).

Wie man an der Fallunterscheidung sieht, werden je nach Release-Art unterschiedliche Teilprozesse des RDM erfolgskritisch für den gesamten Release-Verlauf.

Topologische Sicht
Bei der topologischen Sicht unterscheidet man unter anderem zwischen
⇨ Server/Client (Firmenintranet),
⇨ Portale (Web Front End mit anspruchsvoller Server-Infrastruktur) oder
⇨ zentralisierer Topologie (Thin Client, Main Frame, Mittlere Datentechnik).

Server/Client-Topologien verursachen dadurch, dass im Rahmen des Release Eingriffe sowohl serverseitig als auch auf den Clients erforderlich sein können, einen höheren logistischen Aufwand (Release- und Roll-out-Planung), der bei großen Firmenintranets und/oder nachhaltigen Änderungen ein persönliches Auftreten der Release-Teams unumgänglich macht.

Demgegenüber besitzen zentralisierte Topologien zwei große Vorteile:
⇨ erstens eine besser kontrollierbare Umgebung,
⇨ zweitens sind nur wenige zentrale Server zu aktualisieren.

Allerdings wirkt sich ein Fehler beim Release-Update vergleichsweise dramatischer als bei der Client/Server-Topologie aus.

Portale befinden sich aufgrund ihrer komplexen Architektur zwischen diesen Extremen, da sie sowohl zentralisierte Serverkomponenten als auch verteilte Intelligenz in der Middleware (also die Infrastrukturkomponente, die das Zusammenspiel heterogener Schnittstellen steuert) und/oder auf den Clients beinhalten.

Zusammenfassend gibt es verschiedene Kategorien von Releases mit entsprechend unterschiedlicher Gewichtung der kritischen Prozessabschnitte und wechselnden Berührungspunkten zu beteiligten Abteilungen. Dem trägt das RDM Rechnung, indem nach vorliegender Topologie in der Release Policy für jeden Release-Typ passende Rahmenbedingungen erarbeitet werden müssen, und zwar zuerst nach strategischer Bedeutung der zu ändernden IT-Infrastrukturelemente, dann nach anzuwendender Technologie und für die konkrete Deployment-Phase. Diese Rahmenbedingungen müssen sich konkret in der Planungsphase niederschlagen.

Kennzahlen des Prozesses

Aus der Vielzahl an Kennzahlen, die beim RDM messbar sind, werden als Anhaltspunkte für Wirksamkeit und Effektivität der Abläufe – aber auch, um kritische Prozessabschnitte zu monitoren – Key Performance Indicators (KPI) abgeleitet. Diese können auf mehreren Abstraktions- und Darstellungsebenen beschrieben werden und ermöglichen bei umsichtiger Definition die zielführende Verbesserung des Prozessergebnisses. Selbstverständlich dienen sie auch zur Erfolgskontrolle und als Ansporn.

Erstellung der Key Performance Indicators

Da in der Regel die Verantwortlichen am Anfang einer Prozesseinführung noch um ein gemeinsames Verständnis ringen und das RDM phasenweise eingeführt wird, sollten KPIs erst nach Konsolidierung der beteiligten Abteilungen idealerweise als Abschluss der gemeinsamen Release Policy (siehe Abschnitt »Überlegungen vor der Durchführung eines Release und Deployment Managements«) unterschrieben verabschiedet werden. Außerdem muss unterschieden werden zwischen
⇨ übergreifenden, auf das Prozessergebnis bezogene KPIs,
⇨ situationsbezogenen KPIs und
⇨ auf Teilprozesse bezogene KPIs.

Wie im Abschnitt »Ebenen der Einführung und Sichten auf das RDM« ausgeführt, muss die Bedeutung bestimmter Teilprozesse je nach Art der Veränderung anders gewichtet werden, womit man dem dynamischen Charakter von Veränderungsprozessen Rechnung trägt.

Eine besondere Schwierigkeit stellt die genaue Definition der KPIs und der zugrunde liegenden Messgrößen dar, da unter anderem die Gefahr besteht, dass Ergebnisse je nach Interessenlage ausgelegt und nicht zu einer wirklichen Verbesserung des Prozesses eingesetzt werden.
  Damit dies vermieden werden kann, muss einerseits die quantitative Messbarkeit und die präzise Bestimmung der Zahlen beachtet werden, andererseits qualitative Größen wie Abweichungsgrad oder Zielvorgaben mit allen Prozessbeteiligten in der Einführungsphase des RDM abgestimmt werden.

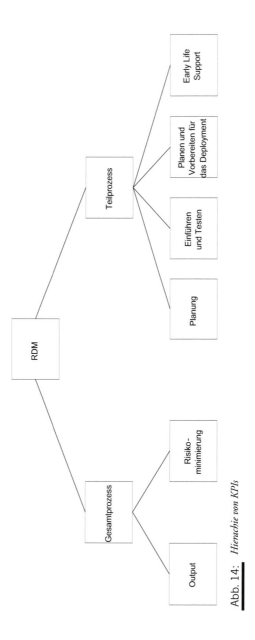

Abb. 14: *Hierachie von KPIs*

In Abbildung 14 werden KPIs für das gesamte RDM von solchen für einzelne Teilprozesse unterschieden. Die Leistungsfähigkeit des RDM lässt sich dann entlang der Kanten des Hierarchie-Baumes ermitteln.

Prozessübergreifende KPIs

Ziel des RDM ist es, die Integrität der Produktionsumgebung und des Release beim Deployment in die produktive Umgebung zu bewahren. Deshalb sollten KPIs so definiert werden, dass sie den Fortschritt zum Erreichen dieses Ziels aufzeigen. Die Werte der in Tabelle 2 aufgeführten KPIs müssen für die jeweilige Umgebung (vergleiche Abschnitt »Prinzipielle Durchführung eines Release«) noch konkretisiert werden, um tatsächlich in der konkreten Situation aussagekräftig zu sein:
Durch diese KPIs werden die zentralen Prozessziele bewertbar:
⇨ *Output des RDM:* Zahl der Incidents als quantitative Tendenz, Klassifikation der Incidents als qualitativer Aspekt.
⇨ *Risikominimierung:* Kostenreduktion als genereller Gradmesser für die Effektivität des Prozesses und Termintreue als Gradmesser für dessen Genauigkeit.

Das Verhältnis erreichter zu anvisierten Zielvorgaben, das mehr den Charakter eines Indikators hat, somit eher Tendenzen aufzeigt als genau quantifizierbare Zahlen liefert, bestimmt sich aus den klassifizierten Incidents und anderen betrieblichen Kennzahlen wie Veränderung des Lastverhaltens oder der Verfügbarkeit. Abbildung 15 zeigt einen solch typischen Verlauf.

Tabelle 2: Prozessübergreifende KPIs (Beispiel)		
KPI	Formel	Bemerkung
Zahl der neuen Incidents	N(t)-N(t-1)	Quantität muss im Verhältnis zu der Anzahl der veränderten CIs betrachtet werden
Klassifizierung der Incidents	a*N(t,Prio1)+b*N(t,Prio2)+c*N(t,Prio3)	Grundlage für eine effiziente Prozessoptimierung
Kostenreduktion	(K(RD(t))-K(RD(t-1)))/K(RD(t-1))	Erhebliche Investitions- und Anpassungskosten verzögern den Return on Invest
Termintreue	T(D(t))-P(D(t))	Prinzipielles Qualitätsmerkmal des RDM
Verhältnis erreichter zu anvisierten Zielvorgaben		Grad der Integrität der Produktionsumgebung und des Release
Legende:		
N(t): Anzahl Incidents zum Zeitpunkt t		
N(t,Prio1): Anzahl Incidents der Prio1 zum Zeitpunkt t		
D(t): Deployment zum Zeitpunkt t		
K(RD(t)): Kosten des Release & Deployments (Aufwand, Invest)		
T(D(t)): Tatsächlicher Meilensteintermin des Deployments D(t)		
P(D(t)): Geplanter Meilensteintermin des Deployments R(t)		

KPIs der Teilprozesse

Das RDM ist nur dann transparent und verbesserungsfähig, wenn auch der Prozessablauf bewertbar ist, weil Veränderungsmaßnahmen wirksamer eingesetzt werden können. Deshalb werden auch KPIs für die einzelnen Teilprozesse definiert (siehe Tabelle 3).

Release- und Deployment-Management

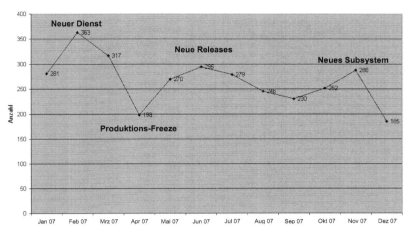

Abb. 15: *Verhältnis neue Incidents zu neuen Releases/Diensten*

Tabelle 3: Teilprozess-KPIs			
Teilprozess	KPI	Formel	Bemerkung
Planung	Wurden Termine unrealistisch geschätzt?	Sum(abs(T_ist(i)-T_plan(i)))	Quantität muss im Verhältnis zu der Anzahl der veränderten CIs betrachtet werden
	Wurden CIs übersehen?		Für das Configuration Management wie das RDM von Bedeutung
Einführen und Testen	Zahl der während der Abnahmephase erfolgreich gefixten Bugs	(analog zu prozessübergreifenden KPIs)	Eine Abweichung zwischen Pilotumgebung und Produktion kann auch für Incidents sorgen
	Abweichungsgrad Pilotumgebung/ Produktion		Wesentlich für die Zuverlässigkeit der Testergebnisse
	Dauer der Testphase	PT(Tst)/PT(Ent)	Kostentreibender Aspekt beim RDM
	Genauigkeit der Testaussagen		Von der Art der Tests und der Konsolidierung der Pilotumgebung abhängig

269

Tabelle 3: Teilprozess-KPIs (Fortsetzung)			
Teilprozess	KPI	Formel	Bemerkung
Vorbereitungen für Einführung, Test und Deployment	Einhaltung des Pflichtenhefts und der Feinspezifikation		
Planen und Vorbereiten für das Deployment	Genauigkeit der Ressourcen Abschätzung	Sum(PT_plan(i))-Sum(PT_ist(i))	
Legende:			
T_ist(i): Ist-Termin für Meilenstein i			
T_plan(i): geplanter Termin für Meilenstein i			
PT(Tst): Personentage Test			
PT(Ent): Personentage Entwicklung			
PT_plan(i): geplante Personentage für Phase i			
PT_ist(i) tatsächliche Personentage in Phase i			

Reifegrad der Implementierung

Grundsätzliches

Der Reifegrad zeigt den Implementierungsfortschritt des RDM in der IT-Organisation an. Diese diagnostische Maßnahme erweitert das Masterplan-Prinzip, das ITIL bietet, um eine Entwicklungsachse (Roadmap).

Die sechs Reifegradstufen – auch Ebenen genannt – stammen von der internationalen Initiative SPICE (= Software Process Improvement and Capability dEtermination) und wurden zur Qualitätsbewertung von Softwareprozessen entwickelt:

Ebene 0 – nicht vorhanden
Es sind keine Abläufe vereinbart, Rollen nicht definiert, alleine durch die Betriebsorganisationen bestehen nicht näher definierte Zuständig-

keiten. Neu entwickelte Releases werden nach individueller Auffassung in die Produktion eingespielt. Das Tagesgeschäft des Betriebes wird durch die Neueinspielungen beherrscht, so dass eine permanente Gefährdung der betrieblichen Abläufe besteht. Die Mitarbeiter werden aufgerieben und die Kunden zu unfreiwilligen Testern einer sich dynamisch wandelnden IT-Infrastruktur gemacht.

Ebene 1 – informell
Die Abläufe sind bekannt und werden in der Regel eingehalten, aber weder kontrolliert noch geplant. Entsprechend sind die Abläufe nicht auf die Anforderungen eines Release zugeschnitten, da die an einem Release beteiligten unterschiedlichen Abteilungen ihre spezifische Vorgehensweise beibehalten. Termine werden regelmäßig überzogen, selten entspricht das neue IT-Infrastrukturelement den anvisierten Vorgaben, obwohl sich alle redlich Mühe geben.

Ebene 2 – geplant und verfolgt
Rollen sind vergeben und bekannt, die Abläufe sind aufeinander abgestimmt und von Anfang bis Ende durchgängig, so dass eine einheitliche Vorgehensweise bei jedem Release existiert. Allerdings wird der einmal eingehaltene Status nicht veränderten Gegebenheiten angepasst, Schwachstellen werden nicht kenntlich gemacht und können dementsprechend nicht ausgebessert werden. So kommt es ständig zu Verzögerungen und ambitionierte Veränderungsvorhaben können im Rahmen des Regelprozesses nicht erfolgreich abgeschlossen werden.

Ebene 3 – definiert
Der RDM ist von der Unternehmensführung als verbindlicher Prozess eingesetzt worden, bekannt und vollständig dokumentiert. Es liegt eine für alle Beteiligten eindeutige Handlungsanweisung vor. Durch das starre Festhalten an den einmal vereinbarten Prozess kann aber die Organisation nicht auf veränderte Situationen reagieren. Der Prozess wird eher zum Hemmschuh denn zum Katalysator und wird, wo es möglich ist, umgangen.

Ebene 4 – quantitativ kontrolliert
Zum einen lässt sich der Benefit des RDM mit Hilfe von quantitativen Messungen bestimmen, zum anderen werden Anpassungsoptimierungen an die spezifische Geschäftssituation ermöglicht, so dass die Zuverlässigkeit der Release-Planung immer signifikanter wird.

Ebene 5 – kontinuierliche Verbesserung
Für unterschiedliche Release-Situationen stehen erprobte Abläufe zur Verfügung. Neue Release-Situationen werden im laufenden Prozess optimiert eingeführt, da der Prozess flexibel auf die neue Situation reagiert. Es besteht eine intensive Wechselwirkung zwischen Release-Situation und dem gewählten Ablauf. Die IT-Organisation stellt sich, inspiriert durch den optimierten Prozess, neu auf, sie wandelt sich nachhaltig von einer Linien- zu einer Prozessorganisation.

Bestimmung des Reifegrads
Die Bestimmung des Reifegrades eines Prozesses erfolgt zum ersten Mal bei der Evaluation der Ist-Situation (siehe Abschnitt »Erfassung der Ist-Situation«), indem durch Checklisten die Beteiligten selber die Reife ihres Prozesses bewerten (Self Assessment nach PD 0015). In solchen Checklisten werden alle notwendigen Kriterien erfasst, wie sie hier beispielhaft für das generische RDM aufgelistet werden:
⇨ Verbindliche Release Policies sind bei der Einführung des RDM vereinbart worden und nach Festlegung Gegenstand des Prozessaudits. Die zehn Teilprozesse werden bei allen Änderungen durchlaufen.
⇨ Die Ergebnisse einer Implementierung sind vorhersagbar.
⇨ Die zeitlichen Fristen und die finanziellen Ressourcen sind planbar.
⇨ Die implementierten Änderungen entsprechen den Erwartungen des Auftraggebers.
⇨ Die Produktion kann dem Tagesgeschäft auch während eines Deployments nachgehen.

Damit die Performance der Prozessimplementierung bewertet werden kann, werden vier Qualitätsstufen unterschieden: vollständig erfüllt, weitgehend erfüllt, teilweise erfüllt und nicht erfüllt. Sie lassen sich mit Hilfe eines Stärken/Schwächen-Diagramms visualisieren. Nachdem das RDM eingeführt worden ist, werden nach dem ersten Pilot-Release im Rahmen der beiden Review-Teilprozesse zusätzlich Checklisten zu den einzelnen Teilprozessen aufgestellt. Damit wird ein kontinuierlicher Verbesserungsprozess (KVP) eingeleitet. Ein wesentliches Hilfsmittel bei der Bewertung des Zusammenhanges zwischen Prozessreifegrad und Kundenzufriedenheit ist die Gegenüberstellung des Reifegrades mit den KPIs. Allerdings liegt es in der Natur des RDM, das durch Vorgaben der jeweiligen Systemlösung immer wieder andere Teilprozesse mehr gewichtet werden, so dass zwei aufeinander folgende Releases nur bedingt miteinander vergleichbar sind. Die Wirksamkeit eines KVP kann erst bei der Wiederholung eines ähnlich gearteten Release festgestellt werden.

Fehler und Fallstricke des Release- und Deployment-Managements

Einführungsfehler

Die intensive theoretische Beschäftigung mit dem ITIL-Rahmenwerk nährt die Illusion, prinzipiell den gesamten Prozess »out of the box« umsetzen zu können. Dies ist ein sicherer Weg, schon in der Einführungsphase zu scheitern, denn
⇨ es wird die Erwartung geweckt, allein durch Befolgung der einfachen Regeln des RDM ließen sich alle bisher aufgetretenen Fehler in den einschlägigen Veränderungsprozessen vermeiden,
⇨ die Prozessimplementation wird angefangen und in der täglichen Hektik den gegebenen Umständen angepasst; unter dem Deckmantel, man habe jetzt das RDM implementiert, wird letztlich so unstrukturiert weiter gearbeitet wie zuvor.

Der letzte Punkt ist besonders dramatisch, da das RDM eingeführt wurde, um unausgegorene Projektergebnisse zu vermeiden. Deshalb verlangen Sie nicht von sich, alles auf einmal zu schaffen, schon gar nicht am Anfang einer Prozesseinführung.

Designfehler

Auch wenn es banal klingt, sollte man unbedingt handwerkliche Fehler wie unsauber modellierte Prozesse (zum Beispiel keine geschlossenen Regelkreise) vermeiden, indem man eine Simulation mit einem der einschlägigen Modellierungstools ausführt: Eine handwerklich saubere Modellierung ist Grundvoraussetzung für eine erfolgversprechende Implementation.

Eine weitere Ursache für einen grundsätzlichen Designfehler ist eine fehlerhafte Ist-Aufnahme (siehe Abschnitt »Erfassung der Ist-Situation«),
⇨ wenn nicht alle Interna der IT-Organisation verstanden worden sind,
⇨ die Ergebnisse zu stark von einer Seite beeinflusst wurden oder
⇨ die Firmenkultur missachtet wurde.

Dies lässt sich nur durch intensive Beteiligung aller für den Prozessablauf verantwortlichen Organisationseinheiten auf strategischer, taktischer und operativer Ebene vermeiden.

Personalauswahlfehler

Der Release-Manager spielt eine wesentliche Rolle, um dem RDM die Kontinuität und Autorität zu geben, die er braucht, damit er sich im Tagesgeschäft langfristig etablieren lässt. Die Besetzung dieser Rolle darf nicht der Firmenpolitik oder dem Sparzwang geopfert werden.

Die Verwechslung von Rollen mit Funktionen und Positionen ist in einer Organisation, die bisher in einer Linie aufgestellt war, besonders naheliegend, da es mit den geringsten Anpassungen verbunden ist, Organisationseinheiten nach Teilprozessen zu benennen. Neben der Konfusion, die sich regelmäßig bei Abstimmungen über Zuständigkeiten und Verantwortungen ergibt, nehmen diese Einheiten keine Rolle in einem Prozess wahr, sondern vertreten nach wie vor ihre Interessen.

Kommunikationsfehler

Bei größeren Änderungen im IT-Betrieb ist es von elementarer Bedeutung, den für die Mitarbeiterbelange Verantwortlichen – zum Beispiel einen Betriebsrat und den Datenschutzbeauftragten – früh genug zu informieren, da sonst große Änderungsvorhaben am rechtlichen Widerstand scheitern.

Operative Fehler

Der Einsatz eines ausgefeilten System-Management-Tools nährt die Illusion, das RDM optimal handhaben zu können. Man unterwirft sich damit allerdings dem Diktat einer proprietären Systemlösung, die nicht für jede Anforderung geeignete Lösungen offeriert. Häufig wird dann ein Automatismus ausgelöst, die Änderungen so lange anzupassen, bis sie vom Werkzeug unterstützt wird. Dagegen muss eine ausgewogene Mischung aus organisatorischen und technologischen Methoden sowie Mitteln des Management of Change eingesetzt werden.

Prozessfehler

Ein einmal mühsam eingeführtes RDM ist kein Gesetzestext, sondern muss flexibel aufgestellt sein, um auf die sich ändernden Herausforderungen der Umwelt reagieren zu können.

Mit der Zeit tritt bei einem etablierten Prozess eine Gewöhnung ein, die eine fehlende Management Attention nach sich zieht: Der einmal erreichte Standard wird gehalten, aber der einstmals flexible Prozess schlägt in Bürokratie um, man verharrt auf der Stufe des definierten Prozesses (Ebene 3 nach SPICE, siehe Abschnitt »Grundsätzliches«). Dies ist zwar nachvollziehbar, weil es nichts Unbequemeres als die kontinuierliche Veränderung gibt, stellt aber eine große Gefahr dar, da die IT-Organisation nicht mehr auf veränderte Umweltbedingungen reagieren kann. Strategische Aufgabe des RDM ist es deshalb, bei allen Beteiligten ein Verständnis für eine Veränderungskultur zu erzeugen. Hilfsmittel für eine ständige Veränderungsbereitschaft sind die regelmäßig durchgeführten Prozess-Reviews anhand von KPIs und Reifegradmessungen und die klare Vermittlung der inhärenten Vorzüge von Flexibilität und Veränderungsfähigkeit – nämlich die Eignung, auf sich ändernde Businessanforderungen schnell zu reagieren und die Motivation der Mitarbeiter für die Vision aufrechtzuerhalten.

Zusammenfassung

Eines der wesentlichen Merkmale der modernen IT ist ihr dynamischer Charakter, das heißt, in immer kürzeren Zeitintervallen werden Änderungen durch betriebliche, strategische oder technologische Anforderungen notwendig, Änderungen, die sich als Störungen auf den gleichförmigen Betriebsablauf auswirken. Das Release- und Deployment-Management (RDM) bietet Methoden und Vorgehensweisen, diese »Störungen« zu beherrschen, zwischen den beteiligten Parteien fair zu vermitteln, die Kosten und Risiken einer gewünschten Veränderung realistisch abzuschätzen und im Rahmen eines kontinuierlichen Verbesserungsprozesses gewachsene Strukturen langsam zu einer flexiblen, reaktionsschnellen Organisation zu transformieren. Dabei umfasst das Release- und Deployment-Management zehn Teilprozesse wie beispielsweise Planung, Einführung und Testen oder Planung und Vorbereitung für das Deployment, die mindestens drei verschiedene IT-Umgebungen (Entwicklungsumgebung, Testumgebung, Produktionsumgebung) miteinander verknüpfen und auf der durch das Configuration Management entsprechenden Datenbank basiert. Neben der Kenntnis kritischer Schnittstellen sind für eine erfolgreiche RDM-Einführung darüber hinaus auch begleitende Maßnahmen in der IT-Organisation bedeutsam, die die Adaption der konkreten Gegebenheiten genauso betreffen wie die ausreichende Kommunikation und Information aller Beteiligten.

Service Asset und Configuration Management

Service Asset und Configuration Management (SACM) ist ein wichtiger Prozess im Rahmen von ITIL. Seine Herausforderung liegt in der Identifikation, Erfassung und Pflege von Service Assets und Configuration Items, die mit einem umfassenden Configuration-Management-System verwaltet und gesteuert werden.

> **In diesem Beitrag erfahren Sie:**
> - welche Ziele das Service Asset und Configuration Management verfolgt,
> - wie sich der Prozess planen, konzeptionieren und umsetzen lässt,
> - was dabei kritische Erfolgsfaktoren und Stolpersteine sind.

JENS KÖWING

Allgemeine Beschreibung des Prozesses

Bei der Einführung von ITIL im Unternehmen besitzt das Service Asset und Configuration Management (SACM) eine wesentliche Bedeutung. Werden bei der Implementierung dieses Service-Support-Transition-Prozesses die avisierten Ziele nicht erreicht, kann ein ITIL-Einführungsprojekt zumindest in Teilen scheitern. Dabei spielt das im Service Asset und Configuration Management (oder kurz auch Configuration Management) zu planende und implementierende Configuration-Management-System (CMS) eine tragende Rolle. Das CMS ist das zentrale System zur Bereitstellung der benötigten Daten für alle ITIL-Prozesse und dient als Informationsdrehscheibe innerhalb des IT-Service-Managements. Es beschreibt sämtliche konzeptionellen Anforderungen und deren technische Umsetzung von der Präsentationsebene über die darunter liegenden Ebenen wie prozessuale

Abwicklung, Informationsbereitstellung bis hin zur Speicherung der Daten in physischen Datenbanken (auch als Configuration Management Databases, CMDB, bezeichnet).

CMS

Das Configuration-Management-System definiert die zur Anzeige, Bereitstellung und nachhaltigen Speicherung notwendigen Informationen zu Configuration Items sowie deren Beziehungen untereinander. Für die enthaltenen Configuration Items werden entsprechend ihrer Typologie unterschiedliche Attribute hinterlegt und gepflegt. Durch das CMS werden Schnittstellen zwischen im SACM eingesetzten Systemen ebenso wie zwischen Drittsystemen definiert und umgesetzt. Prozessuale Aspekte werden berücksichtigt und geeignete Sichten auf die Daten definiert, die die unterschiedlichen Anforderungen der Anwender an die Präsentationsebene berücksichtigen.

CMDB

Auch wenn Configuration Management Database (CMDB) den Begriff »Datenbank« inkludiert, ist im Sinne von ITIL darunter nicht eine physische Datenbank zu verstehen, in der alle Daten gespeichert werden. Vielmehr definiert ITIL eine übergeordnete »integrierte CMDB«, die als logisches Konstrukt eine Gesamtsicht auf die diversen darunter liegenden Einzelsysteme und physischen CMDBs generiert. Aus dieser Vielzahl physischer Quellsysteme (Datenebene) werden in der so genannten Informationsebene die Beziehungen dieser Daten gemäß dem Configuration Model abstrahiert und in der integrierten CMDB logisch abgebildet. Diese integrierte CMDB ist Informationsquelle (Informationsebene) für alle anderen ITIL-Prozesse.

Service Assets und Configuration Items

Als Service Asset beziehungsweise Configuration Items (CI) werden alle durch das CMS verwalteten Datensätze bezeichnet. Sie beschreiben alle hinterlegten Informationen (zum Beispiel Hardware-Assets, Software-Installationen, Software-Lizenzen, Dokumentationen, Change Requests, Incident und Problem Tickets) zu den einzelnen Objekten.

Diese einzelnen physischen Datenbanken werden zu einer integrierten, logischen CMDB zusammengefasst, die den Zusammenhang und die Beziehungen zwischen den Daten der einzelnen physischen Datenbanken beschreibt (Informationsebene). Funktioniert das CMS als zentrale Daten- und Informationsdrehscheibe des SACM nicht, verfehlt es also die definierten Ziele und Anforderungen, sind andere

ITIL-Prozesse massiv gefährdet, weil notwendige Daten nicht oder nur in unzureichender Qualität zur Verfügung stehen.

Grundlage der Umsetzung des Configuration-Management-Systems ist ein konzeptionelles Modell der IT-Infrastruktur, das als logisches Datenmodell (Configuration Model) die Basis für die integrierte CMDB und die darunter liegende Datenebene bildet.

Die integrierte CMDB adaptiert dieses logische Modell in Form eines Datenbankverbundes, in dem sämtliche Informationen über alle Configuration Items hinterlegt und den anderen ITIL-Prozessen transparent zur Verfügung gestellt werden. Zusätzlich zu dieser datenorientierten Sicht definiert das CMS Richtlinien und Planungsvorgaben für die Prozess- und Präsentationsebenen, das heißt die zielgerichtete Nutzbarmachung der Daten und Informationen an die entsprechenden Anwender/Rollen.

Neben der operativen Bereitstellung des CMS und entsprechender Datenmodelle und -quellen besitzt das SACM eine planerische, steuernde Facette. In diesem Punkt liegt der wesentliche Unterschied zu einer reinen Datenhaltung ohne prozessbegleitende Aktivitäten zur Pflege, Kontrolle und Auditierung von Daten. Im Rahmen des SACM werden Aktivitäten definiert und umgesetzt, die von der Planung, der Einführung, dem Betrieb bis zur kontinuierlichen Verbesserung des Prozesses durch regelmäßige Reviews und Audits reichen. Der Configuration Manager ist verantwortlich für die Umsetzung der planerischen und operativen Aktivitäten des SACM und spielt aufgrund der essentiellen Schnittstellen des SACM zu anderen ITIL-Prozessen eine wesentliche Rolle bei der Abstimmung mit den entsprechenden Prozessverantwortlichen, insbesondere mit dem Change- sowie dem Release- und Deployment-Manager. Er weist zudem die Qualität der Leistungserbringung des SACM durch geeignete KPIs (Key Performance Indicators) nach.

Ziele des Prozesses

Die Ziele des SACM sind:
- ⇨ Beschreiben und Etablieren eines Prozesses zur geschäfts- und kundenorientierten Bereitstellung und Pflege von allen für den IT-Infrastrukturbetrieb notwendigen Daten,
- ⇨ Implementierung eines logischen Datenmodells zur Pflege aller vorhandenen Configuration Items gemäß dem Configuration Model,
- ⇨ Sicherstellen der Aktualität und Integrität der Daten der Configuration Items,
- ⇨ Erlangen eines Bestandsmanagements, das durch Statusnachweis und Historienfunktion jederzeit Auskunft über Eigentums- und Wertverhältnisse eines Inventargegenstandes geben kann,
- ⇨ Erreichen einer hohen Datenqualität inklusive Soll- und Ist-Zuständen durch regelmäßige Verifizierung der Daten,
- ⇨ Schaffen einer verlässlichen Datenquelle für alle anderen ITIL-Prozesse.

Werden diese Ziele erreicht, wird das SACM bei der Einführung von ITIL seiner Bedeutung gerecht, weil das CMS als zentrale Informations- und Datenquelle eine Voraussetzung für eine erfolgreiche Implementierung der anderen ITIL-Prozesse ist.

Aufgaben des Prozesses

Der Fokus dieses Kapitels liegt weniger auf einer theoretischen Beschreibung der Aufgaben und Inhalte, sondern auf Erfahrungswerten bei der Einführung eines SACM. Insofern werden nachfolgend lediglich die wesentlichen Aufgaben des SACM anhand der einzelnen Teilaktivitäten beschrieben, ausführlichere Beschreibungen können der originalen ITIL-Literatur entnommen werden:
- ⇨ Steuerung und Planung,

⇨ Konfigurations-Identifikation,
⇨ Konfigurations-Kontrolle,
⇨ Statusnachweis und Reporting,
⇨ Verifizierung und Audit.

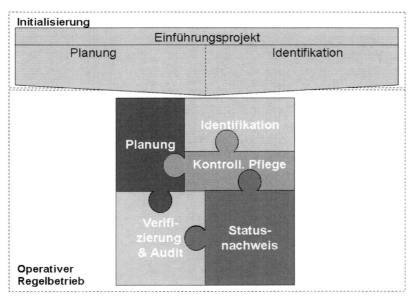

Abb. 1: *Prozessüberblick SACM*

Die fünf genannten Teilprozesse haben unterschiedliche Ausprägungen in Bezug auf eine planerische beziehungsweise operative Ausrichtung. Die Teilprozesse »Steuerung und Planung« und »Konfigurations-Identifikation« besitzen neben operativen Prozesselementen der Planung und Identifikation auch projektbezogene Aktivitäten, die im Rahmen der initialen Implementierung des SACM einmalig durchlaufen und anschließend zyklisch verifiziert werden. Die drei Teilprozesse Konfigurations-Kontrolle, Statusnachweis und Reporting sowie Verifizierung und Audit dagegen bestehen aus rein operativen

Aktivitäten, die kontinuierlich ausgeführt werden und sich dabei an den Vorgaben aus den planerischen Prozesselementen orientieren.

Steuerung und Planung des SACM

Die Steuerung und Planung des SACM umfasst folgende Aktivitäten, wobei die Trennung zwischen der initialen und der zyklischen Planung beachtet werden muss, die später detaillierter betrachtet wird:

- ⇨ Definieren des Ziels, des Umfanges, der Richtlinien und Prozeduren des SACM sowie Benennung der Verantwortlichkeiten für den Prozess,
- ⇨ Dokumentation von Geschäfts- und Kundenanforderungen sowie Anforderungen aus den anderen ITIL-Prozessen,
- ⇨ Erstellung und Pflege eines SACM-Planes,
- ⇨ Festlegen des Detaillierungsgrades für die benötigen Configuration Items,
- ⇨ Beschreibung der beteiligten Rollen,
- ⇨ Beschreibung und Etablierung von Policies und Richtlinien für das SACM,
- ⇨ Beschreibung von Schnittstellen zu Geschäftsprozessen und anderen ITIL-Prozessen,
- ⇨ Festlegen von Namenskonventionen,
- ⇨ Definition von Baselines.

Baselines

Baselines dienen unter anderem der Bereitstellung von Configuration Items auf Basis einer Standardvorlage desselben Typs. Die Eigenschaften einer Configuration Baseline werden zu einem bestimmten Zeitpunkt dokumentiert und können nur über einen offiziellen Änderungsprozess angepasst werden. Unter Baselines sind somit definierte Systembeschreibungen zu verstehen, die als abgestimmter, festgelegter Ausgangspunkt für Changes verwendet werden können und auf die im Fehlerfall zurückgegangen werden kann.

Konfigurationsidentifikation

Die im Betrieb der IT-Infrastruktur benötigten Services, Assets, Komponenten, Dokumente, Incident-Tickets etc. werden alle in der integrierten CMDB erfasst und den entsprechenden Datenquellen zugeordnet beziehungsweise je nach Anforderung für die Anwender bereitgestellt. Die Configuration Items umfassen neben Hard- und Software-Assets auch Lizenzen, Installationen sowie alle anderen zur IT-Infrastruktur zu hinterlegenden Daten.
Zusammengefasst umfasst die Identifikation folgende Aktivitäten:

Im Rahmen der Projektinitialisierung:
⇨ Festlegen der in der CMDB zu hinterlegenden Configuration Items (Hardware, Software, Services, Sonstiges)
⇨ Festlegen von Namenskonventionen: Für alle Configuration Items werden eindeutig identifizierende Namen vergeben. Die definierten Configuration Items werden auf Basis festgelegter Namenskonventionen benannt. Dabei werden für alle Configuration Items Typenbezeichnung, Modell, Version und sonstige festgelegte Attribute gemäß Vorgabe aus dem Configuration-Management-Plan aufgenommen.
⇨ Definieren von Beziehungen zwischen Configuration Items (physisch wie logisch)

Im Rahmen des operativen Regelbetriebes:
⇨ Dokumentieren von Baselines
⇨ Identifizieren, Erfassen und Benennen von Configuration Items
⇨ Erstellen von Configuration Baselines, die in folgenden Szenarien zum Einsatz kommen:
  – als Fallback-Option, falls sich bei neuen Konfigurationen (nach Änderungen) Probleme ergeben,
  – als Standard für die Auslieferung von Konfigurationen (zum Beispiel Standardarbeitsplätze),

- als Standard Configuration Item zur Erfassung von Kosteninformationen,
- als Auslieferungspunkt neuer Soft- und Hardware.

Bei der Konfigurationsidentifikation sind Randbedingungen aus der Planung an das CMS und die integrierte CMDB zu beachten. Aufgrund der zentralen Bedeutung der integrierten CMDB als essentieller Bestandteil des CMS werden im folgenden Abschnitt kurz die wesentlichen Schritte der CMDB-Konzeption beschrieben, die Auswirkungen auf die Identifikation von Configuration Items haben.

Konzeption und Umsetzung der integrierten CMDB

⇨ *Datenquellen ermitteln:* Für die Bereitstellung der Daten und Informationen in der CMDB sind verschiedene Informationsquellen heranzuziehen (zum Beispiel bestehende Datenbanken mit Informationen zu Inventargegenständen, Personendaten oder Standorten, Telefonverzeichnisse etc.). Auch der Einsatz von Excel als bestandsführendes Tool ist nicht ungewöhnlich und muss bei der Ermittlung entsprechend berücksichtigt werden. Der Configuration Manager sorgt bereits in der Planung für die Absprache zur späteren Bereitstellung und Zulieferung der Informationen.

⇨ *Infrastruktur entwerfen:* Der Configuration Manager entwirft auf Basis beschriebener und mit den anderen Prozessverantwortlichen abgestimmten Anforderungen die notwendige technische Infrastruktur des CMS. Zusätzlich plant er die Umsetzung dieser Anforderungen und veranlasst die Implementierung notwendiger Änderungen an die physische CMDB.

⇨ *Datenmodellierung:* Der Configuration Manager erstellt auf Basis der Anforderungen ein Entity-Relationship-Modell zur Abbildung der Configuration Items sowie deren Relationen untereinander. Im Rahmen der kontinuierlichen Weiterentwicklung ist er auch für die anhaltende Aktualisierung des ER-Modells verantwortlich.

Konfigurationskontrolle

Im Rahmen der Kontrolle erfolgt die prozesskonforme Registrierung neuer oder veränderter Configuration Items.

Im Rahmen dieses Teilprozesses wird sichergestellt, dass die Daten zu Configuration Items immer auf dem aktuellen Stand sind, indem lediglich zugelassene und identifizierte Configuration Items eingesetzt, erfasst und überwacht sowie Statusaktualisierungen oder geänderte Attribute unverzüglich gepflegt werden.

Es wird außerdem erreicht, dass kein Configuration Item hinzugefügt, angepasst, ersetzt oder entfernt wird, ohne dass diesbezüglich die entsprechende Dokumentation, zum Beispiel in Form eines genehmigten Request for Change (RfC) oder einer angepassten Spezifikation, vorliegt. Damit unautorisierte Änderungen nicht erfolgen können, werden für die Pflege der identifizierten Komponenten autorisierte Personen festgelegt. Die einzelnen Dateninhalte werden deren Eigentümer zugewiesen.

Weitere Aktivitäten der Kontrolle sind:
⇨ Aktualisierung und Archivierung abgeschriebener und aussortierter Configuration Items,
⇨ Sicherstellen der Datenintegrität,
⇨ Aktualisieren der Daten nach Audits.

Eine Überwachung der Pflege wird notwendig, wenn
⇨ neue Configuration Items hinzugefügt werden,
⇨ sich Beziehungen zwischen Configuration Items verändern,
⇨ sich der Status eines vorhandenen Configuration Items ändert,
⇨ CMDB-Veränderungen infolge eines Audits erforderlich werden.

Statusnachweis und Reporting

Jedes Configuration Item wird mit einem Status versehen, der seinen aktuellen Zustand widerspiegelt. Durch die Aktivitäten in den Kernprozessen von Incident-, Problem- und Change-Management wird der Status eines Objektes entsprechend den gelieferten Informationen angepasst. Die Statusüberwachung ermöglicht es, Statusveränderungen zu verfolgen und dient als Informationsgrundlage jedweder Abfragen zu einem CI. Im Rahmen des Reportings werden aktuelle und historische Daten zu einem CI bereitgestellt und zielgruppengerecht aufbereitet.

Verifizierung und Audit

Die Verifizierung der Daten erfolgt mit Hilfe von regelmäßigen Audits der IT-Infrastruktur.
Audits sind zu den nachstehend aufgeführten Zeitpunkten möglich:
⇨ im Anschluss an die Implementierung des SACM,
⇨ sechs Monate nach der Implementierung des SACM,
⇨ vor und nach wichtigen Änderungen (Major Changes),
⇨ nach einer Krisen- oder Notfallsituation,
⇨ zu beliebig geeigneten Zeitpunkten.

Häufig werden im Rahmen des Security Managements Auditzyklen formuliert, denen sich das SACM anpassen kann. In diesem Fall stimmt der Configuration Manager mit dem Beauftragten für die IT-Sicherheit auf obiger Basis einen Auditierungsplan ab.
Audits können auch in Form von Stichproben durchgeführt werden, wenn der Configuration Manager begründeten Verdacht hat, dass die Daten nicht stimmen. Die Tiefe und der Umfang der zu prüfenden Configuration Items werden dabei nach Bedarf festgelegt. Die Ergebnisse der Audits müssen sorgfältig ausgewertet und dokumentiert werden. Folgende Maßnahmen müssen anschließend erfolgen:
⇨ Anträge zur Behebung von Abweichungen zwischen Soll und Ist müssen über das Change Management zur Behebung eingereicht werden.

⇨ Ermittelte grundsätzliche Schwächen müssen in die Pflege und Aktualisierung des Configuration-Management-Planes einfließen.

Verbindungen mit anderen Prozessen

Das SACM hat Schnittstellen zu allen anderen ITIL-Prozessen. Die Bedeutung der Schnittstellen reicht dabei vom reinen Informationslieferanten (zum Beispiel an das Incident Management) bis hin zur integralen, datenbezogenen Verflechtung mit anderen prozessindividuellen Daten.

Wesentliche Schnittstellen bestehen zum Change- sowie Release- und Deployment-Management. Über das Change Management werden alle Änderungen an der IT-Infrastruktur und damit auch an den Configuration Items geplant und gesteuert. Die Umsetzung notwendiger Veränderungen oder die Einführung neuer IT-Infrastrukturkomponenten erfolgt durch das Release- und Deployment-Management, das neue Releases von Soft- und Hardware vor der Betriebseinführung testet und freigibt. Die Bereitstellung der dafür notwendigen Daten erfolgt durch das SACM.

Kritische Prozessabschnitte und Erfolgsfaktoren für das Erreichen der Prozessziele

Mittlerweile haben nahezu alle Unternehmen in ihrer IT-Organisation Erfahrungen mit der Implementierung von ITIL-Prozessen gesammelt. Eine der Hauptursachen für Fehlschläge und Verfehlung erhoffter Ziele wie Kostensenkung, Transparenz und Effektivitäts- und Effizienzsteigerung liegt im Scheitern der Bemühungen um die Etablierung eines ITIL-konformen SACM. Während das Beschreiben und Implementieren des Prozesses inklusive organisatorischer Abbildung in der Regel noch zum Erfolg gebracht wird, ist die Planung, Projektierung und Umsetzung eines logischen Modells inklusive der integrierten CMDB sowie der darunter liegenden Datenebene eine der Hauptfehlerquellen. Nachfolgend werden am Beispiel von zwei essenziellen Teilprozessen des SACM Hindernisse und Probleme beschrieben sowie Lösungsansätze skizziert, die dabei helfen, ein Scheitern zu vermeiden. Dabei ist zu beachten, dass die beschriebenen Erfahrungen sich auf die ITIL-Prozesse der Version 2 stützen, weil mit dem aktuellen ITIL V3 Release entsprechende Erfahrungen noch nicht umfassend vorliegen.

Planung und Einführung des SACM

Der Planung und Einführung eines SACM inklusive dem Aufbau eines CMS kommt eine zentrale Bedeutung zu – für das SACM selbst wie für die anderen ITIL-Prozesse. Im Rahmen der Planung werden sowohl die initialen Projektierungs- und Implementierungsbedingungen festgelegt als auch die zu operationalisierenden Planungszyklen des Configuration-Management-Plans fixiert.

Während der projektbezogenen Planung liegen die wesentlichen Aufgaben in der Festlegung von Rahmenbedingungen, die im Wesentlichen nachfolgende Aspekte umfassen:

⇨ Identifikation und Bewertung von vorhandenen Systemen, die Informationen zu Hard- und Softwareassets, Lizenzen, Kosten- und Verrechnungsinformationen, Release-Informationen zu eigenentwickelten Applikationen, Störungen und Changeprozeduren, Kapazitäts- und Verfügbarkeitsdaten, zu Security etc. liefern,
⇨ Betrachtung vorhandener Schnittstellen dieser Systeme und Beschreibung eines Gesamtdatenflussmodells,
⇨ Identifikation von Medienbrüchen und Redundanzen in der Datenhaltung,
⇨ Festlegung des CMS und des Configuration Models, das betrifft:
  – die zu erfassenden Configuration Items
    (Welche Configuration Items sollen überhaupt erfasst werden?),
  – die Detailtiefe der zu erfassenden Configuration Items
    (Welche Informationen zu einem Configuration Item werden benötigt?),

⇨ Identifikation von Zielszenarien wie zum Beispiel dem Aufbau einer vollständig neuen, optimal an die Anforderungen ausgerichteten Lösung (»Grüne Wiese«),
⇨ Migrationen, in denen zwei oder mehrere Bestandssysteme zusammengefasst oder migriert werden,
⇨ Zeithorizont,
⇨ Ressourcenplanung.

Die Bedeutung der initialen, projektbezogenen Planung eines SACM wird in der Praxis häufig unterschätzt. Häufigste Fehler sind dabei:
⇨ Die Heterogenität der existierenden Systemlandschaft wird unterschätzt.
⇨ Es ist nicht möglich, ein vollständiges und IT-gesamtheitliches, systemübergreifendes Gesamtkonzept eines Datenmodells (Configuration Model) zu erstellen.
⇨ Dezentrale Datenhaltung und Redundanzen führen zu Fehlern, Inkonsistenzen und Doppelarbeit.
⇨ Die Veränderungsfähigkeit einer (IT-)Organisation wird durch einen zu umfassenden Projektansatz (zum Beispiel Einführung einer kompletten Neulösung und Ablösung bisher eingesetzter Systeme) überfordert.
⇨ Es kommt zu Problemen durch proprietäre Altsysteme und daraus abgeleitete Schwierigkeiten zur Integration in Zielszenarien.
⇨ Die Projektierungs- und Implementierungskosten eines ITIL-konformen CMS werden unterschätzt.
⇨ Es treten Widerstände aus Organisationen auf, deren gelebte Prozesse durch Einführung eines SACM gravierend verändert werden.

Darüber hinaus sind in der operativen Planung sämtliche Informationen wie Auditzyklen, Rollen und Verantwortlichkeiten im Betrieb, Regelmeetings etc. festzulegen.

Werden die genannten möglichen Probleme beachtet und entsprechende Maßnahmen zur Gegensteuerung ergriffen, ist der wesentliche kritische Erfolgsfaktor der operativen Planung die Implementierung des zyklischen Prozessablaufs. Häufig werden genannte Aspekte wie Festlegung von Scope und Tiefe der zu erfassenden Configuration Items einmalig festgelegt und anschließend nicht mehr überprüft, so dass eine notwendige regelmäßige Überprüfung der Eckpunkte des Configuration-Management-Planes nicht oder nur eingeschränkt stattfindet.

Statusnachweis, Reporting/Verifizierung und Audit

Nachdem in vorangehenden Abschnitt auf die wesentlichen Stolpersteine der initialen und operativen Planung des SACM-Prozesses eingegangen wurde, werden nachfolgend am Beispiel der Teilprozesse »Statusnachweis und Reporting« sowie »Verifizierung und Audit« häufige Nachlässigkeiten und Probleme im operativen Ablauf beschrieben.

Ob die Ziele des SACM-Prozesses in Bezug auf Datenqualität und unverzügliche Nachvollziehbarkeit von Änderungen an der IT-Infrastruktur erreicht werden, hängt ausschließlich davon ab, wie konsequent die Aufgaben der beiden genannten Teilprozesse in der IT-Organisation umgesetzt werden:

⇨ Veränderungen an der IT-Infrastruktur in den Datenbeständen müssen nach jedem erfolgreichem Change gemäß Change-Management-Prozess nachvollzogen werden. Dies gilt auch für anderweitig aufgefallene Abweichungen zwischen Ist- und Soll-Zustand.
⇨ Statusinformationen zu jedem hinterlegten Configuration Item müssen gemäß Vorgaben aus dem Configuration-Management-Plan bereitgestellt werden.
⇨ Die Qualität und Aktualität der gepflegten Daten muss durch regelmäßige und stichprobenartige Audits belegt werden.

Die Erfahrung lehrt, dass die drei genannten Kernaufgaben der beiden Teilprozesse nicht immer in dem Maße gelebt werden, wie es der Soll-Prozess von ITIL oder die unternehmensspezifische Prozessbe-

schreibung vorgeben. Obwohl diese Aufgaben in der Regel prozessual beschrieben sind und entsprechende Verantwortung den zugehörigen Rollen obliegt, lassen sich in der Praxis viele Beispiele finden, in denen trotz dieser positiven Rahmenbedingungen die Datenqualität und -aktualität teilweise weit hinter den avisierten Zielen zurückbleibt.
Die Ursachen dafür sind vielfältig:

- ⇨ Qualitätssichernde Maßnahmen im Tagesbetrieb werden vernachlässigt, weil scheinbar geschäftsrelevantere Aktivitäten eine höhere Priorität genießen.
- ⇨ Elektronische Mittel zur automatischen Pflege eines Status werden häufig nur eingeschränkt verwendet, wodurch der Aufwand zur Pflege unverhältnismäßig hoch erscheint und im Laufe der Zeit vernachlässigt wird.
- ⇨ Eine technische Unterstützung der qualitätssichernden Maßnahmen wird nicht adäquat implementiert, um den Aufwand der Audits und Verifizierungen im vermeintlich vertretbaren Rahmen zu halten (die späteren Aufwände und entstehenden Kosten niedriger Datenqualität und -aktualität werden dabei häufig vernachlässigt oder unterschätzt).
- ⇨ Passive Amortisationsrechnungen verhindern Investitionen in neue oder vorhandene Technologien zur automatischen Geräteidentifikation und -inventarisierung (zum Beispiel Barcode oder RFID). Häufig berücksichtigen genannte Rechnungen lediglich ausgabewirksame Kosten, wobei interne Aufwände (zum Beispiel Ausfallzeiten von Mitarbeitern, IT-interne Aufwände für Inventuren, Klärungsaufwände bei Nichtauffindbarkeit eines Configuration Items) unberücksichtigt bleiben. Eine derart passive Rechnung wird eine Investition in der Regel als unwirtschaftlich erscheinen lassen oder zu einem langfristigen Return on Investment (ROI) führen. Dabei bleiben einige Hebel zur Produktivitätssteigerung oder Kostensenkung sowohl in der IT-Organisation als auch in den Geschäfts- oder Fachbereichen unberücksichtigt, so dass eine tatsächlich sinnvolle Investition vermeintlich unrentabel erscheint.

Betrachtet man die genannten Gründe näher, lassen sich zwei wesentliche Ratschläge für die Praxis formulieren:
⇨ zielführend ist eine konsequente Umsetzung der beschriebenen Prozesse nach definierten Zielvorgaben und Rahmenbedingungen;
⇨ nach erfolgter Einführung ist die kontinuierliche Messung der Prozessqualität durch geeignete Indikatoren unabdingbar.

Die Umsetzung der Prozesse umfasst dabei auch umfangreiche Schulungsmaßnahmen für betroffene Mitarbeiter, um diesen neben den fachlichen Aspekten auch den Sinn und die Ziele von qualitätssichernden Maßnahmen umfassend darzustellen. Über die Schulung hinaus liegt ein wesentlicher Hebel, um qualitätsbezogene Ziele des SACM zu erreichen, in erfolgsabhängigen Einkommensbeteiligungen oder der Berücksichtigung der Prozessziele in den individuellen Zielvorgaben beteiligter Mitarbeiter.

Wie beschrieben, gibt es bei der Einführung und dem späteren Regelbetrieb des SACM zahlreiche Stolpersteine und Hindernisse. Allerdings ist die Bewältigung der daraus resultierenden Herausforderungen häufig durch gezielte aber mit einem verhältnismäßig geringen Aufwand verbundene Maßnahmen möglich. Darüber hinaus gibt es technische Implementierungsmaßnahmen, die zu einem hohen Investitionsvolumen führen können. Für diese ist selbstverständlich der Nutzen durch geeignete Business Case- oder ROI-Betrachtungen nachzuweisen, wobei hier die berücksichtigten Kosten maßgebliche Einflussfaktoren für das Ergebnis und die Potenzialaussage sind und somit sorgfältig ausgewählt werden müssen.

Irreführende Schätzungen

Die meisten Unternehmen sind natürlich in der Lage, vollständige und mathematisch korrekte ROI-Berechnungen durchzuführen. Häufig sind die Ergebnisse dieser Berechnungen trotzdem irreführend, da eine monetäre Bewertung von nicht ausgabewirksamen Kosten (zum Beispiel Klärungsaufwände durch interne Mitarbeiter) auf einer falschen Datenbasis erfolgt. Die Bewertung von Aufwänden und deren Zuordnung zu dedizierten Prozessschritten ist aufgrund fehlender Prozessdokumentation oder Tätigkeitsnachweise vielfach nicht möglich, so dass auf Basis von Schätzungen berechnet wird.

Wechselwirkungen des Prozesses und der IT-Organisation

Zur Analyse der Wechselwirkungen zwischen dem SACM-Prozess und einer IT-Organisation ist es sinnvoll, zunächst existierende Abhängigkeiten und Schnittstellen zu beschreiben. An diesem Punkt spielen vor allem Auswirkungen der Einführung eines SACM-Prozesses auf eine IT-Organisation eine Rolle; restriktive Rahmenbedingungen einer existierenden IT-Organisation, die zu Blockaden oder Hindernissen bei der Einführung des SACM-Prozesses führen können, sollten jedoch nicht dazu führen, von dem formulierten Vorgehen abzuweichen.

Insofern ist primär die Frage zu betrachten, welche Wirkungen der SACM-Prozess auf eine IT-Organisation hat, sekundär die dazukommenden Wirkungen einer IT-Organisation auf das SACM. Zur Beantwortung dieser Fragen können die Wirkungen unterschieden werden in:

⇨ organisatorische Wechselwirkungen,
⇨ prozessuale Wechselwirkungen,
⇨ technische Wechselwirkungen.

Organisatorische Wechselwirkungen ergeben sich aus der Einführung der ITIL-konformen Rollen des SACM-Prozesses und deren Abbildung in der IT-Organisation. Viele Aufgaben, die im Rahmen einer ITIL-Einführung definierten ITIL-Rollen zugewiesen werden, sind bereits im Ist-Zustand dediziert unternehmensspezifischen Rollen zugewiesen. Die Herausforderung bei der ITIL-Einführung liegt hier im Redesign des IT-Organisationsmodells und der entsprechenden Rollen, um den SACM-Prozess möglichst effizient abzubilden. Ein kritischer Erfolgsfaktor hierbei ist die klare Zuweisung der Kompetenzen, Verantwortlichkeiten und Aufgaben einer SACM-Rolle vor dem Hintergrund der abteilungsübergreifend in der IT-Organisation verlaufenden ITIL-Prozesse. Entstehende Widerstände müssen aufgelöst und sinnvolle Lösungen implementiert werden, die den Anforderungen der IT-Organisation gerecht werden.

Prozessuale Wechselwirkungen ergeben sich vor allem aus der Integration des SACM in das IT-Prozessmodell. Das SACM als Stützprozess der IT dient der effizienten und effektiven Unterstützung der IT-Kernprozesse, die ihrerseits wiederum eine zielgerichtete Unterstützung der Geschäftsprozesse gewährleisten müssen. Diese geschäftsprozessuale Orientierung ist eine wesentliche Handlungsmaxime für die Implementierung des SACM, da sich daraus strategische Vorgaben an den Aufbau einer CMDB ableiten lassen (zum Beispiel Flexibilität durch Erweiterung bei Zu- oder Verkäufen von Produktionslinien, Skalierbarkeit in Bezug auf Datenmengen durch geplantes organisches Organisationswachstum etc.). Der SACM-Prozess wirkt sich dagegen auf andere (Stütz-)Prozesse der IT aus. Unter der Prämisse, dass die qualitätssichernden Aktivitäten wie Verifizierung und Audit entsprechend der ITIL-Vorgaben umgesetzt und tatsächlich gelebt werden, ergeben sich Auswirkungen auf bisherige qualitätssichernde und operative IT-Prozesse, die das Erreichen avisierter Ziele ermöglichen. Beispiele sind hier Produktivitätssteigerungen, die durch ein Sinken des Aufwandes von administrativen Tätigkeiten, Leerlaufzeiten und Klärungsaufwänden oder die Verkürzung von Prozessdurchlaufzeiten entstehen.

Technische Wechselwirkungen ergeben sich aus der Einführung der CMDB und der darauf aufsetzenden qualitätssichernden Teilprozesse sowie aus den Rahmenbedingungen vorhandener Konfigurationsdatenbanken, Asset-Management- und Inventarisierungssystemen. Bereits vorhandene Systeme geben mögliche Orientierungslinien für die zukünftige Systemarchitektur vor (zum Beispiel durch notwendige Schnittstellen, strategische Vorgaben einer IT-Architektur Strategie), neue einzuführende Systeme wiederum erfordern Anpassungen vorhandener IT-Bebauungsplanung und Systemarchitektur. Das sich daraus ergebene Spannungsfeld gegenseitiger Abhängigkeiten ist vor allem durch eine umfangreiche Planungsphase bei der Einführung des SACM aufzulösen.

Die Wechselwirkungen in Bezug auf das SACM lassen sich in zwei wesentlichen Kernaussagen zusammenfassen:
⇨ Die Einführung des SACM wird zu Veränderungen in der IT-Organisation führen – sowohl in direkt als auch in indirekt betroffenen Bereichen der IT-Organisation. Direkte Einflüsse entstehen durch den Einsatz neuer Systeme und die Implementierung des SACM-Prozesses, indirekte Auswirkungen resultieren aus einer Verschiebung der Aufwände im Bereich des Datenmanagements und daraus eröffneten Möglichkeiten zur Reorganisation gebundener Ressourcen.
⇨ Eine bestehende IT-Organisation wird Einfluss auf die Gestaltung des SACM-Prozesses und der CMDB haben (zum Beispiel Organisationsstruktur, fachliche Weisungsbefugnis), darf aber notwendige Veränderungen und Innovationen nicht verhindern.

Erfolgsfaktoren bei der Einführung

Projektstruktur
Eine für alle Unternehmen und IT-Organisationen geltende »Best-Practice«-Projektstruktur für die Einführung des Configuration-Management-Prozesses ist nicht darstellbar, weil die Heterogenität der IT-Organisationen eine Formulierung eines Standard-Projektorganigramms nicht erlaubt.
Allerdings besitzen folgende Hinweise bezüglich einzubindender IT-Organisationseinheiten/Rollen einen allgemeinen Gültigkeitscharakter:
⇨ *Sponsoring des IT-Managements sichern:* Die Einführung des Configuration Managements braucht, wie die anderen ITIL-Prozesse auch, die Rückendeckung des IT-Managements.
⇨ *Vertreter der Fachbereiche einbeziehen:* Die Einbindung von Fachbereichsvertretern ist vor allem in der Planungsphase essenziell, um einerseits von Beginn an die Anforderungen aus den Geschäftsprozessen berücksichtigen zu können und andererseits frühzeitig Akzep-

tanz für die möglicherweise umfassenden Veränderungen an der IT-Systemlandschaft in den Fachbereichen zu schaffen.
⇨ *IT-System-/Applikationsverantwortliche benennen:* Zur Planung der zukünftigen CMDB und deren Integration in die IT-Systemlandschaft ist die Einbindung von IT-System-/Applikationsverantwortlichen sinnvoll, da diese notwendige und wertvolle Informationen über Besonderheiten im Verhalten von Anwendungen und Systemen an das Projekt liefern.
⇨ *Wissensträger einbeziehen:* Darüber hinaus sind zur Erstellung technischer Implementierungskonzepte Wissensträger für verteilte Datenbank-Architekturen, Netzwerk, Sicherungsmechanismen und Webapplikationen einzubinden, die an dedizierten Fachthemen arbeiten.

Eine wesentliche Bedeutung kommt der Rolle des (Teil-)Projektleiters zur Einführung des SACM zu. Wesentliche Selektionskriterien zur Besetzung dieser Schlüsselposition ist neben den obligatorischen Projektmanagementskills ein tiefes Verständnis für die IT und IT-Prozesse im Unternehmen. Darüber hinaus ist es von Vorteil, wenn der Projektleiter über ein etabliertes, IT-übergreifendes Netzwerk in der Unternehmensorganisation verfügt.

An die Projektstruktur lassen sich ebenfalls allgemeingültige Hinweise formulieren. Ohne den Scope möglicher Teilprojekte detailliert zu beschreiben, sollten thematisch in der Projektstruktur folgende Aspekte berücksichtigt werden:
⇨ *CMDB-Design:* Das CMDB-Design umfasst die Erstellung eines technischen Gesamtkonzeptes, bestehend aus der Beschreibung eines Datenmodells sowie eines ersten Entwurfes einer CMDB-Bebauung. Diese stellt die zur Umsetzung der CMDB eingeplanten Systeme und deren Schnittstellen dar.
⇨ *Technische Integration:* Die technische Integration beschreibt detailliert neben dem Zusammenwirken verschiedener CMDB-Komponenten untereinander auch die Integration und Anbindung der CMDB in die Gesamtsystemlandschaft.

⇨ *Prozesse:* Das Teilprojekt »Prozesse« ist für die unternehmensspezifische Umsetzung der ITIL-Prozesse verantwortlich und dokumentiert diese gemäß Unternehmensvorgabe.
⇨ *Organisationsentwicklung:* Die Organisationsentwicklung umfasst alle notwendigen Aktivitäten, die zur Planung und Umsetzung notwendiger Veränderungen an Organisation und zugehörigen Rollen benötigt werden.
⇨ *Kommunikation und Management of Change* (mit »Change Management« ist hier nicht der gleichnamige ITIL-Prozess gemeint, sondern die projektbegleitenden Aktivitäten zur Steuerung der Veränderungen in der IT-Organisation durch die Einführung des SACM): Das Teilprojekt »Kommunikation & Change Management« begleitet die Einführung des SACM als Akzeptanz fördernde Maßnahme und ist für die Kommunikation an betroffene Anwender und Mitarbeiter zuständig.

Der letztgenannte Aspekt »Change Management« wird im nächsten Abschnitt detaillierter betrachtet.

Besonderheiten beim Management of Change

Dem Management of Change bei der Einführung des SACM kommt eine besondere Bedeutung zu, weil die Implementierung dieses Prozesses häufig durch umfangreiche organisatorische und technische Veränderungen begleitet wird. Ein besonderer Fokus sollte dabei auf die frühzeitige Erstellung eines Kommunikationsplanes gelegt werden, der Maßnahmen zur Kommunikation über die im Laufe des Projektes anstehenden Veränderungen und daraus resultierenden Auswirkungen an die betroffenen Mitarbeiter in- und außerhalb der IT-Organisation beschreibt. Eine zweite wesentliche Besonderheit liegt in der Sensibilität, mit der die Einführung der CMDB angegangen werden muss. Als zentrale Datenbasis der zukünftigen Service-Support und Delivery-Prozesse ist die CMDB gleichzeitig Quelle aller geräte- und servicebezogenen Informationen. Insofern muss bei der Einführung der CMDB und eventueller Ablösung von Altsystemen oder deren Integration in die zukünftige Systemlandschaft durch Aufbau von

Schnittstellen ein Schwerpunkt auf die Beschreibung von Fallbackszenarien gelegt werden, um die Sicherheit und Verfügbarkeit der notwendigen Daten auch im Laufe der Migration zu gewährleisten.

Service-orientiertes CMDB-Modell

Es ist mehrfach von der richtigen Modellierung der CMDB gesprochen worden. Die Frage stellt sich jedoch, wie das im jeweiligen Unternehmensumfeld unterschiedlich richtige Modell aussieht. In der Praxis hat sich die Gliederung der Services nach Business Services, Support Services und Infrastrukturkomponenten als sinnvoll herausgestellt. Die Services im Sinne der Bereitstellung eines/mehrerer technischer Systeme und Dienstleitungen als Verbundleistung zur Ermöglichung oder Unterstützung eines/mehrerer Geschäftsprozesse wären hiernach zu clustern nach:

⇨ *Business Services* betrachten einen Service von der Anwender-/Kundenperspektive aus,
⇨ *Support Services* sind notwendig, um Business Services bereitstellen zu können,
⇨ *Infrastrukturelle Rahmenbedingungen* ermöglichen den Betrieb der Support Services.

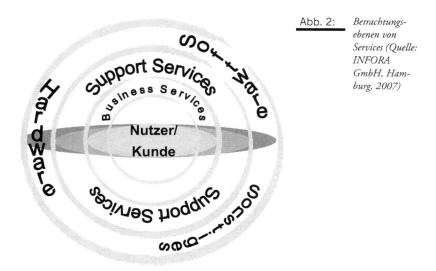

Abb. 2: *Betrachtungsebenen von Services (Quelle: INFORA GmbH, Hamburg, 2007)*

Zur Abbildung der Services auf die CMDB ergäbe sich damit folgendes logisches Bild (siehe Abb. 3).

Der Vorteil dieser CMDB-Stukturierung liegt in der serviceorientierten Sichtweise, über die sich ein Unternehmen bei ITIL V3 bereits bei der Definition und Abbildung der Service Strategy (im engeren Sinne im Portfolio Management) Gedanken machen sollte, wenn es

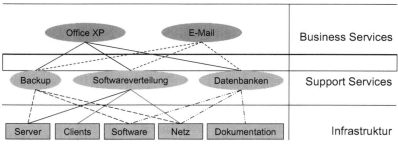

Abb. 3: *Inhalte einer CMDB (Quelle: INFORA GmbH, Hamburg, 2007)*

die Serviceorientierung ernst nimmt. Im Service Design (im engeren Sinne Service Catalogue, Service Level Management) erfolgt dann die Ausgestaltung dieser Services, um sie in der Service Transition in das SACM überführen zu können. Das Continual Service Improvement (im engeren Sinne das Service Level Management) ermöglicht schließlich die permanente Verbesserung der Services – immer nach den Betrachtungsebenen der Services und ihrer Beziehungen zueinander!

Richtige CI-Beschreibung

Die CI-Beschreibung und die damit verbundene Informationsdetailtiefe ist zumeist für interne und externe IT-Dienstleister unterschiedlich zu bewerten: externe Dienstleister benötigen häufig mehr CI-Attribute als interne, da ihr Serviceumfang auch umfassender ist. In jedem Fall ist die Frage zu beantworten: Welche CI-Informationen sind abzubilden, damit der angebotene Service im Sinne der SLA-Definition erbracht werden kann und die anderen ITIL-Prozesse ihre Aufgaben im Sinne der Zieldefinition und gemäß der Service Strategy erbringen können.

CIs	Festplatte	Textverarbeitung	Router
Attribute	- Bezeichnung - Typ - Seriennummer - Kapazität - im Einsatz seit - Preis - ...	- Bezeichnung - Versionsnummer - Anzahl der eingesetzten Lizenzen - Installationsort - im Einsatz seit - ...	- Bezeichnung - Hersteller - Typ - Seriennummer - im Einsatz seit - Preis - ...
Status	geplant, bestellt, in Entwicklung, im Test, im Wareneingang, im Einsatz, in Wartung, defekt, archiviert		

Abb. 4: *Beispiel für eine CI-Beschreibung (Quelle: INFORA GmbH Hamburg, 2007)*

Stufenweise Einführung

In diesem Abschnitt werden einige Hinweise gegeben, in welchem Umfang und welcher Ausprägung die Einführung eines Configuration-Management-Prozesses stattfinden kann und welche beispielhaften Ausbaustufen dabei zur Geltung kommen können.

Um die Kernaussage vorwegzunehmen: Eine vollständige Implementierung des SACM-Prozesses inklusive der Umsetzung einer integrierten CMDB, die alle Vorgaben gemäß ITIL erfüllt, ist in der Praxis in einem Schritt meist nicht möglich. Die zahlreichen technischen Abhängigkeiten und Schnittstellen, die notwendige Integration und Migration von Altdatenbeständen und der kostenintensive Aufbau einer neuen technischen Lösung lassen eine stufenweise Implementierung des SACM sinnvoll erscheinen. Wie viele Ausbaustufen dabei vorgesehen werden, wird individuell je nach Ausgangssituation und Reifegrad der bestehenden Prozesse in einem Unternehmen entschieden. Nachfolgendes Beispiel eines dreistufigen Ausbaustufenmodells beschreibt ein mögliches Vorgehen:

1. Stufe: Prozessuale Implementierung und zentrale Speicherung gerätebezogener Daten
In dieser Stufe werden zwei wesentliche Aufgaben angegangen. Erstens die Erstellung der Prozessbeschreibung des SACM-Prozesses inklusive Identifikation und Beschreibung der dafür relevanten und notwendigen Rollen. Zweitens die Beschreibung eines Modells zur Harmonisierung und Zentralisierung aller gerätebezogenen Daten. Dafür ist es bereits in dieser frühen Phase notwendig, das langfristige Ziel, das nach Abschluss der letzten Ausbaustufe erreicht werden soll, zu formulieren und zu fixieren. Je nach Entscheidung kann dann die Einführung eines neuen Systems oder die Migration oder Weiterentwicklung vorhandener Systeme als Grundlage der integrierten CMDB verwendet werden. Auf jeden Fall müssen bereits in dieser Stufe unabhängig von der zukünftigen technischen Lösung alle vorhandenen, potenziellen Quelldatensysteme ermittelt werden. Je nach Szenario wird dann je System über die Art der weiteren Verwendung oder Ab-

lösung entschieden. In puncto Rollen muss auf jeden Fall die Rolle des Configuration Managers beschrieben und bereits besetzt werden, damit dieser schon in der Planungsphase gestaltend auf die weitere Implementierung einwirken kann. Wichtig ist dabei, dass von Beginn an die qualitätssichernden Aktivitäten geplant und umgesetzt werden.

In Bezug auf die Detailtiefe der von Beginn an hinterlegten Configuration Items gilt: Hier sollte mit einem vernünftigen Augenmaß nach der Maxime »so viel wie nötig, so wenig wie möglich« vorgegangen werden. Die Pflege nicht benötigter Daten erfordert unnötigen Aufwand – Zeit, die dann für andere Aufgaben fehlt. Die Integration in die Systemlandschaft beschränkt sich auf wenige, notwendige Schnittstellen. Auf jeden Fall sollte aber bereits in dieser Stufe darauf geachtet werden, dass neben dem Configuration-Management-Prozess auch mindestens die Incident- und Problem-Management-Prozesse implementiert werden, sinnvoll ist ebenfalls die Implementierung und Integration von Change- sowie dem Release- und Deployment Management.

2. Stufe: Weitere Integration in die Systemlandschaft

Die zweite Stufe erweitert das CMS vor allem aus Sicht des Service Lifecycle Managements. Die integrierte CMDB muss vom Serviceabruf, der Serviceerbringung bis hin zur Serviceverrechnung als zentrale Datenbasis alle notwendigen Informationen bereitstellen. Dazu werden zusätzliche Schnittstellen (zum Beispiel zu Abrechnungssystemen, Personendatenanbindung) geplant und umgesetzt. Die Umsetzung zusätzlicher Rollen ergibt sich in dieser Stufe nicht, das Ergebnis ist ein deutlich integrativeres Gesamtsystem zur Unterstützung des Service Lifecycle.

3. Stufe: Integration zusätzlicher ITIL-Prozesse

In der letzten Ausbaustufe wird das umfassende CMS im eigentlichen Sinne von ITIL aufgebaut. Dies bedeutet vor allem die Integration anderer ITIL-Prozesse, insbesondere der dortigen Daten. Auch die Integration des Service Level Managements und des Financial

Managements werden in dieser Stufe realisiert. Nach erfolgreichem Abschluss dieser Stufe ist eine integrierte CMDB als Bestandteil eines umfassenden CMS in der IT-Organisation implementiert. Danach ist vor allem das Leben der in Stufe 1 beschriebenen Prozesse Garant für den weiteren Erfolg des SACM.

Kennzahlen des Prozesses

Mehrfach wurde in diesem Kapitel in einem anderen Zusammenhang auf die Bedeutung qualitätssichernder Maßnahmen bei der Einführung eines SACM hingewiesen. Besonders im SACM ist die Messung der Prozess-Performance und Zielerreichung unbedingt notwendig und von höchster Priorität. Für diese Messung werden, wie in allen anderen ITIL-Prozessen auch, so genannte Key Performance Indicators (KPI) verwendet. In dem nachfolgenden Abschnitt werden wesentliche KPIs des SACM genannt und beschrieben.

Key Performance Indicators

⇨ *Prozentualer Anteil an Incidents, denen falsche oder unvollständige Informationen zum betroffenen Configuration Item zugeordnet werden, weil die Daten der CMDB falsch sind:* Dieser KPI gibt wesentliche Aussagen darüber, inwieweit die Datenqualität tatsächlich den hohen Anforderungen entspricht. Hierbei wird der Vorteil des Single-Point-Of-Contact-Konzeptes im Service Desk deutlich: Die dort tätigen 1st-Level-Agenten können im Direktkontakt mit dem Anwender bei jeder Störung die Richtigkeit der in der CMDB hinterlegten Informationen zu einem Configuration Item mit den Angaben des Anwenders vergleichen und eventuelle Abweichungen im Ticket hinterlegen.

⇨ *Prozentualer Anteil mehrfach vorhandener beziehungsweise fehlender Configuration Items:* Mit jedem Audit einer CMDB sollte die Anzahl der redundant oder gar nicht erfassten Configuration Items sinken. Dieser KPI gibt den prozentualen Anteil dieser Vorfälle am

Gesamtdatenbestand wieder. Zu beachten ist dabei allerdings, dass dieser KPI keine Aussage über die Vollständigkeit und Richtigkeit der in einem Configuration Item hinterlegten Daten liefert (nur weil ein Gerät erfasst ist, heißt das nicht, dass die erfassten Daten stimmen).

⇨ *Steigerung des prozentualen Anteils an erfolgreich auditierten Configuration Items:* Diese Kennzahl ergänzt die fehlenden Aspekte des vorherigen KPI und weist aus, wie viel Prozent der im Rahmen eines Audits geprüften Datensätze vollständig und aktuell waren. Durch den Bezug auf die Auditergebnisse wird sichergestellt, dass auch die Vollständigkeit der Daten innerhalb der CMDB bewertet wird.

⇨ *Anzahl der fehlgeschlagenen Changes gemäß Change-Management-Prozess, die auf falsche Daten zu einem Configuration Item zurückzuführen sind:* Je weniger Changes mit der Ursache »falsche CI-Daten« scheitern, umso höher ist die Qualität und Aktualität der Daten in der CMDB.

⇨ *Prozentuale Senkung der Kosten zur Pflege der CMDB:* Dieser weniger operative KPI ist indirekt ein Indiz dafür, wie die Datenqualität in der CMDB ist. Je weniger Kosten zur Pflege der CMDB bei gleichem oder höherem Datenvolumen und gleicher oder höherer Qualität anfallen, umso geringer ist der Aufwand für die Prüfung und Korrektur falscher Daten. (Hierbei ist insbesondere zu hinterfragen, ob die Kostensenkung tatsächlich durch prozessuale Optimierung stattgefunden hat.)

⇨ *Prozentuale Verbesserung bei der Geschwindigkeit und Richtigkeit von Audits:* Je schneller Audits bei besseren Ergebnissen durchgeführt werden können, umso besser ist die Qualität der betrachteten CMDB.

Modellierungshinweise: Rollen, Schnittstellen, Detaillierung

In diesem Abschnitt werden praxisnahe Antworten auf wesentliche Fragen gegeben, die im Rahmen eines SACM-Einführungsprojektes gestellt werden:
⇨ Welche Configuration Items sollen erfasst werden?
⇨ Welche Detailtiefe zur Erfassung von Configuration Items ist sinnvoll?
⇨ Wie hängt die Detaillierung und der Umfang der notwendigen Modellierung von der Unternehmensgröße und Branche ab?

Selektion von Configuration Items

Eine der wesentlichen Aufgaben der Konzeption und Modellierung der CMDB ist die Auswahl der zu erfassenden Configuration Items. Hierbei geht es darum festzulegen, welche Informationen zur IT-Infrastruktur als eigene, identifizierbare Datensätze hinterlegt werden sollen. Dabei ist auch zu berücksichtigen, dass die physischen und logischen Beziehungen zwischen Configuration Items ebenfalls hinterlegt und gepflegt werden müssen. Diese beiden Faktoren – Configuration-Item-Typen und Configuration-Item-Beziehungen – müssen bei der Festlegung im Zusammenhang betrachtet und berücksichtigt werden.

Klassisches Beispiel zur Auswahl identifizierbarer Configuration Items ist der Arbeitsplatz eines Anwenders. Neben dem PC besteht dieser in der Regel aus einem Monitor, einer Tastatur, manchmal einem lokalen Drucker oder Scanner und gegebenenfalls anderer Peripheriegeräte. Der PC selber besteht wiederum aus einer Vielzahl von modularen Komponenten wie Festplatten, CPU, Hauptspeicher, Netzwerkkarte, Grafikkarte etc. Bei der Modellierung der CMDB ist festzulegen, welche der genannten Geräte beziehungsweise Komponenten als Configuration Item erfasst werden. Ein Monitor ist mit dem PC verbunden, genauso wie Maus, Tastatur und sonstige angeschlossenen Geräte. Alle Komponenten eines PCs stehen in direkter Beziehung zum PC, der wiederum in ein Netzwerk eingebunden ist und (über die Netzwerkkarte) in Beziehung zu Netzwerkkomponenten steht (Ports, Switches, Routern, Servern).

Unter Betrachtung der möglichen Extreme (minimale gegenüber maximale Erfassung) sind die entstehenden Vor- und Nachteile je nach Ausprägung abzuwägen.

Bei der *maximalen Datenerfassung* würden alle genannten Geräte und alle PC-internen Komponenten als eigene Configuration Items erfasst und in der CMDB inklusive der vorhandenen Beziehungen gepflegt. Vorteil dieser Lösung ist die maximale Transparenz über die vorhandene IT-Infrastruktur. Nachteilig wirken sich die hohen Aufwände zur Erfassung und Pflege dieser Daten aus. Selbst bei der Nutzung automatisierter Inventarisierungssysteme blieben viele nur manuell zu erfassende Daten übrig (zum Beispiel Maus und Tastatur).

Dem steht der *minimale Ansatz* gegenüber, in dem der PC und aktive Peripheriegeräte wie Monitor und Drucker ohne eingebaute Komponenten erfasst werden. Abgesehen von der berechtigten Frage der ITIL-Konformität wirkt sich bei diesem Ansatz vor allem die mangelnde Transparenz über die vorhandene IT-Infrastruktur nachteilig aus. Detaillierte Auswertungen über fehlerhafte Komponenten, die im Rahmen des Problem Managements sinnvoll wären, sind nicht lieferbar. Vorteil dieser Herangehensweise ist der im Vergleich geringere Erfassungs- und Pflegeaufwand, vor allem für Beziehungen zwischen Configuration Items.

Aus den Vor- und Nachteilen der beiden bewusst schwarz-weiß dargestellten Extreme lässt sich bereits die Kernaussage erahnen: Für die Praxis ist meistens die Auswahl eines sinnvollen Mittelweges angezeigt. Für dessen Festlegung lassen sich folgende Wegweiser formulieren:

⇨ Alle Geräte, die im Falle eines Fehlers ausgetauscht oder repariert würden und die aufgrund ihres Buchwertes abschreibungsrelevant sind, müssen erfasst werden.

Service Asset und Configuration Management

⇨ Alle Geräte und Komponenten, bei deren Entstörung Informationen zu Modell, Hersteller etc. wichtig sind, müssen erfasst werden (das heißt, Peripherie wie Maus und Tastatur wird nicht einzeln erfasst)
⇨ Alle Komponenten eines PCs, die für das Reporting anderer Prozesse essenzielle Informationen liefern können, müssen erfasst werden (zum Beispiel PCI-Karten, Hauptspeicher).

Allerdings ist hierbei die Beantwortung der nächsten Frage einzubeziehen: In welcher Detailtiefe werden die Informationen erfasst? Am Beispiel der PC-Komponenten erläutert: Entweder werden die Komponenten als einzelne Configuration Items oder als Attribute des Configuration Items erfasst. Unabhängig von der gewählten Alternative – bei der Auswahl ist zu beachten, dass lediglich Komponenten

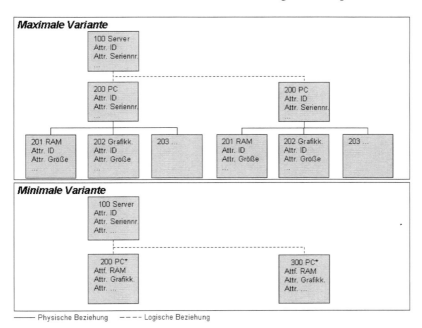

Abb. 5:   *Varianten der Detaillierung*

berücksichtigt werden, deren Informationen für einen berechtigten Zweck benötigt werden.

Detailtiefe bei der Erfassung der Configuration Items

Am Ende des vorherigen Abschnitts wurden bereits Aspekte zur möglichen Detailtiefe betrachtet. Tatsächlich lässt sich diese Frage im Projekt nicht von der Frage nach den Configurations Items lösen, sondern muss immer in deren Kontext berücksichtigt werden. Je nach Auswahl der zu erfassenden Items schwankt die Detailtiefe dieser Configuration Items. Betrachtet man den oben erwähnten Maximalfall, sind zum Beispiel die für einen PC zu hinterlegenden Informationen geringer, als wenn im Vergleich dazu die Daten der Komponenten als Attribute zum PC hinterlegt werden.

Analog der Aussagen zum vorherigen Abschnitt gilt auch hier: Alle Informationen, die für andere ITIL-Prozesse (zum Beispiel für Störungsanalyse und Ursachenforschung im Incident und Problem Management oder Kosteninformationen für das Financial Management) relevant sind, müssen erfasst werden. Bei der Auswahl sollte darauf geachtet werden, dass soweit wie möglich für die ausgewählten Informationen eine automatische Erfassung und Pflege möglich ist.

Branchen- und unternehmensabhängige Faktoren

Haben die Unternehmensgröße und die Branche Einfluss auf die Konzeption der CMDB? Während der erste Teil der Frage uneingeschränkt bejaht werden kann, sind mögliche branchenspezifische Faktoren eher als sekundär zu betrachten.

Die Unternehmensgröße spielt bei der Konzeption der CMDB eine wesentliche Rolle. Mit zunehmender Größe steigt die Komplexität der IT-Infrastruktur eher exponentiell als linear. Neben der linearen Steigerung in Bezug auf die Anzahl der Geräte sind vor allem die

Daten zu der auf den Endgeräten eingesetzten Software, die Menge der zu berücksichtigen Schnittstellen zu anderen Datenbanken und die Anzahl der für die Pflege benötigten Personen maßgeblich. Allerdings sind die größenabhängigen Faktoren weniger ausschlaggebend für die zu erfassenden Configuration Items und deren Detailtiefe. Komplexitätssteigernd wirken die wachsende Anzahl an Beziehungen zwischen Configuration Items, die möglicherweise höhere Anzahl an Schnittstellen zu anderen Daten führenden Systemen und der dadurch schwierigeren Integration der CMDB in die vorhandene Systemlandschaft.

Die branchenspezifischen Faktoren sind für das CMDB-Design eher sekundär. Die IT-Infrastruktur unter dem Aspekt der Hard- und Softwareinformationen, die in der CMDB hinterlegt werden, sind in allen Branchen identisch. Unterschiede kann es im Bereich der zu erfassenden Daten für geschäftsprozessbezogene Applikationen geben, wobei diese sich weniger in den für IT-Support und Delivery notwendigen Informationen als in der konkreten Fachausprägung unterscheiden.

Welche Fehler lassen sich vermeiden?

In den vorangehenden Abschnitten wurden bereits an einigen Stellen Fehler bei der Einführung erläutert. In diesem Abschnitt werden abschließend die wesentlichen Fehler beschrieben und Tipps zur Vermeidung gegeben. Die Reihenfolge der genannten Fehler stellt dabei kein Ranking dar.

Überdimensionierung

Bereits im letzten Abschnitt wurde auf diesen häufigen Fehler hingewiesen. In vielen Fällen versuchen Unternehmen alle notwendigen Schritte zur Einführung des SACM im Rahmen eines einzigen Projektes durchzuführen und überfordern damit die Änderungsfähigkeit der IT-Organisation. Unter dem Stichpunkt Überdimensionierung lassen sich aber auch Fälle aufführen, in denen Unternehmen Lösungen kaufen und einsetzen, die für ihre Unternehmenssituation schlicht eine Nummer zu groß und damit häufig überteuert sind. Als

Lösung bietet sich der beschriebene stufenweise Ansatz an. Dadurch erhält man einerseits zu Beginn eine Fokussierung auf die Kernaufgaben und die wichtigsten Aspekte. Zusätzlich ermöglicht die so gesammelte Erfahrung eine Aufwands- und Kostenkontrolle und macht ein Nachjustieren in den weiteren Ausbaustufen möglich.

Grüne Wiese
Häufig wird auch im Zuge eines »Grünen-Wiese«-Ansatzes ein völliger Neuanfang geplant, der nicht selten scheitert, weil die Ist-Situation nicht hinreichend einbezogen wurde. Sollte aus guten Gründen ein völliger Neuanfang bei der Beschreibung und dem Aufbau des SACM gewählt werden, ist auf jeden Fall sicherzustellen, dass trotz des Neuanfanges die Ist-Situation berücksichtigt wird.

Isolierte Insellösungen
Dieser Fehler steht konträr zum ersten Punkt. Im Gegensatz zum überdimensionierten Ansatz treten in vielen Projekten Situationen auf, in denen an zahlreichen verschiedenen Aufgabenstellungen gearbeitet, aber der Gesamtkontext vernachlässigt wird. Das Ergebnis derartiger isolierter Projektansätze sind viele Einzellösungen, die für die Erledigung der isolierten Aufgaben teilweise sehr erfolgreich sind, sich aber im Sinne eines Gesamtkontextes als kontraproduktiv erweisen. Sollte ein sehr separierender Projektansatz gewählt werden, muss durch eine sehr starke und kommunikative Projektleitung die Berücksichtigung des Gesamtkontextes sichergestellt werden.

Aktionismus
Dieser Ansatz steht meist in Zusammenhang mit dem ersten Punkt dieser Fehlerliste und tritt recht häufig auf. Nach dem Aufkommen von ITIL und der damit verbundenen explosionsartigen Entwicklung des Marktes so genannter IT-Service-Management-Tools ließen sich viele IT-Organisationen von den Anbietern beziehungsweise deren Versprechen im Stile von »Out of the box«-Lösung oder »ITIL zertifiziert« zu voreiligen Maßnahmen verleiten.

> **»Out of the box«-Lösung**
>
> »Out of the box« ist eine Bezeichnung, mit der viele Anbieter für die vermeintliche sofortige Einsetzbarkeit und Funktionsfähigkeit ihrer Lösung in einer IT-Organisation geworben haben. Theoretisch waren die Systeme nach der Installation zwar sofort nutzbar, in der Praxis steckten zahlreiche Unternehmen aber viel Geld in Anpassungen an dem Systemstandard, um unternehmensspezifische Anforderungen abbilden zu können.
> Auch bei der Zertifizierung müssen Kunden sehr genau darauf achten, wer die ITIL-Zertifizierung ausgesprochen hat und worauf sich diese bezieht.

Häufig wurden teilweise sehr teure Lösungen ohne umfangreiche Evaluierungsprozesse gekauft und als Heilsbringer zur Lösung aller existierenden Probleme im IT-Service-Management-Umfeld einer Organisation in langdauernden Projekten implementiert. Die Projekte wurden ohne große Berücksichtigung der Ist-Situation begonnen, Integrationsszenarien oder Gesamtsystemlandkarten wurden gar nicht oder erst zu einem späten Zeitpunkt im Projekt erstellt. In diesen Fällen ist bereits viel Zeit und Geld in die neue Lösung investiert worden, so dass selbst die Erkenntnis, dass diese Lösung die erwarteten Ziele nicht erreichen wird und andere Lösungen für die Unternehmenssituation besser geeignet wären, zu spät kommt. Deshalb gilt auch hier: Erst den Prozess und die damit verbundenen Anforderungen definieren und anschließend das dazu passende Werkzeug auswählen!

Perfektionismus und Detailverliebtheit
Ein weiterer häufiger Fehler wird im Rahmen der Feinplanung der CMDB gemacht. Anstatt sich auf die für den heutigen und zukünftigen Betrieb notwendigen Informationen zu konzentrieren, wird der vollständige mögliche Funktionsumfang als Planungsgrundlage genommen. Dabei spielt es keine Rolle, ob eine Lösung extern eingekauft oder eine Lösung exklusiv entwickelt wird. Bei extern eingekauften Systemen verleiten bereits vorhandene Features schnell zu einer Nutzung von Funktionen, die nicht notwendig sind; bei der Entwicklung einer Individuallösung muss bereits bei der Erstellung

eines Pflichtenheftes von der Berücksichtigung unnötiger Wunschvorstellungen der Beteiligten Abstand genommen werden. Gerade im letzten Fall wird häufig versucht, in der neuen Lösung alle Funktionen der bisher eingesetzten Lösung nachzubauen, anstatt über mögliche Effizienzsteigerungen durch Nutzung schlankerer Prozesse und deren Tool-Unterstützung nachzudenken. Auch bei der Beschreibung der Configuration Items muss sichergestellt werden, dass zu jedem Configuration Item nur die notwendigen Informationen hinterlegt werden. Häufig werden Daten zu Geräten erfasst, weil es technisch machbar ist, ohne dass diese Daten jemals im Zuge der Service- und Supportkette genutzt werden. Dieser Fehler führt zu einer unnötigen Steigerung der Betriebskosten durch zusätzliche Aufwände für die Erfassung, Pflege und Prüfung der nicht benötigten Daten.

Konflikt Linie versus Projekt
Dieser Punkt organisatorischer Natur spielt immer dann eine Rolle, wenn Projekte in einer IT-Organisation losgelöst von der IT-Linienorganisation geplant und umgesetzt werden. Die Auswirkungen sind sehr unterschiedlich, wobei immer ein Akzeptanzproblem der späteren Lösung auftreten wird. Um dieses zu vermeiden, ist es sinnvoll, frühzeitig Ressourcen aus der Linienorganisation in Schlüsselpositionen einzubinden.

Bei den genannten Fehlern ist immer zu berücksichtigen, dass die Ausprägung, die Auswirkungen oder die Symptome sehr unterschiedlich sein können. Zwischen diesen Fehlern bestehen Abhängigkeiten und Interdependenzen, die zu unterschiedlichen Wirkungen führen können. Insofern sind die genannten Fehler als Anhaltspunkte für die Planung zu verstehen, die unter Berücksichtigung der unternehmensspezifischen Situation bewertet werden müssen. In Abhängigkeit der analysierten Ausgangslage kann es durchaus Situationen geben, in denen ein völliger Aufbau nach dem »Grüne-Wiese«-Ansatz Sinn macht. Wesentlicher Grundsatz für alle Planungen zur Einführung des SACM ist jedoch die Bedeutung, die dieser Prozess für eine

ITIL-Implementierung besitzt. Als zentrale Datenbasis muss bei dem SACM mit besonderer Sorgfalt auf die vorhandenen Schnittstellen und Anforderungen der anderen Prozesse geachtet werden. Eine in Funktionalität oder Dimension falsch geplante CMDB kann das gesamte ITIL-Projekt zum Scheitern bringen oder zumindest zu einem erheblichen Zeitverzug mit entsprechendem Kostenanstieg führen.

Zusammenfassung

Service Asset and Configuration Management (SACM) besitzt eine besondere Bedeutung bei der Einführung von ITIL in Unternehmen. Kern des Prozesses ist die Umsetzung eines umfassenden Configuration-Management-Systems (CMS), das über diverse Ebenen von Präsentation bis zu Datenhaltung das Grundgerüst des Datenmanagements durch das SACM beschreibt. Wesentlicher Bestandteil des CMS ist das Configuration Model sowie dessen Implementierung in einer integrierten Database (CMDB) als logisch übergeordnete, zusammenfassende Instanz. Zweiter wesentlicher Aspekt ist die Implementierung eines Prozesses, mit dem sämtliche Configuration Items gepflegt und auditiert werden.

Erfolgskritisch für die Einführung des SACM ist neben dem Commitment des IT-Managements und der Mitwirkung relevanter Fachbereiche eine sorgfältige, bevorzugt stufenweise Einführung, um die Bewältigung der nicht zu unterschätzenden Komplexität des Projektes zu erleichtern. Adäquate, nicht überdimensionierte IT-Tools und eine angemessene Detaillierung bei der Modellierung des CMS sind zusätzlich essenziell, um eine zielgerichtete Einführung mit zu rechtfertigendem Aufwand zu begrenzen. Nach erfolgreicher Einführung ist eine kontinuierliche Messung der Servicequalität als Grundlage eines kontinuierlichen Service-Verbesserungsprozesses erforderlich.

Der proaktive Service Desk

Der Service Desk ist die zentrale Anlaufstelle für die Anwender einer Organisation bei Störungen oder Wünschen zur IT. Er erfasst die Kundenanfragen (Trouble Tickets) und überwacht deren Abarbeitung. Er verantwortet die Koordination der Bearbeitung in den Supporteinheiten.

> **In diesem Beitrag erfahren Sie:**
> - wie der Service Desk Kundenanfragen erfasst und deren Bearbeitung überwacht,
> - welche Funktionen er übernimmt,
> - wie es durch die zentrale, einheitliche Aufnahme der Benutzeranfrage möglich ist, Synergien bei der Bearbeitung zu erkennen.

MICHAEL WEBER

Allgemeine Beschreibung

Das Service Desk (SD) ist der zentrale Anlaufpunkt für den Anwender bei allen Anfragen zur IT. Aufgrund der Bedeutung für die IT-Organisation werden die Ziele und Aufgaben des Service Desks im Folgenden eingehend betrachtet, wobei die Orientierung am ITIL-Rahmenwerk eine wesentliche Leitlinie darstellt.

Der Service Desk wird im ITIL-Rahmenwerk als Funktion des Service Supports beschrieben. Im Gegensatz zu Prozessen kann eine Funktion auf eine Abteilung eines Unternehmens abgebildet werden und Aufgaben in anderen ITIL-Prozessen übernehmen. Spezielle Aufgaben werden ausschließlich im Service Desk durchgeführt (zum Beispiel die strukturierte Aufnahme von Benutzeranfragen im Request Fulfillment), die als Prozesse für das Service Desk zu definieren sind.

Viele der Aufgaben des Service Desks stammen jedoch aus dem 1st Line Support des Incident Managements.

Ziele

Beim Aufbau des Service Desks steht die Schnittstelle zum Anwender im Vordergrund. Der Service Desk bildet die Brücke zwischen dem Anwender und den Service-Management-Prozessen (insbesondere Incident und Change Management). Der Service Desk ermöglicht den zentralen, institutionalisierten Einstieg in den Incident-Management-Prozess.

Wichtigstes Ziel des Service Desks ist es, eine zentrale Anlaufstelle für alle Anfragen des Anwenders bezüglich der IT einzurichten. Der Service Desk übernimmt die weitere Koordination und das Verfolgen der Bearbeitung. Dadurch ist er über den Stand der Arbeiten informiert und kann Rückfragen des Anwenders kompetent beantworten.

Durch die zentrale, einheitliche Aufnahme der Benutzeranfrage ist es möglich, Synergien bei der Bearbeitung zu erkennen, wodurch die Supportgruppen gezielter und die Anfrage dadurch effizienter bearbeiten können. Zudem wird dem Anwender die Wahl der richtigen Bearbeitergruppe und des korrekten Einstiegs in die operativen Prozesse Incident und Access Management sowie Request Fulfillment abgenommen, da die Zuweisung der Aufträge durch den Service Desk zentral übernommen wird. Über Statistiken lassen sich Häufungen erkennen und zentral melden.

Durch die Statistiken ist der Service Desk in der Lage, wertvolle Informationen für ein Service Level Management zu liefern, da er »am Puls der Zeit« lebt. Die gemeldeten Störungen, Wünsche und Beschwerden sowohl der Anwender wie auch der Kunden können Grundlage für die Anpassung der Service Level und der gezielten Verbesserung der Dienstleistung bilden.

Aufgaben

Der Service Desk (SD) ist zuständig für die Vermittlung zwischen den Anwendern und der IT-Organisation und ist dadurch maßgeblich an der positiven Außendarstellung der IT-Organisation beteiligt. Als zentrale Anlaufstelle (Single Point of Contact, SPOC) der Anwender für alle IT-Belange werden Service-Anfragen oder Störungsmeldungen des Anwenders entgegengenommen, dokumentiert und bearbeitet.

Im Gegensatz zu Störungsmeldungen, bei denen akute Störungen gemeldet werden (»Mein Excel geht nicht mehr!«), stehen bei Service-Anfragen zum Beispiel der Wunsch nach weiterer Unterstützung (»Wie kann ich in Excel…?«) oder konkrete Beauftragungen standardisierter Verfahren (PC-Umzug, Installation weiterer Standard-Software auf einem Desktop etc.) im Vordergrund. Letztere werden in der Praxis oft als IMAC-Leistungen bezeichnet (IMAC – Install, Move, Add or Change).

Welche Mechanismen und Prozesse nach der Aufnahme des Benutzer-Anliegens innerhalb der IT angestoßen werden, bleibt vor dem Anwender weitestgehend verborgen. Der Service Desk ist der »Kümmerer« beziehungsweise »Care-Taker« für den Anwender. Er übernimmt die Aufgabe der Ticket-Verfolgung innerhalb des Incident Managements. Durch kompetente Unterstützung hilft der Service Desk bei der positiven Außendarstellung des IT- Betriebs. Wichtig ist, dass der Anwender das Gefühl hat, dass sich jemand aktiv um den Fortgang der Störungsbearbeitung kümmert – im ITIL-Jargon »Warranty« genannt. Oft wird dieser Punkt vom Anwender wichtiger eingestuft als eine zeitnahe Lösung – im ITIL-Jargon »Utility« genannt (gegebenenfalls ohne zwischenzeitliche Rückmeldung des Bearbeitungsstandes) und ist damit ein wichtiges Erfolgskriterium des Service Desks.

Bei Möbelhäusern akzeptieren Kunden, dass die Lieferung neuer Möbel eine gewisse Zeit braucht. Meist wird bei der Auftragsannahme eine Kalenderwoche genannt, zu der die Möbel geliefert werden. Verstreicht der Termin, ohne dass eine Rückmeldung des Möbelhauses vorkommt, ist der Kunde zu Recht unzufrieden. Steht plötzlich der

Möbelwagen vor der Tür, ist zwar der Termin eingehalten worden, die Lieferung wurde jedoch nicht angekündigt. Ein guter Service Desk erläutert dem Kunden vorab eine eventuelle Verspätung oder stimmt den Liefertermin ab. Der Service Desk vertritt die Interessen des Kunden (ohne der IT-Organisation in den Rücken zu fallen, was manchmal ein Balanceakt sein kann). Er unterstützt zusätzlich bei der Kundenbindung, da ein Vertrauensverhältnis zum Service Desk aufgebaut wird (»Der wird's schon richten«).

Für die nachgelagerten Supportfunktionen (1st, 2nd, 3rd Line Support, 3rd Party Support) ist es wichtig, eine saubere, konsistente und vollständige Dokumentation der Meldung zu haben. Durch einen zielgerichteten Fragenkatalog (Wo steht der Drucker? Was steht auf dem Display? Hat jeder Nutzer Probleme beim Zugriff? …) können wichtige Informationen einheitlich aufgenommen werden.

Je nach Organisationsgröße und -struktur fallen dem Service Desk auch Aufgaben des 1st Line Supports zu. Durch ein kompetentes Service-Desk-Team können darüber hinaus auch Anfragen beantwortet werden, die in dieser Ausprägung noch nicht aufgetreten sind, aber Ähnlichkeiten zu bereits erfassten Incidents haben. Eine ausführliche Fehlerdiagnose wird durch den Service Desk nicht durchgeführt. Durch die so genannte Erstlösung können die Supportgruppen zusätzlich entlastet werden, da sie sich auf die komplizierteren Störungen konzentrieren können.

Die »Funktion« des Service Desk nimmt Aufgaben auch in anderen Prozessen wahr. Neben dem zuvor genannten 1st Line Support des Incident Managements können Aufgaben des Change oder Service Level Managements innerhalb des Service Desks erledigt werden. Im Change Management ermöglicht ein Service Desk die zentrale Annahme von Change Requests. Zudem ist es dem Service Desk möglich, die organisatorische und inhaltliche Kompetenz vorausgesetzt, Standard-Changes direkt durchzuführen.

Der Service Desk ist der »Besitzer« einer gemeldeten Störung und somit verantwortlich für deren Handhabung bis zur Schließung im Ticketsystem. Er überwacht den Lösungsprozess, nimmt jedoch nicht aktiv an ihm teil. Als zentrale Kommunikationsschnittstelle fällt dem Service Desk die Aufgabe zu, die aufgrund der zugewiesenen Störung aktiv gewordenen Prozesse zu überwachen und gegebenenfalls zu eskalieren (zum Beispiel bei drohender Überschreitung des vereinbarten Service Levels).

Die Schnittstellenbestimmung zum Incident Management fällt schwer, da der Service Desk auch Aufgaben innerhalb des Incident Managements wahrnimmt. Der Fokus des Service Desks liegt dabei stärker beim Anwenderkontakt, der Dokumentation und der Fortschrittskontrolle. Als Abgrenzung dazu, liegt der Fokus des Incident Managements mehr auf der Diagnose und Beseitigung der Störung. Der Service Desk ist einer der zentralen Auslöser für den Incident-Management-Prozess.

Das folgende Schaubild zeigt den Kommunikationsfluss des Service Desks:

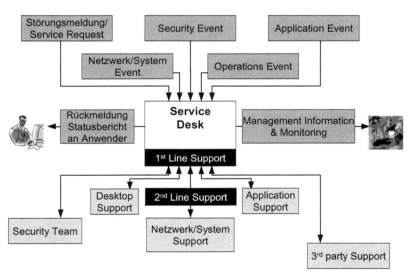

Abb. 1: *Der Kommunikationsfluss des Service Desks*

Zwischen dem Service Desk als 1st Line Support und den Lösergruppen kann eine zusätzliche Ebene als 2nd Line Support vorhanden sein, die mit technisch versierten Verteilern (Dispatchern) besetzt ist, damit die Anfrage an die zuständige Fachabteilung weitergeleitet wird.

Verbindung mit Prozessen

Der Service Desk unterstützt im Rahmenwerk ITIL mehrere Prozesse:

Incident Management:
⇨ Entgegennahme, Dokumentation und Kategorisierung sämtlicher IT-Störungen/Anfragen
⇨ Aufgaben im 1_{st} Line Support
⇨ Schließen einer Störung/Anfrage im Ticketsystem
⇨ Pro-aktive Informationen über evtl. zu erwartender Service-Beeinträchtigungen (zum Beispiel bei geplanten IT-Umstellungen)
⇨ Information über vereinbarte Service Level und Eskalation bei ihrer Überschreitung

Request Fulfilment:
⇨ Initiierung und Überwachung von Standard-Changes (zum Beispiel PC-Umzug)

Access Management:
⇨ Annahme, Durchführung und Administration von Benutzeranträgen

Change Management:
⇨ Aufnahme von Änderungsanträgen (Request for Change, RfC)

Problem Management:
⇨ Nutzen der bereitgestellten Known Error Database (KEDB) und darin enthaltener Lösungen und Workarounds

Release Management:
⇨ Informationen zum Beispiel zur Installation getesteter und damit standardisierter Hard- und Software

Configuration Management:
⇨ Während der Erfassung von Störungen können die jeweils betroffenen IT-Komponenten (Configuration Items, CI) verifiziert werden (ähnlich dem Prinzip einer permanenten Inventur)

Service Level Management:
⇨ Anfragen von Anwendern nach Leistungen über den vereinbarten Standard hinaus werden vom SD an das Service Level Management weiter geleitet

Kritische Erfolgsfaktoren
Zentraler Erfolgsfaktor für den Service Desk ist dessen Akzeptanz bei den Anwendern. Alle genannten Bemühungen verfolgen letztlich das Ziel, den Anwender von dem Nutzen des Service Desks zu überzeugen.
Ein typisches Beispiel zeigt, warum die Akzeptanz wichtig ist:
  Ein Anwender ruft beim Service Desk an. Nachdem er sich durch den Telefon-Computer durchgekämpft hat, wird er in eine Warteschleife eingereiht. Nach circa 5 Minuten meldet sich ein Service-Desk-Mitarbeiter, der zwar freundlich, aber inkompetent ist. Er wird den Vorfall weitermelden müssen. Wann die Störung beseitigt ist, kann er nicht sagen. Mehrmaliges Nachfragen beim Service Desk bringt keine neuen Erkenntnisse, außer, dass die Warteschlange bis zu 10 Minuten dauern kann. Nach zwei Tagen meldet der Techniker dem Anwender die Beseitigung der Störung. Der Kunde notiert sich die Durchwahl des Techniker und ruft künftig direkt an. Dieser

Kunde wird den Service Desk nicht mehr benutzen. Wenn dann bekannt wird, dass der Teamleiter den Service Desk auch umgeht, gibt es keinen Grund mehr, sich an den Service Desk zu wenden.

Akzeptanz des Service Desks beim Management (Management Awareness)

Die Etablierung eines Service Desks muss vom Management akzeptiert und getragen werden. Das Management hat eine Vorbild-Funktion und muss seine Vorreiter-Rolle gewissenhaft wahrnehmen, vor allem in der schwierigen Zeit direkt nach der Service Desk Einführung. In dieser Zeit sind die Mitarbeiter oft verunsichert und neigen dazu, das alte Verhalten wieder aufzunehmen, da es einfacher erscheint. Hält das Management die Fahnen des Service Desks hoch, können Zweifel an der Sinnhaftigkeit des Service Desks vermieden werden. Als zusätzliches »Zuckerl« für das Management sind in machen Unternehmen so genannte VIP-Anwender etabliert worden. Anfragen dieser Anwender werden speziell bearbeitet. Bei einem effizient arbeitenden Service Desk sollte sich jedoch kein gravierender Zeitunterschied zur »Standard-Anfrage« ergeben. Das Management hat dagegen das Gefühl, eine besondere Behandlung zu genießen. Die Position des Service Desks als zentraler Anlaufpunkt (SPOC) wird gestärkt.

Akzeptanz des Service Desks als zentrale Anlaufstelle des Anwenders

Wichtiger Aspekt für die Akzeptanz ist das Vertrauen in den Service Desk. Der Mensch neigt dazu, Neuerungen erst mal skeptisch zu begutachten. Durch geschickte Werbung oder aufgeschlossene Mitarbeiter kann ein Vertrauensbonus vorhanden sein, den der Service Desk nutzen sollte. Der Anwender vertraut dem Service Desk, dass dieser die Störung im Sinne des Anwenders behebt. Besteht dieses Vertrauen nicht, wird der Service Desk nicht als zentraler Kommunikationsknoten akzeptiert und durch die bestehenden, informellen Wege (»Flurfunk«) umgangen. Die jeweilige Lösergruppe ist aus früheren Zeiten noch bekannt und wird direkt angesprochen, ohne dass der Service Desk eine Möglichkeit hat, die Störung zu erkennen und zu dokumentieren. Gerade wenn die Vorteile des Service Desks nicht erkannt werden oder er sogar als zeitaufwendig empfunden wird, greift das »Hey Joe«-Prinzip: Sofort oder späterhin wird wieder der Ansprechpartner in den Lösergruppen direkt kontaktiert, statt die Anfrage an den Service Desk zu richten.

Der Service Desk kann keine konsistente Datenbasis mehr zur Verfügung stellen, da er nicht alle Vorfälle kennt. Eine einheitliche Kategorisierung und Klassifizierung findet nicht statt und die Supportfunktionen können nicht entlastet werden, da sie vom Anwender direkt kontaktiert werden.

Da dies Aufgaben aus dem Incident Management sind, wird durch Missachtung des Service Desks auch der Incident-Management-Prozess in Frage gestellt.

In der Praxis haben sich Anwender-Befragungen bewährt, um ein Gefühl für die Akzeptanz des Users zu bekommen. Auf die Ergebnisse sollte umgehend reagiert werden, um den schleichenden Verlust der Akzeptanz zu vermeiden. Nur wenn die erhobenen Anregungen bei der künftigen Auslegung des SD berücksichtigt werden, fühlt sich der User ernst genommen und vertraut der Arbeit des Service Desks.

Erreichbarkeit des Service Desks

Der Service Desk ist der Knotenpunkt zur Kommunikation mit dem IT-Betrieb. Seine direkte Erreichbarkeit sollte daher gewährleistet sein. Vor allem bei Telefonkontakt ist eine Warteschleife, die länger als 20 Sekunden dauert, ärgerlich. Der Anwender wird lieber auflegen und es doch direkt bei den Supportteams versuchen. Auch Hotlines, die ständig besetzt sind, tragen dazu bei, dass die Akzeptanz schwindet. Der Service Desk wird als nie zu erreichende Institution ignoriert.

Ein Beispiel verdeutlicht, wie wichtig die Erreichbarkeit des Service Desks für dessen Akzeptanz ist: In einem Unternehmen wurde ein Service Desk zunächst ohne Warteschleife eingerichtet. Die Anrufer hörten jedes Mal das Besetzt-Zeichen, wenn der Anruf nicht sofort entgegengenommen werden konnte, da alle Service-Desk-Mitarbeiter beschäftigt waren. Dies führte dazu, dass Hilfesuchende den Service Desk nicht mehr anriefen und die Lösung lieber auf eigene Faust (mit direkter Einbeziehung einzelner Personen aus den Lösergruppen) gesucht wurde. Nach einem halben Jahr war die Erreichbarkeit des Service Desks wieder gegeben, da inzwischen niemand mehr versuchte ihn telefonisch zu erreichen. Obwohl nunmehr ausreichend mit Ressourcen versorgt, ignorierten ihn die Nutzer aufgrund ihrer negativen Erfahrungen. Er wahr faktisch außer Funktion.

Ähnlich verhält es sich beim E-Mail Kontakt. Ohne Status-Informationen zu seiner Anfrage wird der Anwender dazu verleitet, direkt bei der Supportgruppe nach dem Stand der Arbeiten nachzufragen. Dadurch wird die Position des Service Desks enorm geschwächt. Eine kurze Antwort-Mail mit der Auftragsbestätigung kann helfen.

Der User-Self-Service bietet dem Nutzer die Möglichkeit, seine Anfrage direkt in das Trouble- Ticket-System einzutragen. Dauert die Reaktion des Systems länger als fünf Sekunden oder versteht der User die Eingabemaske nicht, wird auch dieser Weg der Trouble-Ticket-Erstellung umgangen.

Kompetentes und motiviertes Service-Desk-Team

Ein kompetentes und motiviertes Service-Desk-Team ist doppelt hilfreich. Im Rahmen des Incident Managements findet der Service Desk im Erstlösungsversuch entweder die Lösung durch gezieltes Nachfragen und mit Hilfe seiner Erfahrung, oder der Service Desk kann alle notwendigen Informationen aufnehmen, um die Anfrage/Störung gezielt den nachgelagerten Support-Einheiten zuweisen zu können.

Ein Service-Desk-Mitarbeiter benötigt ein breites Wissen über alle IT-Services. Kommunikative und soziale Kompetenz im Umgang mit dem Anwender sind wichtig. Gerade letztere hilft, dem Anwender ein gutes Gefühl zu geben. Ist der Anwender zufrieden, wird er auch weiterhin im Fall der Fälle beim Service Desk anrufen.

Ein strukturelles Problem ist häufig, dass die gut ausgebildeten Mitarbeiter nach einem kurzen Zeitraum den Service Desk verlassen, um das Erlernte in anderen Bereichen der Organisation (zum Beispiel im IT-Betrieb) anzuwenden. Hohe Fluktuationsraten belasten die Qualität des Services Desks erheblich, da vorhandenes Wissen verloren geht und neue Mitarbeiter angelernt werden müssen. Anreize helfen, die Mitarbeiter an den Service Desk zu binden und dadurch die Qualität sicherzustellen. Diese können durch zusätzliche betriebliche Vergünstigungen oder Weiterbildungsmaßnahmen erfolgen. Wird der Service Desk als Ziel und nicht als Sprungbrett gesehen, kann der Mitarbeiter länger im SD gehalten werden.

Umfassende Unterstützung durch Tools und Informationsdatenbanken

Damit der Service »Service Desk« von allen Beteiligten und Betroffenen akzeptiert wird, ist eine Unterstützung durch gute Tools notwendig. Ohne ausreichende Tool-Unterstützung müssen viele anfallende Arbeiten manuell gemacht werden, wodurch der Zeitaufwand steigt und die Einheitlichkeit (zum Beispiel bei Priorisierung und Kategorisierung) nicht gewährleistet ist. Zudem lässt sich im Tool der Workflow detailliert abbilden, wodurch bei der Bearbeitung wichtige Punkte nicht vergessen werden können. Dies führt zur zusätzlichen Steigerung der Qualität und Einheitlichkeit der Datenerfassung.

Schnelle und direkte Kommunikationswege
(Annahme, Weiterleitung, ...)

Größtes Akzeptanzproblem des Service Desks ist, dass Nutzer ihn als zusätzlichen Schritt und damit als Zeitverzögerung im Lösungsprozess betrachten. Sind die Abläufe im Service Desk nicht geregelt, können bei Störungen, die nicht vom Service Desk gelöst werden können, erhebliche Zeitverzögerungen eintreten.
Daher müssen folgende Anforderungen erfüllt sein:
- ⇨ Schnelle Annahme von Anrufen (zum Beispiel innerhalb von 10 Sekunden),
- ⇨ Frühzeitige, konsequente Eskalation bei drohender Überschreitung von Service Leveln,
- ⇨ Umgehende Weiterleitung von Störungen, die nicht im SD gelöst werden können,
- ⇨ Regelmäßige, aber nicht zu häufige Nachfrage bei den nachgelagerten Supportgruppen zum Stand der Bearbeitung.

Durch den User-Self-Service können die Kommunikationswege weiter gestrafft werden, da der Anwender die Möglichkeit hat, direkt online Tickets zu eröffnen oder deren Stand zu kontrollieren.

Wechselwirkung zwischen Service Desk und der IT-Organisation
In vielen IT-Organisationen ist ein mehr oder weniger ausgeprägter Service Desk bereits vorhanden. Durch die zentrale Stellung bei der Kommunikation mit dem Anwender hat der Service Desk Einfluss auf die IT-Organisation, da er eine Informationsgrundlage zur Optimierung der IT bereitstellt. Die IT-Organisation kann stärker auf die Unterstützung der Geschäftsprozesse ausgerichtet werden, da die Wünsche und Probleme des Anwenders bekannt sind und die Wirksamkeit bestehender Service Level überwacht wird. Umgekehrt hat die IT-Organisation Einfluss auf die Qualität des Service Desks. Die Qualität ist dabei auch von der Qualität der nachgelagerten Support-

prozesse abhängig. Eine zu lange Lösungszeit wird primär dem Service Desk vorgeworfen, da dieser der zentrale Ansprechpartner für den Anwender ist. Die Lösungszeit kann auch durch eine Optimierung des Incident-Management-Prozess erreicht werden.

Zusätzlich legt die IT-Organisation fest, in welchem Umfang der Service Desk arbeiten darf. Durch Service Level und Support-Zeiten wird der Rahmen für den Service Desk vorgegeben, in dem er agieren kann.

Damit der Service Desk effizient arbeiten kann, sind definierte Schnittstellen zur IT-Organisation notwendig. Der Service Desk hat die Pflicht, die Anfragen des Anwenders anzunehmen und zeitnah an die IT-Organisation über die definierten Schnittstellen weiterzugeben, sollte ihm eine Lösung nicht möglich sein. Umgekehrt hat die IT-Organisation dafür zu sorgen, dass der Service Desk rechtzeitig über Lösungen und Probleme informiert wird.

Nur durch ein reibungsloses Zusammenspiel zwischen Service Desk und IT-Organisation kann die Effizienz des Service Desks gewährleistet werden. Die IT-Organisation kann den Service Desk verhungern lassen, indem sie nicht mit ihm zusammenarbeitet und keine Lösungen liefert. Der Service Desk ist der »Single Point of Contact« der IT- Organisation. Er sollte daher über alle Abläufe informiert werden, die Einfluss auf die IT-Services haben. Umgekehrt muss der SD erkannte Probleme im Umgang mit den IT-Services melden.

Gibt der Service Desk nicht frühzeitig Informationen über Störungen an die IT-Supportorganisation weiter, so hat diese keine Möglichkeit, die Qualität ihrer IT-Services zu bewerten. Eine kontinuierliche Verbesserung kann dann nur auf internen Beobachtungen basieren. Eine Priorisierung der Verbesserung im Sinne des Anwenders ist nicht möglich. Der Mehrwert eines Service Desk, die IT-Organisation zu unterstützen, kann nur dann umgesetzt werden, wenn die Rechte, Anforderungen und Pflichten geklärt sind.

Erfolgsfaktoren bei der Einführung

Bei der Einführung des Service Desks in einem Unternehmen müssen verschiedene Punkte beachtet werden, damit das Projekt erfolgreich verläuft. Sowohl vor Beginn wie auch während des Projekts gibt es Fallen, die schlimmstenfalls das Projekt zum Scheitern bringen. Dieser Abschnitt gibt Hinweise, wie sich die Klippen umschiffen lassen, um das Projekt zur Einführung des Service Desks erfolgreich abzuschließen.

Grundlagen für die Einführung

Um bei der Implementierung des Service Desks erfolgreich zu sein, sollten ein paar Punkte im Vorfeld geklärt sein:

⇨ *Absprache und Unterschrift Vorstand/Geschäftsleitung*
Der Vorstand/die Geschäftsleitung kennt die Ziele des Service Desks als zentraler Kommunikationsknoten und hat die Vorteile erkannt. Der Vorstand/die Geschäftsleitung muss hinter dem Service Desk stehen, damit dieser erfolgreich geführt werden kann. Dabei ist nicht nur wichtig, dass er den Service Desk theoretisch unterstützt, er muss ihn auch nutzen. Ausnahmen für den Vorstand/die Geschäftsführung sind beim Ablauf nicht zu unterstützen (zum Beispiel direkter Kontakt zum Techniker durch den Vorstand). Durch die Einführung des VIP-Anwenders kann man dem Vorstand/der Geschäftsführung entgegen kommen. Diese Sonderrolle muss aber mit Augenmaß eingeführt werden und darf nicht bei dem normalen Anwender das Gefühl erzeugen, dass manchen Mitarbeiter gleicher sind als andere.

⇨ *Servicekatalog*
Der Servicekatalog enthält alle vom Service Desk zu betreuenden Services. Es sind die Serviceleistungen und -anforderungen der IT-Abteilung, schriftlich fixiert und vom Vorstand beziehungsweise von der Geschäftsleitung unterschrieben. Der Servicekatalog ist für den Service Desk ein wichtiges Werkzeug, um die mit dem

Anwender vereinbarten Leistungen zu kennen. Der Service Desk kann nur die im Servicekatalog dargestellten Services berücksichtigen. Ziel ist es, die vereinbarte Servicequalität zu halten. Sinkt die Qualität, wird der Anwender unzufrieden und der Service Desk muss Gegenmaßnahmen einleiten, um die vereinbarte Qualität wiederherzustellen. Zudem hat der Service Desk die Möglichkeit, die Betreuung für Services außerhalb des Servicekatalogs abzulehnen. Diese können jedoch notiert und dem Service Level Management mitgeteilt werden. Dadurch hilft der Service Desk dabei Dienstleistungen zu erkennen, die vom Kunden gewünscht aber noch nicht im Servicekatalog enthalten sind.

⇨ *Incident Management*
Der Service Desk ist eine Funktion und erfüllt Aufgaben des Incident Managements. Daher sollte der Incident-Management-Prozess bereits entwickelt sein oder sich zusammen mit dem Service Desk entwickeln. Aus dem Incident Management ergeben sich Anforderungen an den Service Desk. Daher ist im Incident-Management-Prozess klar zu definieren, welche Prozessaufgaben im Service Desk umgesetzt werden.

Ein schlechter Service Desk beeinflusst die wahrgenommene Qualität des Incident-Management-Prozesses ebenso wie ein schlecht definierter Incident-Management-Prozess die Qualität des Service Desks beeinträchtigt.

Projektstruktur

Sind die Grundlagen für ein Projekt sichergestellt, kann mit der Planung und Durchführung begonnen werden. In der Praxis hat es sich als hilfreich erwiesen, den Service Desk zusammen mit dem Incident Management einzuführen. Viele der dort aufgeführten Punkte sind daher auch auf die Projektstruktur zur Einführung des Service Desks übertragbar.

Klärung der Grundlagen
Zu Beginn des Projekts müssen Ziele und Umfang eindeutig feststehen. Anhand der Zieldefinition können weitere kritische Erfolgsfaktoren erkannt werden. Kennzahlen legen Kriterien für den Erfolg der Umsetzung fest. Wichtige Punkte bei der Zieldefinition sind:
⇨ Dokumentation der allgemeinen und speziellen Anforderungen an den Service Desk (Verfügbarkeit, Standort, Lösungskompetenz…),
⇨ Einführungsstrategie (Wird zunächst nur ein Service/ein Standort vom Service Desk bedient oder werden alle Services/alle Standorte bedient?),
⇨ Ausrichtung des SD (Soll ein zentraler, dezentraler oder virtueller Service Desk aufgebaut werden? Sollen Teile des Service Desks/der gesamte Service Desk outgesourced werden? Beim Outsourcing muss zusätzlichen Wert auf die Kommunikation/Leistungserbringung des Outsourcers gelegt werden),
⇨ Abgrenzung/Schnittstelle zum Incident Management (resultierend aus der Ausrichtung),
⇨ Infrastruktur (Wo soll der Service Desk aufgebaut werden?),
⇨ Projektplan (Wann soll welches Ziel erreicht sein? Welche Meilensteine sind zu setzen, um zu wissen, dass das Projekt erfolgreich verläuft?),
⇨ Projektteam (Wer wird später am Service Desk mitarbeiten, welche Personen sind zusätzlich zu informieren?),
⇨ Tool-Evaluierung (Welches Tool passt am besten zum Unternehmen? Dabei ist zuvor ein Katalog aufzustellen, der Kriterien zu Auswahl des Tools enthält.).

Die Klärung der Grundlagen sollte wie bei der Prozessmodellierung in einem separaten Projekt erfolgen. Dadurch wird eine stabile Basis für die Entwicklung und die Etablierung des Service Desks bereitgestellt. Dieses während der Einführung zu tun, führt in der Praxis oft zu Druck durch zu enge zeitliche Vorgaben. Der Auftraggeber will Ergebnisse sehen.

Projektplan
Ein typischer Projektplan enthält folgende Punkte:
- ⇨ Klärung allgemeiner Grundlagen,
- ⇨ Kick-off-Meeting zum offiziellen Startschuss (eventuell zusammen mit Incident Management),
- ⇨ Workshops zu Aufgaben des Service Desks,
- ⇨ Workshops zu Schnittstellen des Service Desks,
- ⇨ Simulation des Service-Desk-Konzepts (eine sinnvolle Simulation ist nur möglich, wenn der nachgelagerte Supportprozess und deren Schnittstellen eindeutig definiert sind),
- ⇨ Abnahme des Service-Desks-Konzepts durch das Management,
- ⇨ Tool-Evaluierung des Ticket-Tools,
- ⇨ Aufbau und Bereitstellung der Infrastruktur,
- ⇨ Schulung der Service-Desk-Mitarbeiter,
- ⇨ Awareness-Bildung durch Werbung,
- ⇨ Durchführung eines Piloten und Betriebsbegleitung.

Zur Klärung der allgemeinen Grundlagen
Wird der Service Desk zusammen mit dem Incident Management eingeführt, so muss zu Beginn ein »Jour Fixe« vereinbart werden, an dem sich wöchentlich beide Projekte miteinander abstimmen. Durch die Abhängigkeit der beiden Projekte ist es fatal, wenn ein Projekt Grundlagen schafft, die im anderen Projekt anders definiert wurden. Durch den Jour Fixe erfolgt nicht nur ein Abgleich, sondern es können auch Synergien genutzt werden. Man muss das Rad nicht zweimal erfinden.

Zur Abnahme des Service-Desks-Konzepts durch das Management
Vom Sponsor des Projekts und dem Firmen-Management muss der Service Desk abgenommen werden. Mit der Management Awareness wird die Annahme des Service Desks auch von den Mitarbeitern unterstützt.

Zu Aufbau und Bereitstellung der Infrastruktur
Beim Service Desk müssen die entsprechenden Räume und Infrastruktur bereitgestellt werden. Dazu gehört die Telefonanlage, Arbeitsplatzrechner und die Installation des Trouble-Ticket-Systems. Dabei sollten nach der Installation Tests durchgeführt werden, dass die Infrastruktur entsprechend der Vorgaben funktioniert.

Schulung der Service-Desk-Mitarbeiter
Die Mitarbeiter des Service Desks müssen in die betreuten Services und das Trouble-Ticket-System eingewiesen werden. Je nach angestrebten Kenntnisstand des Service Desks sind Fachschulungen zum Beispiel für das eingesetzte Betriebssystem beziehungsweise Office-Paket vorzusehen.

Zur Awareness-Bildung und Werbung
Bei Werbemaßnahmen wird der Service Desk den Mitarbeitern näher gebracht. Dabei muss das Ziel des Service Desks dargestellt werden und wie der Service Desk auch die Mitarbeiter unterstützen kann. Je intensiver die Werbung durchgeführt wird, desto weniger wird der Service Desk später wegen Unwissenheit oder Ignoranz umgangen.

Zur Betriebsbegleitung
Während des Betriebs können Projektmitarbeiter vor Ort sein, um auf unvorhergesehene Probleme schnell zu reagieren. Die meisten Service-Desk-Einführungen verlaufen nicht absolut glatt. Die Projektmitarbeiter können aber im Betrieb helfen, den Weg zu glätten und auftretende Stolpersteine zu beseitigen.

Besonderheiten beim Management of Change

Jede Veränderung muss geplant werden. Gerade die Einführung eines Service Desks bedingt einen strukturellen Wandel des Unternehmens

durch eine zusätzliche Stelle innerhalb der IT. Wichtige Komponenten sind dabei:
⇨ Klären der Voraussetzung (Gibt es inzwischen weitere Randbedingungen für die Einführung, die noch nicht berücksichtigt worden sind?),
⇨ Zeitplanung (Einplanen einer Übergangsfrist bei der Einführung; Festlegen eines Stichtags, zu dem der Service Desk vollständig operativ ist),
⇨ Frühzeitige Information und Werbung (Alle betroffenen Stellen müssen frühzeitig informiert werden. Wichtig ist dabei, die Vorteile des Service Desks aufzuzeigen und wie diese die tägliche Arbeit erleichtern.),
⇨ Begleitung der SD-Mitarbeiter in den ersten Wochen nach der Einführung durch die Projektleitung vor Ort, um bei eventuell aufkommenden Problemen sofort reagieren zu können (ansonsten besteht die Gefahr des Rückfalls in alte Gewohnheiten).

Beide Voraussetzungen sind in folgenden Punkten zu berücksichtigen:
⇨ *Einbeziehen der Anwender*
Der Anwender muss bereits in der Konzeptphase bei der Entwicklung des Service Desks einbezogen werden, damit seine Anforderungen berücksichtigt werden können und er den Service Desk nicht als realitätsferne Institution empfindet. Dem Anwender müssen frühzeitig die Vorteile des Service Desks nahe gebracht werden. Dabei ist vor allem die durchgängige Dokumentation, die objektive und einheitliche Bewertung der Störung und die Möglichkeit der Erstlösung im Service Desk zu nennen. Oft kann das Argument, dass der Service Desk nur zusätzlichen, unnötigen Zeitaufwand bedeutet, dadurch entkräftet werden. Über den Service Desk kann durch eine bessere Auslastung der Support-Mitarbeiter und durch eine adäquate Vorqualifizierung der Lösungsprozess sogar beschleunigt werden.
⇨ *Einbeziehen des Betriebsrats/Datenschutzbeauftragten*
Da der Service Desk Anwenderdaten verarbeitet und möglicher-

weise extern betrieben wird, ist es wichtig den Betriebsrat und den Datenschutzbeauftragten möglichst früh zu informieren. Vorgaben des Betriebsrats und Datenschutzbeauftragten müssen berücksichtigt werden, da ohne diese ein Betrieb des Service Desks in vielen Fällen nicht erlaubt wird.

⇨ *Verzahnung zwischen IT-Organisation und Service Desk*
Der Service Desk muss in die Abläufe der IT-Organisation eingebunden werden. Wird der Service Desk als »Insel« etabliert, wird gerade die Kommunikation mit der IT-Organisation stark erschwert. Der Service Desk wird zum berühmten fünften Rad am Wagen: Keiner nutzt es, aber es ist da.

⇨ *Anpassung der Firmenkultur*
Die Einführung des Service Desks greift wie das Incident Management in die Firmenkultur bei der Handhabung von Störfällen ein. Durch eine zentrale Stelle, den Service Desk, werden die Anfragen angenommen und den Supportmitarbeitern zugewiesen.

⇨ *Einbeziehen der Firmenstruktur*
Bei der Einführung des Service Desks ist darauf zu achten, dass berücksichtigt wird, wie die Firma aufgestellt ist. Bei einer verteilt agierenden Firma mit sehr selbstständigen Standorten kann ein zentraler Service Desk zusätzlichen Argumentationsaufwand benötigen, da bisher nur Weniges zentralisiert durchgeführt wurde. Oft haben sich »Landesfürsten« herausgebildet, die nur ungern Kompetenzen an eine zentrale Stelle abgeben. Gerade bei einem drohenden Machtverlust kann die Kooperation auf ein Minimum reduziert werden, was letztendlich das Projekt scheitern lassen kann.

⇨ *Einbeziehen der System-Administratoren und Supporter*
In der Anfangszeit wird der Service Desk durch den direkten Anruf beim Supporter umgangen. Dieser muss darauf trainiert werden, höflich aber bestimmt darauf hinzuweisen, sich das nächste Mal an den Service Desk zu halten. Dazu braucht der Supporter eine klare Anweisung vom Management, dass er zur Not die Arbeit ablehnen darf, um bei der Etablierung des Service Desks zu

helfen. An dieser Stelle ist viel Feingefühl notwendig, um den Anwender nicht zu stark zu verärgern, damit er das nächste Mal gleich den Service Desk kontaktiert.

Kennzahlen
Die Qualität und Performance des Service Desks wird an verschiedenen Kennzahlen festgemacht. Viele dieser Zahlen lassen sich aus Reports des Trouble-Ticket-Systems entnehmen (zum Beispiel Erstlösungsquote). Die Hauptargumente für Kennzahlen sind deren Messbarkeit und die Möglichkeit, die durch sie bewerteten Probleme zu steuern. Die Abgrenzung der Kennzahlen zwischen Incident Management und Service Desk ist sehr unscharf. Daher wurden alle Kennzahlen, welche die Incident-Bearbeitung und nicht deren Verfolgung betreffen, nicht aufgeführt, auch wenn diese meist im Service Desks gemessen werden.
Folgende Kennzahlen geben einen Überblick, was erfasst werden kann:
⇨ *Erstlösungsquote*
Je höher die Erstlösungsquote ist, desto stärker wurden die nachgelagerten Supportgruppen entlastet und desto schneller konnte dem Anwender geholfen werden.
⇨ *Anzahl Service-Level-Verletzungen durch Störungen*
Der Service Desk kann als zentrale Instanz überprüfen, ob durch Störungen oder zu lange Lösungszeiten Service Level gebrochen werden. Die Kennzahl gibt auch Aufschluss über die Qualität des Incident-Management-Prozesses.
⇨ *Anwenderzufriedenheit*
In Umfragen lässt sich ermitteln, wie zufrieden der Anwender mit dem Service Desk ist. Nach einer Großstörung ist es nicht immer sinnvoll, diesen Wert aufzunehmen, da er nicht allgemein den Service Desk darstellen würde, sondern nur den Unmut über die Großstörung. Die Anwenderzufriedenheit stellt eine Ausnahme für Kennzahlen im Service Desk dar, da sie nicht objektiv gemessen werden kann. Schon das Messkriterium »Anwenderzufrieden-

heit« ist subjektiv. Da diese eine der Kernaufgaben des Service Desks und damit von ihm zu steuern ist, gehört sie zu den wichtigsten Kennzahlen.
⇨ *Durchschnittliche Lösungszeit*
Diese Kennzahl bezieht sich stärker auf das Incident Management, kann aber mit der Kundenzufriedenheit korrelieren.
⇨ *Anteil falsch zugewiesener Störungen*
Durch falsch zugewiesene Störungen erhöht sich die Durchlaufzeit des Tickets. Diese ist meist ein Indiz dafür, dass die Abläufe zu optimieren sind. Dies kann auch ein Hinweis auf eine fehlerhafte Klassifizierungsmatrix des Incident Managements sein.
⇨ *Durchschnittliche Wartezeit des Anwenders in der Warteschleife*
Wie lange muss ein Anrufer im Durchschnitt warten, bevor ein Service-Desk-Mitarbeiter den Anruf entgegennimmt? Diese Kennzahl wird auch in der Kundenzufriedenheit reflektiert.
⇨ *Anzahl verloren gegangener Anrufe*
Wie viele Anrufe wurden beendet, bevor ein SD-Mitarbeiter reagieren konnte. Diese kann wegen zu langer Wartezeit passieren und senkt auch die Anwenderzufriedenheit. In der Kennzahl kann auch die Anzahl vergeblicher Anrufe beim Service Desk eingehen. Diese kann durch Anwenderbefragungen ermittelt werden.
⇨ *Prozentualer Anteil der Nutzung von Telefon, Mail und User Self Service*
Der prozentuale Anteil gibt Aufschluss darüber, welche Kommunikationsmethode vorwiegend genutzt wird. Sehr geringe Prozentzahlen zeigen, dass dieser Weg unter Umständen zu kompliziert ist oder nicht zur Firmenphilosophie passt. Es ist dann zu überlegen, die Attraktivität zu steigern oder den Kommunikationsweg einzustellen.

Bei Kennzahlen ist neben den Absolutwerten (»Hat die Erstlösungsquote einen Schwellwert unterschritten?«) auch deren Veränderung über die Zeit (»Konnte die Kundenzufriedenheit gesteigert werden?«) interessant. Ziel ist zunächst, die Ergebnisse der Kennzahlen auf einem konstanten Niveau zu halten, um sie dann schrittweise zu verbessern. Stark schwankende Werte machen die Auswertung unberechenbar, da es schwer ist, einen Mittelwert zu finden.

Insgesamt ist darauf zu achten, dass nur Daten erhoben werden, die auch ausgewertet werden. Viele Kennzahlen ergeben einen zusätzlichen Sinn, wenn man sie im Verhältnis betrachtet.

Steigt die durchschnittliche Wartezeit an und die Anzahl der Anrufe steigt ebenfalls, so kann daraus auf eine Überlastung des Service Desks geschlossen werden. Erhöht sich die Anzahl der Anrufe nicht, so handelt es sich um ein ablauftechnisches Problem des Service Desks.

Auch hier ist die Abhängigkeit zum Incident Management spürbar. Priorisierungs- und Klassifizierungs-Matrizen werden vom Incident Management vorgegeben. Deren korrekter Aufbau beeinflusst direkt die Lösungszeit und damit die wahrgenommene Qualität des Service Desks. Ein guter Service Desk ist daher mit einem suboptimalen Incident Management nicht möglich.

Reporting von Kennzahlen

Das Reporting zum Service Desk kann auf zwei verschiedene Arten geschehen:
⇨ Cockpit (es wird der aktuelle Zustand des Service Desks und der IT-Services angezeigt),
⇨ Report (es wird die historische Entwicklung über einen definierten Zeitraum wiedergegeben).

Das Cockpit hat sich als sehr hilfreich erwiesen, um Störungen schnell und übersichtlich darstellen zu können. Für jeden ist sofort ersichtlich, bei welchen IT-Services aktuell Probleme bekannt sind. Ein Cockpit hat die Aufgabe, Informationen in verdichteter Form bereitzustellen. Die Informationen können betriebswirtschaftlicher, technischer oder organisatorischer Natur sein. Die Zielgruppe für ein derartiges Cockpit ist das Management (Entscheider) der IT. Das Cockpit kann regelmäßig einen umfassenden Überblick über den Status der Management-relevanten IT-Funktionen geben.

Das reine Reporting von Kennzahlen hat wenig Sinn, wenn die Ergebnisse nicht ausgewertet werden. Beim Aufbau eines Reportings sind folgende Fragen zu beantworten:
⇨ Wem wird berichtet? (bestimmt den Detaillierungsgrad)
⇨ Was wird berichtet? (Qualität, Nutzen, Übersicht – bestimmt die Kennzahlen)
⇨ Wann wird berichtet? (monatliche Übersichten zeigen oft besser einen Trend als wöchentliche)

Für das Service Desk Reporting sollten folgende Zielgruppen beliefert werden:
⇨ Company Management (maximal eine Seite, monatlich, grobe Übersicht der Qualität und Kostennutzung),
⇨ IT-Management (maximal eine Seite, monatlich, grobe Übersicht der Qualität und Aufzeigen besonderer Ereignisse, zum Beispiel Großstörungen),
⇨ Service Desk Manager (wöchentlich, detaillierte Auflistung der Kennzahlen mit einer farblichen Kennzeichnung, ob der Wert sich innerhalb der Schwellwerte befindet),
⇨ Anwender (kontinuierlich, auf einem Whiteboard kann dem interessierten Anwender Durchschnittswerte bei der Call-Bearbeitung gezeigt werden).

Aus der Übersicht lässt sich erkennen, dass nicht jede Kennzahl für jeden interessant ist. Drei Reports sollten jedoch vorhanden sein, um die Qualität des Service Desks zu zeigen und eventuell Verbesserungen zu erkennen:
⇨ *Senior Management Reporting*
In einer Übersicht wird der Status (grün/gelb/rot) des Service Desks angezeigt. Eine kurze Übersicht stellt die Ressourcenbindung und den Mehrwert (zum Beispiel Erstlösungsrate) dar. Ab-

schließend werden besondere Ereignisse (zum Beispiel Major Incidents) aufgeführt. Der Report wird in der Regel monatlich erstellt. Ziel des Reports ist es, dem Senior Management des Unternehmens einen Einblick in die IT-Organisation zu geben.

⇨ *IT-Management Reporting*
Das Reporting ähnelt dem Senior Management in Aufbau und Zyklus. Die einzelnen Punkte werden jedoch ausführlicher besprochen. Zudem werden IT-relevante Informationen, wie Incident Häufungen oder durchschnittliche Lösungszeit zusätzlich aufgeführt. Ziel des Reports ist es, der IT-Leitung die Qualität und den Nutzen des Service Desks nahe zu bringen. Es muss gezeigt werden, wie Investitionen in den Service Desk zur Steigerung der Effizienz des Service Desks genutzt werden und wie dadurch die IT-Organisation entlastet wird.

⇨ *Service Desk Manager Reporting*
Der Service-Desk-Manager ist für die Qualität und kontinuierliche Verbesserung verantwortlich. Daher werden alle steuerbaren Kennzahlen aufgeführt sowie deren Entwicklung gegenüber dem Vormonat. Besonders starke Veränderungen (zum Beispiel extreme Verschlechterung oder Verbesserung) werden hervorgehoben. Der Report wird wöchentlich oder zweiwöchentlich erstellt. Ziel des Reports ist es, die richtigen Stellgrößen aufzuzeigen, um die Qualität des Service Desks halten und steigern zu können.

Modellierungshinweise

Im folgenden Abschnitt wird auf die Modellierung und die unterschiedlichen Konzepte des Service Desks eingegangen. Aufgrund des Funktionscharakters ist keine umfassende Modellierung von Prozessen notwendig, da hauptsächlich auf Prozessfragmente anderer ITIL-Prozesse zurückgegriffen wird. Grundsätzliche Überlegungen sollten dennoch getroffen werden.

Umfang des Service Desks

Vor der Modellierung des Service Desks als Funktion des Incident Managements, sollte der Umfang der vom Service Desk zu erledigenden Arbeiten geklärt werden. Dabei treten in der Praxis drei Strukturen auf:

⇨ *Call Center*
Im Call Center werden die Anrufe entgegengenommen, gegebenenfalls entsprechend einer Matrix kategorisiert und an die Lösergruppen weitergeleitet. Ein Lösungsversuch wird nicht unternommen. Bei der Modellierung muss vor allem der Erfassungsprozess modelliert werden. Dieser legt fest, welche Daten aufgenommen werden und nach welcher Matrix klassifiziert und kategorisiert wird. Wichtig bei der Modellierung ist, sich Gedanken zu Umfang und Detaillierungsgrad der Klassifizierungsmatrix zu machen.

⇨ *Help Desk*
Neben der Call-Annahme wird in geringem Umfang ein Lösungsversuch unternommen. Dabei wird anhand von vordefinierten Fragen eine Eingrenzung der Störung versucht. Erste Ansätze des 1st Line Supports sind zu finden. Die Prozesse zur Erstlösung müssen modelliert und Fragelisten erarbeitet werden.

⇨ *Service Desk*
Ein Service Desk übernimmt weite Teile des 1st Line Supports des Incident Managements. Bei der Modellierung sollten die Aufnahme- und Verfolgungsprozesse des Incident Managements genutzt werden. Bei der Modellierung sind wie zuvor die Klassifizierungs- und Kategorisierungsmatrizen wichtig. Gerade bei dieser Variante sollte die Schnittstelle beziehungsweise die Abgrenzung zum Incident Management genau definiert werden.

Wissensdatenbanken

Vor Beginn des Service Desk Betriebs sollte der Aufbau und Quellen der Wissensdatenbanken geklärt sein. Der Service Desk nutzt zur ersten Anwenderunterstützung verschiedene Wissensdatenbanken (zum Beispiel Known Error Database [KEDB], FAQs [Frequently Asked Questions] etc.), deren Qualität maßgeblich die Effizienz des Service Desks beeinflusst. Dabei ist zu berücksichtigen, dass

⇨ die Suchkriterien beziehungsweise Schlagworte eindeutig sind,
⇨ die Incident Klassen festgelegt und dokumentiert sind,
⇨ gleiche Störungsbehebungen nur einmal in der Datenbank geführt werden,
⇨ nur die beste bekannte Behebungsmethode, eventuell Alternativen, aufgeführt werden,
⇨ jeder Eintrag indiziert ist und gefunden werden kann.

Werden diese Punkte nicht berücksichtigt, kann die Wissensdatenbank schnell zum Wissensgrab werden. Ist es für den Service-Desk-Mitarbeiter einfacher, die Störung weiterzuleiten, als in der Wissensdatenbank nach Workarounds zu suchen, gehört die Datenbank schnell der Geschichte an und wird nicht mehr gepflegt.

Um die Qualität sicherzustellen, hat es sich in der Praxis als hilfreich erwiesen, ein Redaktionsteam einzusetzen. Kann dagegen jeder Mitarbeiter direkt in der Datenbank Artikel verfassen, sind doppelte und teilweise sinnlose Einträge nicht zu vermeiden. Die tatsächlich hilfreichen Artikel verstecken sich in einem Wust aus unwichtigen Artikeln. Die Suche nach der Nadel im Heuhaufen kann beginnen.

Das Redaktionsteam stellt die am Anfang aufgeführten Punkte sicher. Zudem wird die Lesbarkeit der Artikel sowie deren Relevanz sichergestellt. Das Redaktionsteam besteht meist aus mehreren Mitarbeitern der IT-Organisation, an welche neue Artikel gesendet werden können. Diese werden vom einzelnen Mitarbeiter geprüft, gegebenenfalls angepasst und dann veröffentlicht.

Regelmäßige Meetings der Redaktionsmitglieder dienen dem Austausch und dem Abgleich. Es muss innerhalb des Redaktionsteams einheitliche Bewertungskriterien geben. Artikel-Templates helfen zusätzlich, dass die Wissensdatenbank ein einheitliches Gesicht erhält.

Schnittstellendefinition

Entscheidend bei der Modellierung des Service Desks ist die Schnittstellendefinition. Da der Service Desk Aufgaben des Incident und teilweise Change Managements übernimmt, muss genau definiert werden:
⇨ Welche Aufgaben aus dem Incident Management übernimmt der Service Desk?
⇨ An welchem Übergabepunkt
⇨ wird welches Ergebnis erwartet
⇨ innerhalb welcher Zeit?
⇨ An wen wird wann eskaliert?
⇨ Besteht bereits eine Eskalationsmatrix, auf die zurückgegriffen werden kann? Die Eskalationsmatrix enthält einen Stufenplan, der abhängig von der Schwere des Vorfalls den notwendigen Eskalationspfad beziehungsweise die zu informierenden Personen festlegt.
⇨ Über welches Arbeitsmittel werden Informationen aus dem Problem Management bereitgestellt?
⇨ Welche Supportgruppen existieren, gibt es Sammel-E-Mail-Adressen?

In Workshops wird mit den jeweiligen Prozesseignern die Schnittstelle genau definiert, damit Arbeit nicht doppelt oder gar nicht getan wird. In der Praxis kommt es immer wieder vor, dass Arbeitspakete genau an den Schnittstellen verloren gehen (»Ich dachte, die anderen machen das«).

Oft kommt es zum Outsourcing des Service Desks. Dabei muss explizit geklärt werden, welche Aufgaben vom outgesourcten Bereich erwartet werden und in welchem Format die Ergebnisse geliefert werden sollen. Nur so kann eine reibungslose Zusammenarbeit des externen und internen Service Desk ermöglicht werden.

Bei lokalen (verteilten) Service Desks beziehungsweise virtuellen Service Desks sind die Schnittstellen zwischen den einzelnen Bereichen von großer Wichtigkeit. Darauf wird im folgenden Abschnitt genauer eingegangen.

Ein weiterer wichtiger Punkt ist der Service Desk als Kommunikationsdrehscheibe. Der Service Desk ist die zentrale verarbeitende Instanz für Informationen. Der Anwender liefert Informationen zu Störungen, die IT-Organisation Informationen zu deren Behebung.

Das Service Level Management liefert Service Level und Service-Vereinbarungen, gegen die ein IT-Service gemessen wird. Der Service Desk liefert umgekehrt Informationen, ob die Service Level sinnvoll sind beziehungsweise durchgängig gehalten werden konnten. Somit kann das Service Level Management auf Über- oder Untererfüllung von Service-Vereinbarungen reagieren.

Zudem liefert der Service Desk wertvolle Informationen zu allen Delivery-Prozessen. Basierend auf den Kennzahlen des Service Desks kann das Capacity beziehungsweise Availability Management seine Pläne überprüfen.

Um den Mehrwert als Kommunikationsdrehscheibe zu realisieren, muss detailliert dokumentiert werden, wann in welche Kanäle Informationen zu liefern sind, und von wo welche kommen.

Hinweise zur Organisation des Service Desks

Die zentralen Fragen bei der Einführung eines Service Desks sind:
- ⇨ Wo wird der Service Desk aufgebaut (an allen Standorten versus an einzelnen Standorten)?
- ⇨ Wen soll er alles bedienen (alle Anwender versus ausgesuchte Anwender)?

⇨ In welchem Umfang soll er Unterstützung leisten (bei allen Fragen/nur bei IT-Fragen/nur für bestimmte Applikationen)?

Im ITIL-Rahmenwerk sind verschiedene Ausprägungen des Service Desks genannt, die in der Praxis auftreten können und je nach Beantwortung der zuvor genannten Fragen sinnvoll sind.

Unterschieden wird zwischen dem lokalen Service Desk (dezentral, zum Beispiel pro Standort) und dem globalen Service Desk (zentral, zum Beispiel über alle Standorte). Durch einen gemeinsamen Zugang (zum Beispiel gleiche Rufnummer) lassen sich verschiedene lokale zu einem virtuellen, zentralen Service Desk zusammenfassen.

Wichtig für die Auswahl der geeigneten Service-Desk-Struktur ist die Firmenpolitik (zum Beispiel Zentralisierung des IT-Managements) und die bestehende Support-Struktur.

Zentraler Service Desk

Der zentrale Service Desk befindet sich an einer dedizierten Stelle und ist von allen Anwendern unter der gleichen Telefonnummer oder E-Mail Adresse erreichbar. Dabei ist der jeweilige Standort des Anwenders unwichtig.

Durch einen zentralen Service Desk können folgende Probleme und Vorteile entstehen:

⇨ Der Anwender muss motiviert werden, einen Service Desk zu kontaktieren, der sich möglicherweise in einem anderen Standort befindet. Häufiges Problem ist die Aussage »Die wissen doch gar nicht, was bei uns los ist«. Dieses Problem kann verstärkt auftreten, wenn der Service Desk an einen externen Dienstleister ausgelagert wurde. Viele Standardaufgaben sind jedoch standortunabhängig und zentral lösbar. Lösergruppen in den Standorten können standortspezifische Probleme beseitigen.

⇨ Damit hängt die Angst der Standorte vor Kompetenzverlust zusammen. In manchen Fällen war der IT-Betrieb eher bereit, Anfragen des Anwenders direkt zu bearbeiten und dadurch die Umgehung des Service Desks zu fördern, bevor er die Kontrolle

über die Anfragen abgibt. In solchen Fällen sollten die Vorteile des zentralen Service Desks (einheitliche Bearbeitung, Entlastung durch Erstlösungsversuch) vermittelt werden.
⇨ Alle Standorte brauchen eine einheitliche und standardisierte Service- und Prozesslandschaft. Dadurch sind die Voraussetzungen beim Kontakt des Service Desks einheitlich und der Service Desk muss weniger auf standortspezifische Services eingehen. Da Service Level von einem zentralen Service Desk als Grundlage für die zu erbringende Leistung dienen, sollte diese sich je Standort nicht grundlegend unterscheiden. Je komplexer die Zusammenhänge sind, umso fehleranfälliger wird die zeitgerechte Bearbeitung innerhalb der vereinbarten Service Level.
⇨ Sprach- und Zeitzonen können zu Problemen führen. Bei Standorten, die über die ganze Welt verteilt sind, ist ein 7x24h-Betrieb des Service Desks unabdingbar. Zudem sollte eine zentrale Sprache (meist Englisch) festgelegt werden. In anderen Fällen muss der Service Desk jede mögliche Sprache durch mindestens einen Mitarbeiter abdecken. Dieser Punkt kann durch den virtuellen Service Desk in Zusammenhang mit dem »Follow-the-Sun«-Prinzip entschärft werden.

Eine Alternative bei der Einrichtung eines zentralen Service Desks ist die Aufteilung in Service Desk (Annahme, Erfassung, Fortschrittsüberwachung und Eskalation einer Störung) und Business Operations Support Desk (fachliche Anfragen), wobei beide über den gleichen Kontaktweg erreichbar sein sollten und eine entsprechende Verteilung IT-intern erfolgt.

Lokaler Service Desk
Ein lokaler Service Desk ist pro Standort des Unternehmens aufgestellt. Jeder Standort besitzt seinen eigenen Service Desk, der teilweise unter eigenen Telefonnummern erreichbar ist.

Ein lokaler Service Desk bietet Vorteile, wenn
⇨ sich die unterstützen Services in den Standorten stark unterscheiden. Der Service Desk kann dann spezifischer auf den einzelnen Service des Standortes eingehen, ohne alle Services des Unternehmens zu kennen;
⇨ sich die einzelnen Standorte gegen eine Zentralisierung sträuben. Ein Service Desk, der von den nachgelagerten Supporteinheiten nicht oder nicht ausreichend mit Informationen versorgt wird, kann nicht effizient arbeiten. Konnte im Vorfeld die Aversion gegen den zentralen Service Desk nicht abgebaut werden, ist ein dezentraler Service Desk sinnvoller;
⇨ sich in den Standorten so genannte »Key User« (oder »Super User«) etabliert haben, die in den Abteilungen kleinere Störungen sofort lösen. Key User haben ein erweitertes technisches Verständnis und werden regelmäßig weitergebildet, damit sie Support Aufgaben übernehmen können. Die Key User können einem lokalen Service Desk zugeordnet werden oder zuarbeiten. Vom ihnen nicht zu lösende Störungen können zeitnah einem lokalen Service Desk mitgeteilt werden.

Virtueller Service Desk
Der virtuelle Service Desk verbindet die Vorteile des lokalen mit denen des zentralen Service Desks. Er setzt jedoch voraus, dass eine moderne Kommunikationsinfrastruktur zur Verfügung steht, die Anrufe automatisch an den zuständigen Service-Desk-Standort weiterleitet. Der lokale Charakter des Service Desks bleibt vor dem Anwender verborgen. Der virtuelle Service Desk führt zu folgenden Problemen und Vorteilen:
⇨ Verfügbarkeit rund um die Uhr (»Follow the Sun« – Der Service Desk in der Region, die gerade Tag hat, ist aktiv). Ein Schichtbetrieb oder Nachtarbeit wird vermieden, indem auf den jeweiligen Service Desk der Region vermittelt wird, der aktuell in Betrieb ist.
⇨ Einheitlicher Zugriff für alle Anwender. Vor allem bei Anwendern, die oft zwischen Standorten wechseln wird dieser Vorteil geschätzt.

⇨ Umfangreiche Kommunikationsinfrastruktur notwendig. Ein einheitliches Telefon-Netz sollte etabliert sein. Zudem muss die Datenbasis des Trouble-Ticket-Tools kontinuierlich abgeglichen oder zentral gehalten werden.
⇨ Höherer Personalbedarf, da jeder Standort einen ausreichend dimensionierten Service Desk zur Verfügung stellen muss.
⇨ Vereinheitlichte Prozesse in den einzelnen Service-Desk-Standorten, um die Übergabe zum nächsten Service Desk reibungslos und für den Anwender transparent zu gestalten.

Hinweise zu Rollen und Staffing

Abgrenzung
Wichtig bei der Definition der Rolle ist die klare Abgrenzung eines Service-Desk-Mitarbeiters zu den Supportgruppen-Mitarbeitern. Der Service-Desk-Mitarbeiter ist dafür verantwortlich, in einem ersten Lösungsversuch den Anwender zu unterstützen. Ist eine Lösung nicht möglich, muss das Ticket an das Support-Team weitergeleitet werden. Dieses kann sich dann ausführlicher mit dem Vorfall beschäftigen.

Der menschliche Ehrgeiz stellt allerdings diesen Ablauf in Frage. Häufig versuchen Help-Desk-Mitarbeiter auch bisher unbekannte Störungen zu lösen. Oft fehlen dazu die Kompetenz und die Mittel. Dadurch wird der Lösungsprozess unnötig verlängert, da zu spät die Supportgruppe eingeschaltet wird.

Es ist durchaus erstrebenswert, eine gewisse Lösungskompetenz im Service Desk zu haben, nur müssen dieser klare Grenzen gesetzt werden. Wurde eine Störung nicht in einer vorgegebenen Zeit (zum Beispiel fünf Minuten) gelöst, muss diese weitergeleitet werden. Dadurch wird der Lösungsprozess beschleunigt und der Service-Desk-Mitarbeiter ist wieder frei, den nächsten Störungsfall aufzunehmen.

Rotation
In der Praxis ist ein Austausch zwischen Support-Mitarbeitern und Service-Desk-Mitarbeitern hilfreich, um das Bedürfnis der Mitarbeiter, auch schwierigere Incidents zu lösen, zu befriedigen. Dem Mitarbeiter muss allerdings dabei klar sein, dass sich sein Ziel ändert. Im Service Desk ist er für die Erstlösung verantwortlich, als Mitarbeiter des Incident Managements für die schnellstmögliche Wiederherstellung und im Problem Management für die tiefergehende Suche nach der Ursache. Gerade die zur Verfügung stehende Zeit ändert sich bei den einzelnen Varianten. Service-Desk-Mitarbeitern muss bewusst sein, dass sie keine tiefergehenden Ursachenanalysen durchführen dürfen, da hierfür die Zeit fehlt.

Softskills/Technische Kompetenz
Die Mitarbeiter im Service Desk müssen einerseits ein breites technologisches Wissen und Erfahrung mit den von den Anwendern verwendeten Produkten besitzen (Standardsoftware, Eigenentwicklungen, etc.). Andererseits sind so genannte Softskills wichtig, wie das Anwenden entsprechender Gesprächstechniken. Der Mitarbeiter muss auch unter Belastung jeden Anwender freundlich und kompetent beraten. Dabei ist der Service Desk gegenüber dem IT-Betrieb der Vertreter des Anwenders. Er muss daher die Störung aus Sicht des Anwenders kommunizieren können. Oft sind Anwender technisch nicht so versiert, um die Störung detailliert beschreiben zu können. Die Information muss ohne zu viele technische Fachbegriffe mit einfachen Fragen, vom Anwender gewonnen werden.
Ein typisches Service-Desk-Szenario verdeutlicht, welchen teilweise extremen Rahmenbedingungen den SD jeden Tag auf die Probe stellen:
  Anwender wünschen eine schnelle Lösung ihres Anliegens. Oftmals rufen Anwender wiederholt an, in der Hoffnung, die Wichtigkeit ihres Anliegens zu verstärken und eine schnellere Bearbeitung zu erreichen. Emotionale Ausbrüche und Beleidigungen drohen, wenn sich Anwender falsch verstanden fühlen und ihre Störung scheinbar nicht wichtig beziehungsweise nicht ernst genug genommen wird.

Hier ist Verständnis und Einfühlungsvermögen erforderlich, um solche Situationen zu entschärfen. Es wird somit von den Mitarbeitern des SD ein hohes Maß an Belastbarkeit und Diplomatie abverlangt. Daher ist bereits während der Einführung des Service Desks die technische und psychologische Schulung der Mitarbeiter einzuplanen und durchzuführen. Zudem sollte bei der Auswahl der Service-Desk-Mitarbeiter auch deren Softskills berücksichtigt werden. Der Mitarbeiter muss den Anwender bestmöglich unterstützen und vertreten, ohne den IT-Betrieb zu verraten.

Hinweise zum Detaillierungsgrad

Da der Service Desk eine Funktion ist, müssen vor allem Handlungsanweisungen für Mitarbeiter formuliert werden. Diese sollten sich an den Prozessen orientieren, in denen der Service Desk Aufgaben übernimmt (vorwiegend Incident Management). Wichtig ist dabei, keine zu detaillierten Handlungsanweisungen zu definieren, da der Service-Desk-Mitarbeiter durch zu genaue Vorgaben gehemmt wird. Je nach seiner Kompetenz ist der Mitarbeiter in der Lage, flexibel auf die jeweilige Situation zu reagieren. Durch zu genaue Vorgaben wird diese Flexibilität vernichtet.

Folgende Punkte sollten genau spezifiziert werden (teilweise aus dem Incident Management heraus), da mit deren Hilfe ein einheitliches Vorgehen gewährleistet werden kann:
⇨ Templates für die Incident Annahme
⇨ Routing Informationen zur Weiterleitung (Wer macht was?)
⇨ Vorgaben zur Überwachung
⇨ Wann muss eskaliert werden?
⇨ Wie viel Zeit bleibt für die Erstlösung?
⇨ Eskalationsmatrix
⇨ Matrix zur Priorisierung (Darstellung der Abhängigkeit von betroffenem System und Schwere der Auswirkung zur Priorität des Incidents)

⇨ Matrix zur Kategorisierung (Vorgaben zur Bestimmung der Kategorie des Incidents. Die Kategorie bestimmt die Lösergruppe, zum Beispiel Netzwerk, Betriebssystem etc. Die Detaillierung der Kategorisierung hängt von der Firmenstruktur ab und davon, wie differenziert die Aufgabengebiete der einzelnen Lösergruppen sind.)
⇨ Aufzunehmende Ticketinformationen (Kennzeichnung: Optional/Pflicht; oft werden die Informationen im Ticket-Tool hinterlegt)

Hinweise zur Tool-Evaluierung

Die Qualität des Service Desks hängt maßgeblich vom eingesetzten Tool ab. Nicht jedes Tool ist für jede Firma geeignet und nicht immer ist das Teuerste auch das Beste. Es muss ein Tool ausgewählt werden, das auch betrieben werden kann. Ein Tool einzukaufen, für welches das Know-how fehlt, wird schnell unpraktisch, da der sichere Betrieb nicht gewährleistet werden kann.

Umgekehrt gibt es bei den Tools klare Grenzen, wie viele Tickets gleichzeitig verarbeitet werden können. Ein Tool, das 20.000 Tickets gleichzeitig aufnehmen kann, ist für ein Unternehmen mit 20 Anwendern eindeutig überdimensioniert. Ein Großunternehmen, dass aufgrund des günstigeren Preises ein Tool einkauft, das nur 100 Tickets pro Tag erfassen kann, wird sich schnell von dem jeweiligen Tool und meist dem Projektleiter trennen wollen.

Dabei sei angemerkt, dass es bislang keine ITIL-Zertifizierung für Tools oder für Unternehmen gibt. Tools werden oft mit »ITIL-Compliance« beworben. Dieses ist keine einheitliche Zertifizierung, sondern meist eine Angabe des jeweiligen Herstellers. Inzwischen kann man Tools auch durch externe Beraterfirmen auf »ITIL-Compliance« überprüfen lassen. Der Prüfungskatalog variiert jedoch von Firma zu Firma und ist daher kein einheitliches Qualitätskriterium.

»ITIL-Compliance« sollte daher nicht als alleiniges Auswahlkriterium herangezogen werden. Wichtiger ist es, dass das Tool dem Unternehmen »passt«.

Es gibt einzelne Punkte, die man zu Beginn einer Tool-Evaluierung geklärt haben sollte:
⇨ Basissoftware (zum Beispiel: Gibt es eine Unternehmensphilosophie, die den Einsatz bestimmter Software ausschließt, zum Beispiel: kein Open-Source, nur Windows etc.),
⇨ Redundanz (zum Beispiel: Muss ein Betrieb des Trouble-Ticket-Systems 7x24h möglich sein?),
⇨ Prozesse (zum Beispiel: Sind bereits komplette Prozesse vorhanden, die das Tool darstellen muss oder werden vom Tool Vorgaben für die Prozesse erwartet? [Out-of-the-Box Lösung]),
⇨ Self Service (zum Beispiel: Soll es ein Web-Interface geben, über das der Anwender sein Ticket selbstständig erstellen kann?),
⇨ Mandantenfähigkeit (zum Beispiel: Welche und wie viele unterschiedliche Rollen sind für den Service Desk vorgesehen? Kann man die Rollen mit ihren unterschiedlichen Rechten später im Tool abbilden?),
⇨ Connectivity (zum Beispiel: Soll das Tool mit der Telefonanlage verbunden werden können, um Anruferdaten automatisiert zu erfassen?),
⇨ Sizing (zum Beispiel: Mit vielen Nutzern rechnet man, wie viele gleichzeitig, welche Anzahl Calls werden durchschnittlich pro Tag erfasst?),
⇨ Kosten (zum Beispiel: Welche Abrechnungsmethode ist bevorzugt, nach installierten Server, nach maximaler Anzahl User, nach gleichzeitig angemeldeten Usern?),
– Anschaffungskosten,
– Customizing-Kosten (Entwickler Kosten),
– Betriebskosten,
– Update-/Erweiterungskosten,
⇨ Status (zum Beispiel: Wie viele Status müssen im Tool abgebildet werden und was passiert bei Statusübergängen?).

Folgende Basisfunktionalität sollte das Tool enthalten:
⇨ Zugriff und Information über alle mit den Kunden vereinbarten Service Level,
⇨ Zugriff auf entsprechende Lösungs- oder Wissensdatenbanken,
⇨ einheitliche Durchführung von Priorisierungen und Kategorisierung,
⇨ Informationen zum aktuellen Stand der Störungsbearbeitung,
⇨ bei User Self Service: Automatisierte Empfangs- und Status-Mails.

Punktuelle Einführung des Service Desks

Oft scheuen sich Unternehmen, neue Prozesse und Produkte gleich für das gesamte Unternehmen auszurollen. Daher wird zunächst nur in einem kleinen Bereich getestet, ob das System tragfähig ist. Bei den meisten Prozessen ist dieses mit Einschränkungen möglich. Der Service Desk sollte jedoch der Single Point of Contact für alle Anwender sein. Eine punktuelle Einführung lässt daher keinen Schluss zu, ob das Konzept tragfähig ist. Läuft es schlecht, kann es daran liegen, dass es zu viele Möglichkeiten gibt, den Service Desk zu umgehen. Ein Service Desk, der für einen einzelnen Bereich wunderbar läuft, kann bei stärkerer Belastung an Qualität stark verlieren. Mit diesem Hintergrund kann eine punktuelle Service-Desk-Einführung, vor allem um mögliche Probleme zu erkennen, ein erster Schritt sein. Endziel sollte eine unternehmensweit einheitliche Service-Desk-Struktur sein.

Self-Service-Konzepte

Ziel des Self-Service-Konzeptes ist es, dem Anwender die selbstständige Erstellung eines Tickets rund um die Uhr zu ermöglichen. Dadurch können die Kosten gesenkt (geringere Belastung des Service Desks durch hohe Automatisierung) und die Kundenzufriedenheit erhöht werden (der Anwender kann jederzeit Tickets erstellen und deren Status verfolgen).

Für Standard-Tasks (zum Beispiel Softwarebestellung) lassen sich spezielle Masken erstellen, die den Anwender durch den Prozess führen. Es werden alle relevanten Informationen abgefragt, ohne den Anwender durch eine überladene Oberfläche abzuschrecken.

Bei Störungen kann über eine Known Error Database (KEDB) oder FAQ-Listen eine erste Hilfestellung angeboten werden. Bei neuen Störungen werden durch eine Frageliste oder auszufüllende Felder alle Informationen in ein vom Anwender erstelltes Ticket eingetragen. Für eine Klassifizierung oder Kategorisierung sollte das Ticket dennoch den Service Desk durchlaufen, damit dieses einheitlich durchgeführt wird.

Die Erfassung per User-Self-Service hat den großen Vorteil, dass Kommunikationsprobleme nicht zu fehlerhaften Tickets führen, da der Anwender alle Informationen selber in das Ticket einträgt. Die Gefahr besteht jedoch, dass der Anwender fehlerhafte Angaben macht oder Angaben komplett fehlen. Häufiger Eintrag bei Symptom ist »geht nicht«. In solchen Fällen ist es hilfreich, den Anwender durch eine automatisierte Checkliste zu befragen. So kann sichergestellt werden, dass hilfreiche Informationen nicht vergessen werden.

Bei Self-Service-Konzepten sollte man darauf achten, die Oberfläche zur Erstellung neuer Tickets einfach zu halten. Durch eine zu komplizierte Erstellung neuer Tickets wird der Anwender abgeschreckt und weiterhin den Service Desk zu Erstellung von Tickets nutzen. Vor allem darf nicht der Eindruck entstehen, dass telefonisch gemeldete Störungen schneller bearbeitet werden als die Self-Service-Tickets. Kritischer Erfolgsfaktor im Service Desk ist die Zeit. Eine gefühlt langsamere Bearbeitung des Self-Service-Tickets bedeutet das Ende für diese Aufnahmeform. Eine (eventuell automatisch erzeugte) Empfangsmail gibt dem User das Gefühl, dass seine Anfrage entgegengenommen wurde.

Welche Fehler lassen sich vermeiden?

»Geiz ist geil« und »Null-Tarif« sind markige Sprüche der Werbeindustrie, bei der Etablierung eines Service Desks jedoch fehl am Platz. Kardinalfehler Nummer eins ist ein zu geringes Budget. Wegen fehlender Mittel werden Einschnitte bei der Qualität und der Praktikabilität in Kauf genommen. Die Liste reicht von Einsparungen beim Tool, über den Mitarbeiter und der Service-Desk-Ausstattung bis hin zu stark gekürzten Modellierungs- und Abstimmungszeiten. Viele der folgenden Fehler sind auf zu geringe Ressourcenbereitstellung zurückzuführen.

Produkt »out-of-the-box«

Viel Firmen werben damit, dass ihre Produkte sofort einsetzbar sind. Das impliziert bei Verantwortlichen aus dem Management häufig, dass man sich die Kosten für Modellierung und Customizing der Applikation sparen kann. Sie tappen dabei in die Falle, dass sich das Unternehmen an die Prozesse des Tools anpassen muss, nicht das Tool an die Prozesse des Unternehmens. Es müssen Prozesse gelebt werden, die dem Unternehmen nicht »passen«. Aus Kostengründen wird darauf verzichtet, den Bedarf des Unternehmens aufzunehmen oder vorhandene, etablierte und gut funktionierende Prozesse und Abläufe zu erfassen und zu integrieren. Alles, was aktuell gut läuft, wird vernichtet. Ein ganzes Unternehmen muss sich auf neue Abläufe einstellen.

Die Folgekosten wegen eingeschränkter Funktionalität, Fehlern in der Bedienung und Betriebsprobleme sind meist höher als die Kosten einer einmaligen Modellierung der Prozesse, bei der vorhandene Abläufe integriert werden.

Dieser Fehler wird häufig im Service Desk mit dem Ticket-Tool gemacht. Viele der Anbieter haben bereits Abläufe in ihren Tools hinterlegt. Man darf nicht den Fehler machen, diese eins zu eins auf das eigene Unternehmen übertragen zu wollen. Customizing-Kosten sind auch bei »out-of-the-box«-Produkten dringend einzuplanen.

High Sophisticated (Best Practice versus Best Practicable)

Häufiges Problem: Der Kunde will einen Käfer und bekommt einen Mercedes. Es wird ein Konzept entworfen, was mit Sicherheit vollständig in sich durchdacht ist, vom Kunden aber nicht genutzt werden kann. Die Lösung ist für die Bearbeitung von 1.000 Calls am Tag ausgelegt, kann automatisch eskalieren, läuft auf vier Servern im Cluster und beherrscht 20 verschiedene Sprachen – für ein Unternehmen mit fünf Anwendern. Jeder Anwender sollte demzufolge durchschnittlich vier Sprachen sprechen und 200 Calls am Tag aufmachen.

Dieser Fehler lässt sich vermeiden, indem man vorab die Anforderungen festgelegt. Die Ergebnisse werden regelmäßig mit dem Kunden und den Anwendern besprochen. Was bei der Prozessmodellierung selbstverständlich ist, sollte trotz Termindruck (»Wir brauchen den Service Desk in drei Monaten«) auch bei der Einführung des SD gelten.

Fehlerhafte Priorisierung/Kategorisierung

Wird den Service-Desk-Mitarbeitern keine konsistente Matrix zur Priorisierung zur Verfügung gestellt, können kritische Störungen nicht von weniger kritischen unterschieden werden.

Zu ehrgeizige Mitarbeiter

Ein häufiger Fehler des Service Desks ist, sich auf Lösungssuche zu begeben. Dieses ist nicht Aufgabe des Service Desks, da hierfür speziell ausgebildete Mitarbeiter im Problem Management zur Verfügung stehen. Dennoch besitzen manche Service-Desk-Mitarbeiter den Ehrgeiz, dem Kunden helfen zu wollen, koste es, was es wolle. Der Service-Desk-Mitarbeiter ist dadurch für andere Anwender geblockt, die Lösung kostet oft mehr Zeit und das Ergebnis ist nicht immer optimal. Dadurch wird die Effizienz des Service Desks stark gemindert und eine Überlastung der restlichen Service-Desk-Mitarbeiter kann zu einer größeren Unzufriedenheit der Anwender führen. Um einem Anwender zu helfen, mussten zehn Anwender in der Warteschleife verharren. Dies ist ein Kernproblem auch des Incident Managements: Die Abgrenzung zum Problem Management.

Ungeschultes Personal

Eine Szene aus einem Help-Desk-Protokoll: Der Anwender meldet, dass sein Scanner nur in rot scannt. Der freundliche, aber unbedarfte Mitarbeiter fragt, was ein Scanner sei. Nach einer kurzen Erläuterung schaut der Mitarbeiter in die Wissensdatenbank und findet nichts zu Scanner. Die Rückfrage »Könnte man sagen, der Drucker geht nicht« ist für den Anwender unverständlich, für den Mitarbeiter aber logisch, da Drucker auch zu den Peripheriegeräten gehört. Der Mitarbeiter des Service Desks ist nicht in der Lage, die Störung korrekt aufzunehmen.

Ungeschultes Personal wird eingesetzt, wenn am Service Desk gespart wird. Der Kostendruck erlaubt nur Aushilfen. Der Service Desk hat dann keine Erstlösungskompetenz und kann allenfalls die Anfrage aufnehmen und weiterleiten.

Management hält sich nicht an eigene Regeln

Das Management ist meist die Stelle, durch die Neuerungen in der IT-Organisation initiiert werden. Aber leider ist das Management häufig auch der erste Bereich, der die Neuerungen ignoriert. Wenn das Management den Service Desk nicht nutzt, fehlt diese Motivation für normale Anwender. Solange es Wege an dem Service Desk vorbei gibt, werden diese gefunden. Eine Möglichkeit, das Problem zu lösen, sind VIP-Anwender.

Technik-Silos

Im Service Desk wird das Monitoring nur auf einzelne Systeme angewendet, die End-to-end-Sicht vom Anwender bis zum Zielsystem fehlt. Der Anwender meldet beispielsweise ein Problem mit dem Reisekosten-Abrechnungssystem. Der Service-Desk-Mitarbeiter sieht, dass der Server »im grünen Bereich« läuft und erkennt das Problem nicht. Dass bei der Erbringung des Service »Reisekostenabrechnung« fünf weitere Kommunikations-Services, ein Accounting-Service und ein Webaccess-Service beteiligt sind, ist für ihn nicht offensichtlich. Dementsprechend schwer fällt es ihm, den Fehler zu lokalisieren. Der Service Desk muss daher die Zusammenhänge kennen. Werden nur einzelne Systeme betrachtet, können Fehler auf den Kommunikationsstrecken nicht erkannt werden. Gerade, wenn Anwender nicht auf eine Applikation im Portal zugreifen können, kann deren Internet-Provider Probleme haben, das Portal überlastet oder nicht aktiv sein oder es liegt ein Bedienungsfehler vor, weil die falsche Adresse zum Zugriff ausgewählt wurde.

Um in solch komplexen Systemen die Fehlereingrenzung durchführen zu können, muss man die Topologie kennen. Nur so kann der Service Desk die Effizienz des Lösungsprozesses steigern.

Anwender wird nicht gefragt

Hauptnutzer des Service Desks ist der Anwender. Fragt man ihn bei der Modellierung des Service Desks nicht, wird er den Service Desk ablehnen (»Ich hab schon bei der Modellierung gesagt, dass das nicht funktioniert«). Durch die Integration des Anwenders und der Business-Prozesse in die Modellierung des Service Desks kann der Service auf den Anwender und das Unternehmen ausgerichtet werden.

Vergewaltigung des Anwenders

Oft wird eine Kostenoptimierung zu Lasten der Anwender durchgeführt. Bestes Beispiel ist der weit verbreitete Telefoncomputer. Der Anwender muss sich durch viele automatisierte Abfragen quälen, bevor er zu einem Service-Desk-Mitarbeiter durchgestellt wird. Vom Anwender wird die Intelligenz vorausgesetzt, jede Anfrage absolut korrekt beantworten zu können. Dadurch wird auf ihn ein Teil der Fehlersuche abgewälzt. Zumindest die Fehlereingrenzung wird durch den Anwender durchgeführt. Ist ihm das nicht möglich, wird er frühzeitig aufgeben, er wird den Service Desk nicht nutzen und sich lieber direkt an das Support-Team wenden. Dort spricht er wenigstens mit einem Menschen.

Kontraproduktives Anreizsystem für Service-Desk-Mitarbeiter

In vielen Service Desks werden die Mitarbeiter nach Anzahl der angenommenen Anrufe bewertet. Folge ist, dass jeder Mitarbeiter versucht, möglichst viele Anrufe anzunehmen. Dadurch bleibt weniger Zeit pro Anruf. Die Informationen werden nur oberflächlich und ohne Nutzwert aufgenommen und standardisierte Service-Desk-Mails zeugen von einem Desinteresse, dem Kunden wirklich helfen zu wollen. Ziel ist es, den Anwender möglichst schnell abzuwimmeln. Natürlich merkt der Anwender dies rasch und wird sich in Zukunft nicht mehr an den Service Desk wenden.

Service Desks – das unbekannte Wesen

Teilweise wird der Service Desk eingeführt und keiner weiß davon. Die Existenz oder die zu wählende Rufnummer sind nicht bekannt. Der Service Desk wurde eingerichtet, langweilt sich aber, weil keiner zu ihm findet. Dadurch wird das Management motiviert, Mitarbeiter im Service Desk abzubauen. Wenn dann langsam der Service Desk bekannt wird, sind die wenigen verbliebenen Mitarbeiter vollkommen überlastet. Der Service Desk wird vom Kostenfaktor zum Ärgernis-Faktor.

Dieser Fehler kann durch Werbung, Werbung und nochmals Werbung umgangen werden. Auch eine realistische Abschätzung der Service-Desk-Nutzung kann helfen, dynamisch Ressourcen zuzuordnen.

Wird ein Mitarbeiter aus der IT-Abteilung direkt vom Anwender kontaktiert, muss er höflich aber bestimmt an den Service Desk verweisen. Manchmal ist dies besonders bei kleinen und mittleren Unternehmen aufgrund der Situation nicht sinnvoll. In Ausnahmen kann das System umgangen werden, jedoch immer mit dem Hinweis auf den korrekten Weg über den Service Desk. Dadurch wird sich der Anwender hoffentlich beim nächsten Mal zunächst an den SD wenden.

Ein konsequentes Ablehnen der Arbeiten, weil zunächst der Service Desk integriert werden muss, ist vor allem während der Einführung des SD nicht sinnvoll. Es kann vorkommen, dass sich der Anwender über die Arbeitsverweigerung ärgert, sich nicht an den Service Desk wendet, sondern lieber einen anderen Mitarbeiter kontaktiert. In manchen Fällen versucht er selber die Lösung und vergrößert bei unsachgemäßer Arbeit den nachfolgenden Aufwand bei der Fehlersuche und -behebung.

Service Desk – das unbekannte Wesen (Teil 2)

Nicht nur dem Anwender, auch der gesamten IT-Organisation kann der Service Desk wie ein fremdes Objekt erscheinen. Dieses ist vor allem dann der Fall, wenn der Service Desk nicht in die bestehende Struktur eingebettet wurde. Es fehlen die Schnittstellen zu den Betriebs- und Supportprozessen. Der SD ist hilflos, da er seine Anfragen nicht gezielt weiterleiten kann oder diese bei den jeweiligen Abteilungen verhungern.

Ein häufig gemachter Fehler ist, die Störungsmitteilung an einen Gruppenbriefkasten zu leiten. Ein Gruppenbriefkasten hat den großen Nachteil, dass sich niemand dafür verantwortlich fühlt. Somit kann es passieren, das Anfragen dort landen und sang- und klanglos verkümmern. Dies ist häufig dann der Fall, wenn die Aufgabe unangenehm oder die Gruppe überlastet ist. Für solche Fälle lässt sich ein »Dispatcher« etablieren, der für den Gruppenbriefkasten verantwortlich ist und die der Gruppe zugewiesenen Aufgaben direkt an einzelne Mitarbeiter weiterleitet.

Problematisch ist es, wenn die Schnittstelle in die entgegengesetzte Richtung auch nicht definiert ist. Die Supportgruppe arbeitet nicht mit dem Service Desk zusammen und meldet Störungen oder deren Behebung nicht. Wenn es zu umständlich ist, dem Service Desk die Lösung zukommen zu lassen, wird die Supportgruppe es lassen – in der stillen Hoffnung, der Anwender wird schon merken, dass er wieder arbeiten kann.

Häufig sind Störungen schneller gelöst, als es die Statistik über die Lösungszeit vermuten lässt. Dieses liegt häufig an der fehlenden oder nicht zeitnahen Kommunikation zwischen den Supportgruppen und dem Service Desk. Oft führt erst die Nachfrage des Service Desks zu der Erkenntnis, dass die Störung schon längst behoben ist.

Zu viel Bürokratie

Bei der Modellierung des Service Desks werden oft zu viele Regeln aufgestellt, welche die Flexibilität des SD-Mitarbeiters einschränken. Die Aufnahme von Meldungen wird zum zeitaufwändigen Akt, wodurch der Anwender verärgert und der Mitarbeiter belastet wird. Durch einen schlanken Erfassungsprozess, der dennoch eine komplette Erfassung sicherstellt, kann diese Gefahr gemindert werden. Vor allem durch das automatische Füllen von Feldern kann der Erfassungsprozess beschleunigt werden.

Überlasteter Service Desk

Der Anwender wird den Service Desk umgehen, wenn er zu lange warten muss, um einen Mitarbeiter zu erreichen oder die Bearbeitung durch zu langsame Weiterleitung behindert wird. Wird der Service Desk als Störquelle oder Hindernis empfunden, steigt die Bereitschaft, diesen zu umgehen. Dieses ist häufig der Fall, wenn zu wenig Ressourcen im Service Desk zur Verfügung stehen.

Einführung von echten VIP-Kunden

Werden einzelne Anwender bevorzugt behandelt, schafft dieses Konflikte, wenn der Anwender nicht einsehen kann, warum sie diese Privilegien nicht erhalten. Die Einführung von VIP-Kunden sollte daher gut überlegt und plausibel argumentierbar sein. Zudem sollte die Gruppe der VIP-Kunden klein gehalten und konstant sein. Somit kann der Service Desk geeignet auf VIP-Kunden reagieren.
   Bei einem effizient arbeitenden Service Desk sollte die Bearbeitungsqualität nicht von der bei einer Standard-Anfrage abweichen. Die Gefahr, dass sich Normal-Anwender zu sehr zurückgesetzt fühlen, sollte daher nicht auftreten.

Einführung des Service Desks als reiner 1st Line Support

Oft wird der Service Desk nur als verlängerter Arm des Incident Managements gesehen. Er wird dazu verdonnert, nur Tickets aufzunehmen und sie dann dem Incident Management Prozess zukommen zu lassen. Der Service Desk kann aber mehr. Die geschickte Wahl der Schnittstelle zum Change Management lässt auch Standard-Changes im Service Desk zu. Häufig wiederkehrende Anforderungen (zum Beispiel Anlegen oder Löschen eines Users) können dadurch zentral initiiert werden. Das Change Management kann sich stärker um die wirklich kritischen Changes kümmern.

Durch die zentrale Position des Service Desks, ist er »am Puls der Zeit«. Er ist daher ein idealer Informationslieferant für ein Service Level Management. Und dies beschränkt sich nicht nur auf das häufig genutzte Standard-Reporting. Der Service Desk kann auch Trends erkennen und rechtzeitig an das Service Level Management melden.

Zusammenfassung

Der Service Desk ist die zentrale Anlaufstelle für die Anwender einer Organisation bei Störungen oder Wünschen an die IT. Er erfasst die Kundenanfragen (Trouble Tickets) und überwacht deren Abarbeitung. Er verantwortet die Koordination der Bearbeitung in den Supporteinheiten. Als Funktion übernimmt er Aufgaben mehrerer Prozesse, wie etwa Incident Management, Change Management, Configuration Management, Release Management und Problem Management. Der Service Desk nutzt zur ersten Anwenderunterstützung verschiedene Wissensdatenbanken, wie etwa Known Error Database (KEDB), FAQs usw., deren Qualität zusammen mit der Ausbildung der Mitarbeiter maßgeblich die Effizienz des SD beeinflusst. Durch die zentrale, einheitliche Aufnahme der Benutzeranfrage ist es möglich, Synergien bei der Bearbeitung zu erkennen. Die Supportgruppen können so Störungen gezielter und effizienter bearbeiten. Zentraler Erfolgsfaktor für den Service Desk ist dessen Akzeptanz bei den Anwendern und die uneingeschränkte Unterstützung durch das Management. Ein kompetentes und motiviertes Service-Desk-Team ist doppelt hilfreich, da es den Anwender wichtig nimmt und kleinere Störungen umgehend löst.

Darstellung und Optimierung von ITIL-Prozessen

Darstellung und Modellierung von ITIL-Prozessen 369
RAINER SCHMIDT

Optimierung von ITIL-Prozessen 391
MARCO MEVIUS

Darstellung und Modellierung von ITIL-Prozessen

Ohne einen Plan entstehen weder Häuser noch elektrische Schaltungen. Die Vorteile von Modellen liegen hierbei auf der Hand. Sie lassen sich auch bei der Umsetzung von ITIL realisieren. Hierbei hilft ein aus drei Ebenen bestehendes Modellierungskonzept, das im Folgenden vorgestellt wird.

In diesem Beitrag erfahren Sie:
- warum ITIL bei der Darstellung von Prozessen Defizite aufweist,
- welche Vorteile Modelle bei der Planung von IT-Services bieten,
- wie ein Modellierungskonzept für ITIL-Prozesse gestaltet sein kann.

RAINER SCHMIDT

Einleitung

Die Modellierung ist eine wichtige Grundlage für die erfolgreiche Einführung und Umsetzung von ITIL-Prozessen. Ähnlich wie beim Bauen eines Hauses erfordert auch die Einführung eines Prozesses eine klare und unmissverständliche Darstellung des Sollzustandes. Während aber die Verwendung von Bauplänen akzeptiert ist, fehlt ein entsprechender Konsens bezüglich der Modellierung von ITIL-Prozessen. So werden Modelle und Modellierung immer noch sehr zögerlich eingesetzt. Damit verbunden ist die Sorge, unnütze Gebilde ohne Wert zu schaffen. Man fürchtet eine Art von Bürokratisierung, bei der nur noch über die Modelle, nicht aber über die eigentlich zu leistende Arbeit gesprochen wird. Sicherlich sind diese Befürchtungen nicht ganz unberechtigt, aber andererseits ist zu fragen, warum Modelle in vielen Ingenieurdisziplinen als unentbehrlich angesehen werden. Kaum eine Maschine wird ohne Konstruktionszeichnung gebaut, elektronische Schaltungen werden auf der Basis von Bauplänen erstellt und Häuser nach Bauplänen gebaut.

Daher sollen in diesem Kapitel zunächst die in der Praxis nachgewiesenen Vorteile der Modellierung für die Umsetzung von ITIL-Prozessen dargestellt werden. Danach wird geklärt, wie diese Vorteile entstehen. Dazu wird untersucht, was für eine Wirkung Modelle haben und wo die Defizite der Darstellung von ITIL-Prozessen liegen. Um diese zu beheben, wird ein aus drei Ebenen bestehendes Modellierungskonzept vorgestellt.

Wodurch entstehen die Vorteile der Modellierung?

Um zu erklären, wodurch die Vorteile der Modellierung entstehen, muss zunächst dargestellt werden, was ein Modell ausmacht. Zum Begriff des Modells sind eine Vielzahl von Definitionen geschaffen worden. Es lässt sich jedoch ein gemeinsamer Kern identifizieren: Ein Modell ist eine zielgerichtete Abstraktion eines Teils der Realität. Es wird nicht ein vollständiges Abbild angestrebt, sondern vielmehr bestimmt das Ziel des Modells, was von der Realität dargestellt wird oder nicht. Als ein Beispiel mögen eine Straßenkarte für Autofahrer und eine Wanderkarte dienen. So gibt es Straßenkarten für Autofahrer, die im Wesentlichen die Verkehrsverbindungen wiedergeben. Viele Details werden weggelassen. Dafür finden sich wichtige Zusatzinformationen wie Verkehrsfunkfrequenzen, Informationen zu Autobahnraststätten usw. Eine Wanderkarte hingegen stellt die Realität viel detaillierter dar: Wanderwege interessieren den Wanderer aber nicht den Autofahrer. Insbesondere die Straßenkarte beschreibt zulässige Verbindungen, um von einem Ort zu anderen zu kommen, indem sie die Straßenverbindungen zwischen Start- und Zielort wiedergibt.

Die Abstraktion findet in Modellen meist durch die Verwendung von grafischen Symbolen, auch Shapes genannt, statt. Hierdurch werden für das Ziel des Modells unerhebliche Informationen weggelassen. Die Straßenkarte für Autofahrer stellt zum Beispiel Autobahnen als dicke, doppelte Linien dar, Bundesstraßen als dünne doppelte Linien usw. Wichtig ist, dass die Entwickler und Verwender des Modells das gleiche Verständnis von den verwendeten Symbolen haben. Hierzu gibt es bei Landkarten die Legende. Sie erklärt, welche Bedeutung die verwendeten Symbole haben.

An dieser Stelle kann man den zentralen Nutzen von Modellen erkennen, sie vermitteln Wissen auf der Basis einer vereinfachten und standardisierten Sprache. So könnte man den Verlauf von Autobahnen in Deutschland auch durch einen Text beschreiben. Durch eine Karte mit klaren Symbolen ist die Beschreibung aber viel einfacher zu verstehen. Diese standardisierte Sprache wird bei Straßenkarten beispielsweise in der Legende definiert.

Ähnlich wie bei Straßenkarten legen Prozessmodelle ebenfalls die zulässigen Wege eines Prozesses fest. Und genau wie Straßenkarten haben sie eine vordefinierte Menge von Symbolen, die für die Darstellung der Prozesse verwendet werden. Es ist offensichtlich, dass alle Ersteller und Verwender eines Modells ein gemeinsames Verständnis dieser Symbole besitzen müssen, um Missverständnisse und Widersprüche zu vermeiden. Allerdings ist es mit einer einfachen Legende, also der Aufstellung der zulässigen Symbole nicht getan. Prozessmodelle erfordern auch Regeln für die Darstellung. D. h. die Symbole dürfen nur auf eine vordefinierte Art und Weise miteinander verbunden werden.

Diese Festlegung der zulässigen Elemente eines Modells und ihrer Verbindungen wird als Metamodell bezeichnet. Ein Metamodell ist die abstrahierte Darstellung eines Modells mit dem Ziel die zulässigen Symbole und ihre notwendigen oder auch erlaubten Beziehungen wiederzugeben. Ein Metamodell ähnelt sehr der Definition einer Sprache aus Wortschaft und Grammatik. So wird nicht nur eine Menge von Wörtern (Symbole) angegeben, wie dies in einem Wörterbuch geschieht, sondern es werden auch die Regeln für das Zusammenfügen der Wörter (Symbole) festgelegt, wie es durch eine Grammatik geschieht.

> **Referenz- und generische Modelle**
>
> Prozessmodelle können vielseitig eingesetzt werden. Sie können den Istzustand eines Prozesses wiedergeben, zur Optimierung des Prozesses dienen, eine Analyse des Prozesses – beispielsweise auf Durchlaufzeiten – ermöglichen oder auch ein Muster für die Gestaltung neuer Prozesse sein. In letzterem Fall spricht man von sogenannten Referenzmodellen. Hierbei handelt es sich um Modelle mit einem zumindest empfehlenden, wenn nicht gar vorschreibendem Charakter. Ziel von Referenzprozessmodellen ist es, einmal erworbenes Wissen um die vorteilhafte Gestaltung eines Prozesses der Wiederverwendung zugänglich zu machen. Es soll durch das Referenzmodell ermöglicht werden, eine als günstig identifizierte Prozessgestaltung auf andere Prozesse zu übertragen. Referenzmodelle helfen außerdem die Entwicklungszeit von Prozessen zu reduzieren, indem sie bereits ausgetestete Lösungen bereitstellen. Durch die Verwendung eines Referenzmodelles erspart man sich also das erneute Durchlaufen der Lernkurve oder kann zumindest »höher« in die Lernkurve einsteigen. Ein weiterer Vorteil von Referenzmodellen ergibt sich, wenn mehrere Organisationen das gleiche Referenzmodell verwenden. Da alle Organisationen das gleiche Prozessmodell verwenden, ist die Zusammenarbeit und die Bildung organisationsübergreifender Prozesse um ein Vielfaches leichter als bei individuell entwickelten Prozessen. Das Referenzmodell wirkt dabei auch sprachprägend. Die Namen für Rollen, Aktivitäten etc. sind im Referenzmodell zumindest implizit definiert. Durch die Übernahme des Referenzmodelles gleichen sich auch die Begriffsverwendungen der beteiligten Organisationen an. Angesichts des Umstandes, dass bei organisationsübergreifenden Projekten ein erheblicher Aufwand für den Abgleich von unterschiedlich verwendeten Begriffen entsteht, ein nicht zu unterschätzender Vorteil.
> Ein Kritikpunkt an Referenzmodellen ist deren Inflexibilität bezüglich individueller Anforderungen. Da ein Referenzmodell einen Prozessablauf fest vorgibt, können individuelle Optimierungen nur um den Preis des Verletzens des Referenzmodelles durchgeführt werden. Der Entwickler ist also in dem Dilemma, entweder auf die Konformität mit dem Referenzmodell zu verzichten oder aber auf eine Optimierung durch individuelle Anpassung zu verzichten. Diesem Dilemma kann man durch ein generisches Modell entrinnen. Es handelt sich dabei um ein Modell das ähnlich wie ein Referenzmodell Empfehlungen und Vorgaben für die Gestaltung von Prozessen macht, jedoch nicht voll ausspezifiziert ist. D. h. es bleiben noch Spielräume für individuelle Ausgestaltungen und Optimierungen. Die Kunst bei der Schaffung eines generischen Modells ist es, die Spielräume so weit zu gestalten, dass einerseits genügend individuelle Optimierungen möglich sind, andererseits die Kompatibilität zwischen den Verwendern des generischen Modells gewährleistet ist.

Die ITIL kann nur sehr eingeschränkt als Modell gesehen werden. So ist eine Grundforderung an ein Modell die Einheitlichkeit der Darstellung. Diese ist aber wegen der natürlichsprachlichen Abfassung weiter Teile der ITIL nicht gegeben. Einheitliche Symbole sind ebenfalls nicht vorhanden: Es gibt keine Regeln, die für die einheitliche Verwendung von Symbolen in ITIL sorgen, die Beschreibung der Prozesse ist oft unvollständig und inkonsistent. Diese Defizite der Darstellung der ITIL-Prozesse haben eine Reihe von gravierenden Auswirkungen, die jedoch oft nicht bewusst wahrgenommen werden. Schlimmer noch, sie werden als angeblich unvermeidliche Folge der ITIL-Philosophie »Beschreiben was zu tun ist, nicht wie es zu tun ist« dargestellt. Denn genau die Festlegung »was zu tun ist« erfolgt nicht.

Durch die Unvollständigkeit der Prozessdarstellungen entsteht ein erheblicher Zusatzaufwand. Es müssen Ergänzungen entwickelt werden, mit denen die enthaltenen Lücken geschlossen werden können. Gravierend dabei ist, dass dies nicht auf eine mögliche Art geschehen kann, sondern auf viele unterschiedliche Arten. Die so entwickelten Lösungen sind jedoch häufig zueinander widersprüchlich. D. h. die Lücken in der ITIL-Prozessdarstellung können mit zueinander unverträglichen Ergänzungen geschlossen werden.

Noch gravierender ist die Situation bei den erwähnten Inkonsistenzen bzw. Synonymen und Homonymen der Prozessdarstellungen. Diese werden in der Spezifikationsphase der Prozesse nicht erkannt, spätestens aber bei der Ausführung der Prozesse offensichtlich, weil es »knallt«. Widersprüche können aufgeschrieben, aber eben nicht in die Realität umgesetzt werden.

Man könnte die Situation bei der ITIL-Prozessdarstellung mit einem ungenau abgefassten Bauplan eines Hauses vergleichen, bei dem zwar festgelegt wird, dass die Stockwerke mit einer Treppe verbunden werden sollen, aber nicht festgelegt ist, wo sich die Treppe befinden soll. Es ist nur eine Frage der Zeit, bis eine in die Leere oder auf eine geschlossene Decke zulaufende Treppe installiert wird.

In der ITIL-Praxis kommt es daher immer wieder zum Effekt, dass zwei »ITIL-konforme« Prozesse nicht miteinander kompatibel sind, weil Ergänzungen der unvollständigen Ausgangsdarstellung der Prozesse miteinander unverträglich sind. Spätestens dann wird klar, dass die Modellierung der ITIL-Prozesse verbessert werden muss. Durch eine solche verbesserte Modellierung der ITIL-Prozesse soll keineswegs alles im Detail angegeben werden, insbesondere wie etwas zu tun ist, jedoch ist es notwendig genau zu sagen »was zu tun ist«.

Es sollte jedem Verantwortlichen klar sein, dass er erhebliche Mehrkosten, Verzögerungen und sogar das Risiko des Scheiterns von Projekten in Kauf nimmt, wenn er auf eine saubere Modellierung der ITIL-Prozesse verzichtet. Sonderbarerweise wird dies immer noch als entschuldbar angesehen, mehr noch, man spricht bei der Verwendung von Modellen von Bürokratismus etc. Dass dies möglich ist, hängt damit zusammen, dass die durch mangelnde Prozessmodellierung geschaffenen Probleme nicht so offensichtlich sind wie eine ins Leere gehende Treppe. Die Bruchstellen in Prozessen werden oft von den Mitarbeitern »geflickt«, das angerichtete Unheil wird verspätet durch die Ineffizienz der Prozesse offenbar.

Eine saubere Modellierung ist Grundvoraussetzung für ein ordentliches und professionelles Arbeiten. Man muss sich nur vor Augen halten, dass es viele Ingenieurdisziplinen gibt, in denen Modelle in Form von Schaltplänen, Bauplänen, Maschinenzeichnungen etc. als unverzichtbar angesehen werden, warum nicht also auch bei der Konstruktion von Service-Management-Prozessen?

Modellierungskonzept für ITIL-Prozesse

Die obige Analyse der Defizite der ITIL zeigt, dass es erforderlich ist, die Modellierung von ITIL-Prozessen auf ein durchdachtes Fundament zu stellen. Zu diesem Zweck soll ein Modellierungskonzept für ITIL-Prozesse vorgestellt werden, das folgende Anforderungen erfüllt:
1. Sicherstellung der Vollständigkeit der Modellierung
2. Sicherstellung der Konsistenz und Kohärenz der Modellierung
3. Übereinstimmung mit Normen wie der ISO 20 000

Das Modellierungskonzept besteht aus drei Bestandteilen und ist in Abbildung 1 wiedergegeben. Ein Metamodell legt Regeln für die vollständige Beschreibung der ITIL-Prozesse fest. Mit Hilfe von Ontologien wird für die Konsistenz und Kohärenz der ITIL-Prozesse gesorgt. Schließlich definieren sogenannte Constraints die aus Standards wie der ISO 20 000 stammenden Anforderungen und legen so die Grundlage für eine dementsprechende Zertifizierung. Constraints sind formalisierte Anforderungen an IT-Service-Prozesse, die auf der Basis der Prozessmodelle definiert sind. D.h. es werden Anforderungen an die Gestaltung der Prozessmodelle gestellt.

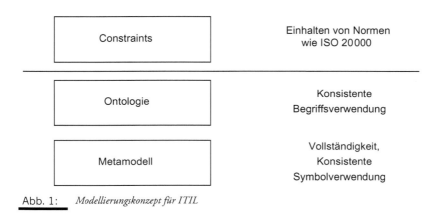

Abb. 1:   *Modellierungskonzept für ITIL*

Grundlage für das Modellierungskonzept für ITIL ist ein Metamodell. Es enthält Regeln, die die vollständige Erfassung der ITIL-Prozesse sicherstellen und so die oben beschriebenen Probleme durch nachträgliche Interpretationen und Ergänzungen vermeidet. Ein Metamodell ist eine formale und daher eindeutige Festlegung, welche Symbole für die Darstellung der ITIL-Prozesse verwendet werden dürfen bzw. müssen. Es legt also beispielsweise fest, dass für jede Aktivität eine ausführende Rolle definiert sein muss.

Ein Metamodell ist einer Grammatik vergleichbar, die festlegt, wie korrekte Sätze gebildet werden, also beispielsweise zuerst das Subjekt, dann das Prädikat und schließlich das Objekt. Das gleiche führt ein Metamodell auf der Ebene der Symbole durch. Es definiert, wann ein Modell als vollständig angesehen werden kann und wann nicht.

Außerdem legt es eindeutig fest, wofür bestimmte Symbole wie Pfeile, Kästchen etc. verwendet werden dürfen und wofür nicht.

Die Anforderung der Konsistenz kann mit einer sogenannten Ontologie erfüllt werden. Dabei handelt es sich um eine Art von erweiterter Begriffshierarchie oder Taxonomie, die alle im Prozessmodell verwendeten Begriffe erfasst und in Beziehung setzt. Es geht also insbesondere darum die oben beschriebene Entstehung von Synonymen und Homonymen zu vermeiden.

Eine immer wichtige Anforderung an ITIL-Prozesse ist die Erfüllung von Anforderungen der ISO 20 000, dem internationalen Standard für das IT-Service-Management. Die Erfüllung dieser Anforderungen ist nicht automatisch möglich, dennoch können aber durch die Darstellung der ISO 20 000 Anforderungen als Constraints wichtige Hilfen gegeben werden.

Vollständige Modellierung der Prozesse durch die Verwendung eines Metamodells

Um mithilfe eines Metamodells vollständige Prozessbeschreibungen zu schaffen, muss zunächst untersucht werden, welche Inhalte in den Modellen der ITIL-Prozesse enthalten sein sollen. Es geht um die Bestimmung der zulässigen und notwendigen Modellelemente. Dazu ist die Untersuchung der Inhalte notwendig, die durch das Modell dargestellt und spezifiziert werden sollen. Hierfür hat sich die Verwendung von sogenannten Sichten, auch Perspektiven oder Aspekte genannt, bewährt. Sichten sind Mengen von Modellelementen, die zur Darstellung eines sich unabhängig weiterentwickelnden Bereichs der Realität dienen. Auf diese Weise lassen sich die einzelnen Modellelemente leichter unterscheiden und das Modell besser strukturieren.

Prozessmodelle enthalten sowohl Elemente, die einzelne Operationen beschreiben, wie beispielsweise Aktivitäten als auch Elemente, die die Abfolge der Operationen steuern. Man sieht schnell, dass es sich um zwei unabhängig weiterentwickelbare Realitätsbereiche, also

Sichten, handelt. Ohne die Aktivitäten an sich zu beeinflussen lässt sich deren Abfolge ändern. Genauso lässt sich eine Operation verändern, ohne dass davon der Ablauf des Prozesses als Ganzes beeinflusst würde. Dementsprechend spricht man von einer *Operations-* und einer *Steuerungssicht*. In der Operationssicht werden einzelne, nicht weiter unterteilbare Aktivitäten des Prozesses dargestellt. Mithilfe einer Aktivität werden Daten oder die Realwelt verändert. Die Operationssicht dient dazu, die Aktivitäten für sich und unabhängig von einem Prozesskontext darzustellen. Von ihr getrennt gibt es die Steuerungssicht, welche wiedergibt, wann und unter welchen Umständen die Aktivitäten ausgeführt werden. Außer der Operations- und Steuerungssicht gibt es noch drei weitere Sichten. Die *Organisationssicht* gibt an, welche Mitarbeiterrollen zur Ausführung der Aktivitäten benötigt werden. Durch sie wird eine Verbindung zwischen dem Prozess und der Organisationsstruktur des Unternehmens hergestellt. Auch hier sieht man schnell die Unabhängigkeit der Organisationssicht. Man kann die einer Aktivität zugeordnete Rolle verändern, ohne die Aktivität selbst oder den Prozess in seinem Ablauf (also die Steuerungssicht) zu beeinflussen. Eine weitere Sicht ist die *Informationssicht*. Sie beschreibt, welche Informationen zwischen den Aktivitäten ausgetauscht werden. Auch hier kann man die Art der ausgetauschten Informationen verändern, ohne dass die anderen Sichten betroffen werden. Schließlich gibt es noch eine übergreifende Sicht, die *Funktionssicht*, die angibt, welcher Zweck mit dem Prozess erreicht werden soll, welche Inputs er benötigt und welche Outputs er erbringt. Sie kann keinem grafischen Modellelement direkt zugeordnet werden, da sie eher übergreifenden Charakter hat.

Die Charakteristika von Service-Prozessen erfordern zusätzliche Sichten zur Modellierung [2]. Nur so kann die Vermischung von sich unabhängig voneinander entwickelten Realitätsbereichen mit den damit verbundenen Folgeproblemen wie Inflexibilität und erhöhtem Wartungsaufwand vermieden werden. Ein Charakteristikum von Service-Prozessen ist ihre hohe Arbeitsteiligkeit und besonders die starke Einbeziehung von externen Partnern wie Kunden oder weiteren Dienstleistern. Diese externen Partner müssen über die gesamte Dauer des Prozesses integriert werden und nicht nur punktuell wie bei »normalen« Geschäftsprozessen. So bestehen beispielsweise auf Kundenseite Mitwirkungspflichten, die nach einer vorher festgelegten Prozedur einzufordern und in den Prozess zu integrieren sind. Zur Erfassung der Interaktion mit externen Partnern, insbesondere dem Kunden und seinen Mitwirkungspflichten, ist eine zusätzliche Sicht notwendig, die Interaktionssicht. Die Interaktionssicht ist auch erforderlich, um der häufig geringeren Vordefiniertheit von Interaktionen gerecht zu werden. So sind Interaktionen häufig auf Grund ihrer Vor- und Nachbedingungen sowie der Inputs und Outputs definiert, nicht aber bezüglich aller ihrer Details. In Interaktionen spielen sich daher »unterspezifizierte« Prozesse ab, die mit den im restlichen Prozess verwendeten Mitteln nicht korrekt wiedergegeben werden könnten.

Mithilfe der Interaktionssicht werden komplexe Abstimmungsprozesse erfasst, die in standardisierter Form ablaufen sollen, wie beispielsweise die Freigabe eines Dokumentes. Statt also verteilt auf den Prozess den Freigabeprozess von unterschiedlichen Dokumenten zu definieren, geschieht dies mit der Interaktionssicht zentral an einer Stelle. Durch die separate Behandlung in der Interaktionssicht werden die Interaktionen der Wiederverwendung und Standardisierung zugänglich gemacht. Ein weiterer Grund für die separate Betrachtung von Interaktionen ist, dass diese im Gegensatz zum übrigen Prozess nicht voll spezifizierbar sind. So enthalten beispielsweise Abstimmungsvorgänge definierte Start- und Endpunkte, die einzelnen Kontakte der Teilnehmer wie Telefonate, Mails usw. lassen sich jedoch nicht sinnvoll vorherbestimmen.

Ein weiteres wichtiges Charakteristikum von IT-Service-Prozessen ist die starke Verwendung von externen Diensten und Ressourcen, vor allem des Kunden. Der Zugriff auf externe Dienste und Ressourcen ist jedoch deutlich aufwendiger als bei unternehmenseigenen internen Diensten. Sie müssen rechtzeitig und korrekt angefordert, verwaltet und am Ende geregelt wieder zurückgegeben werden. Weiterhin kann es dazu kommen, dass Dienste nicht verfügbar sind, obwohl dies erforderlich wäre. In einem solchen Fall müssen geeignete Routinen zur Behebung dieses Missstands gestartet werden. Zur Erfassung der externen Ressourcen in einem IT-Service-Prozess wird die *Ressourcensicht* verwendet.

Auf der Basis der bisher gemachten Überlegungen zur Gestaltung der Sichten in IT-Prozessmodellen lässt sich nun ein formales Metamodell in UML-Notation definieren (siehe Abb. 2).

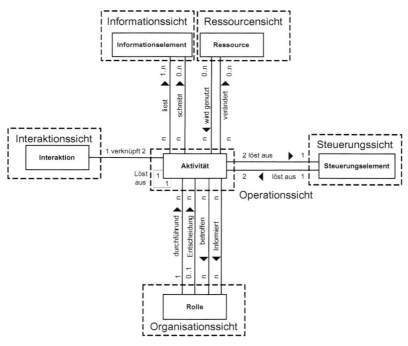

Abb. 2: *Sichten in ITIL-Prozessen*

Über die Darstellung der Sichten und ihrer Elemente enthält Abbildung 2 noch weitere wichtige Informationen und zwar die Kardinalitätsinformationen. Diese drücken aus, in welchem zahlenmäßigen

Verhältnis die Elemente der einzelnen Sichten zueinander stehen dürfen. So wird beispielsweise festgelegt, dass zu jeder Aktivität genau eine Rolle existiert, die als durchführend definiert ist (daher die 1 bei »Rolle«). Eine Rolle kann jedoch für mehrere Aktivitäten als durchführend definiert sein (daher das n bei »Rolle«). Eine oder keine Rolle – aber nicht mehrere Rollen – können für eine Aktivität als entscheidend festgelegt sein. Auch hier kann eine Rolle wiederum für mehrere Aktivitäten als entscheidend definiert sein. Eine Rolle kann zudem von einer Aktivität (bzw. ihren Auswirkungen) betroffen sein bzw. informiert sein. Hierfür gibt es jedoch keine Einschränkungen, daher auf beiden Seiten ein n. Bezüglich Steuerungselementen, also logischen Verknüpfungen, wird festgelegt, dass genau zwei Aktivitäten immer nur mit einem Steuerungselement als Ausgangspunkt oder Zielpunkt verbunden sein dürfen. Damit soll verhindert werden, dass es zu unvollständig spezifizierten Abläufen kommt: Wäre es möglich dass von einer Aktivität quasi »zwei Wege« weiterführen, wäre unklar, ob es sich hierbei um eine parallele oder eine alternative Ausführung handelt. Gleiches gilt für die Verknüpfung von Aktivitäten. Hierbei ist nur eine eins zu eins Beziehung erlaubt.

Bezüglich der Zuordnung von Ressourcen legt das Metamodell fest, dass eine Ressource von beliebig vielen Aktivitäten genutzt bzw. verändert werden kann, es besteht jedoch keine Notwendigkeit hierzu. Das Metamodell legt außerdem fest, dass einer Aktivität immer ein zu lesendes Informationselement zugeordnet sein muss. Eine Aktivität die quasi aus dem »Nichts« handelt wäre auch kaum realistisch. Ob eine Aktivität jedoch ein Informationselement schreibt oder nicht, bleibt offen. Schließlich verknüpft eine Interaktion genau zwei Aktivitäten.

Die Darstellung als UML-Diagramm ist zwar sehr kompakt, aber nicht immer schnell lesbar, daher sollen die Kardinalitätsbeziehungen, d.h., die Anzahl der Verknüpfungen zwischen den Elementen auch in Form einer Tabelle wiedergegeben werden. So wird in Tabelle 1 als erstes festgelegt, dass eine Aktivität immer mit genau einer anderen

Aktivität gerichtet verbunden ist. Von einer Aktivität gehen also nicht mehrere »Pfeile« aus.

Tabelle 1: Kardinalitätsbeziehungen zwischen den Elementen zur Prozessdarstellung

Ausgangspunkt	Kardinalität	Zielpunkt	Kardinalität
Aktivität	1	Aktivität	1
Rolle durchführend	1	Aktivität	n
Rolle entscheidend	0..1	Aktivität	n
Rolle betroffen	n	Aktivität	n
Rolle informiert	n	Aktivität	n
Aktivität	2	Steuerungselement	1
Steuerungselement	1	Aktivität	2
Aktivität	n	Ressource	0..n
Ressource	0..n	Aktivität	n
Aktivität	n	Informationselement schreibt	0..n
Aktivität	n	Informationselement liest	1..n
Aktivität	2	Interaktion	1

Beispiel

Die Auswirkungen des Metamodells auf die Modellierung von ITIL-Prozessen sollen nun an Hand eines Beispiels verdeutlicht werden. Es ist in Abbildung 3 dargestellt. Es handelt sich um einen Ausschnitt des Incident-Management-Prozesses. Man sieht schnell, dass die grafische Darstellung des Prozesses nur wenige Informationen enthält. So werden keinerlei Informationen über die zugeordneten Rollen sowie über die ausgetauschten Daten gemacht. Nicht einmal die Richtung der Ausführung der einzelnen Aktivitäten ist mangels gerichteter Pfeile sicher erkennbar.

Eine deutlich verfeinerte Darstellung erhält man, wenn man den Prozess auf der Basis des Metamodells modelliert (siehe Abbildung 4) und ein geeignetes Modellierungsverfahren verwendet, hier die

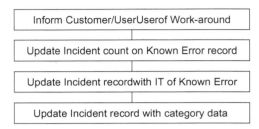

Abb. 3:   *Ausschnitt Incident Prozess [3]*

Business Process Modelling Notation, kurz BPMN [2]. In dieser Darstellung sind alle Informationsflüsse explizit angegeben, genauso die für die Ausführung der Aktivitäten verantwortlichen Rollen. Darüber hinaus ist auch die Interaktion mit dem Kunden wiedergegeben.

An dieser Stelle muss auch noch erwähnt werden, dass selbst in der Original-Dokumentation von ITIL V3 keine durchgängige Prozessmodellierung vorhanden ist. So müssen aus dem Text Zusatzinformationen entnommen werden, um ein vollständiges Bild zu erhalten.

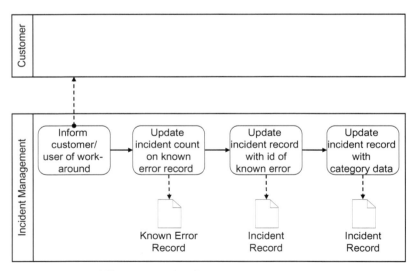

Abb. 4:   *Metamodellbasierte Prozessdarstellung*

Daher gibt es inzwischen eine Vielzahl von Prozesssammlungen, die in unterschiedlichsten Notationen die ITIL-Prozesse wiedergeben.

Praktische Umsetzung
Bei der praktischen Umsetzung ist zunächst zu berücksichtigen, dass für die Prozessmodellierung zwei Klassen von Werkzeugen eingesetzt werden. »Echte« Modellierungswerkzeuge kennen die Semantik, d. h. die Bedeutung der verwendeten Symbole. In der Praxis wird jedoch auch eine Vielzahl von »unechten« Modellierungswerkzeugen eingesetzt, die zwar die Symbole einer Modellierungssprache verwenden, die Bedeutung der verwendeten Symbole jedoch nicht kennen. Nur mit ersteren ist die Erzwingung der vom Metamodell aufgestellten Regeln möglich.

Die vom Metamodell festgelegten Regeln können in Gebots- und Verbotsregeln unterschieden werden. Verbotsregeln bezeichnen ungültige Verbindungen von Modellelementen. So dürfen beispielsweise keine Rollen miteinander verbunden werden. Verbotsregeln sind bereits in den meisten auf dem Markt befindlichen Modellierungswerkzeugen enthalten. Eine Erweiterung um die im Metamodell festgelegten Verbotsregeln ist häufig möglich. Bei den Gebotsregeln ist dies leider noch nicht der Fall.

Konsistente und kohärente Modelle durch ontologiebasierte Modellierung

Das Metamodell stellt Regeln für die Darstellung der ITIL-Prozesse auf, verhindert jedoch nicht die Bildung von Homonymen und Synonymen. Zu diesem Zweck muss die Darstellung der ITIL-Prozesse um sogenannte Ontologien erweitert werden. Es handelt sich dabei um strukturierte Darstellungen der in den Prozessdarstellungen verwendeten Elemente. Ontologien machen die Begriffe und ihre Beziehungen zueinander explizit, ähnlich wie Glossare oder Taxonomien. Ontologien schaffen ein gemeinschaftliches Verständnis von Begriffen und deren Beziehungen. Informationen können dann leichter ausgetauscht werden und aus unterschiedlichen Quellen leichter zusammengeführt werden.

Mit Hilfe von Ontologien kann die Konsistenz innerhalb und zwischen ITIL-Prozessen (Kohärenz) hergestellt werden. Dazu wird die bisherige Darstellung von ITIL-Prozessen durch eine Ontologie ergänzt wie in Abbildung 5 dargestellt. Eine sogenante Prozessontologie übernimmt dabei die Rolle eines zentralen Verzeichnisses von zulässigen Bezeichnern für die Prozesselemente. Die Prozessontologie ermöglicht es, die Begriffsverwendung in Prozessmodellen abzugleichen, die in unterschiedlichen Organisationen definiert worden sind. Durch den Zwang, jedes verwendete Modellierungselement in die Ontologie einzuordnen, verhindert sie die Bildung von Homonymen und Synonymen. Also die Verwendung des gleichen Namens für unterschiedliche reale Elemente oder die Verwendung unterschiedlicher Namen für das gleiche reale Element. Auch können durch die Prozessontologie prozessmodellübergreifende Zusammenhänge dargestellt werden.

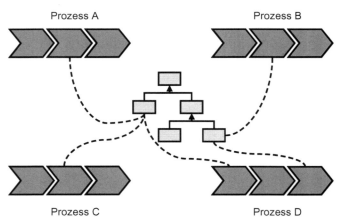

Abb. 5: *Prozessontologie*

Praktisches Beispiel

Die praktische Umsetzung einer Prozessontologie für die Informationssicht ist in Abbildung 6 dargestellt. Für die anderen Sichten sind ebenfalls (Teil-)Ontologien erforderlich, aber diese sind aus Platz- und Übersichtlichkeitsgründen nicht dargestellt. Dadurch, dass jedes Informationselement in der Ontologie eingeordnet sein muss, können Homonyme und Synonyme vermieden werden und relevante Informationen können schneller gefunden werden.

Praktische Umsetzung

Ansätze für Ontologien finden sich in einer Reihe von Werkzeugen. Allerdings sind nicht immer alle Sichten durch Ontologien darstellbar. Meist sind die Organisations- und die Informationssicht sowie die Operationssicht als Ontologien darstellbar. Neben der Fähigkeit

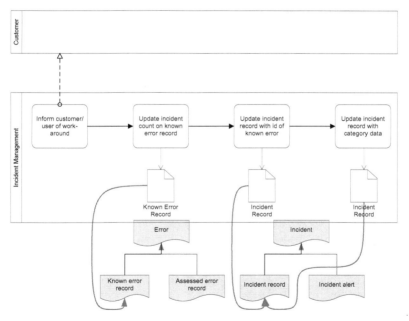

Abb. 6: *Praktisches Beispiel Prozessontologie*

die Ontologien für unterschiedliche Sichten darzustellen sind die Strukturierungsmöglichkeiten der Ontologie ein weiteres Unterscheidungsmerkmal. So erlauben manche Werkzeuge nur flache Auflistungen (sodass man eigentlich nicht von Ontologie sondern eher von einem Glossar sprechen sollte) andere hingegen erlauben die Bildung von Typ- und Aggregationshierarchien.

Standard-konforme Prozesse durch Constraints

IT-Service-Prozesse stellen Dienstleistungen – immaterielle Produkte – bereit. Diese unterscheiden sich von materiellen Produkten auch darin, dass Dienstleistungen nicht im Voraus auf ihre Qualität geprüft werden können, da sie erst zum Zeitpunkt des konkreten Bedarfs gefertigt werden können. Bei einem materiellen Produkt, das lagerbar ist, kann das Produkt nach der Fertigung auf seine Qualität geprüft werden und dann über den Kauf entschieden werden. Weiterhin lassen sich Dienstleistungen nicht auf Vorrat fertigen. Daher kann eine als fehlerhaft erkannte Dienstleistung nicht einfach durch eine andere ersetzt werden. Dies hat zur Folge, dass eine fehlerhafte Dienstleistung gravierendere Auswirkungen hat als ein defektes materielles Produkt, das einfach durch ein einwandfreies ersetzt werden kann. Weiterhin ist für den Kunden nicht nur die Ausführung des IT-Service-Prozesses, sondern auch die Fähigkeit zur Ausführung von Bedeutung. So erwartet der Kunde, dass Dienstleistungen innerhalb bestimmter Zeiten erbracht werden.

Beide Punkte bedingen, dass der Empfänger einer Dienstleistung Vertrauen in die Qualität der zu erbringenden Dienstleistungen besitzt, im Voraus ist eine solche Prüfung ja nicht möglich. Wie kann aber dieses Vertrauen aufgebaut werden? Eine zentrale Rolle spielen hierbei Zertifizierungen. Diese bringen zum Ausdruck, dass der Prozess zur Erstellung der Dienstleistungen bestimmten Anforderungen genügt, aus deren Erfüllung sich die Erbringung der Dienstleistung gemäß den Anforderungen des Kunden ableiten oder mit hoher

Wahrscheinlichkeit erwarten lässt. Die mit Abstand wichtigste Zertifizierung für IT-Service-Prozesse ist die ISO-Norm 20 000. Sie definiert Anforderungen an IT-Service-Prozesse, die die Grundlage für die korrekte und qualitativ hochwertige Erbringung von Dienstleistungen darstellen.

Die aus der ISO 20 000 erwachsenden Anforderungen lassen sich in der Form von Constraints wiedergeben. Sie fordern das Vorhandensein bestimmter Strukturen und Objekte in den IT-Service-Prozessen. Es lassen sich drei grundsätzliche Typen unterscheiden: Strukturanforderungen, Zusicherungen und Aktionen. Strukturanforderungen legen Strukturen fest, die in einem Prozess vorhanden sein müssen um im Einklang mit der ISO 20 000 zu sein. Ein Beispiel ist die Existenz und die Struktur sogenannter Service Reports. Diese enthalten die Aussagen über die Erfüllung von Service-Level-Agreements. Zusicherungen definieren Bedingungen, die erfüllt sein müssen. Dabei wird nicht festgelegt wie die Zusicherung zu erfüllen ist. Ein Bespiel aus der ISO 20 000 ist die Forderung, »service levels shall be monitored«. Aktionen unterscheiden sich von Zusicherungen darin, dass auch festgelegt ist, welche Rolle eine bestimmte Aktion durchführen soll. Beispielsweise legt die ISO 20 000 fest, »management shall conduct reviews«.

Literatur

[1] BON, J. V.: *IT Service Management: An Introduction Based on ITIL.* s.l. : van Haren Publishing, 2005.

[2] GRUBER, T. R.: 1995. *Towards principles for the design of ontologies used for knowledge sharing.* International Journal of Human Computer Studies. 1995, Bd. 43, 5/6, S. 907-928.

[3] LACY, S.; MACFARLANE, I.: *Service Transition.* London : The Stationary Office, 2007.

[4] OMG: *BPMN.* [Online] [Zitat vom: 9. September 2008.] http://www.bpmn.org/.

[5] SCHMIDT, R.: *Component oriented design and modelling of cross enterprise service processes.* Proceedings International Workshop on Modelling Inter-Organizational Systems and Interoperability of Enterprise Software and Applications. 2005.

[6] SCHMIDT, R.: *IT-Service-Management – State and Perspectives. Proceedings 4th itSMF Conference. 2004.*

[7] SCHMIDT, R.: *Flexible Support of Inter-Organizational Business Processes Using Web Services. Proceedings Sixth Workshop on Business Process Modelling, Development, and Support (BPMDS'05) Business Processes and Support Systems: Design for Flexibility Porto, Portugal. 2005.*

[8] SCHMIDT, R.: *IT-Service-Management – State and Perspectives. Proceedings 4th itSMF Conference. 2004.*

Zusammenfassung
Die ITIL-Dokumentation besitzt bezüglich der Darstellung von Prozessen eine Reihe von Defiziten, die in der Praxis zu einer Vielzahl von Folgeproblemen führen. So werden die Lücken und Inkonsistenzen in den Prozessdarstellungen auf unterschiedliche und vor allem widersprüchliche Art und Weise geschlossen bzw. bereinigt. Die Folge ist, dass ITIL-Prozesse aus unterschiedlichen Organisationen oft nicht zueinander passen und ein nicht unerheblicher Mehraufwand entsteht, wenn nicht gar der Erfolg der Zusammenarbeit gefährdet wird. Daher wird in diesem Kapitel ein Modellierungskonzept für ITIL vorgestellt. Es besteht aus drei Bestandteilen. Ein sogenanntes Metamodell legt Regeln für die vollständige Beschreibung der ITIL-Prozesse fest. Mit Hilfe von Ontologien wird für die Konsistenz und Kohärenz der ITIL-Prozesse gesorgt. Schließlich definieren so genannte Constraints die aus Standards wie der ISO 20000 stammenden Anforderungen und legen so die Grundlage für eine dementsprechende Zertifizierung.

Optimierung von ITIL-Prozessen

Will man die Wirksamkeit von ITIL-Prozessen messen und verbessern, benötigt man aussagefähige Instrumente zur Dokumentation und Bewertung des aktuellen Prozessstatus. Kennzahlen und Formen der Leistungsmessung spielen hier eine zentrale Rolle, um die Prozesse planen, steuern und optimieren zu können.

In diesem Beitrag erfahren Sie:
- wie sich das Controlling von ITIL-Prozessen gestalten lässt,
- welche Funktion dabei Kennzahlen und Kennzahlensysteme haben,
- wie man durch Performance Measurement Leistungstransparenz erzeugt.

MARCO MEVIUS

Grundlegende Konzepte für das Controlling von ITIL-Prozessen

Das Controlling von ITIL-Prozessen kann aus zwei unterschiedlichen Perspektiven heraus gesehen werden. Es können dabei Ansätze unterschieden werden, die die Weiterentwicklung des Controllings zu einem prozessorientierten Controlling zum Ziel haben und solche, die das Objekt des Controllings, das heißt den Prozess, in den Vordergrund stellen.

Einige Autoren sehen als Weiterentwicklung der Kosten- und Erlösrechnung das prozessorientierte Controlling an, das als instrumenteller Ansatz die Erkenntnisse bisher isolierter Instrumente zum Zweck der prozessorientierten Planung, Steuerung und Kontrolle kombiniert. Grundsätzliches Ziel ist es dann, analytische Transparenz im Unternehmensgeschehen zu schaffen, um darauf aufbauend

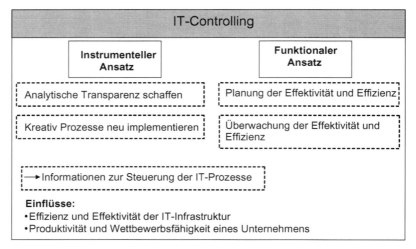

Abb. 1: *IT-Controlling*

kreativ neue Prozesse zu implementieren. Eine eher funktional ausgerichtete Interpretation des Prozesscontrollings sieht die primäre Aufgabe darin, die Effektivität und Effizienz von Geschäftsprozessen zu planen und zu überwachen. Das IT-Prozesscontrolling (im Folgenden synonym zu IT-Controlling) stellt den Prozessverantwortlichen die Informationen zur Verfügung, die sie zur Steuerung ihrer IT-Prozesse benötigen. Das IT-Prozesscontrolling hat damit erheblichen Einfluss auf die Effizienz und Effektivität der IT-Infrastruktur und damit die Produktivität und Wettbewerbsfähigkeit eines Unternehmens. Innerhalb dieses Kapitels wird diese Definition des IT-Cortrollings zugrunde gelegt.

Die Aufgaben des IT-Prozesscontrollings lassen sich auf den zwei Ebenen des strategischen und operativen IT-Managements unterscheiden. Auf der strategischen Ebene unterstützt das IT-Prozesscontrolling das Prozessmanagement bei Ausrichtung der IT-Prozesse entlang der definierten Ziele durch den Entwurf geeigneter Überwachungsinstrumente in Form von Kennzahlen und den korrespondierenden Zielgrößen. Auf der operativen Ebene beinhaltet das IT-Prozesscontrolling die Überwachung der effizienten Ausführung der einzelnen IT-Prozesse und die Versorgung des Managements mit relevanten Informationen. Hierbei werden im Rahmen des IT-Prozessmonitorings relevante Informationen über den Status der IT-Prozesse dem Management und beteiligten und berechtigten Mitarbeitern zur Verfügung gestellt. Im Zuge unternehmensübergreifender Wertschöpfungspartnerschaften ist es hierbei nicht ausreichend, Daten der unternehmensinternen IT-Prozesse zu betrachten. Vielmehr sind der Analyserahmen auszuweiten und der gesamte unternehmensübergreifende Geschäftsprozess vom Kunden zum Lieferanten einzubeziehen. Durch diesen Ansatz ergeben sich neue potenzielle Empfänger für die Controllinginformationen, die außerhalb der Grenzen des Unternehmens situiert sein können. Das IT-Prozesscontrolling als dezentrales Teilsystem des prozessorientierten Controllings übernimmt dabei eine Supportfunktion für das IT-Prozessmanagement während der Phasen der Planung, der Umsetzung und Kontrolle. Zusätzlich wird die Funktion der Bereitstellung prozessrelevanter Informationen übernommen. So müssen aussagefähige Instrumente zur Dokumentation des aktuellen Prozessstatus in Form von Berichten (Reports) zur Verfügung gestellt werden.

Kennzahlen und Metriken

Bezogen auf IT-Service-Management unterstützt das ITIL-Prozesscontrolling das Prozessmanagement in der Planungsphase bei der Planung der Struktur und der Ziele der ITIL-konformen Prozesse. Die spezifische Aufgabe dieses Prozesscontrollings besteht hierbei in der Bereitstellung von Messinstrumenten (Kennzahlen und Metriken) und der Festlegung von Zielwerten für bestehende oder alternative Prozessstrukturen. Ebenso werden Informationen über den Zielbeitrag der Prozessstruktur bereitgestellt.

Die Bereitstellung von Kennzahlen und entsprechenden Zielwerten für die IT-Prozesse ist zum einen notwendig zur Quantifizierung der Ziele und zum anderen Voraussetzung für die Integration dieser Messgrößen in die Informationsbereitstellungsinfrastruktur des Prozesscontrollings im Sinne von ITIL. Die Erreichung von Prozesszielen kann dabei ohne quantitative Beurteilung durch Kennzahlen nicht bestimmt werden. Aus diesem Grund bestehen zwei kritische Aufgaben des ITIL-Prozesscontrollings darin:

⇨ erstens geeignete Kennzahlen des IT-Bereichs aus der Vielzahl von geeigneten Messgrößen auszuwählen, die die Zielgrößen reflektieren und eine Prozessbewertung erlauben, und

⇨ zweitens Zielwerte für diese Kennzahlen festzulegen.

Die Festlegung der Zielwerte kann hierbei durch das Prozesscontrolling unterstützt werden, indem entsprechende Benchmarks durchgeführt, Kundenanforderungen erfasst oder Simulationen der alternativen Prozessstrukturen vorgenommen werden. Für die Simulation sind geeignete Modelle der Prozessalternativen bereitzustellen.

In der Ausführungsphase bestehen die Hauptaufgaben des ITIL-Prozesscontrollings darin, die laufenden Prozesse kontinuierlich zu überwachen (Prozessmonitoring) und abgeschlossene Prozesse zu bewerten. Mögliche Maßnahmen zur Prozessverbesserung werden aufgezeigt, wobei die Auswahl und Durchführung solcher Maßnahmen dem Prozessmanagement vorbehalten ist – in diesem Fall dem IT-Management. Im Rahmen des Prozessmonitorings werden dabei regelmäßig die Ist-Prozesse und Ist-Werte erfasst. Dafür ist festzulegen, welche der Prozessmessgrößen in welchen zeitlichen Abständen zu erfassen sind. Dies kann von einer jährlichen Erfassung für Kundenzufriedenheitswerte, einer monatlichen Erfassung von Kostenwerten bis hin zu einer täglichen Erfassung von Fehlerraten reichen. Über die reine Erfassung hinaus bezieht das Prozessmonitoring auch Tätigkeiten zur Überwachung und bei nicht-tolerablen Abweichungen nötigenfalls den Eingriff in laufende IT-Prozesse ein. Insbesondere gilt es, bei Abweichen von definierten Soll-Werten geeignete Maßnahmen automatisch einzuleiten sowie im Falle einer drohenden Abweichung gegensteuernde Maßnahmen proaktiv zu initiieren.

Insgesamt stellt das IT-Prozessmonitoring ein wirkungsvolles Instrument dar, um Störungen in einem Prozess zeitnah zu entdecken. Ein Problem resultiert allerdings aus der gewählten Darstellung von Kennzahlen, den entsprechenden Zielwerten und den Prozessbeschreibungen in der Planungsphase. Durch den Einsatz unterschiedlicher Modellierungsmethoden wird eine direkte automatisierte Überwachung der Prozesse (zum Beispiel durch Workflow-Managementsysteme) erschwert.

Die anschließende Prozessbewertung auf Basis der erfassten Ist-Prozesse zusammen mit den Soll-Prozessen stellt dabei die zentrale Aufgabe im IT-Prozesscontrolling dar. Nur der Vergleich von Ziel- und Ist-Werten ermöglicht nämlich eine Kontrolle der Zielerreichung und die damit verbundene Prozessverbesserung. Die Prozessbewertung lässt sich dabei in eine quantitative und eine qualitative Komponente unterscheiden:

⇨ Die *qualitative Prozessbewertung* hat die Prozessstrukturen zum Inhalt, mit dem Ziel, durch eventuelle Neu- beziehungsweise Umstrukturierungen ziel- und kundenirrelevante Tätigkeiten zu eliminieren sowie Aktivitäten zu parallelisieren und zusammenzufassen. Gleichzeitig soll sich ein kontinuierlicher Verbesserungsprozess anschließen, der nur auf Grundlage einer quantitativen Bewertung erfolgen kann.

⇨ Die *quantitative Prozessbewertung* beruht dabei auf Kennzahlen, die den Erfolg der Prozesse messbar machen. Sie bilden die Basis für alle Prozessverbesserungen im Rahmen des IT-Prozessmanagements.

Einsatz von Kennzahlen

Ursprünglich wurden Kennzahlen nur als Instrument zur Analyse und Beurteilung der Wirtschaftlichkeit und finanziellen Sicherheit angesehen. Mittlerweile hat sich ihre Bedeutung jedoch erweitert, und zwar im Sinne von Führungsinformation für das Management und die Geschäftsleitung. In weitgehender Übereinstimmung werden Kennzahlen daher als numerische Größen definiert, die Informationen über

Sachverhalte und Zusammenhänge in quantitativer, konzentrierter Form wiedergeben.

Zentrale Merkmale von Kennzahlen sind ihr Informationscharakter, ihre Quantifizierbarkeit und die spezifische Form ihrer Darstellung. Das Merkmal des *Informationscharakters* bezieht sich dabei auf die Eigenschaft von Kennzahlen, über entscheidungsrelevante Sachverhalte zu berichten. Kennzahlen stellen somit eine bewusste Auswahl und Reduktion von Informationen dar. Unter *Quantifizierbarkeit* wird hier die besondere Form der Messbarkeit der durch die Kennzahlen betrachteten Sachverhalte auf einer Kardinalskala verstanden. Die *spezifische Form der Darstellung* relevanter Sachverhalte soll es ermöglichen, mit Hilfe eines Transformationsvorgangs die Ursprungsinformationen über komplizierte Strukturen und Prozesse auf relativ einfache Weise abbilden zu können. Diese Transformation beinhaltet eine Verdichtung der Informationen nach bestimmten Regeln. Hierbei lassen sich zwei Arten von Informationsverdichtung unterscheiden:

⇨ *Die quantitative Verdichtung* erfolgt, indem man entweder gleichartige Einzelinformationen über gleichartige Objekte durch Summierung aggregiert oder mehrdimensionale Einzelinformationen anhand eines gemeinsamen, übereinstimmenden Merkmals selektiv zusammenfasst.

⇨ *Die qualitative Verdichtung* bildet Ergebnisse, die nicht selbst in jeder Einzelinformation enthalten sind, sondern sich erst durch die Betrachtung der gesamten Einzelinformationen ergeben. Beispiele hierfür sind die Bildung von Durchschnitten, Nutzwert oder Korrelationsrechnungen, deren Verdichtungsergebnisse charakteristische Eigenschaften der Gesamtmenge wiedergeben.

Arten von Kennzahlen

Grundsätzlich kann man bei Kennzahlen zwischen absoluten Zahlen und Verhältniszahlen unterscheiden. Letztere können differenziert werden in:
⇨ Gliederungszahlen (Verhältnis eines Teils zum gleichartigen Ganzen),
⇨ Beziehungszahlen (verschiedenartige Merkmale werden in Beziehung gesetzt, zum Beispiel das Verhältnis von Ausfallzeiten durch Fehler zu Ausfallzeiten durch vorgenommene Änderungen) und
⇨ Indexzahlen (Verhältnis zweier gleichartiger Merkmale zu unterschiedlichen Zeitpunkten).

Eine weitere Unterscheidung ist die nach dem Objektbereich. So kann unterschieden werden zwischen Kennzahlen, die auf gesamtbetriebliche Zusammenhänge abzielen, und Kennzahlen, die sich auf funktionale (zum Beispiel IT-, Personal-, Finanz-, Logistikkennzahlen), divisionale oder organisatorische Bereiche beziehen.

Aufgaben

Durch ihre vielfältigen Funktionen werden Kennzahlen als wichtiges umfassendes Hilfsmittel im gesamten operativen Führungsprozess sowie dem operativen IT-Service-Management angesehen. Funktionen von Kennzahlen umfassen dabei:
⇨ *Operationalisierungsfunktion*: Bildung von Kennzahlen zur Operationalisierung von Zielen und Zielerreichung,
⇨ *Anregungsfunktion*: Erfassung von Kennzahlen zur Erkennung von Auffälligkeiten und Veränderungen,
⇨ *Vorgabefunktion*: Festlegung von kritischen Vorgabe-/Planwerten für Kennzahlen als Zielgrößen für unternehmerische Teilbereiche,
⇨ *Steuerungsfunktion*: Kennzahlen zur Vereinfachung von Steuerungsprozessen,

⇨ *Kontrollfunktion*: Kennzahlen zur Erkennung von Soll-Ist-Abweichungen.

Zu einem Steuerungsinstrument werden Kennzahlen dadurch, indem man sie als normative Maßgrößen für Ziele verwendet, das heißt, sie dienen als Zielvorgaben, mit denen Ziele operationalisiert werden. Auf diese Weise lässt sich das Handeln von Entscheidungsträgern und Mitarbeitern an den von den Kennzahlen repräsentierten Zielen ausrichten. Zugleich dienen Kennzahlen damit als Maßstab, an dem die geplante oder realisierte Zielerreichung gemessen wird.

Einschränkung der Wirksamkeit von Einzelkennzahlen

Generell ist die Qualität der von Kennzahlen vermittelten Informationen stark davon abhängig, wie genau und zuverlässig die Gestaltung des zugrunde liegenden Informationssystems ist. Da zudem Kennzahlen definitionsgemäß komplexe wirtschaftliche Sachverhalte in einem einzelnen Wert verdichten, hat die isolierte Betrachtung einer Kennzahl nur einen beschränkten Aussagegehalt. Eine unzutreffende Interpretation von Einzelkennzahlen ebenso wie konkurrierende Interpretationen können so auftreten. Generell wird deshalb eine kombinierte Anwendung von qualitativen und quantitativen Informationen zur Beurteilung von Sachverhalten empfohlen. Kennzahlen werden demgemäß hauptsächlich im Rahmen von Kennzahlensystemen eingesetzt.

Kennzahlensysteme

Die Frage ist, wie man dieser eingeschränkten Wirksamkeit von Einzelkennzahlen entsprechend begegnen kann. Dazu werden die Kennzahlen auf Basis einer zu Grunde liegenden Systemkonzeption geordnet, um zum einen Mehrdeutigkeiten in der Interpretation zu vermeiden, zum anderen Abhängigkeiten zwischen den Elementen des Systems zu erkennen und zu verdeutlichen. Im Allgemeinen wird unter einem Kennzahlensystem eine Zusammenstellung von quantitativen Variablen verstanden, wobei die einzelnen Kennzahlen in einem sachlogischen Zusammenhang zueinander stehen, einander ergänzen und insgesamt auf ein gemeinsames übergeordnetes Ziel ausgerichtet sind.

Generell sind folgende Forderungen an ein solches Führungssystem zu stellen (und können im Speziellen auf einzelne Bereiche, wie zum Beispiel die IT, fokussiert werden):

⇨ Die Ziele des Unternehmens sowie deren wichtigste Bestimmungsfaktoren müssen im Kennzahlensystem enthalten sein.
⇨ Zum Zweck der Gesamtplanung soll das System möglichst vollständig sein.
⇨ Das Kennzahlensystem soll flexibel erweiterbar sein, um veränderte Rahmenbedingungen berücksichtigen zu können.
⇨ Eine Aufteilung in einen branchenunabhängigen Teil und einen branchen- oder entscheidungsbezogenen Sonderteil ist sinnvoll.

Kennzahlensysteme erscheinen in der Praxis in zwei Formen: Auf der einen Seite besteht die Möglichkeit, Kennzahlen bestimmten Sachverhalten zuzuteilen, die die Aufgabe besitzen, Aspekte des Unternehmens durch Ordnungssysteme zu erfassen. Auf der anderen Seite kann man Kennzahlen durch eine hierarchische Pyramidenstruktur rechnerisch zerlegen. Dabei wird zur Vermittlung der wichtigsten Aspekte des Unternehmens eine Spitzenkennzahl herangezogen. Sie soll die wichtigste Aussage des Systems in zusammengefasster Form wiedergeben, weshalb als Spitze einer Kennzahlenpyramide meist das Ergebnisziel gewählt wird. Ein bekanntes Beispiel für ein solches Rechensystem ist das Du-Pont-Kennzahlensystem mit dem Return on Investment (ROI) an der Spitze.

Aufgaben von Kennzahlensystemen

Klassischerweise wurden betriebswirtschaftliche Kennzahlensysteme oft zur Analyse vergangenheitsbezogener Daten eingesetzt, beispielsweise im Rahmen der Analyse des Jahresabschlusses. Inzwischen steht allerdings die Anwendung von Kennzahlen in Planungs- und Kontrollprozessen als Bestandteil von Controllingkonzeptionen im Vordergrund. Die Kennzahlen sind dabei Teil eines intern für Führungszwecke eingesetzten Systems, das für die verschiedenen Entscheidungsphasen Informationen liefert.

Durch die Transformation prägnanter Zielvorstellungen haben die Kennzahlen eines Steuerungskennzahlensystems eine Doppelfunktion: zum einen übermitteln sie spezifische Aufgabenstellungen und ihre Ausführungsanweisungen, zum anderen dienen sie der unternehmensweiten Koordination der Prozesse auf den verschiedenen Hierarchiestufen. Die Vorgabewerte werden dabei im Sinne einer rationalen Wirtschaftsführung ständig überprüft. Der Vergleich zwischen den geplanten und realisierten Werten erlaubt eine Beurteilung des Ergebnisses des betrieblichen Handelns. Ein entsprechender Kennzahlenkontrollprozess unterteilt sich in drei Phasen:

⇨ Feststellung der Ist-Kennzahlenwerte (Ergebnisse der Prozessrealisierung),
⇨ Vergleich von Ist- und Soll-Kennzahlen (Planergebnisvergleich und Abweichungsanalyse),
⇨ Initiieren von Anpassungsmaßnahmen.

Ziel eines derartigen Kontrollprozesses ist es, umfassende Einsicht in die wirtschaftliche Lage zu gewinnen und frühzeitig Fehlentwicklungen aufzudecken.

Defizite traditioneller Kennzahlensysteme

Bereits seit geraumer Zeit kritisiert man diese traditionellen Kennzahlensysteme, die den Hauptfokus auf das finanzielle Ergebnis und/oder die Liquidität des Unternehmens richten. So wird die finanzielle Ausrichtung als systemimmanenter Nachteil angesehen, da damit die Sachzieldimension und die Markt- und Kundenorientierung nicht berücksichtigt werden. Als weiterer Nachteil gilt außerdem ein durch diese Kennzahlensysteme geschaffener Anreiz, das unternehmerische Handeln primär an finanziellen Kennzahlen auszurichten unter Vernachlässigung von Maßnahmen zur Sicherung der Erfolgspotenziale. Traditionelle Kennzahlensysteme weisen folgende Defizite auf:

⇨ *Defizit Zeitbezug*: Steuerungskonzepte auf Basis bilanzieller Kennzahlen fokussieren nur auf die monetären Ergebnisse historischer Entscheidungen. Es wird nur in die Vergangenheit geblickt, nicht jedoch in die Zukunft.

⇨ *Defizit Aggregationsgrad*: Die hoch aggregierten Unternehmens- oder Geschäftsfeldkennzahlen traditioneller bilanz- und rechnungswesenorientierter Steuerungskonzepte lassen in der Regel alle weiteren Leistungsebenen (zum Beispiel Mitarbeiter, Prozesse) und die dazugehörigen Kennzahlen unberücksichtigt.

⇨ *Defizit Dimension*: Kunden- und wettbewerberorientierte Informationen sowie Informationen über unternehmensinterne Abläufe werden durch die monetär geprägten, hoch aggregierten und vergangenheitsbezogenen Steuerungskonzepte nicht berücksichtigt.

⇨ *Defizit Planungsbezug*: Der direkte inhaltliche Bezug zu den Unternehmens- und Geschäftsfeldstrategien ist bei Steuerungskonzepten auf der Basis bilanzieller Kennzahlen nicht gewährleistet.

⇨ *Defizit Anreizbezug*: Durch klassische Steuerungskonzepte des Rechnungswesens (zum Beispiel der Plankostenrechnung) werden Manager eher zu Kostenreduzierungen als zu kontinuierlichen Verbesserungsaktivitäten angehalten.

Insbesondere zum effizienten und effektiven IT-Management müssen alternative Konzepte von Kennzahlensystemen gewählt werden.

Performance Measurement für die Leistungstransparenz

Seit Ende der 1980iger Jahre sind neue Konzepte und Kennzahlen entwickelt und eingesetzt worden, die in der englischsprachigen Controlling- und Management-Accounting-Literatur mit dem Begriff *Performance Measurement* bezeichnet werden. Im Zuge dessen wird eine Leistungstransparenz angestrebt, die zur Leistungsverbesserung auf allen Ebenen mittels effektiverer Planungs- und Steuerungsabläufe beitragen soll. Weitere Ziele des Performance Measurements sind die Vertiefung von leistungsebenenbezogenen und -übergreifenden Kommunikationsprozessen, die Erhöhung der Mitarbeitermotivation sowie die Erzeugung zusätzlicher Lerneffekte. Performance Measurement beinhaltet demnach eine Erweiterung der klassischen, vorwiegend bereichsbezogenen Sach- und Formalzielplanung dadurch, dass Sach- und Formalziele anspruchsgruppen- und objektgerecht formuliert und Strategien stärker operationalisiert, quantifiziert und komplementär verknüpft werden.

Einführung des Performance Measurements

Die Einführung des Performance Measurements beginnt mit der Festlegung der Performance-Ziele. Die Koordination erfolgt dabei sach- und formalzielbezogen und es ist Aufgabe der Performance-Planung, diese Ziele zu operationalisieren und zu quantifizieren. Während der Ausführung und am Ende eines Planungszyklus werden die zeitpunktgenauen Ausprägungen der einzelnen Maßgrößen erfasst, gegebenenfalls aggregiert, ausgewertet, analysiert und kommentiert. Beteiligt an diesem Ablauf sind sowohl die Leistungsträger selbst (zum Beispiel in Form eines »Self Assessments«) als auch die Ablaufkoordinatoren unter Hinzuziehung der jeweils relevanten Anspruchsgruppen. Als Hilfsmittel für den Perfomance-Measurement-Prozess werden zum einen die bereits existierenden unternehmensinternen Informationssysteme und informationsverarbeitenden Instrumente verwendet, zum anderen kommen alle für die Erfassung der Kennzahlenausprägungen geeigneten und notwendigen Hilfsmittel zum Einsatz.

Die Balanced Scorecard als Basiskonzept für das Performance Measurement

Mittlerweile ist eine Vielzahl von Konzepten für das Performance Measurement entwickelt worden. Die Bandbreite reicht von einfachen Konzepten, die nur Kosten-, Zeit- und Qualitätszahlen unstrukturiert verbinden, bis hin zu softwaregestützten mathematisch komplexen Modellen. Das bekannteste Performance-Measurement-Konzept ist die von Kaplan und Norton entwickelte Balanced Scorecard (BSC). Die Balanced Scorecard stellt ein Management- und Controllingkonzept zur mehrdimensionalen, vorwiegend strategischen Planung und Steuerung eines Unternehmens oder Geschäftsbereichs dar. Die grundlegende Zielsetzung ist die klare Transformation der Vision und Strategie einer Unternehmung in ein geschlossenes Bündel qualitativer sowie quantitativer Ziele und Kennzahlen. Dies soll eine an der Strategie ausgerichtete Unternehmenssteuerung ermöglichen – die BSC ist somit ein Instrument der Strategie-Implementierung. Inhaltlich besteht die BSC aus vier grundlegenden Bausteinen:
⇨ die aus der Unternehmensvision und -strategie abgeleiteten *strategischen Ziele*,
⇨ die zu diesen Zielen korrespondierenden und diese operationalisierenden gegenwarts- und zukunftsorientierte *Kennzahlen*,
⇨ die für diese Kennzahlen angestrebten *Zielwerte*, sowie
⇨ die strategischen *Maßnahmen*, die zur Erreichung der Ziele ergriffen werden sollen.

Die Kernidee dieses Konzepts besteht darin, unterschiedliche Sichten bei der Leistungsbeurteilung eines Unternehmens oder eines Geschäftsbereichs zu berücksichtigen, und zwar als Grundlage zu deren Planung und Steuerung, unter Beachtung der sichtenübergreifenden Zusammenhänge und unter Hinzuziehung von sichtenspezifischen Maßgrößenbündeln. Die Bausteine werden einer konkreten Betrachtungsweise zugeordnet, die als *Perspektive* bezeichnet wird. Dadurch soll eine Einseitigkeit bei der Erarbeitung der strategischen Ziele vermieden werden. Kaplan und Norton empfehlen die Perspektiven Finanzen, Kunden, interne Prozesse sowie Lern- und Wachstumsperspektive, die gleichgewichtig berücksichtigt werden sollen. Die ermittelten strategischen Ziele sollen zudem über Ursache-Wirkungsbeziehungen miteinander verbunden werden. Diese Verdeutlichung der Hypothesen bezüglich der Wirkungszusammenhänge wird als weitere Besonderheit der BSC aufgefasst. Wesentliche Konzeptmerkmale sind daher:

⇨ Strategieorientierung,
⇨ Ausgewogenheit in der Betrachtung des Unternehmens sowie
⇨ Systematisierung der relevanten Kennzahlen in vier unterschiedliche Perspektiven.

Die *Strategieorientierung* der BSC äußert sich darin, dass sie einerseits als Instrument zur Konsensbildung und Fokussierung im Rahmen der Strategiefindung angesehen wird, andererseits aber auch als Instrument zur Schließung der Lücke zwischen der Entwicklung und Formulierung einer Strategie und ihrer Umsetzung. In ihrer Weiterentwicklung wird die BSC mittlerweile als organisatorischer Rahmen für den gesamten Managementprozess eingesetzt.

Die *Ausgewogenheit in der Unternehmensbetrachtung* resultiert in der Forderung nach einer breiten, ausgewogenen Kennzahlenbasis. Innerhalb der BSC soll auf diese Weise ein Ausgleich geschaffen werden zwischen kurzfristigen und langfristigen Zielen, monetären und nichtmonetären Kennzahlen, zwischen Spätindikatoren und Frühindikatoren sowie zwischen externen und internen Betrachtungsweisen. Dabei sollen nur wenige (circa 15 bis 20) für den Erfolg kritische Kennzahlen gewählt werden. Kaplan und Norton sehen daher eine Ergänzung der klassischen monetären Kennzahlen um so genannte

Leistungstreiber vor, so dass die Balanced Scorecard aus einer Mischung von Ergebnisgrößen und Leistungstreibern besteht.

Weiterer Ausdruck der Ausgewogenheit ist die *Systematisierung* der BSC in Perspektiven. Kaplan und Norton schlagen hierzu vier Perspektiven vor: die finanzwirtschaftliche Perspektive, die Kundenperspektive, die Prozessperspektive und die Innovations- beziehungsweise Wissensperspektive. Diese Perspektiven müssen unternehmensindividuell angepasst werden, wobei weder die Kennzahlen noch die Perspektiven oder ihre Anzahl zwingend festgelegt sind. Vielmehr sollen sie sich an die Besonderheiten der jeweiligen Wettbewerbssituation anpassen lassen.

Steuerung und Kontrolle der Prozessleistung im IT-Service-Management

Die Balanced Scorecard (BSC) ist sicherlich das bedeutendste Performance-Measurement-Konzept. Sie ist allerdings in ihrer Grundform sehr strategisch orientiert. Für die Steuerung und Kontrolle von Prozessen im IT-Service-Management wird deshalb eine Ergänzung der Balanced Scorecard um Konzepte des Performance Measurements auf operativer Ebene empfohlen. Als zentraler Aspekt ist hier die Durchführung eines kontinuierlichen Verbesserungsprozesses anzusehen, in welchem die Prozessperfomance fortlaufend gemessen, bewertet und visualisiert wird. Die Aufgabe des prozessorientierten Performance Measurements im IT- Servicemanagement liegt in der Bereitstellung von Leistungsindikatoren, auf deren Basis die Effizienz und Effektivität von IT-Prozessen zu steigern ist. Das Management der Prozessperformance für IT-Dienstleistungen beinhaltet

⇨ den Aufbau einer Zielhierarchie, die die strategischen Unternehmensziele operationalisiert,
⇨ die darauf aufbauende Vorgabe von Kennzahlen und Zielwerten für jeden Prozess und
⇨ deren Messung und Analyse.

Als Instrument für den Aufbau der Zielhierarchie und den Entwurf wird der Einsatz einer hierarchisch angeordneten, prozessorientierten Balanced Scorecard empfohlen. Die Verbindung der Perspektiven der BSC soll über die Ziele der Prozesse erfolgen. Die Beurteilung der Leistung eines Prozesses erfolgt im Wesentlichen nach den Leistungsmerkmalen Effektivität und Effizienz. Ziel ist es, eine geeignete BSC für die Kontrolle der IT-Prozesse zu entwickeln.

Verwendung einer Standard-BSC

Grundsätzlich lässt sich eine Standard-BSC zur Steuerung des IT-Service-Managements (ITSM) verwenden. Dabei werden die Standard-Perspektiven um zusätzliche Kennzahlen erweitert, die den Einfluss der ITIL-Prozesse auf die Perspektiven widerspiegeln (siehe Tabelle 1). So beeinflusst das Incident Management über Kennzahlen (wie zum Beispiel die Erstlösungsquote) in ganz erheblichem Maß die Kundenzufriedenheit und damit die Kundenperspektive. Gleiches gilt für das Problem Management.

Tabelle 1: Einfluss der ITIL-Prozesse auf die Perspektiven einer Standard-BSC				
	Finanz-perspektive	Kunden-perspektive	Interne Prozesse	Lern- und Wachstums-perspektive
Incident		x	x	
Problem		x	x	
Change		x	x	
Configuration		x	x	
Release		x	x	

Weitere Prozesse, die auf die Standardperspektiven der Balanced Scorecard wirken, sind Financial Management (Finanzperspektive), Availability-, Continuity- und Management (Kundenperspektive) sowie Application Management (Interne Prozesse, Lernen und Entwickeln).

Zusätzliche Perspektiven für eine ITSM-BSC
Die Erweiterung einer Standard-BSC um ITSM-relevante Kennzahlen ist zwar möglich, lässt es jedoch etwas an Transparenz vermissen, wenn es gilt, den Einfluss der ITSM-Prozesse darzustellen. Daher soll hier die gegebene unternehmensweite BSC um eine Perspektive für die Darstellung von Service-Levels erweitert werden. Diese zusätzliche IT-Perspektive betrachtet den *Service Support*, also die Sicherstellung des »täglichen Betriebs« eines IT-Dienstleisters, und wird typischerweise zwischen der Kundenperspektive und der Perspektive für interne Prozesse angesiedelt.

Beispielablauf IT-Support-Prozess

Ein IT-Support-Ablauf könnte beispielhaft wie folgt beschrieben werden: Ein Incident eines Kunden geht bei einem IT-Dienstleister ein und wird erfasst. Nach der Eröffnung des Troubletickets erfolgt ein Rückruf, um den Incident eventuell sofort zu lösen. Ist Letzteres nicht der Fall, wird der Incident zur Weiterbearbeitung weitergeleitet. Das Problem muss im Folgenden verstanden und nachvollzogen werden, weshalb bisweilen weitere Telefonate diesbezüglich zu führen sind. Daraufhin muss man das Problem klassifizieren: es ist entweder als Problem hoher oder als eines niedriger Komplexität einzustufen. In beiden Fällen wird aufgrund der zuvor ausgeführten Analyse ein Lösungskonzept ausgearbeitet und dokumentiert. Entweder wird das Problem dann aufgrund des Lösungskonzepts gelöst oder es wird eine Interimslösung erarbeitet. Im letztgenannten Fall ist ein Patch zur Verfügung zu stellen sowie eine Anforderung für zukünftige Releases zu formulieren. Probleme, die nicht gelöst werden können, werden an den Betrieb oder die Entwicklung weitergeleitet.

Anhand dieses vereinfacht dargestellten Prozesses des Service Supports können für die IT-Perspektive der BSC folgende allgemeine, korrespondierende kritische Erfolgsfaktoren (KEFs) abgeleitet werden:
⇨ *Bearbeitungsdurchsatz von Anfragen und Störungen:* Dieses Ziel drückt sowohl die Sichtweise der internen Prozesse als auch die des Kunden aus. Hierbei soll der operative Bereich betrachtet und seine Effizienz gemessen werden, der wiederum einen Einfluss auf die Sicht des Kunden besitzt. Geeignete Messgrößen sind Reaktionszeiten und Bearbeitungszeiten, die im Beispielablauf bei den Funktionen »Eingang«, »Erfassen« und »1. Rückruf« gemessen werden müssen. Eine vorgegebene Zielgröße könnte zum Beispiel der Rückruf nach Eingang des Incidents innerhalb von 20 Minuten sein. Diese Größen sollen auch die Motivation der eigenen Mitarbeiter durch eine idealtypische Förderung des Arbeitsklimas erhöhen.
⇨ *Fehlerbeseitigung in der IT-Infrastruktur:* Im Mittelpunkt stehen speziell die internen Abläufe der Organisation. Daher handelt es sich hierbei um eine aktive Fehlersuche und Beseitigung, die im obigen Ablauf durch die Funktionen »Nachvollziehen«, »Klassifizieren« und »Erarbeiten eines Lösungskonzepts« beispielhaft dargestellt sind. Hierfür sind sowohl die Anzahl der beseitigten »Known Bugs« als auch die Anzahl der Störungen durch Bugs wichtige Kenngrößen. Die Ausfallzeiten, die durch Bugs entstanden sind, sind für eine Verbesserung beziehungsweise Weiterentwicklung ebenfalls von großem Interesse.
⇨ *Verhinderung von Störungen durch System-Änderungen:* Dieses Ziel soll speziell die Lern- und Wachstumsperspektive ausdrücken. Hierbei sind sowohl die Anzahl von Störungen durch Änderungen als auch die Ausfallzeit durch Änderungen als quantitative Größen für eine Bewertung von Interesse. Im obigen Ablauf soll dies durch die Funktion »Interimslösung implementieren« veranschaulicht werden. Durch die Entwicklung von Softwarekorrekturen muss daher die Verwaltung solcher Patches ein besonderes Augenmerk erhalten. Um auch nachhaltigen Erfolg für zukünftige Patches in Bezug auf die Schnelligkeit ihrer Entwicklung garantieren zu kön-

nen, bedarf es einer durchgängigen und gut organisierten Dokumentation. Schließlich wäre eine Simulation in Testumgebungen mit einem geeigneten Tool für diesen Vorgang eine brauchbare Methode, die Forschung und Entwicklung für Korrekturlösung voranzutreiben, um den Bearbeitungsdurchsatz zu erhöhen und damit die Bearbeitungszeit zu verringern.

Für eine auf diese Weise erweiterte Balanced Scorecard ergibt sich dabei die in Abbildung 2 dargestellte Wirkungskette.

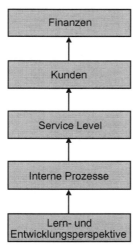

Abb. 2:   *Grundsätzliche Wirkungskette bei erweiterter BSC*

Die Service Levels einzuhalten, bewirkt Kundenzufriedenheit und wiederum finanzielle Erfolge. Zur Einhaltung der Levels sind die Service-Prozesse selbst, aber auch die Prozesse Service Support und Service Delivery zu optimieren. Dazu sind Fortschritte in der Lern- und Entwicklungsperspektive notwendig.

Für den Bereich Service Delivery, der mittel- bis langfristigen Planung und Verbesserung der IT-Services, lassen sich folgende kritische Erfolgsfaktoren (KEF) nennen:

⇨ *Einhaltung der Service Levels*: Relevante Kennzahlen hierfür sind die Dauer von Systemausfällen an sich, die Systemverfügbarkeit im Jahresmittel und Anspruchszeiten im Mittel. Es müssen daher sowohl Ausfälle dokumentiert werden als auch Messungen und Mittelungen der Anspruchszeiten erfolgen. Grundsätzlich müssen die Incidents entsprechend verwaltet werden. Es handelt sich des Weiteren um eine Betrachtung aus Sicht der Kundenperspektive.

⇨ *Kontrolle und Minimierung der Kosten unter Einhaltung der Service Levels:* Zum Messen dieses Ziels bieten sich Kenngrößen wie Ausgaben (und deren Vergleiche zu älteren Ausgaben), Budgets (Soll-Ist-Abweichungen) sowie der Return On Investment an. Hierfür bedarf es einer Erfassung und korrekten Zuordnung von Ausgaben als auch der Bewertung von Investitionsalternativen in Bezug auf deren Erfolg. Es handelt sich also um ein abstraktes Ziel, das in voneinander abhängige Einzelziele unterteilt werden kann.
Im obigen Beispiel müssen demnach die Kosten des Ausführens der einzelnen Funktionen festgehalten werden und somit eine transparente Prozesskostenrechnung zugrunde gelegt werden.

⇨ *Anpassung der IT an den zukünftigen Bedarf:* Wichtige Kenngrößen hierfür sind die Anzahl der neuen, qualifizierten Mitarbeiter und zusätzliche Hard- und Softwareinvestitionen. Wichtig ist also einerseits die Ermittlung beziehungsweise Prognose der zu erwartenden Nutzerzahl, andererseits die Bestimmung der dafür erforderlichen Hard- und Softwareressourcen. Das entscheidende Kriterium sind folglich fundierte Prognosen, die mit der Budgetplanung abgestimmt werden müssen.

⇨ *Umsetzung von Sicherheitskonzepten*: Um die Sicherstellung der IT-Sicherheit im Security Management gewährleisten zu können, sind der Abdeckungsgrad der IT durch Recovery-Konzepte und der Anteil der geschulten Mitarbeiter von Interesse. Ferner ist auch der Schulungsgrad der Mitarbeiter für eine Beurteilung wichtig und gegebenenfalls zu erhöhen. Für die Forschung an sich ist die Anzahl der erfolgreichen Tests wesentlich und eine leicht quantifizierbare Größe. Folglich müssen sowohl die Recovery-Konzepte weiterentwickelt werden als auch umfangreiche Trainings und Tests durchgeführt werden.

Wie man anhand der Ziele *der IT an den zukünftigen Bedarf* und *Umsetzung von Sicherheitskonzepten* erkennt, handelt es sich hierbei um solche mit langfristiger Wirkung. Sie beinhalten Entscheidungen mit strategischem Charakter und gehören daher zu kritischen Managementprozessen, die mit Hilfe der weiterentwickelten Balanced Scorecard bewältigt werden können.

Weitere Beispiele für mögliche Kennzahlen sind:
⇨ *Differenzierung in zwei Dimensionen*
   - Prioritäten
   - n-Level-Support
⇨ *Finanziell*
   - Betriebskosten
⇨ *Incidents*
   - ankommende Telefonanrufe
   - Incidents pro Zeitraum
   - Bearbeitungszeit pro Incident
   - Bearbeitungszeit nach Priorität
   - Lösungsquote im n-Level
   - Bearbeitungzeit pro Incident
   - Störungszeit pro Incident
   - Incidents mit SLA-Überschreitung
   - Reklamationen
   - Eskalationen
⇨ *Ressourceneinsatz*
   - Gesamt
   - Pro Incident

Grundlegendes Ziel der ITSM-BSC ist es, durch eventuelle Neu- beziehungsweise Umstrukturierungen überflüssige Tätigkeiten zu eliminieren sowie Aktivitäten beispielsweise zu parallelisieren und zusammenzufassen und hierdurch die ITIL-Prozesse effektiver zu gestalten. Gleichzeitig soll sich ein kontinuierlicher Optimierungsprozess anschließen, der nur auf Grundlage einer quantitativen Bewertung erfolgen kann. Die quantitative Bewertung der IT-Prozesse beruht dabei auf Kennzahlen, die deren Erfolg messbar machen. Kennzahlen bilden die zentrale Basis für die zielgerichtete Integration der Aufgaben und Funktionen des IT-Controllings in die einzelnen Phasen des IT-Service-Managements.

Zusammenfassung

Der Beitrag führt zunächst in das prozessorientierte IT-Controlling ein. Die spezifischen Eigenschaften von Kennzahlen und Metriken sowie zugrunde liegende Definitionen werden dargestellt. Insbesondere die Aufgaben und die Interpretation von Kennzahlen und deren Instrumentalisierung in Kennzahlensystemen sind dabei ausschlaggebend. Das grundsätzliche Konzept des Kennzahlensystems und dessen traditionelle Verwendung wird skizziert und kritisch diskutiert. Im Anschluss werden Motivation und Zielsetzung des Business Performance Measurements, eines modernen Ansatzes zur kennzahlenbasierten Unternehmensführung, vorgestellt. Dabei wird deutlich, dass eine methodisch einheitliche Behandlung von Kennzahlen und Kennzahlensystemen zum strategischen und operativen Management von IT-Prozessen durch bisherige Ansätze des IT-Service-Managements nicht ausreichend unterstützt werden kann. Daher werden die grundsätzlichen Ziele der Implementierung einer so genannten ITSM-Balanced-Scorecard vorgestellt und die zentralen kritische Erfolgsfaktoren und Kennzahlen anhand eines konkreten Beispiels skizziert. Letztlich kann die nachhaltige Einführung und Implementierung der ITSM-BSC die Optimierung der ITIL-Prozesse sicherstellen.

Stichwortverzeichnis

A

Abstraktion
 264, 370
Access-Management
 63-64, 69-70, 318, 322
Accountable Responsible Consulted Informed
 siehe Verantwortlich-Ausführend-Beratend-Informiert (VABI)
ARCI *siehe Accountable Responsible Consulted Informed*
Assets
 26-27, 31, 175, 182, 185-186, 279-280, 285
Authentizität
 44
Availability
 19-20, 34, 40-42, 83, 119, 168, 345
Availability-Management
 34, 40, 42, 83, 119, 168, 345
Awareness
 85, 90-91, 121, 324, 333-334

B

Baseline
 53, 284-285
Basiskonfiguration *siehe Baseline*
BITA *siehe Business IT Alignment*
Business IT Alignment (BITA)
 85
Business-Capacity-Management
 38

C

Call Center *siehe Service Desk (SD)*
Capabilities
 26-27

Capacity
 19-20, 34, 38-39, 83, 186-187, 345
Capacity Management
 38 ff.
Capacity-Management-Information-System
 39
Change Request *siehe Request for Change*
CI *siehe Configuration Item*
CMDB *siehe Configuration Management Database*
CMS *siehe Configuration Management System*
Component-Capacity-Management
 38
Configuration Item (CI)
 35-36, 53, 133, 140, 164, 175, 182, 185-186, 194, 217, 244, 279 ff., 323
Configuration Management Database (CMDB)
 217, 226, 239, 245, 255, 280 ff.
Configuration Management System (CMS)
 127, 129, 133, 175, 185-187, 204, 217, 279 ff.
Configuration Asset *siehe Configuration Item (CI)*
Continual Service Improvement
 10, 29-32, 70-71, 126, 151, 302
Continuity
 19-20, 34-36, 42-44, 130, 186, 407
Core Service
 17
CR *siehe Request for Change*

D

Deployment
 34, 92, 141, 145, 147, 149-150, 169, 219 ff., 281, 289, 304
 Roll-out
 174, 211, 214, 235-236, 243-245, 262-264

415

Stichwortverzeichnis

E
Early Life Support
  150, 169, 232-233, 236
Evaluation
  46, 51, 58-60, 164, 197, 263, 272
Event Management
  63-64

F
Fallback
  185, 190, 206, 285, 300
FAQ *siehe Lösungsdatenbank*
Fehlbedienung *siehe Incident*
Fehler *siehe Incident*
Fehlkonfiguration *siehe Incident*
Friendly User Test *siehe Pilotierung*
Funktion
  26 ff., 40, 64, 118, 152, 154, 177,
  181, 196, 198-199, 212, 218, 240, 243,
  248-249, 275, 313, 315, 317, 320, 324,
  326, 331, 340-342, 351, 356, 359, 365,
  391-393, 397, 408, 410, 412

G
Grundzustand *siehe Baseline*

H
HD *siehe Helpdesk*
Helpdesk *siehe Service Desk (SD)*

I
Implementierung
  11, 55, 70, 77 ff., 141, 154, 165, 174,
  176-179, 181, 183 ff., 254, 270, 272,
  279 ff., 330, 403
Incident
  55, 63-67, 77 ff., 123-125, 127, 130-131,
  133-134, 136-137, 146 ff., 192, 242, 262,
  267-269, 280, 285, 288-289, 304-305,
  310, 320 ff., 381-382, 385, 406-408,
  410-411

Incident Management *siehe Incident*
  Fehlbedienung
  139-141
  Fehler
  *11, 22, 51, 66, 77, 80, 89, 105, 115,
  123 ff., 178-179, 181, 183, 239-242,
  264, 273 ff., 291, 311 ff., 356 ff., 397*
Information-Security-Management
  34, 44
Integrität
  44, 219, 267-268, 282
IT Service Continuity Management
  34, 36, 42-43
IT-Service *siehe Service*
IT-Service-Continuity-Management
  34, 36, 42-43
ITIL
  9 ff.
ITIL Complementary Guidance
  30
ITIL Core
  30-31

K
KEDB *siehe Known Error Database*
Key Performance Indicator (KPI)
  105, 133, 137, 166, 168, 204,
  264 ff., 281, 305-306
Known Error Database *siehe*
  Lösungsdatenbank (FAQ)
Konfigurations-Item *siehe Configuration Item (CI)*
KPI *siehe Key Performance Indicator*

L
Lokaler Service Desk *siehe Service Desk (SD)*
Lösungsdatenbank (FAQ)
  79, 355
  Known Error Database
  150, 163, 323, 343, 355, 365
Lösungskultur
  102
Lösungszeit
  84, 106-109, 329, 337-339, 341, 362

416

M

Major Incident *siehe Problem*
Management of Change *siehe Veränderungs-management*
MOC *siehe Management of Change*
Modell
    21-22, 58, 179, 281, 285-286, 300, 309, 370, 372, 375-376, 379
Modellierung
    369 ff.

O

Optimierung
    10-11, 87, 104, 112, 114-116, 135, 172-173, 204, 329, 372, 411

P

Pilotierung
    90, 100, 229-230, 235, 239, 241-242, 250, 259
    Friendly User Test
    239
Planning und Support *siehe Transition*
PM *siehe Problem Management*
Priorisierungen *siehe Prioritäten*
Prioritäten
    116, 179, 204, 354, 411
Problem Management (PM)
    50, 63-64, 80-81, 86, 89, 92, 102, 123 ff., 186-187, 195, 208, 240, 304, 308, 323, 350, 357-358, 365, 406
    Major Incident
    148-149

R

RDM *siehe Release- und Deployment-Management*
Release
    11, 34, 53, 55, 92, 130, 141, 145, 149-150, 166, 169, 174, 187, 203, 208, 211, 214, 219 ff., 281, 289-290, 304, 323, 365, 406
    Veränderungsprojekt
    222, 227, 233
Release- und Deployment-Management (RDM)
    141, 145, 169, 219 ff., 289
Request for Change (RfC)
    65, 67, 69, 92, 139-140, 165, 179-182, 184, 189, 191, 197, 206, 217, 287, 322
    Change Request
    58-59, 180, 193-194, 205, 280, 320
Request Fulfilment
    67, 69, 322
RfC *siehe Request for Change*
Risk Policy
    57
Roll-out *siehe Deployment*
Root Cause
    124, 166

S

SACM *siehe Service Asset und Configuration Management*
Schnittstelle User – IT *siehe Anwenderschnittstelle*
SD *siehe Service Desk*
Security
    19-20, 34, 44-46, 186-187, 221, 288, 290, 410
Service
    9-11, 15, 28 ff., 279 ff., 374 ff., 393 ff.
Service Asset
    31, 82, 175, 182, 185-186, 203, 212, 279-280, 316
Service Asset und Configuration Management (SACM)
    279-284, 288-292, 294-299, 302-303, 305, 307, 311-312, 314-316
Service Capacity Management
    38
Service Design
    10, 29-31, 34, 51, 56-59, 70, 147, 151, 302
Service Design Package
    34, 58-59

417

Service Desk (SD)
  11, 61, 64, 69, 84, 87, 92, 99, 113, 118,
  121, 124, 127, 133, 148, 240, 305, 317 ff.
  Call Center
  97, 342
  Lokaler Service Desk
  347-348
  Servicedesk
  99
  Virtueller Service Desk
  332, 348
  Zentraler Service Desk
  336, 346
Service Katalog
  31-36, 69, 82
Service Katalog Management
  34-35
Service Level
  17, 38, 55, 62, 79, 82, 145, 152, 175,
  218, 318, 321-322, 328-329, 331, 337,
  345, 347, 354, 387, 407, 409-410
Service Level Agreement (SLA)
  36-37, 46, 50, 70, 78, 82, 106, 108, 116,
  130-131, 134, 145, 150-151, 222, 302,
  387, 411
Service Level Management (SLM)
  34-37, 78, 82, 110, 115, 145, 151, 302,
  304, 318, 323, 345, 364
Service Level Package
  17, 23
Service Level Requirement
  36-37
Service Management
  9, 11, 15 ff., 29, 88, 91, 95, 97, 102,
  105, 119, 173-174, 186, 216, 279, 376,
  387-388, 393, 397, 405, 412
Service Operation
  10, 29-32, 62-64, 70, 73, 123,
  147-148, 225
Service Pipeline
  32-33
Service Portfolio
  31-32, 35-36, 38
Service Provider
  17-18, 20-22, 25-26, 28, 32-33,
  35-36, 47, 56, 95, 202, 245

Service Prozesse
  23-25, 30, 164, 375, 377-378, 386-387
Service Quality Policy
  57
Service Request
  68-69, 79, 82, 89, 110, 121
Service Strategy
  10, 30-32, 38, 70, 73, 301-302
Service Transition
  10, 29-34, 50-54, 56, 60, 70, 73,
  146-147, 149, 217, 302, 387
Service Validation and Testing
  51, 55-57
Service-orientierte Perspektive
  16
Servicedesk *siehe Service Desk (SD)*
Simulationsworkshop
  86-87, 93-94
Single Point of Contact (SPOC)
  92, 305, 319, 324, 329, 354
  Zentrale Anlaufstelle
  64, 317-319, 324, 365
SLA *siehe Service Level Agreement*
Software Process Improvement and Capability
  Determination (SPICE)
  270, 276
Software Bug *siehe Incident*
SPICE *siehe Software Process Improvement
  and Capability Determination*
SPOC *siehe Single Point of Contact*
Staging-Umgebung *siehe Pilotierung*
Supplier-Management
  34, 46-47, 50

T

Task Force
  125, 132, 134, 138, 150, 154,
  157-158, 160
Testmodell
  57-58
Teststrategie
  57

Stichwortverzeichnis

Ticket
    80, 87, 113, 132-133, 141, 153, 157, 165, 305, 317 ff.
    Ticket-Verfolgung
    319
    Ticket-System
    320, 322
Ticket Handling *siehe Ticket*
Transition *siehe Service Transition*
Transition Planning
    51-52, 54
Transition Strategy
    52

U

Unleugbarkeit
    44
User-Self-Service
    326, 328, 338, 354-355
Utility
    19, 23, 319

V

VABI *siehe Verantwortlich-Ausführend-Beratend-Informiert*
VBF *siehe Vital Business Functions*
Verantwortlich-Ausführend-Beratend-Informiert (VABI)
    90, 96, 100

Verfügbarkeit
    20, 40-42, 44, 78, 83, 124, 192, 238, 250, 267, 290, 300, 332, 348
Vertraulichkeit
    44
Veränderungsmanagement
    85
    Management of Change
    101, 162, 188, 201, 236, 257, 275, 299, 334
Veränderungsprojekt *siehe Release*
Virtueller Service Desk *siehe Service Desk (SD)*
Vital Business Functions (VBF)
    40, 85

W

Warranty
    19-20, 23, 319
Workaround
    79-81, 88, 102, 107, 113, 116, 121, 124, 126-130, 136 ff., 187, 240, 323, 343

Z

Zentrale Anlaufstelle *siehe Single Point of Contact (SPOC)*
Zentrale Konfigurationsdatenbank *siehe Configuration Management Database (CMDB)*
Zentraler Service Desk *siehe Service Desk (SD)*
Zuständigkeitsmatrix
    97

Management von IT-Services
Digitale Fachbibliothek auf USB-Stick

Eine wachsende Zahl von Unternehmen hängt insbesondere von der Qualität ihrer IT ab. Störungen können schlimmstenfalls ihre Existenz bedrohen. Daher ist die Steuerung der IT-Services eine Managementaufgabe ersten Ranges.

Die Grundlagen und Methoden eines modernen IT-Managements werden auf diesem praxisorientierten Ratgeber erstmals auf USB-Stick zugänglich gemacht und durch eine Vielzahl von Praxisbeispielen veranschaulicht.

Sie finden hier Fachwissen auf mehreren tausend Seiten und in über hundert Powerpoint-Präsentationen und Excel-Tools. Die Bibliothek bietet Ihnen viele Funktionen für eine effiziente Wissensarbeit. Etwa die praktische Volltextsuche, die Sie schnell zum Ziel führt oder die Import-Funktion, mit der Sie eigene Inhalte in die Bibliothek integrieren.

Den USB-Stick können Sie sofort ohne Installation nutzen. Sie können Ihre Bibliothek online aktualisieren – schnell, mobil und wann Sie wollen.

Die Digitale Fachbibliothek bietet umfassende Informationen zu diesen Themenfeldern
- ⇨ strategischen Planung
- ⇨ Entwicklung von IT-Services
- ⇨ Service Level Management
- ⇨ IT-Governance
- ⇨ Outsourcing
- ⇨ Best Practice Frameworks wie COBIT und ITIL

Bestellung per Fax: 0211/8669323
Leseproben unter:
www.servicemanagement-aktuell.de

Management von IT-Services
M.G. Bernhard, R. Blomer, H. Mann, (Hrsg.)
Digitale Fachbibliothek auf USB-Stick,
über 4.000 Seiten mit zahlreichen Arbeitshilfen, Powerpoint-Präsentationen und Excel-Tools,
ISBN 978-3-939707-27-1
Preis 201,11 Euro
(incl. MwSt. und Versandkosten)
Symposion Publishing

symposion

ISO 20000
Praxishandbuch für Servicemanagement und IT-Governance

Eine verlässliche IT ist die Basis für zahlreiche Geschäftsabläufe in Unternehmen. Die Qualität von IT-Leistungen ist deshalb wichtiger denn je. Aber wie kann man eine hohe Service-Qualität erreichen und dauerhaft sicherstellen? Antworten auf diese Frage gibt die Norm ISO/IEC 20000.

ISO 20000 ist der weltweit erste formale Qualitätsstandard für das IT-Service-Management. Er zielt insbesondere auf die kontinuierliche Verbesserung der Service-Prozesse und hilft, spezifische Risiken früher zu erkennen und die IT-Strategie und ihre operativen Abläufe zu prüfen. Dadurch kann das Business Kosten und Risiken besser managen. Zudem ist eine Zertifizierung nach ISO 20000 ein Wettbewerbsvorteil bei der Außendarstellung des Unternehmens. Provider wiederum können mit dem Standard ihre eigene Service-Qualität gezielt verbessern und eine sachgerechte und wirtschaftliche Anwendung sicherstellen.

Die Autoren dieses Buchs zeigen Anwendungsmöglichkeiten der ISO 20000 und geben Empfehlungen für eine unternehmensweite Einführung.

Das Buch richtet sich an CIOs, IT-Manager, Projektleiter und Service-Manager, die mit pragmatischen und verlässlichen IT-Prozessen den Kundennutzen optimieren und IT-Compliance gewährleisten wollen.

Dieses Buch handelt von

⇨ ISO 20000 – Grundlagen und Einführung

⇨ Ablauf des Zertifizierungsprozesses

⇨ Umsetzung von IT-Governance

⇨ Gestaltung der IT-Unternehmenskultur

⇨ ITIL V3 Service Lifecycle und ISO 20000

⇨ Praktische Sourcing-Strategien mit ISO 20000

⇨ Informationssicherheit nach ISO 27000 und 27001

ISO 20000
Praxishandbuch für Servicemanagement und IT-Governance
Herausgeber: Martin Andenmatten
Hardcover, 493 Seiten mit zahlreichen Abbildungen
ISBN 978-3-939707-24-0
Preis 69,- Euro (incl. MwSt. und Versandkosten)

Bestellung per Fax: 02 11/8 66 93 23
Leseproben unter:
www.symposion.de/it-management

symposion